한국은 중국의 일부였나?
천하일가론

박치정 지음

지은이 박치정

건국대학교 정치외교학과를 졸업하고 동대학원에서 석사, 박사학위를 받았다.
건국대학교 교수로 재직하면서 학보사 주간, 학생처장, 사회정책연구소장,
사회과학대학원장 등을 역임하였으며 현재는 명예교수이다.

저서로는 《생활정치학》, 《지도자와 리더십》, 《고구려아리랑》, 《화령국왕 이성계》,
《한국 속 중국》, 《오랑캐 천하》 등 다수의 저서와 한중관계 및 통일 분야에 관한 논문이 여러 편 있다.

한국은 중국의 일부였나?
천하일가론

초판 1쇄 발행 2025년 9월 9일

지은이 박치정
펴낸이 이창형
펴낸곳 GDC미디어
주　소 서울시 서대문구 신촌로 25, 3~4층
이메일 gdcmedia@naver.com
등록번호 제 2021-000004호
ISBN 979-11-992096-6-4　93340

* 책값은 뒤표지에 있습니다.

※ 이 책은 저작권법에 따라 보호를 받는 저작물이므로 무단 전재와 무단 복제를 금지하며,
　이 책 내용의 전부 또는 일부를 이용하려면 반드시 저작권자(박치정)와 GDC미디어의
　서면 동의를 받아야 합니다.

들어가는 말

한국과 중국은 특별한 이웃으로 연결되어 있다. 중국인들은 한국과 중국을 일의대수(一衣帶水)의 관계라 한다. 하나의 허리띠 같은 강물을 사이에 둔 양안(兩岸) 국가로 여긴다. 두만강과 압록강, 그리고 황해를 사이에 둔 한 마을 사이로 같은 역사를 창조해 왔다는 것이다. 중국은 이를 천하일가(天下一家)라 한다.

혈통을 나타내는 성씨(姓氏)가 한성(漢姓)으로 같으며 땅과 마을을 부르는 지명(地名)도 동일하다. 의사소통을 하는 말의 어휘 대부분은 한어(漢語)이며, 수많은 종족의 문화를 하나로 융합시킨 한자(漢字)를 함께 써 왔다.

하나의 역사를 함께 쓰는 일사양용(一史兩用)과 조상숭배가 종교화되어 있듯이 하나의 조상을 같이 섬기는(同祖連孫), 종법제도(宗法制度)가 같으며 수천 년 전 이어져 온 주례(周禮)에 의한 예치(禮治)의 잔영이 그대로 존속되고 있다. 양국 풍습이 동질화된 채로 닮은 꼴이다. 풍수지리설과 점(占) 보기가 일상생활이 되었다. 왕조 시대에 권력의 지배 수단이었으며 우민화 정책의 상징 조작이었던 용과 봉, 그리고 해치가 한 가족으로 된 중국의 용봉문화(龍鳳文化)가 한국의 전통문화처럼 번창하는 것도 특별한 현상이다.

이렇게 한국과 중국은 과거와 현재가 뒤섞여 엉켜 있다. 중화 문명은 분명히 한국의 전통문화 형성에 심대한 영향을 끼쳐 우리 스스로가 정체성 혼란을 겪고 있는 것도 사실이다. 〈천하일가〉이든 〈일의대수〉이든 〈춘추대일통〉 논리와 맞닿아 있기 때문이다.

따라서 이 책에서는 중화문화 유전체인 중화주의(中華主義, sino-centuralism)의 원리를 '춘추대일통'이라는 키워드를 통해서 규명해 보려고 하였다. 중국 이해와 한중관계를 통찰(洞察)하려면 '춘추대일통'이 전제되어야 한다. 또한 중국 왕조 시대의 전역사를 통해 중국의 전통적 정치문화와 한중관계의 동질화 과정을 살펴보았다.

중국의 역사는 삼황오제의 신화의 시대로부터 봉건 부족 국가를 이루어 화하족(華夏族)을 형성한 하·은·주 시대를 거쳐 혈통이 아닌 문화 민족인 한족(漢族)을 탄생시켜 대일통을 확장해 온 한·당·송·명 시대가 그 주류를 이루었다. 이 시기에 천조체제(天朝體制)의 기틀인 '춘추대일통'이라는 천하관이 확립되었다.

정복왕조인 원나라와 청 왕조도 명분적으로는 중화 천조체제의 정통성과 전통을 이어받았기 때문에 '춘추대일통'은 중국의 전역사를 통해 불변적으로 일관되게 지속성은 이어져 왔다는 것이다.

이에 따라 한국에서는 존주주의(尊周主義)와 주례(周禮)의 내면적 확산이 이루어졌다. 성씨를 통한 혈통의 혼선과 유교와 예치에 영향을 받은 존주주의는 한민족의 정체성을 혼란스럽게 만들었다. 가장 큰 문제가 자기부정의 오도된 오랑캐 의식이다. 동이(東夷)족으로 오랑캐이면서 중원 화하족(華夏族)인 한족(漢族)을 존중하고 숭배하는 존화양이(尊華攘夷)가 골수에 사무쳐 있다는 것이다. 일제 식민사관은 비판하면서 중화 춘추사관은 전통으로 여기는 잠재적 화이준별(華夷峻別) 주의는 바로잡아야 한다. 존화사대(尊華事大)의 잠재된 소국(小國) 의식을 벗어나야 한족과 동일시하는 자기부정의 오랑캐 의식을 바로잡을 수 있다. 민족과 국가의 정체성(national identity) 확립은 제대로 이루어져야 한다.

중국은 일이관지(一以貫之)로 일관성과 지속성을 유지하며 대일통

시대를 지향하는데, 한국은 대분열 사회로 가고 있다. 파렴치한 도둑정치(kleptocracy)가 판치는 분열과 극단적 대결 풍토가 우려스럽다. 또한 중화 동조화 현상이 정치지도자들과 지식인들에 의해 이루어진다는 점이 안타까울 뿐이다. 더욱이 남북의 정치문화 풍토는 그야말로 극과 극으로 이질화되어 간다. 통일문화의 동질성 회복은 꿈같은 이야기다. "꿈에도 소원은 통일"에서 '반통일'을 외치는 이상한 나라가 되었다.

한국 정치문화의 지각변동이 일어나야 한다. 정치문화의 생태계 자체를 근본적으로 변화시켜야 한다. 따라서 이 책은 중국문화의 핵심적 주제인 '춘추대일통'의 잣대로 중국의 정치문화 전체를 관조하면서 구심력과 원심력의 상호작용을 통한 한중간의 동질화 과정을 살펴보았다.

기나긴 역사적 사실들을 주(周) 나라의 천하관 중심으로 정리했기 때문에 포괄적 내용이 엇갈리는 경우도 있을 것이며, 중화인민공화국의 통사를 요약하였으므로 왕조별 균형이 제대로 이루어지지 않을 수도 있다. 또한 연구 방법으로 중국의 내재적 접근 방법이 원용되어 중화주의에 편향된 논리가 전개될 수도 있다. 자기반성을 통한 위대한 각성(The Great Awakening)을 위해서는 불가피한 선택이었음을 고백한다.

다만 필자가 이미 출판한 《한국 속 중국》과 《오랑캐 천하》를 뒤집어 재편집한 부분도 있기에 논란이 있을 수 있는 부분만 각주를 남겼다.

수많은 인명(人名)과 지명은 한자로 표기하기 때문에 일관성을 유지하기 위해 신해혁명 이후의 인명과 지명도 우리 식 한자음으로 쓰면서 중국식 발음도 병기했다. 이 책이 정체성 있는 한국 정치문화의 이해에 도움이 되어 바람직한 한중관계를 이루어가는 디딤돌이 되기를 바라며 본 서가 대륙전략연구소 총서로 출간되도록 정성을 다해준 GDC미디어에 감사를 드린다.

중국과 한국의 역사 연대표

국가			연대	
화하족 (華夏族)	하(夏)		약 BC 21세기-약 BC 16세기	조선 기자 위만 구려 (BC277년) (조선력사)
	상(商) 은(殷)		약 BC 16세기-약 BC 1066년	
	주(周)	서주(西周)	약 BC 1066년-약 BC 771년	
		동주(東周)	BC 770년-BC 256년	
		춘추(春秋)	BC 770년-BC 476년	
		전국(戰國)	BC 475년-BC 221년	
	진(秦)		BC 221년-BC 206년	
한족 (漢族)	한(漢)	서한(西漢)	BC 206년-AD 23년	지속 연수 고구려708년 신라 992년, 백제 678년, 발해 698-926년 고려 918-1392년
		동한(東漢)	AD 25년-220년	
	삼국 (三國)	위(魏)	220년-265년	
		촉(蜀)	221년-263년	
		오(吳)	222년-280년	
	진(晉) 5호16국 (五胡十六國)	서진(西晉)	265년-316년	
		동진(東晉)	317년-420년	
		오호(五胡) 16국(十六國)	304년-439년	
	남북조 (南北朝)	남조 (南朝)	송(宋)	420년-479년	
			제(齊)	479년-502년	
			양(梁)	502년-557년	
			진(陳)	557년-589년	
		북조 (北朝)	북위(北魏)	386년-534년	
			동위(東魏)	534년-550년	
			북제(北齊)	550년-577년	
			서위(西魏)	535년-557년	
			북주(北周)	557년-581년	
	수(隋)		581년-618년	
	당(唐)(唐周 21년)		618년-907년	
	5대10국 (五代十國)	후량(後梁)	907년-923년	
		후당(後唐)	923년-936년	
		후진(後晉)	936년-946년	
		후한(後漢)	947년-950년	
		후주(後周)	951년-960년	
		십국(十國)	902년-979년	
	송(宋)	북송(北宋)	960년-1127년	
		남송(南宋)	1127년-1279년	
	요(遼)		907년-1125년	
	서하(西夏)		1032년-1227년	
	금(金)		1115년-1234년	
	원(元)		1279년-1368년	
	명(明)		1368년-1644년	조선 518년
	청(淸)		1644년-1911년	
중화민족	중화민국(中華民國)		1912년-1949년	일제통치 36년 한국/조선
	중화인민공화국(中華人民共和國)		1949년 10월 1일 성립	

차례

• 들어가는 말 _ 5

제1장 '중화'의 원류 …………………………………… 11
    삼황과 오제 ………………………………………………… 11
    치우천황(蚩尤天皇)에 대한 시각 ………………………… 19
    하상주 삼대(三代) 시대 …………………………………… 25
    상나라(商, 殷) ……………………………………………… 26
    은나라와 주나라 …………………………………………… 29
    주나라와 주례(周禮) ……………………………………… 31
    봉건제도와 천하체계 ……………………………………… 35
    전국시대 …………………………………………………… 38

제2장 대일통과 호한 융합 ……………………………… 49
    진제국(秦帝國)과 시황제(始皇帝) ……………………… 49
    한(漢) 나라의 대일통 ……………………………………… 53
    한무제의 대일통 정책과 한족의 탄생 …………………… 59
    한무제의 정복 공작과 한족의 팽창 ……………………… 61
    후한(後漢) 제국과 종족의 융합 ………………………… 71
    삼국 분열과 삼국지(三國志) ……………………………… 74
    위진 남북조 시대의 북주(北周):5호 16국 시대 ………… 81

제3장 수, 당과 송나라 ······ 87

수나라의 통일 ······ 87
당나라와 당 태종 ······ 89
무측천(武則天)과 주나라 ······ 93
발해와 신라 ······ 103
5대 10국 시대와 후주 ······ 106
송나라와 성리학 ······ 111

제4장 정복왕조 ······ 117

최초의 정복왕조 요나라 ······ 117
오랑캐 명칭의 변화 ······ 123
정복왕조 금나라 ······ 131
몽골의 등장 ······ 142
몽골의 원제국 ······ 149
몽골의 고려 통치 ······ 156
원 시대의 화령 지역 ······ 159

제5장 명의 등장과 조선 ······ 167

명의 등장과 위화도 철군 ······ 167
주원장과 이성계 ······ 171
조공과 책봉 ······ 174
천조 예치 체제의 성립: 예법과 통제 기술 ······ 178
이성계의 화령몽(和寧夢) ······ 186
여말 선초의 동북면 쟁탈전 ······ 190
영락제의 해양 개척 ······ 194
명나라의 오랑캐 관리 ······ 199
임진왜란의 경과 ······ 206

제6장 여진 천하와 청나라 ····· 213

후금의 등장 ····· 213
홍타이지와 오랑캐 천하 ····· 217
조선의 오랑캐 천하 ····· 223
만절필동(萬折必東) ····· 228
화이준별과 오랑캐 의식 ····· 230
청나라와 장백산 ····· 237
중국의 조선 인식 ····· 244
조선은 속국이냐 일부냐 ····· 250
구별에서 통합으로 ····· 254

제7장 신해혁명과 신중국 ····· 257

신해혁명과 민족국가의 성립 ····· 257
아편전쟁 ····· 263
한족에서 중화민족으로 ····· 278
북양군벌과 북벌 ····· 287
북양군벌의 역사적 변천 과정 ····· 290
북양 상비군과 북양 6진 ····· 293
남북 평화 협상 ····· 295
호국(護國) 전쟁 ····· 298
북양 군벌의 종말 ····· 301
국공 10년간의 대치와 항일 투쟁 ····· 305
국공내전과 중국공산당의 승리 ····· 312

제8장 중국몽과 중화대혁명 ····· 315

천하체계와 중국몽 ····· 315
중국몽 속에 나타난 유교 부흥 ····· 319
공동부유 ····· 324
중국몽 실현을 위한 다양한 공정 ····· 330
중국몽의 배경 ····· 334
중국몽의 전개 ····· 340

제9장 중국몽 속 한국 ····· 345

용봉문화의 진실 ····· 345
역사 속의 용 ····· 349
용의 전래 ····· 359
한국의 용봉문화 ····· 362
봉황의 진실 ····· 365
광화문과 해치 ····· 368
청와대와 둔지방(屯地坊) ····· 374

• 마무리하는 글 _ 381
• 주 _ 393

제1장
'중화'의 원류

삼황과 오제

'중화'의 원류는 신화의 시대인 삼황오제(三皇五帝)로 거슬러 올라간다. 삼황은 대체로 상서(尙書) 중의 수인씨(燧人氏)와 복희씨(伏羲氏), 신농씨(神農氏)라 한다. 불을 사용하며 팔괘와 문자를 만들고, 농사짓는 법과 의약을 개발하였다며 문명의 발달 과정을 나타낸다.

수인씨

복희씨
▲ 삼황

신농씨

그러나 삼황을 천황(天皇), 태황(太皇), 지황(地皇)으로 파악하기도 한다. 여와(女媧)를 복희씨와 함께 삼황에 넣는 기록도 있다. 여와는 중국인들의 최초의 어머니로 추앙하는 여신으로 모계사회의 우두머리라고도 한다. 한대에는 복희씨의 여동생으로 당대에는 복희씨의 아내로 변신이 되기도 한다. 부계사회로 넘어오면서 그 기록들이 혼란스럽게 나타나고 있으나 오늘날에는 이들 신화시대를 실제의 역사적 사실로 만들어 가고 있다.

중국은 이른바 하·상·주(夏·商·周) 삼대의 '단대공정(斷代工程)'을 통해 화하(華夏)족의 앙소문화(仰紹文化)와 용산문화(龍山文化)를 기반으로 하여 8,000년 전의 요하문명(遼河文明)까지 포함한 중국문명을 실증적으로 체계화하였다. 요하문명(遼河文明)인 적봉(赤峯)의 찬란한 옥문화(玉文化)는 실제로 1만 년 이상의 유구한 역사를 증명해 준다. 이들 유적지와 삼황의 기념관을 관광지로 개발하여 중국인들의 자부심과 애국심을 고취하고 있다.

한국의 토속 종교인들은 《단군세기》와 결부시켜 태호 복희씨를 한국인들의 조상으로 여긴다. 동이족으로 팔괘를 만들어 태극기의 창안자라고 한다. 1882년 5월 22일 조선과 미국이 조미수호통상조약을 맺을 때 전권부관 김홍집의 명으로 역관 이응준이 태극과 4괘로 꾸민 태극기를 만들어 게양하여 최초의 국기를 사용하였다. 박영효가 그렸다는 태극기보다 4개월 앞선 것이다. 이 당시 사림의 유가들은 주역을 상시 휴대하고 다니며 생활필수품으로 여겼다.

일본이 단군을 인정하면서 내선일체를 합리화했듯이 중국은 조선족을 풍씨(風氏)인 복희씨의 후손으로 흡수하였다. 한·조동조론(漢·朝同祖論)은 성씨(姓氏)와도 연계되어 있다. 중화 원류에 조선이 있다.

한국인은 대부분 화교국가처럼 한성(漢姓)을 쓰면서 자기 조상들이 중국에서 왔다는 믿음이 강하다. 화교국가를 능가하는 '중화' 의식과 '용봉(龍鳳)' 문화는 중국보다 더 열성적으로 부활시키고 있다. 중화 의식은 존주(尊周)주의를 말한다. 전통문화 모두는 주례(周禮)에 따라 복원하고 있다. 한국 화폐는 존주주의의 상징적

▲ 태호 복희의 태극 팔괘

표상이다. 유교의 복고주의, 극기복례(克己復禮)로 과거 회귀적이다. 많은 지식인들과 정치지도자들은 존주주의의 미몽에 심취해 있다.

중국은 이미 역사 공정을 통해 조선족을 포함한 55개 소수민족 모두를 한족(漢族)과 같은 조상의 후손으로 천하일가를 만들어 냈다. 중국의 신화 속 인물들을 실제의 역사 속 인물로 만들어 중화민족 계보를 체계화하여 중화민족 공동운명체를 실체화한다. 중국학자들은 이를 민족공동체라 한다. '다민족 통일국가'라는 중국 특색적 민족주의를 통해 애국주의를 발양시키고 있다. 따라서 '중화민족 대가정'론은 천조체제와 천하 일가의 새로운 전략이다.

부정확한 기억으로 만들어진 신화와 난삽하게 기록된 사료를 가지고 확신적인 민족의 정체성을 만들려는 노력이 계속되고 있다. 일본 식민 통치 시대 총독 미나미(南次郎)가 1939년 창씨개명(創氏改名)을 하여 내선일체(內鮮一體)를 만들었던 것과 같다. 1941년 전 가구의 81.5%(322만 가구)가 이에 참여하였다.

황제　　　전욱　　　제곡　　　당요　　　우순

▲ 성씨의 시조 오제(五帝) 시대

중국인들은 스스로 염제(炎帝)와 황제의 자손이라 하여 '염황지손(炎黃之孫)'이라 한다. 오제(五帝)는 《사기(史記)》 오제본기(五帝本紀)에 따라 황제(黃帝), 전욱(顓頊), 제곡(帝嚳), 요(堯), 순(舜)의 기록을 따른다.

각 집안에서 사람들이 자기들의 시조라고 여기는 대상으로 삼황 이외에 오제가 있다. 오제란 다섯 명의 성인을 말하는 것인데, 그러나 구체적으로 오제를 꼽는 데는 여러 설이 있다. 일반적으로는 다섯 부족의 수령을 가리키는 것이어서 구체적인 인물은 아니지만 각 집안에서는 이를 구체적인 인물로 간주하고 그들이 조상으로 삼고 있다.

황제(黃帝)는 《사기(史記)》에서 오제를 쓰면서 제일 먼저 거론하였다. 전설에 의하면 그의 아버지 소전(少典)은 웅국(熊國)의 군주였는데, 황제의 본래 성은 공손(公孫)이고 헌원(軒轅)의 언덕에 살았기 때문에 헌원이라고 불리었으며 오랫동안 희수(姬水)에 살았기 때문에 희성(姬姓)으로 고쳤다. 그 나라가 웅(熊)을 가지고 있어서 유웅씨(有熊氏)라고도 불리었다.

중국의 역대 황제(皇帝)들은 대부분이 황제(黃帝)를 위하여 사당을 만들고 제사를 지내면서 이를 황제(皇帝) 스스로 통치의 정당성을 상징하는 것으로 인식하였다. 그러므로 용(龍)의 원류인 황제는 중국문

▲ 염황의 거대한 석상

화의 대표적 인물이고 중화민족의 선조로 삼는다.

때에 따라서는 중국인 전체를 지칭하는 경우에 황제(黃帝)와 염제(炎帝)를 병열하고서 '염황(炎黃), 혹은 염황의 자손'이라고 한다. 중국인들이 용의 후예(龍的傳人)라면서 용을 중국 정치문화의 핵심 심볼로 만들었다. 동아시아 전체가 용봉문화의 범주로 들어가며 세계 곳곳에 퍼져있는 화교들이 용을 숭배 대상으로 삼았다. 한국은 아시아의 네 마리 용에 포함한 화교국가인 싱가폴, 대만, 과거의 홍콩과 같은 정치문화로 본다. 중화의 원류에도 용봉문화가 꿈틀거린다. 황제가 100세가 넘어 하늘의 신이 보낸 용을 타고 하늘로 올라가 신선이 되었다는 도가의 전설을 믿는다. 한국의 '심청전'에서 효녀 심청이 용궁에 가서 왕후가 되었다는 소설까지 연결된다.

《산해경(山海經)》에 근거하여 보면 염제가 판천(阪泉)의 전투에서 황제에게 패배한 다음에 치우가 염제의 부속(部屬)들을 불러 모아서 다시 탁록(涿鹿)에서 싸웠지만, 황제에게 패배하였다는 것이다. 동방이(東方夷) 구려(九黎)의 수령(首領)이었다는 치우(蚩尤)는 전쟁의 신으로 한국과 중국의 소수민족인 묘족의 조상으로도 알려졌다.

전욱(顓頊)은 전설 속의 인물로 오제 가운데 하나이다. 그의 아버지는 창의(昌意)인데, 창의는 황제와 누조(嫘祖) 사이에서 난 둘째 아들이어서 약수(若水)에 책봉되었다. 그는 촉산씨(蜀山氏)의 딸 창복(昌僕)을 아내로 삼아서 전욱(顓頊)을 낳았다. 전욱의 성격은 깊고 침착하였으며 꾀와 지략이 있었다. 15세 때 소호를 보좌하며 구려(九黎) 지구를 다스리다가 고양(高陽)에 책봉되었으며, 그래서 고양씨(高陽氏)라고도 부른다. 황제가 죽은 다음에 전욱이 성덕(聖德)이 있다고 하여 제(帝)로 세우자 제구(帝丘, 지금 河南 濮陽)에 살았는데, 이때가 20세이다.

전설에 의하면 황제의 만년에 구려(九黎) 종족은 무교를 신봉하여 귀신을 숭상하면서 사람의 일을 하지 않고 모든 것은 점을 쳐 보고 결정하는 바람에 백성들은 집집마다 무사와 점복(占卜)을 하면서 하늘에 경건하게 제사를 지내지 않았으며 농업생산에 마음을 편히 갖지 못하였다. 전욱이 이 문제를 해결하기 위하여 종교개혁을 하고 스스로 하늘과 땅, 조상에게 제사를 지내며 모범을 보였다. 동시에 점복 행위를 금하여 사회의 정상적인 질서를 회복하였다.

점인(占人)의 원류는 이미 전욱시대부터 흘렀다. 혹세무민(惑世誣民)은 예나 지금이나 변함없이 지속된다. 한국도 그 늪에서 벗어나지 못하면서 혼란을 거듭한다. 왕조 시대에는 국가, 왕사, 대사들이 국사에 관여하며 백성들은 무속과 미신, 점에 빠지도록 하였다. 모든 백성이 하루하루 생활을 점술에 의해 생활하면서 연초에 한 해 운수를 모두가 보았다.

지금도 무당, 법사, 도사, 보살, 술사들과 풍수지리와 명리학 박사들이 정치인 사업가들에게 절대적 신임을 받으며 점술을 보고 있다. 선거 시즌, 입학 시즌에 문전성시다. 점집과 신당이 즐비하다. 여기에 용과 봉, 그리고 해태가 어우러져 왕조 시대를 방불케 하는 우민정치 문화의 전시장이 되어버렸다. 민주와 과학의 시대에 기이한 현상이다.

전욱은 아들 궁선(窮蟬)을 낳았는데 이 사람이 순(舜)의 고조(高祖)이다. 그는 78년간 재위하다가 98세에 죽었으며 복양(濮陽)에 장사를 지냈다. 춘추전국시대에 초왕(楚王)은 그 후예라는 것이며 굴원(屈原)은 이소에서 스스로 전욱의 후예라고 하여 굴원이 초왕과 동족이라고 한 것이 보인다. 그뿐만 아니라 남북조 시기에 북제(北齊)를 세우는 기초를 닦은 동위의 승상 고환(高歡, 496~547)은 자기는 고양씨의 후예라고 말하기도 한 예가 있다. 고구려 고씨가 전욱의 후손이라는 주장도 있다.

제곡(帝嚳, 기원전 2480?년~기원전 2345?년)의 성은 희성(姬姓)이고 이름은 준(俊, 夋)인데, 고신씨(高辛氏)라고도 불리는 오제 가운데 한 사람이다. 그의 출생지가 고신(高辛, 河南省 商丘市 睢陽區 高辛鎭)인데 고대 저명한 부족연맹의 수령이다. 산해경 등 옛날 전적에 보이는 천제(天帝)인 제준(帝俊)의 원형이라고 할 수 있다.

제곡은 황제(黃帝)의 증손으로 알려져 있으며, 현효(玄囂)의 손자이고, 교겁(蟜极)의 아들이며 전욱이 그의 큰아버지이다. 15세 때 고신후로 책봉되었으며 전욱이 죽은 후인 30세에 그는 전욱의 제위를 계승하였다. 제공이 천하의 공주(共主)가 된 뒤에 박(亳, 河南 商丘)에 도읍하였는데 백성들의 사랑을 받아서 70년간 재위하다가 105세에 죽었다.

제곡은 요·지(堯·摯)의 아버지인데 상·주(商·周) 두 왕조의 선조가 되며 제곡의 능침은 아직도 남아 있다. 제곡은 오제 가운데 세 번째로 염황을 이어받고 요순으로 이어주었기 때문에 화하족의 공동 시조로 꼽힌다.

요(堯, 기원전 2377?년~기원전 2259?년)는 이기(伊祁)이고 호를 방훈(放勳)이라고 하는데, 옛날 당국(唐國, 山西 臨汾 堯都區, 河東지구) 사람이다. 이 역시 고대 방국 연맹의 수령이었으며 오제 가운데 한 사람이다.

요는 제곡의 아들이고 어머니는 진봉씨(陳鋒氏)인데, 13세 때 도(陶, 山西 襄汾縣 陶氏村)에 책봉되었고, 15세에 형인 제지(帝摯)를 보좌하다가 당지(唐地, 山西 太原)로 고쳐서 책봉되어서 호를 도당씨(陶唐氏)라고 불렀다. 20세에 요는 지를 대신하여 천자가 되었고, 평양(平陽)에 도읍을 정하였다.

요는 천자가 된 지 70년에 순(舜)을 얻었는데, 그 후 20년이 지나서 늙게 되자 순이 요를 대신하여 정치를 담당하였고, 요가 양위(讓位)하고 28년 뒤에 죽었는데 곡림(谷林, 山東省 鄄城縣)에 장사를 지냈다. 요는 아버지 제곡(帝嚳)에게 제위를 계승하였다가 순에게 선양(禪讓)한 것이다. 유가의 우상인 요의 무위지치(無爲之治)는 유가의 이상사회(utopia)이다. 왕도정치의 모범이었다. 이와 같은 시기에 동방에서는 단군이 나라를 세워 조선이라 했다.

순은 희화(羲和)에게 명령하여 역법(曆法)을 만들게 하여 백성들을 위하여 농경하는 데 필요한 시령(時令)을 나누어 주고 춘분과 하지, 추분과 동지를 측정하였다. 요는 간언(諫言)할 수 있는 북을 설치하여 천하의 백성들로 하여금 그 말을 다 하게 하고 비방(誹謗)의 나무라는 것을 세워서 천하의 백성들로 하여금 그의 허물을 공격하게 하였다.

순(舜)은 중국의 전설로 내려오는 인물로 오제 가운데 하나이다. 이름은 중화(重華)이고 요허(姚墟)에서 출생하였으므로 요성(姚姓)

을 가졌으며 후에 규수(嬀水) 가에서 거주하였으므로 규성(嬀姓)을 가졌다. 기주(冀州) 사람으로 도성은 포판(蒲阪, 山西 永濟)에 있었다. 순은 네 개의 부락 연맹의 수령으로 요의 선양을 받아서 천하에서 제(帝)로 불렸으며, 그 나라를 유우(有虞)라고 하였다. 순은 제순(帝舜), 대순(大舜), 우제순(虞帝舜), 순제(舜帝)라고도 하는데, 모두 우순의 제왕 칭호인데, 그러므로 후세에는 순이라고 간단하게 호칭하였다. 순이 효성이 지극하였다는 전설은 많은 사람의 입에 회자되고 있다. 효(孝)의 원류이다.

치우천황(蚩尤天皇)에 대한 시각

중국 기록에 삼황오제와 관련된 전설적인 인물로 치우(蚩尤)가 있다. 그는 중국의 오제 가운데 한 사람인 황제(黃帝)와 전투하였다는 기록이 있다. 따라서 중국에서는 치우를 적으로 간주해야 하지만 도리어 황제의 시기에 황제와 전투를 벌인 치우에 대하여 전쟁의 신으로 높이고 있다. 말하자면 황제와 싸웠지만 결국 황제에게 귀부하여 중국인이 되었다는 시각인 셈이다.

그러나 한국에서 1979년에 《환단고기(桓檀古記)》가 출간되었는데, 여기에서 치우는 전설 속에서 요동과 한반도의 왕조인 배달국(倍達國)의 14대 군주인 자오지환웅(慈烏支桓雄)이라고 하였다. 이대로라면 배달국의 국세가 치우가 황제와 싸웠던 탁록(涿鹿, 河北省 涿鹿縣)에 이른 것으로 볼 수 있다. 전설이란 원래 그 근거를 찾기 어려운 것이다. 오히려 그 전설의 태도를 통하여 오늘날 사람들의 생각을 엿볼 수 있는 기능을 가졌다.

말하자면 치우를 둘러싸고 중국 사람들과 한국 사람들의 이해가 다른 것이라고 할 수 있다. 즉, 중국에서는 치우는 황제와 싸우기는 했지만, 결과적으로 황제의 휘하로 들어와서 황제와 결합하여 중국화한 전설로 보는 것이고, 한국 측에서는 치우의 세력이 중원으로 진출하였다는 증거로 삼으려고 하는 것이다.

먼저 중국 측에서 설명하는 치우에 대해 살펴보자. 치우는 적우(赤優) 혹은 강공(姜公)이라고 부르기도 하는데, 중국 신화 전설 가운데 있는 마을의 수령이며, 탁록(涿鹿)의 전투에서 황제와 교전하면서 그 이름이 알려졌다. 치우는 전투를 통하여 그의 위력을 드러냈기 때문에 전쟁이라는 말과 동의어(同義語)가 되었으며 그래서 그를 높이는 사람은 전신(戰神)이라고 하고, 그를 배척하는 사람들은 그를 화수(禍首), 즉 화란(禍亂)의 괴수라고 하였다. 하여간 치우에 관하여 중국에서 말하고 있는 것을 보면 세 개의 설이 있다.

하나는 《사기(史記)》〈오제본기(五帝本紀)〉에 있는 것으로 황제가 판천(阪泉)의 싸움에서 염제(炎帝)를 이긴 다음에 치우가 난을 일으켰는데, 황제가 또 탁록의 싸움에서 치우를 쳐서 패배시키고 나서 천자의 자리가 굳게 되었다는 것이다.

다른 하나는 《일주서(逸周書)》〈상맥편(嘗麥篇)〉에 보이는 것으로 치우가 적제(炎帝)를 구축하자 적제가 황제에게 구해달라고 호소하여 황제와 염제가 연합하여 중기(中冀)에서 치우를 죽였다는 것이다. 마지막으로 《산해경(山海經)》〈대황북경(大荒北經)〉에 보이는 것으로 치우가 군사를 만들어 황제를 공격하여 치니 황제는 응룡(應龍)으로 하여금 맞아 싸우게 하였는데, 쌍방이 기주(冀州)의 들에서 크게 싸웠는데, 치우의 군사가 패하여 죽었다는 것이다.

이러한 세 개의 설이 조금씩 다르지만 대체로 황제와 교전하였다는 것만은 분명하고 또 치우는 싸움을 잘하였는데, 다섯 종류의 무기를 만들었고, 운무(雲霧)를 만들었으며, 큰 안개를 만들어 해가 3일간이나 안 비치게 하였다는 것이다. 이에 비하여 황제는 아홉 번 싸워서 아홉 번 다 졌고, 3년 동안 성에서 내려오지를 않았다는 것이다.

그래서 한대의 위서(緯書)로 작자가 누구인지도 모르고, 그 책도 전해지지 않는 《용어하도(龍魚河圖)》를 보면, 황제는 어질고 의로워서 치우를 대적하지 않고, 하늘에 대고 탄식하자 하늘에서 현녀를 파견하여 황제에게 병신 신부를 주었으며, 바로 여신인 현녀의 힘에 의지하여 비로소 승리하였다는 것이다.

다른 설에 의하면 황제는 바람의 도움을 받고 지남차를 가지고 큰 안개 속에서는 방향을 구별하여 승리를 얻었다고도 되어 있다. 어쨌거나 치우는 황제에게 패하여 죽었으며 황제가 그 목을 베어 장사를 지냈더니 그 머리는 풍림(楓林)이 되었다는 것이다. 또 다른 설명을 보면 황제에게 복종하여 황제와 함께 군사를 주관하였다고도 한다.

이러한 모든 기록은 대체로 치우에 대하여 악평한 것이며 공정한 평가는 아니지만 후대로 올수록 치우는 신화(神化)되어서 후에 천하가 어지러워지면 황제는 치우의 형상을 그려서 천하를 두렵게 하였는데, 천하 사람 대부분은 치우는 죽지 않고 황제의 막부에 함께 살면서 '8방 만방이 모두 복종하였다'라고도 하였다.

그런데도 치우를 기록한 글자를 보면 《광아석고(廣雅釋詁)》에서는 "치(蚩)는 난리이다[蚩亂也]"라고 썼으며 방언(方言)은 "치는 어그러진 것이다[蚩悖也]"라고 하며 '치우의 우(尤)는 유우(由尤)인데 뱃속의 벌레이다[腹中之尤]'라고까지 비하해 쓰고 있다. 이는 어떠한 해석을 보더라도 비하하는 해석이며, 따라서 한족들이 자신들과 다른 이족(夷族)들에 대한 독특한 비하의 언어이다. 또《사기(史記)》와《산해경(山海經)》같은 중국 사서(史書)에는 '중국 황제가 치우천황을 생포해 제거하였다'라고 기록하였고 그의 행적은 도깨비 같은 가면을 쓰고 야만스럽게 전쟁한 야인으로 표현하고 있다. 이는 중국 측에서는 분명 자기들과는 다른 종족이었다고 인식하는 것을 의미한다.

이러한 중국의 이해와 맞물려 한국에서는 앞서 말한 환단고기에서는 치우천황이 하북(河北)성 탁록(涿鹿)에서 벌어진 탁록대전에서 중국 황제(黃帝) 헌원(軒轅)을 패배시켜 무릎을 꿇렸다고 묘사하고 있다. 즉 중국 측에서 황제가 치우와 싸우면서 이기지 못하였다는 것과 같은 맥락에서 한 걸음 더 나아가 황제를 이겼다고 보는 것이다.

이렇게 보면 한국인으로서는 중국 황제(黃帝)와 한반도의 치우(蚩尤)는 상대 관계에 놓인 것이며, 중국과 한국이 분명히 분리된다는 인식을 찾아볼 수 있다. 그렇다면 현존하는 우리나라 사람들의 족보에도 당연히 황제의 자손이기보다는 치우의 자손으로 기록되어야 더욱 합리적인 해석이 될 수 있다.

그러나 한국에서는 조상은 치우라고 주장하면서도 치우와 대결하였던 황제(黃帝)를 족보에서 시원 조상으로 모시는 집안이 많다는 사실을 어떻게 보아야 할 것인가? 자기모순에 빠진 기현상이 조상의 뿌리를 이해하는 곳에서 일어나고 있는 진풍경이다. 실제로 한국의 성씨(姓氏)의 상당수는 유학(儒學)의 도통론(道統論)에 영향을 받았음인지 황제(黃帝)를 시원으로 하여 황제(皇帝), 왕(王), 군(君), 성(聖), 인(仁), 웅(雄)의 위계적 서열 중심의 계보를 만들었다.

황제는 중국을 최초로 통일하였으며 문화·역법·궁실·의상·화폐

수레 등의 문물을 갖춘 중국 문명의 창시자로 숭배한다.

이처럼 서로 싸우면서 뒤엉켜 있다고 인식하는 것을 그대로 본다면 한국과 중국은 같은 혈족이라는 결론에 도달하게 된다. 즉, 족보상으로 한국과 중국은 같은 혈족의 동일 역사 공동체로 되어 있다. 다만 한 가지 분명한 것은 중국은 치우를 중화삼조당(中華三朝堂)에 모셔 섬기면서 지속적 뿌리 확인을 이어가는데 한국에서는 치우 사당은커녕 '붉은 악마'로 응원할 때만 등장한다. 즉흥적 부화뇌동 정치문화가 일상화된다.

그런데 최근 치우천왕(蚩尤天王)을 포함해 '중화삼조상(中華三祖上)'으로 모셨다. 하북성의 '중화삼조당'은 중국의 새로운 민족관(民族觀)을 나타낸다. 55개 소수민족을 아우르는 모든 민족의 공동체인 중화민족의 정체성을 확립하려는 것이다.

그런데 한국에서는 환단고기(桓檀古記)에서 치우천왕을 배달조선(倍達朝鮮) 14대, 자오지환웅(慈烏之桓雄)으로 하여 전쟁의 신으로 모신다. 복희씨와 함께 치우까지 합하여 한한동조론(韓漢同朝論)이 되어 버렸다. 치우는 붉은 악마(Red Devils)로 월드컵 때 '대한민국' 응원 깃발의 표상이 되어 시청·광화문 광장을 붉게 들끓게 했다. 그런데 흉측한 모양의 짐승으로 그려져 '악마'로 부르는 것은 또 무슨 까닭인가? 중국에서는 요순 임금들처럼 조상으로 떠받치는 것과는 너무나 대비되는 것이다. 한국 화폐를 '전설의 고향'으로 만든 한국조폐공사는 치우 천황 불리온 금메달과 은메달을 만들어 안전자산으로 만드는데 성공하였다. 용을 상징하는 '드라코'(Draco:dragon)와 함께 수집가들에게 관심을 끌었고, 유명 출판사들의 전집과 영화도 제작되었다.

임진왜란 때의 성웅 이순신의 아버지는 자식들이 중화를 떠받드는 큰 신하가 되기를 바라며 삼황오제 이름을 차용했다. 첫째 아들은 복희씨(伏羲氏)에서 이름을 따와서 이희신(李羲臣)으로, 둘째는 요(堯) 임금에서 빌려 이요신(李堯臣), 셋째는 순(舜)임금 이름을 따 이순신(李舜臣), 넷째는 우(禹) 임금의 이름을 따 이우신(李禹臣)으로 이름을 지었다. 성군(聖君)의 요·

▲ 이순신

순 시대를 이상사회(utopia)로 여기는 유가들은 요·순을 본받아 훌륭한 사람이 되라며 아이들 이름을 순식(舜植), 일순(一舜) 등으로 작명하였다.

중국은 황제를 역사상의 실존 인물로 만들기 위해 신석기 유적들을 동원하여 황제의 생존 시기를 기원전 6,000년 또는 2,000년까지 끌어 올렸다. 하지만 황제는 기원전 1,000년을 전후한 서주(西周) 전기의 왕을 가상하여 꾸며진 것이다.

"최초의 조상을 회고하며 신시대의 꿈을 구축한다[緬懷初祖, 築夢新時代]"는 연안(延安)의 황제릉 표어는 중국몽을 위한 중화민족의 시원을 나타낸다. 허난성(河南省) 신정시(新鄭市)의 황제고리(黃帝古里)에 만들어 놓은 15,000m²의 '중화사상 광장'은 중화민족 56개 종족이 모두 황제의 후손임을 나타내는 실체적 건물로 꾸며져 있다. 대당신라인(大唐新羅人)인 최치원(崔致遠)을 거론하며 음수사원(飮水思源;물을 마실 때 그 근원을 생각하라)을 당부하던 2014년 7월 6일 시진핑의 서울대 강연은 여러 가지 의미를 담고 있다.

한국·베트남·중국 그리고 세계 각국에 살고 있는 황씨(黃氏)들은 족보상 황제 헌원씨(黃帝 軒轅氏)의 후손이라고 전해진다. 한국 황씨의 도시조(都始祖, 중국에서 건너온 시조) 황락(黃洛)은 중국 저장성 사람으로 후한(後漢)의 유신(儒臣)이라 한다. 세계 황씨 총종친회에도 참여한다. 영문 표기로는 한국 Hwang, 베트남 Hoang 또는 Huynh 중국 Huang으로 쓴다. 1990년대 초기 한중관계가 적대적 국가에서 우방 국가로 변화하는 과정에서 주중대사를 지낸 황병태 의원은 황제의 황씨라는 점을 이용하여 여러 가지 난제를 해결했다.

하·상·주 삼대(三代) 시대

중국 최초의 왕조(王朝)라는 하(夏)나라는 요순시대의 순(舜)이 우(禹)에게 천하를 넘겨주며 세워졌다. 선양제(禪讓制)였다. 《사기(史記)》 하본기(夏本紀)에 의하면 우왕은 황하(黃河)의 홍수를 다스리는 데 공을 세워 제후들의 추대를 받아 천자가 되었다. 선정을 폈던 우(禹)가 제위를 현자(賢者)에게 넘기려 하자 제후들이 우의 아들 계(啓)를 추대하였으므로 이때부터 선양제가 아닌 상속제(相續制)가 되었다.

17대 이계(履癸)인 걸(桀)이 포악한 정치를 하여 민심을 잃게 되자 상(商)나라 탕왕(湯王)이 하나라를 넘겨받았다. 기원전 1600년 무렵까지 17왕 472년 존속되었다. 걸왕의 왕비 말희(妹喜, 末喜, 末嬉)는 경국지색(傾國之色)이라는 절세의 미녀로 연못에 술을 채우며 나무에는 고기를 매달아 주지육림(酒池肉林)의 연회로 나라를 기울게 했다는 기록이 '고본죽서기년(古本竹書紀年)'에 실렸다. 그녀로 인해 경국지색이라는 말이 나왔으며 하나라를 말아먹게 했던 말희, 은나라를 기울어지게 한 주왕(紂王)의 비(妃) 달기의 계보를 이었다. 다만 문제는 말희-달기-주나라 유왕(幽王)의 왕후 포사(褒姒)의 이야기 줄거리가 너무 비슷하다. 그리고 말희, 달기, 포사 세 여인 모두 정복한 나라에서 바쳐진 미녀들이고, 빼어난 미모로 왕들을 사로잡아 결국 나라를 망치게 했다는 구조로 이야기가 흘러간다. 이런 탓에 일각에서는 이런 기록을 믿을 수 있는지 의문을 제기하기도 한다.

동양의 역사서는 역사의 인과 관계를 주로 군주 개인의 행동이나 유교적 덕치 위주의 가치 판단에 초점을 맞추는 경향이 강한데, 주나라 쇠퇴의 책임을 주유왕(周幽王)이 여자에게 빠져서 국고를 탕진하고 주위 제후들에게 신임을 잃었기 때문이라고 전가하는 것으로 볼 수도 있다.

사실 이런 결과론적인 평가는 동양 역사서에서 많이 보이는데, 실제 군주에게 후사는 매우 중요한 문제였기 때문에 여색을 즐기는 건 오히려 장려되는 일이었고, 술과 관련된 여흥이나 사냥 등의 행동도 군주의 힘을 과시하여 왕권 강화를 하는 데 도움이 되기 때문에 역사에서 세종대왕처럼 성군으로 알려진 인물들도 자주 했던 일이다.

같은 행동을 하더라도 당시와 이후의 국가 상황에 따라 평가가 달라지는 것이다. 문제는 암군 한 명이 나라를 망치는 일이 없지는 않았다는 것이지만, 역사가들은 사회 시스템의 불안이 여러 대에 걸쳐 쌓여 벌어진 일이라도 군주 개인의 탓으로 돌리는 경우가 많았다.

상나라(商, 殷)

황하 연변의 황토지대인 산시성(陝西省) 지역의 상왕조(商王朝)는 신화시대에서 그 실체가 고고학적으로 인정된 최초의 국가이다. 《상서(尚書)》, 《시경(詩經)》, 《사기(史記)》의 기록과 일치하는 유물이 정주(鄭州), 안양(安陽) 은허(殷墟)에서 발굴되면서 중국 역사의 시원이 확실한 역사적 사실로 증명되었다.

상 왕조의 시조는 탕(湯)이다. 족성(族姓)은 자성(子姓)이며, 상족의 시조는 설(楔)이다. 설의 탄생 설화가 난생설화(卵生說話)로 동이계(東夷系)의 하늘과 연관되었기 때문에 족이 '동이'라 한다. 제비(燕子)를 토템으로 숭배하였다. 그러나 이때의 동이족은 중국의 선주민인 중원 지역의 구이(九夷)족이며, 갑골문자의 문법구조는 현재의 중국어 문법과 비슷하여 우랄 알타이 어법(語法)과는 매우 다르다.

중국 사람들은 하(夏)의 시조 우(禹), 상의 시조 설(楔), 그리고 주(周)의 시조 후직(后稷)을 모두 황제의 후손으로 본다. 하남성 신석기 시대의 용산문화와 연계되면서도 정교한 청동기 도기(陶器), 골기(骨器) 문화를 발전시켰으며 토단(土壇)을 쌓아 종묘(宗廟)와 궁전을 건축하여 하늘을 섬겼다.

점복(占卜)으로 신의(神意)를 받아 통치하였다. 정인(貞人)들을 중심으로 신정(神政) 정치가 이루어졌다. 소뼈나 거북 등딱지를 불태워 나오는 균열을 보면서 국사(國事)에 대한 점을 쳤다. 점술과 주술은 정치와 밀접한 관계가 있다. 또한 점을 칠 때 정인의 점 내용을 기록한 것이 한자의 시초인 갑골문이다. 한자를 우리들의 조상인 은나라가 만들었기 때문에 한자가 우리 것이었다는 주장은 허풍일 수 있다. 예법(禮法)도 갖추어져 관제(官制)가 확립되어 통치력이 주변 연맹 부족에 영향을 미치기도 하였다. 상나라와 복속 관계가 아니었던 방국(方國)과는 외교적으로 화평을 유지했다. 19대 왕 반경(盤庚) 때에 은허(殷墟)로 수도를 옮겨 나라 이름을 상(商)에서 은(殷)으로 부르게 되었다.

천문(天文)과 역법(曆法)을 발전시킨 은대에는 농업의 발달과 함께 인구 증가로 부족사회가 해체되며 족인(族人)의 혈통과 소속을 알리는 성씨(姓氏)의 분리와 생성이 진행되면서 내부적으로 족인 사이에 계급 분화가 이루어졌다. 이렇게 하여 노예제가 성립되었다.

안양(安陽)에서 발굴된 청동제의 무기 장식품, 옥기(玉器)와 제기(祭器)들은 지배계급의 종교적 권위와 막강한 정치권력을 나타내주는 것이었다. 특히 제기의 사용은 은대에 이미 하늘을 받들며 조상을 섬기는 예법이 있었음을 증명하는데 이는 주(周)나라 때 주공(周公)의 주례(周禮)에 영향을 끼쳤으며 유가(儒家)적 예치(禮治)의 근원으로 볼 수 있다.

공자가 춘추 후기에 난세(亂世)의 어려운 세상을 보며 "동이에 가서 살고 싶다"고 한 것은 바로 예의범절이 살아 있던 동이의 은나라를 말한 것이다. 그러나 은나라 주왕은 애첩 달기(妲己)와의 음탕한 생활로 나라를 무너뜨렸다.

은의 정신세계를 알 수 있는 갑골문은 현재까지 35만 자에 이르며 해독된 것은 약 1,400자에 달하는데 제기(祭器), 조상신(祖上神) 등 여러 신과 숭배물에 관한 내용이 주를 이루어 은나라 정치뿐만 아니라 일상생활 속까지 깊이 침투하여 있었던 사실을 나타내고 있다.

조상신에 대한 기원은 득남, 자손 번영, 풍년과 기복인데 조상신을 통해 상제(上帝)에게 전달되며 천자(天子)를 통해 정치적 왕권 강화로 천하 일가를 이루어낸다는 것이다. 이 조상신 숭배는 '중화민족'의 독특한 종교 형태로 체질화되어 있다.

각국의 차이나타운과 동남아 지역의 화교들은 정착하면서 제일 먼저 조상의 사당 건립부터 한다. 황제와 강태공의 후손들은 수천 년 전 청동기 시대의 조상들을 받들어 모시며 그 음덕으로 잘산다며 자랑스럽게 여긴다. 한국의 한성(漢姓)들 역시 여기에 동참한다. 그 어떤 종교보다 강력한 결속력과 지속성을 가졌으며 종교를 초월한다.

은나라와 주나라

서경(西境)의 산시성(山西省)에 있던 주족(周足)의 주나라는 상나라에 복속되어 있던 제후국이었다. 기산(祁山) 아래 주원(周原)의 소국(小國)이었다. 대개 왕조들은 전 왕조를 태보로 하여 새 왕조를 탄생시킨다. 공자(孔子)는 《논어(論語)》에서 은(殷)은 하(夏)의 법도(法度)를 따랐고 주는 은의 규정(規定)을 답습하였다고 하였다.

《예기(禮記)》나 《맹자(孟子)》에서도 하·은·주 삼대의 법도는 모두 같다고 했다. 서로 간 차별은 있으나 대동소이하다고 볼 수 있다. 은나라는 동방의 흑도문화(黑陶文化)에서 출발하였으며, 주나라는 서방의 채도문화(彩陶文化)에서 일어났기 때문에 각기 다른 특색이 있어도 동일계통의 문화권과 동일 종족으로 볼 수 있다. 은나라와 주나라는 왕조 간 혼인을 통해 같은 '은나라 천하'를 공유하였다.

주나라 고공단부(古公亶父)의 셋째 아들 계력(季歷)과 은나라 태임(太妊)의 결혼은 예의지국(禮儀之國) 은나라 현모양처가 아들 주문왕처럼 훌륭한 자녀들을 길러 주나라를 천하 제국으로 건설하였다는 사실에서 나타난다. 주문왕(周文王)과 주공(周公), 주무왕(周武王)이 태임의 영향을 받아 천하를 통일하였을 뿐만 아니라 주공의 주례(周禮)는 은나라의 법도를 기반으로 하였다고 볼 수 있다. 태임은 현모양처로

▲ 화폐 사임당과 태임 교자

태교부터 자녀 교육까지 동양의 교범으로 알려져 있다.

조선의 신사임당[申師任堂, 사임당신씨(師任堂申氏, 1504-1551]이 태임의 이름에서 따온 호를 가지고 그림을 그렸다. 본명은 불분명하며 '신인선(申仁善)' 또는 '신선'이라 하나 꾸며낸 것이다. 어짐(仁)과 착함(善)은 유교의 핵심 주제어이다. 별칭은 인임당(姻姙堂) 또는 임사재(妊師齋)라 하였다. 율곡 같은 훌륭한 자녀를 길렀다고 하여 동방의 최고의 존주주의(尊周主義)자인 송시열이 극찬한 것을 유가들은 자랑으로 여긴다.

은나라의 예의범절과 주나라 국모(國母)의 정신이 내려진 신사임당은 실용주의자로서 과학자였던 장영실을 제치며 한국 화폐의 최고가치인 5만 원권 자리에 선정되어 존주주의의 극치를 나타낸다. 태몽으로

▲ 한국의 성리학적 상징 화폐와 현대 국가의 화폐

용꿈을 꾸어 이름을 현룡(現龍)이라 하였으며 그 꿈을 꾼 방을 몽룡실(夢龍室)이라 한 아들 율곡은 오천 원권에 등극했다. 1만 원권 세종대왕은 우암 송시열로 대체하는 것이 격에 맞다. 세종은 한글을 창제하여 조선 천하를 열었기 때문이다. 화폐가 국가의 정체성과 역사의식이 깃든 시대정신과 정치문화의 상징성을 나타낸다면, 한국 화폐는 용봉문화를 앞세운 존주주의와 성리학의 결정체로 집약되었다.

주나라와 주례(周禮)

주나라의 시조는 삼황(三皇) 중 제곡(帝嚳)의 아들인 후직(后稷)이다. 족성은 희성(姬姓)이며, 요순시대에 농업 발전에 공이 커 농사(農師)로서 무공현(武功縣)에 봉해졌다. 《사기(史記)》 주본기(周本紀)에 따르면 10대인 고공단부(古公亶父)에 이르러 기산(岐山) 아래 주원(周原)에 정착하여 주읍(朱邑)으로 성장하여 벼농사로 수경이 가능한 은의 문정(文丁) 시대에 서백(西伯)으로 임명되고 서로 통혼(通婚)하여 인척 관계를 맺으며 문자와 청동기를 사용하는 은의 문화를 받아들였다. 후에 문왕(文王)으로 추존된 창(昌)이 은에 납치되기도 했으나 하늘로부터 천명(天命)을 받았다며 지금의 장안현(長安縣)의 풍읍(豊邑)으로 동천(東遷)하여 은과 대결하였다.

천하(天下)의 대세를 간파하며 《육도삼략》을 지었다는 강태공(姜太公, 呂尙, 太公望, 姜族)을 모셔 와 국력을 키웠다. 결국 그의 아들 무왕(武王)이 중원(中原)의 은나라 수도 안양(安陽)을 점령하여 호경(鎬京)에 도읍을 정하고 주왕조(周王朝)를 개국(1122 기원전)하였다. 황용이 꿈틀거리는 비옥한 황하(黃河) 강변에서 벼농사로 부를 축적하며 청동기 문화를 발전시켰다. 주나라는 혈통 중심으로 친인척과 공신에게 봉토를 주며 제후로서 충성 맹세와 함께 책봉, 조공책으로 봉건제도를 확립하였다. 천자로부터 분봉 받은 종실(宗室)의 제후인 종번(宗藩)을 통해 평천하(平天下)를 이루었다. 세계 4대 문명의 하나인 황하 문명이다.

이런 주 왕조가 고조선에 기자(箕子)를 봉하며 조선과 연계되었는데 후일 이성계가 개국한 조선을 동쪽의 주나라, 즉 동주(東周)로 만들었다. 소화(小華)였다. 꿈에도 주나라만 생각했다는 정몽주(鄭夢周)가 있었으며 주례(周禮)를 바탕으로 한 주나라 법도(法道)를 전하겠다는 정도전(鄭道傳)이 조선을 존주주의의 나라로 만들었다. 궁궐도 주례와 한 치의 어긋남이 없이 건설하였으며 1394년 《조선경국전(朝鮮經國典)》을 저술하여 《경국대전》의 기초를 마련하였다.

민주공화국이라는 대한민국이 첨단과학으로 세계적 중심 국가의 역할을 하면서도 정치 문화적으로나 정신적 세계관은 주례의 법도를 벗어나지 못하고 있다. 한성을 쓰면서 중국에서 온, 수천 년 전의 조상들을 기리며 중국몽에 동참하려는 지배계층의 사람들이 차고 넘친다. 종법제도에 따른 한성(漢姓)을 쓰면서 한·중 종친회도 운영된다. 72세에 벼슬을 하여 100세를 넘긴 강태공의 강씨는 70여 성씨로 분화되었

▲ 노태우 전 대통령의 친필과 반기문 사무총장 관련 기사

는데 노씨(盧氏)도 그중 하나의 성이다. 이들을 객가족(客家族)이라 하는데 등소평을 비롯하여 대만의 이동휘, 싱가포르의 이광요, 필리핀의 야키노 가문이 포함된다. 노태우 전 대통령은 세계 강태공 종친회에 부부 동반으로 참가하여 조상의 음덕을 찬양하였으며, 친필 비각 글씨도 헌정했다. 노무현 대통령은 세계노씨종친회에 참여한 종친들을 격려했다. 공자와 맹자의 후손과 주희의 후예들이 자부심을 가지고 가문을 지켜나간다.

반기문 외교부 장관이 UN사무총장이 되었을 때는 중국 반씨 집성촌에서는 "세계 대통령이 우리 고향에서 나타났다"며 성대한 잔치를 벌였다. 신문에도 대서특필되었다.

일제 식민지 시대의 창씨개명이나 가톨릭 교인들의 세례명처럼 시류에 따르는 이름 짓기는 오늘날에도 계속된다. 대만 출신 엔비디아 CEO는 젠슨 황(黃仁勳)이다. 황제의 후손이다. 성은 중국 본성이요, 이름은 미국식이다.

기자(箕子)에 대한 이른 기록은 유학에서 최상의 제왕학으로 여기는 공자의 《서경(書經)》 홍범구주(洪範九疇)편이다. 주무왕이 기자를 찾아가 백성을 화집(和集:국민통합)할 지혜를 물었다. 기자는 아홉 가지 규범 중 왕이 스스로 백성의 표준이 되어야 한다는 황극(皇極)을 세워 무편무당(無偏無黨)하면 왕의 도리가 탕탕(蕩蕩)해지고, 무당무편(無黨無偏)하면 왕의 도리가 평평(平平)해진다는 탕평책을 제시했다.

역경(易經)에도 "기자명이"(箕子明夷)라 하며 기자가 은나라 백성을 데리고 동방 진국(辰國)에 이르러 기자조선을 세워 백성을 교화했다고 하였다. 유학과 기자는 불가분의 관계이다. 조선의 기자 정통성의 근원이다.

사마천(司馬遷)의 《사기》에서 "기자를 조선에 봉했으나 신하로 하지는 않았다[封箕子於朝鮮不臣]"는 기록과 일연의 《삼국유사》나 정도전(鄭道傳)의 《조선경국대전(朝鮮經國大典)》에서 "주(周)나라 무왕(武王)의 명령을 받아 기자가 조선왕에 봉해졌다"고 한 것을 시작으로 하여 유학자 대부분이 기자 후예설을 믿으며 기자조선을 자랑스럽게 여겼다. 그리고 조선이 명나라에 조선(朝鮮)과 화령(和寧) 가운데 하나의 국명을 선택해 달라고 요청하여 명나라가 "동이(東夷)의 이름 가운데 오직 조선만이 아름답고 그 유래도 오래되었다"고 하면서 조선을 국호로 정하자, 정도전은 다음과 같이 표문(表文)을 올려 국호를 확정하였다.

"무왕(武王)이 기자(箕子)에게 명(命)한 이름을 전하에게 다시 명하였으니, 이름은 바르고 말은 순(順)하다. … 이제 조선(朝鮮)이란 미호(美號)를 습(襲)하였으니, 기자의 선정(善政)도 당연히 강구(講究)해야 할 것이다."

중국의 수많은 문헌에서는 기자가 조선에 와서 '팔조지교(八條之敎)'를 지어 가르치고 중국의 예의(禮儀)와 전잠(田蠶), 방직(紡織)의 기술을 전래시켰다고 하였다.[1] 중국 측 사료에 근거한 한국의 문헌에서도 기자가 조선에 올 때 중국의 시서(詩書), 예악(禮樂), 의약(醫藥), 복서(卜筮), 아문(衙門), 관제(官制), 의복(衣服), 백공(百工), 기예(技藝) 등을 대동하여 조선인에게 중국문화를 전래하였음을 기록하였다.[2]

더욱 중요한 것은 기자동래설의 진위논쟁보다는 조선시대 존주주의자들 대부분은 기자동래설과 기자가 조선을 개명시켰다는 기자동정설(箕子東征說)을 믿어왔다는 것이다. 동양 최고 존주주의자 송시열은 물론 퇴계 이황도 기자도선(箕子到鮮) 개명설을 대일통론과 함께 주장했다는 것은 《퇴계전집》에 있다. 거유(巨儒)들의 주장을 부정하는 유가들은 중화 천하를 부정하는 것이었다. 단군이 나라를 열고 기자가 나라를 문명화시켰다는 논리는 당시의 신념이었다. 북조선은 주체 사관으로 기자유적지 위에 체육관을 지었다.

봉건제도와 천하체계

주나라는 국가 조직과 통치제도를 확립하면서 개국(開國)의 기틀을 마련하기 위해 봉건제도(封建制度)를 실시하였다. 은대에 일부 지역에서 이루어진 봉건제도 초기 단계의 국가 조직을 주나라의 통치제도로 채택하여 800여 년 왕조 유지의 초석을 마련하였다.

은나라의 주왕(紂王) 아들 무경록부(武庚祿父)를 은나라의 옛땅에 은 왕실의 직할지로 통치하며 조상제사를 받들게 하였다. 화족(華族)은 다른 이족들과 달리 외관을 정제하며 예의를 지켰다. 주례(周禮)를 제정한 주공(周公)은 주 왕실의 자제와 그 친족들 및 동맹 부족을 제후(諸侯)로 분봉하였으며 강태공은 제(齊) 나라의 제후로 봉했다. 주공의 노나라(魯國)는 주공의 아들 백금(伯禽)이 제후로 분봉 받았다.

《사기(史記)》에는 희성제후(姬姓諸侯) 55-6개국과 이성제후국(異姓諸侯國)이 약 70여 개에서 180여 개국으로 추정되며, 주 왕실의 직할지와 조공(朝貢)을 바치는 제후로 구분하였다. 통치조직은 주례에 의해 조직적이며, 체계적으로 엄격히 관리되었으며 제후에 대한 관리 감독과 통솔은 조관(朝觀)과 순시제도(巡視制度)로 이루어졌다.

여기에 더하여 주 왕실은 구조적 봉건제와 함께 혈연제도에 기반한 종법제도(宗法制度)를 도입하여 왕실과 제후 관계를 본가(本家)와 분가(分家)의 일가(一家)를 이루게 하여 천하 일가의 기틀을 마련하였다.

종법제도는 조상의 종묘(宗廟)를 중심으로 형성된 제사 조직이었다. 종(宗)은 내부에 다수의 족(族)으로 구성되어 그 혈통에 따라 대종(大宗)과 소종(小宗)으로 형성되었다. 종족 내의 장자(長子)가 대종이 되어 종가(宗家)를 형성해서 문중을 통괄하였다. 상속은 대종인 적장자(嫡長子)에게 계승되었으며 대를 이어 상속과 계승이 가능하게 되었다. 여기에서 왕통(王統)과 종통(宗統)이 일치되어 대종과 소종 본가와 분가의 위계질서가 이루어져 주 왕실은 혈연에 기반한 종법제도의 기틀 위에 주천자(周天子)를 정점으로 하는 통치체계가 완성되었다. 그리고 신분적 지배 질서를 천자로부터 제후(諸侯), 경(卿), 대부(大夫)까지 위계질서가 확립되었다. 이렇게 이루어진 서주(西周) 시대를 평화로웠던 춘추(春秋)시대라 한다. 중세 서구의 왕과 영주 간의 계약에 의한 봉건제나 일본의 칼과 창의 대결로 이루어지는 무사(武士) 봉건제와는 확연히 다른 중국 특색의 봉건제였다.

공화정(共和政)이라는 명칭도 서주 후반기에 나타났다. 여왕(厲王)이 주색잡기에 놀아나 정사를 살피지 않아 소공왕자 선왕(宣王)과 주나라 왕실의 후손인 정종이 천자 대신 통치한 정치체제였다.

유학의 경전들도 서주 시대를 바탕으로 이루어졌다. 서주 시대의 문물전장(文物典章)을 잘 보전한 노나라의 역사를 기록한 춘추(春秋), 서주 시대의 정치제도와 관계를 기술한 서경(書經·尚書), 서주 시대 유행했던 시(詩)들을 모은 시경(詩經)이 있다. 그리고 서주와 전국시대에 시행되었던 예(禮)의 이론과 실체를 기록한 예기(禮記)와 주역이 있는데 은대부터 이어온 주역은 주공이 썼다는 역경(易經)·역전(易

傳)과 공자가 편찬한 십익(十翼)으로 구성되어 있다.

한편 천하 일가를 이룬 주 왕실은 하 왕조와 은 왕조에서 형성되어 내려온 천명사상(天命思想)으로 주나라 통치의 정통성(正統性)과 정당성(正當性)을 합리화하였다. 하화민족(夏華民族)이 형성된 것이다.

주문왕(周文王)의 천명설은 하늘의 명령을 받았을 뿐만 아니라 하늘의 자손인 천자(天子)로서 하늘의 뜻을 대행하는 신성성(神聖性)과 유일성(唯一性)을 독점하면서 하늘 아래 있는 모든 천하는 왕의 지배영역이 되었다. 천하체계가 이루어졌다.

이러한 천명(天命), 천자(天子), 천하(天下) 등 일체의 천하관은 대일통사상(大一統思想)과 연계되어 중국 역대 군주들에게 전승되어 중화 천하체계의 DNA로 작용되었다. 따라서 천조체제(天朝體制)의 불변적 영향력은 진(秦), 한(漢), 당(唐)을 거치면서 강화되었으며, 천하일가가 '중화민족 대가정' 논리로 진화되어 '중국몽'의 사상적 배경의 바탕이 되었다.

존주주의 나라 조선에서는 이미 명산대천에 주나라의 테마공원이 생겨났다. 주왕산면에 있는 주왕산(周王山)이다. 안동에서 동남쪽으로 태백산맥 남단에 있는 국립공원이다. 높이 721m 암벽 산으로 석병산(石屛山)

▲ 주왕산(周王山)

또는 주방산(周房山)이라고도 한다. 기록으로는 중국 진(秦)나라 때 주왕(周王)이 피난 와서 살았다는 곳으로 주왕의 딸 백련(白蓮) 공주 이름을 딴 백련암(白蓮庵)과 주왕이 마장군과 격전을 치루었다는 기암(旗巖)이 있다. 주왕이 아들딸과 함께 달 구경했다는 망월대(望月臺)

제1장 '중화'의 원류 37

와 동해 바다가 보이는 왕거암(王居巖)이 있으며 주왕이 무기를 숨겨 두었다는 무장굴(武藏屈)과 연화굴(蓮花屈)도 있다. 기암괴석과 어울려 주왕이 신격화되었다. 충북 괴산군 청천면 대전리 화양계곡에도 주왕산이 있다.

전국시대

평화로웠던 춘추시대(770-453bc)가 지나 전국시대(戰國時代, 453-221bc)가 되면 자립한 제후국들이 세운 열국(列國)들이 패권(覇權) 쟁탈전으로 난세가 되었다. 종법 질서가 흔들리며 구질서가 변질되었다. 서주 시대의 주나라가 약화되면서 주 왕실의 동천(東遷)이 이루어져 주 왕실은 유명무실한 지위로 전락하며 열국은 대국·소국을 가리지 않고 주권국가로 변하였다.

주 왕실과 제후들 간의 군신 관계가 붕괴되었다. 중국의 역사를 치세가 오래되면 반드시 난세가 되고 난세가 오래되면 반드시 치세가 된다.[治久必亂 亂久必治]는 것을 보여준다. 구심력과 원심력의 상호작용이 통합과 분열을 반복한다.

100여 개의 제후국이 13개로 압축되었다. 그중 오패(五霸, 齊桓公, 秦文公, 楚莊王, 吳王闔閭, 越王 句踐, 기록마다 다르게 나타나기도 한다)로 다투다가 결국 진(秦), 초(楚), 연(燕), 제(齊), 한(韓), 위(魏), 조(趙)의 전국칠국(戰國七國)으로 집약되었다.

이들은 소진(蘇秦)의 합종책(合從策, 6국이 합하여 진을 대적하는 전략)과 장의(張儀)의 연횡책(連橫策, 6국이 진과 화친하여 공존하자는 전략)의 대결로 다투다가 결국 위나라 사람 범유(范雎)의 원교근공

정책(遠交近攻政策)을 따른 진나라가 적극적 정복 전쟁으로 중국을 통일하였다. 평화를 지향했던 손무(孫武)의 《손자병법》도 나타났다.

상국(相國) 여불위(呂不韋)로부터 정권을 되찾은 진왕(秦王) 정영(政嬴)이 위국인(衛國人) 상앙(商鞅)을 중용하여 변법자강(變法自疆)의 부국강병책(富國强兵策)으로 진나라를 최강국으로 만들었다. 변법은 중앙집권을 위한 군현제(郡縣制)의 실시, 소가정(小家庭)의 형성 군공작제(軍功爵制), 그리고 십오제(什伍制) 창설 등이다.

전국시대에서부터 혈통에 의한 봉건제가 무너지며 군과 현에 합쳐진 중앙집권적 전제군주가 군주의 수족이나 가신들 또는 유능한 인재를 등용하여 관료 중심으로 직접통치가 이루어지게 되었다. 이는 춘추 초기의 구리와 주석의 합금인 청동기 시대에서 철기시대로 넘어가는 변화의 시기였다.

농사에서의 우경(牛耕)과 철기(鐵器) 사용에 따른 잉여가치의 증대로 경제력 향상과 부(富)의 축적이 이루어졌고 하부구조의 경제적 토대가 변화되었다. 부국강병의 패도정치(覇道政治)가 나타나게 되었다. 지식과 학식을 갖춘 능력 있는 사인(士人)들이 새로운 이상사회를 추구하며 등장했다. 더욱이 가장 중요한 것은 전쟁 속에서 백성들의 평화에 대한 염원과 반정(反政) 사상도 민심 획득에 결정적 역할을 하였다.

대일통평천하(大一統平天下)의 시대적 요구를 반영해 통일론과 정치변혁론이 백가쟁명(百家爭鳴)으로 나타나고 온갖 꽃이 만발할 것처럼 백화제방(百花齊放)식으로 수많은 학설과 정치논쟁 그리고 법가의 권·세·술(權·勢·術)의 전략 전술이 생겨나는 제자백가(諸子百家) 시대였다.

공자 　　　　　　노자 　　　　　　맹자

　　공자·맹자·순자의 유가 사상과 도덕경을 지은 노자(老子)의 도가(道家) 사상이 나타났다. 장자(莊子)와 함께 노장사상(老莊思想)이라 한다. 오늘날 중국인의 대부분이 믿는 도교의 원리다. 묵자(墨子)의 묵가사상(墨家思想), 그리고 제일 늦게 출현한 법가사상(法家思想)이 새로운 시대의 이념으로 등장한다. 법가사상(法家思想)은 신불해(申不害), 신도(愼到), 한비(韓非)에 의해 이루어졌다. 한비는 순자의 문인으로 《한비자》를 썼다. 이 시기에 손자병법(孫子兵法)도 나와서 후일 조조가 해설서를 썼다. 그리고 역사상(易思想) 또는 주역(周易)과 음양오행사상(陰陽五行思想)이 등장하였다. 역경과 음양오행은 별개의 것인데 함께 합쳐져 활용되기도 하였다. 여기서 치세의 방법론을 집약하면 예치로 성군이 다스리는 도덕 정치를 추구하는 유가적 왕도정치(王道政治)와 부국강병을 목표로 하는 법가적 패도정치(覇道政治)로 대별할 수 있다. 또한 도가적 무위지치(無爲之治)는 유가적 예의범절과 사회규범을 타파하며 개인의 자발적 삶을 지향하는 무위자연(無爲自然)을 이상사회로 삼았다. 권력의 폭력성을 경계하며 상대성의 인간관계를 중히 여겼다.

　　춘추 시기 후반기에 나타난 유가 사상은 공자로부터 시작된다. 72세의 아버지 숙량흘(叔梁紇)과 무당집 16세의 안씨(顔氏)와 야합으로 태어나 주대의 학문과 시(詩), 서(書), 예(禮)를 독학으로 공부한 입지적 인물이다.

　당시 공자의 노(魯)나라는 주공(周公)의 아들 백금(伯禽)이 제후로 분봉을 받아 주공(周公)의 위업을 이어받았기 때문에 공자는 주공의 위대한 지도력과 덕치(德治), 그리고 주공이 제정한 주례(周禮)의 영향을 받았다. 따라서 공자의 학문과 행적은 주 나라 전통문화의 기반 위에 형성되었기 때문에 복고주의적이었다. 주 왕실의 약화와 주변의 모든 이적(夷狄)들의 중원 약탈과 침략에 대비하여 제하(諸夏) 세계의 주 천하를 보위하려고 하였기 때문에 그의 정치적 논리는 주대의 봉건제도의 틀 위에서 이루어졌다.

　따라서 공자의 정치론은 무력과 권력보다 도덕과 예치에 입각한 성군(聖君)을 중심으로 왕권 강화를 통해 이루어져야 한다는 것이 주류를 이룬다. 혈연과 권력과 무력에 의해 결정되는 정치가 아니라 덕(德)의 우열과 정도에 따라 현자가 지배하는 이상적 천하 질서를 확립해야 한다는 것이다. 매일 밤 꿈에 주공을 만났듯이 주공(周公)이 이상형이다. 통일 천하를 이룩하는 데 결정적 역할을 하였으며 왕권을 이어받을 수 있는 명분과 조건이 있었음에도 조카인 성왕(成王)을 도와 주 왕실의 천년 역사를 이룩하게 한 주공이 덕치의 모델이 되었다.

　그리고 봉건 계급 사회는 계층 간 직분 간 충실을 기하기 위해 정명(正名)의 원칙을 세워 그 이름(名)에 부여된 그 분(分)에 충실할 것을 주장하였다. 안정되고 질서 있는 사회 즉 평천하를 이루어야 하며 이를 뒷받침하는 예(禮)의 절대성을 주장하여 예치(禮治)를 통해 자율적이며 자발적 순종과 복종을 강조하였다.

유덕(有德)·관대(寬大)·인자(仁慈)한 성군에 의해 이루어지며 예치를 통해 강제적, 물리적, 폭력적 권력 횡포없이 순리적(順理的)으로 평화롭게 이루어지는 왕도정치(王道政治)의 이상 사회론은 역대 왕조의 대의명분이 되었다. 내가 살아있는 것도 모르는데 죽음을 어찌 알겠는가?[味知生, 焉知死]라며 가상적 신화의 세계에서 인본주의(人本主義)를 근본으로 하는 인간적 철학을 가진 공자 사상의 특징은 학문에 대한 열정과 자신의 뚜렷한 정치철학을 가졌다는 점이다. 시경(詩經)을 편집할 때도 "생각에는 그릇됨이 없어야 한다(思無邪)"는 명분에 맞추어 수신제가치국평천하(修身齊家治國平天下)를 주제별로 정리하였다. 자기 계발론이며 처세술과 정치 윤리를 다룬 실용과 실천 학문이었다. 정치의 요체는 "먼저 백성을 부유케 하라"였다. 후일의 관념론으로 흐른 형이상학적 성리학과는 달랐다.

공자는 책을 저작하거나 독자적 창의력을 가진 유능한 학자라기보다 전수였다는 점이다. 춘추도 노나라 사관의 춘추를 재해석하여 전한 것이다.

중국몽의 뿌리는 춘추대일통이다. 삼황오제(三皇五帝)를 시원으로 하는 신화시대를 배경으로 한다. 요·순(堯舜) 시대를 이상사회로 설정한 하은(夏殷)의 역사를 이어받은 주(周)나라의 천하관이며, 주나라 중심의 세계관이다. 혈통 중심의 봉건제와 주례(周禮)에 의한 예치(禮治)는 문화민족주의(文化民族主義)의 골간이 되었다.

흔히들 혈통적 시각으로 볼 때 '중화'나 '한족'의 실체가 없다는 주장을 하지만 중국의 역사를 통해 도도히 흘러내리는 주천하(周天下)의 역사의식은 서주(西周)를 비롯하여 동주(東周)와 한대(漢代) 이후의 남북조(南北朝) 시대의 북주(北周)로 이어졌다. 그리고 당대(唐代)의 무측천(武則天) 여황제의 당주(唐周)와 5대 10국(五代十國)대의 후주(後周), 원말 명초 장사성(張士誠)의 장주(張周) 및 청대(淸代) 초기 오삼계(吳三桂)의 오주(吳周)가 있었다. 조선의 동주(東周)는 돌연변이었다.

공자(孔子)가 숭배했으며, 꿈속에서도 오매불망 잊지 못했던 주나라 주공(周公)의 봉토(封土)인 노(魯)나라 역사관이 '춘추(春秋)'로 집약되었다. 유가(儒家) 정치의 근본이 되는 《춘추》는 원래 노나라 사관이 저작한 역사서인 《춘추》를 공자가 자신의 주관적 역사관을 반영하여 재편집한 노나라 역사서이다. 그래서 동주(東周) 시대의 전반기까지를 《춘추》라 한다. 《춘추》는 1,800여 조(條)의 내용이 16,500여 자(字)로 간결하게 서술되어 있다.

청동기에서 철기시대로 바뀌는 변화의 시기에, 찬란했던 주나라 주공의 예악(禮樂) 제도와 평화로웠던 주천하가 전란으로 허물어졌다. 이를 안타까워했던 공자는 역사적 사실뿐만 아니라 자신의 대의명분(大義名分)에 따라 역사적 인물들에 대한 공과와 시비를 가려 자의적인 춘추필법(筆法)으로 《춘추》를 집필했다. 그래서 춘추필법은 대의명분이라는 뜻과 같이 쓰기도 한다.

공자는 말했다. "후세에 나를 알아주는 사람이 있다면 《춘추》 때문일 것이며, 나를 비난하는 사람이 있다면 그 역시 《춘추》 때문일 것이다."

추(鄒)나라의 맹자(孟子)는 《춘추》가 등장한 이후부터 간신적자들이 몸을 떨었다며 《춘추》가 대의명분을 세운 역사 비평서라 했다. 오직 정사(正史)만을 기록하여 객관적 사실을 바탕으로 준엄한 역사관을 드러냈다는 편년체의 효시로 보았다.

한나라 때 사마천(司馬遷)은 섬서성(陝西省) 용문(龍門)이 고향이었으며, 공자를 흠모했다. 사마천(司馬遷)은 《사기(史記)》에서 《춘추》는 노나라의 역사를 중심으로 삼고 주나라를 종주(宗主)로 하며 은(殷)의 제도를 참조하여 하·은·주의 법령을 계승한다고 했다.

후일 송대의 사마광(司馬光) 역시 《춘추》에 연결하여 편년체로 《자치통감》을 썼다. 《춘추》의 공자 삼자경(三字經)은 "시가 이미 쇠퇴하여 춘추를 지으시니 칭찬과 나무람이 있고, 선과 악의 구별이 있다"라고 했다.

따라서 춘추대의라는 직접적 표현은 없지만 '화하(華夏)를 존중하며 이적을 물리쳐라'[尊華困夷]라든가, '약한 것을 가볍게 보며 강한 것을 두려워한다'[欺軟怕硬]는 의리(義理)와 도리(道理), 그리고 예의와 정의(正義)가 내재되어 있다. 안은 상세하게 밖은 간략하게 써서 나라의 역사를 빛나게 한다는 것이다. 쉽게 말하면 주(周)나라 중심의 역사를 쓰겠다는 것이다.

공자가 직접 존왕양이(尊王攘夷)를 거론한 적은 없다. 오히려 예악이 살아 있는 동이(東夷)를 동경하기도 했다. 이때의 이(夷)는 구이(九夷)를 비롯한 중원과 산동의 이족들을 말한다. 여기서 말하는 아홉이라는 숫자는 "아주 많은 것"으로 많은 이적(夷狄)의 통칭이다. 후일의 동이와는 다르다.

혈통적 종족주의일 뿐만 아니라 문명적 주나라 문화와 주변의 야만족을 구별했을 뿐이다. 국인(國人)과 야인(野人)을 구별하며 천하를 지배하는 주왕이 주변의 야만적인 이적(夷狄)을 교화시켜 지배하는 화이지변(華夷之辨)이다. 내외(內外), 대소(大小), 중변(中邊)의 중심에서 주변을 관리하는 화이관(華夷觀)이었다. 혈통적 화이관인 화이준별(華夷峻別)과 존화양이(尊華攘夷)는 금나라에 핍박받던 송나라 때 주희(朱熹)의 성리학적 정치이념이 확산될 때 강화되었다. 사마천의

《사기》나 나관중의 《삼국지연의》도 같은 맥락으로 볼 수 있다.

공자는 주역을 삼천 번이나 읽었다 한다. 위편삼절(韋編三絶)이다. 사기(史記)의 공자세가(孔子世家)에서 유래되었다. 괘사(卦辭)는 문왕이 효사(爻辭)는 주공이 만들었으며, 공자가 십익(十翼)을 썼다는 것도 주역을 전수했을 뿐이다. 무극태극도(無極太極圖)처럼 이 세상의 시원은 공(空)이며 음양의 두 기운과 다섯 가지 요소인 우주 만물을 구성하는 오행이 생겼으며, 만물이 탄생했다는 주역원리도 집단 이성이 만들어 낸 지혜의 집합이다.

또한 제자 가르치는 것을 통해 전수한 학문적 대화와 토론의 책인 '논어'야말로 학문의 진수를 나타내주었다. 제자가 물으면(問), 공자가 대답하는 말(曰)로 꾸며진 토론(論)은 정답보다는 옳은 답을 항상 유도했다. 효도의 방법도 제자의 인성에 따라 다르게 해석하는 등 자유분방한 학문의 세계를 논리적으로 개척함으로써 군주의 시대에 왕조를 초월한 치세론(治世論)과 통치 이념으로 작동했다.

그러나 조선에 와서 공자 왈(曰), 맹자 왈(曰)로 훈고학적·교조주의적으로 변조되어 맹목적으로 맹신하게 하는 교육을 하게 한 것은 주자학적 신유학이 공자의 진면목을 왜곡시킨 것이다. 조선이 유학을 정치 이데올로기화하여 유교로 했기 때문이다. 조선의 유학은 모든 종교와 사상을 사문난적으로 규정하여 종교적 교리로까지 변화시켰다. 대한제국 고종이 '유교'를 국교로 선포하기도 했다.

주(周)나라 역사 중심의 천자문부터 《동문선(東文選)》, 《명심보감(明心寶鑑)》, 《논어(論語)》, 《맹자(孟子)》를 가르치며 서당, 서원, 향교, 성균관을 통해 교육체계를 유교로 통일하였다. 따라서 조선의 독특한 유교는 유일사상이 되었다. 학문의 진리 탐구와 종교적 교리가 혼재

되었다. 천자문(千字文)은 "주발은 무왕이며 은탕은 왕의 칭호다(周發殷湯)"이라든가 "임금 섬김에는 목숨을 다해야 한다(忠則盡命)" 같은 정치교육을 어릴 때부터 한다.

퇴계 이황이 태어난 종가 이계양(李繼陽) 집 대문에는 공자가 제자들을 데리고 들어왔다는 어머니 태몽에 따라 성인이 들어온 문이라는 성임문(聖臨門)이 있다. 고향 안동은 공자의 노(魯)나라와 맹자의 추(鄒) 나라를 합해 공, 맹자의 고향이라며 추로지향(鄒魯之鄕)이라 한다. 한국 정신문화의 수도(首都)라 하며 자부심이 대단하다. 주 천하의 살아있는 화석(活火石)인 추로지향은 현재의 중화문화를 빛내는 보석이다. 경북도청 행정관청도 여민관(與民館), 동락관(同樂館), 안민관(安民館)으로 한자로 써있다. 추로지향답게 '춘추(春秋)'를 부활하였다. 정신문화의 수도처럼 서의문(西義門)도 만들었다.

공자보다 약 100년 후의 맹자(孟子) 가(軻)는 산동성 남부의 추(鄒)나라에서 태어났는데 선조는 노(魯)나라의 맹손씨[孟孫氏, 또는 중손(仲孫)]였다. 기원전 408년 제(齊)나라가 맹씨의 식읍(食邑)인 성성(郕城)을 공격하자 노나라에서 추나라로 흘러 들어갔기 때문이다.

공자를 흠모하여 공자의 손자인 자사(子思)의 문인에서 유학을 배웠다. 전란이 심해지던 부국강병의 합종연횡이 이루어지던 시대에 왕도정치(王道政治)를 주창했다. 정치형태를 왕도와 패도(霸道)로 분류하며 왕도는 인(仁)으로 도덕 정치를 하고 패도는 무력으로 하는 정치라 하였다. 그 기본은 백성을 가장 중하게 여기는 중민(重民) 정치로 백성이 가장 귀하며, 사직(社稷)이 다음이고, 임금이 사직 다음이라 하였다. 백성은 물질이 있어야 마음도 생긴다(無恒産 無恒心)며, 생산성을 높여야 민심이 좋아진다는 실용성도 중하게 여겼다.

임금은 백성을 위해 인정(仁政)을 하며 이를 위해 천명설(天命說)을 내세워 천명을 받은 군주는 하늘의 뜻[天意]에 따라 왕도정치를 해야 한다면서 만약 천의가 무시되거나 실덕(失德) 또는 악정(惡政)을 할 때는 백성은 방벌(放伐)을 통해 군주를 축출하여 유덕 군주를 옹립할 수 있다는 혁명론을 주장했다. 이 역성혁명(易姓革命)의 천명설은 왕조 변혁의 명분이 되었는데 민심의 소재와 천명의 소재(所在)를 일치시켜 민심이 천심이라는 중민론을 일반화시켰다.

도덕 정치 구현에는 백성의 물질적 경제적 안정이 필요함으로써 주(周)대의 정전제(井田制)를 실시해야 한다는 주장도 했다. 맹자는 인간의 본성이 천성적으로 착하다는 성선설(性善說)을 주장하여 송대의 주희의 성리학에 절대적 영향을 끼치기도 했다. 맹자는 인간의 선함을 바탕으로 도덕 교육을 통한 심성 개발로 올바른 정치가 가능하다고 하였다.

한편 유가로서 한비(韓非)의 법가(法家) 사상에 영향을 끼친 순자(荀子)는 성악설(性惡說)을 주장하였다. 불완전한 인간사회는 신분적 차등 계급 사회가 형성하는데 인간은 사회적 존재이지만 선천적으로 악(惡)하기 때문에 탐욕과 증오, 욕망의 충돌로 혼란에 빠지기 쉬움으로 인간의 악한 본성을 교화하여 예(禮)를 통해 안정된 사회질서를 추구해야 한다는 주장이다. 자기의 본분(本分, 分數)과 극기(克己)를 통한 예치가 올바른 정치를 이루게 한다고 했다.

이러한 유가 사상을 비롯하여 도가의 무위지치(無爲之治)나 묵가의 구세관(求世觀)이 관념주의와 문치주의였다면 새롭게 나타난 법가사상(法家思想)은 일체의 구질서를 무시하며 무력(武力)과 경제에 기반한 부국강병과 강력한 군주 권력을 강화하려는 법치(法治)를 주장하였다.

법가사상은 전제군주 권력의 강화를 위한 국가의 제도 개선과 강력한 중앙집권적 관료국가 건설을 위한 정치사상으로 현실적 정치권력의 통치술이었다. 현대적 법의 개념과는 다른 규제와 통제가 획일적이며 통일적 행정체계의 확립이 우선되었다. 예를 들면 도량형의 통일적 운용, 문자의 통일로 소통의 획일화와 명령체계의 확립, 농업생산량의 재고를 위한 농법의 개발, 강병육성(强兵育成)을 위한 사회경제적 통제 등이었다. 대일통(大一統)의 원형이었다.

법가들의 학설에 따라 법치(法治), 세치(勢治), 술치(術治)로 구분하기도 하는데 법치는 종래의 예치보다 성문법(成文法)에 의해 시행되며 세치(勢治)는 군주가 막강한 힘과 위세(威勢), 그리고 권위를 가지고 세위(勢位)를 지켜야만 한다는 것이다. 신하가 군주에게 복종하는 것은 덕행이나 재능 때문이 아니라 군주의 위세가 우선된다는 것이다. 술치는 군주가 관리를 다루는 군술(君術)은 군주의 리더십과 전략 전술의 능력을 말한다. 군주는 허정(虛靜)과 무위(無爲) 속에서 시비(是非)의 시작과 공과에 따라 상벌을 줄 것을 권한다.

이러한 법치·세치·술치의 학설을 집대성하여 체계화하여 진제국(秦帝國)의 통치이념 확립에 결정적 영향을 끼친 것은 한비(韓非)다. 이사(李斯)와 함께 순자(荀子)에게 배웠다는 그는 도가 사상과 함께 순자의 성악설을 근본으로 하여 이기적 인간의 자연 방임을 경계하여 법치를 주장하였다. 유가의 덕치나 예치로는 한계가 있으며, 법치만으로도 부족함으로 법·세·술의 모든 전략 전술을 함께 병용하여 통치할 것을 주장했다.

제2장
대일통과 호한 융합

진제국(秦帝國)과 시황제(始皇帝)

진(秦)나라 왕 정[政 성은 영(瀛)이며, 씨는 조(趙)]이 전국시대를 마무리하며, 통일제국을 세우고 황제(皇帝)를 존호(尊號)로 하였다. 서주 시대에 주왕(周王)을 천자(天子)라 하며, 제후들은 왕(王)이라 했는데 천하의 주인이 되어 가장 거룩하며 권위적이며 신성한 존호가 필요해 빛나는 태양을 의미하며 광휘(光輝)롭고 위대하다는 뜻을 가진 황(皇)과 우주 만물의 창조주이며 절대신이었던 천(天)의 상제(上帝)를 합하여 황제라 하였다. 삼황(三皇)의 황(皇)과 오제(五帝)의 제(帝)를 따서 했다는 설도 같은 의미로 볼 수 있는데 이 황제의 이름은 중국 역대 전 왕조의 황제 칭호로 사용되었다. 존호부터 통일 중국의 초석을 깔아 놓은 것이다. 상제가 천상에서 우주 삼라만상을 관리하듯 이 하늘의 명을 받아 지상(地上)의 모든 것을 지배하는 천하의 주인 노릇을 해왔다. 동주(東周) 이후 500년 만의 평화를 지키기 위해 불철주야 나라를 보살폈다. 진시황의 천하 대일통의 통일정책은 첫째로 전란의 전국시대의 난세를 종식시키기 위해 가장 먼저 한 것이 군현제였다.

중앙집권적 권력 집중을 통해 황제의 직접 통치제를 구현한 것이다. 간접 통치인 봉건제의 취약점과 전국시대의 구심력 약한 난세의 원인이 정치 권력의 모호성이었다면 군현제는 혈통이 아닌 관료제도를 확립하여 행정의 구조(system)로 법치가 가능하도록 하였다. 법가인 이사(李斯)의 직접통치 지배체제는 중앙은 승상(丞相), 태위(太尉), 어사대부(御史大夫)의 삼공(三公)을 중심으로 백관(百官)을 관장 감찰하며 국정을 운영하였으며 지방조직은 전국을 36군(郡)으로 군수(郡守)가 현(縣)을 다스리도록 하였다. 수직적 위계질서가 확립된 것이다. 따라서 유일무이한 지배자인 황제는 모든 권력의 원천이 되어 직접 백성을 다스렸으며, 이후 역대 왕조들도 독점적 권력을 행사할 수 있었다.

시황제는 진나라의 우세한 군사력으로 이이제이(以夷制夷)와 원교근공(遠交近攻) 책략으로 먼 나라와 친교를 맺고 가까운 나라를 공략하여 여섯 나라를 통일하였다. 초나라 사람 화씨(和氏)가 문왕(文王)에게 진귀한 명옥(明玉)을 올렸는데, 진시황이 이 옥으로 도장을 만들어 옥쇄가 처음으로 사용되었다. 이후 황권 통치의 정통성 상징으로 사용되었다. 진시황의 대일통 통일정책의 중요한 조치도 치도(馳道)의 건설이었다. 통일제국의 국가 기틀(國基)을 공고히 하기 위해 도로(道路)의 규격과 마차의 운용을 일치시켜 도로망을 전국으로 확장시키는 것이었다. 천자지도(天子之道)라 하여 시황제가 전국을 순행할 때 이용하면서 유사시 반란 진압을 조기에 진압하거나 병력 수송 또는 통신 전달에 활용하였다. 칭기즈칸이 역참제도로 천하를 지배했던 것과 같은 원리로 정보력 장악의 효과도 있어 중국을 대일통역사로 만드는 초석(礎石)을 놓은 것이다.

시황제는 중국을 대일통의 문화 민족으로 만드는 데 결정적 역할을 한 것이 바로 문자(文字)의 통일이었다. 전국시대까지 각 지역에 따라 언어도 다르고 문자의 지형도 달라 백성의 의사소통뿐만 아니라 행정 명령체계가 제대로 잡히지 않았다. 《설문해자(說文解字)》에 의하면 이사(李斯)의 건의에 따라 과거 전국시대의 6국의 문자를 모두 폐지하며 소전(小篆)을 만들어 획일적으로 전국에 통용시켰다가 후일 소전을 다듬어 예서(隸書)로 만들었다.

이후 후한(後漢) 시대 이후에 해서(楷書)와 행서(行書)와 초서(草書)가 나타나 문자가 통일되어 동양 천하를 한족(漢族)으로 만드는 초석이 되었다. 아무리 언어가 안 통해도 필담(筆談)으로 소통함으로써 시황제의 문자 통일은 정복왕조들의 정치 문화적 중국화와 함께 한족 정복왕조를 재정복하는 기본 틀을 만든 것이다.

조선의 자발적 존화(尊華)와 존주주의(尊周主義)가 극치를 이루며 존왕양이(尊王攘夷)하였던 그 핵심 요인은 한 문자를 통한 한문화(漢文化)를 뼛속까지 받아들였기 때문이다. 지금까지도 한자를 국자(國字)로 하며 병용하자는 주장은 끈질긴 한자의 위력을 나타낸다.

중화불교(中華佛敎)의 한문 경전이 있는 한 한자 번자체는 한국의 살아있는 중화의 활화석(活火石)이다. 추로지향(鄒魯之鄕)의 소수민족 같은 양반집 주렴과 함께 불교의 기본 신앙의 축문(祝文)처럼 귀하게 여긴다.

진시황은 군주권의 강화를 위해 상앙(商鞅)의 변법이 성공하면서 법가사상을 정치이념으로 하여 부국강병을 달성하려 했다. 그러기 위해서는 한비자의 법·세·술의 법가사상이 필요했다. 잔존하고 있는 유가 등 제자백가들의 제 이론들이 백성들을 현혹시키는 공리공담(空理空談)으로 보고 탄압하였다. 이사(李斯)는 점복(占卜), 의약(醫藥)과 농작법 또는 실생활에 필요한 책 외에는 모두 금서로 불살라버리고 각국의 역사서도 처분토록 하였다. 사상통일을 위해서는 수단과 방법을 가리지 않고 분서갱유(焚書坑儒)를 강행하기도 하였다.

진시황은 화폐와 도량형을 통일하여 표준화된 과학적 생활을 하도록 하여 공동체 생활의 규범을 현실화시켰다. 획일적으로 통일된 원형(圓形)의 화폐와 규격화된 도량형은 공평과 정확성을 생활화함으로써 백성의 생활을 편리하게 하였다. 진시황은 중앙집권적 관료제도의 확립과 대일통을 위한 문자·도량형·도로확장 등 '중화일통(中華一統)'의 원형을 구축하였다.

▲ 진시황

진시황의 포용력도 대일통의 요인이 되었다. 통일후 타국출신 관료들을 모조리 내치려 하자 초(楚)나라 출신 이사가 "큰 산은 조그만 흙덩이도 마다하지 않기에 그 거대함을 이루었으며 넓은 바다는 작은 물줄기들을 마다하지 않았기에 그 깊은 물을 이룰 수 있었다(太山不讓土壤 故能成其大 河海不擇細流 故能就其深)"는 간언을 받아들여 많은 인재를 등용할 수 있었다.

그러나 진나라는 만리장성을 쌓으면서 국경 개념을 가지게 되었지만, 처음으로 천하를 구분하였으며, 장성을 쌓기 위해 무리한 역사(役

事)를 강행함으로 민심이 이반되었다. 법가 중심의 급진적이고 혁명적인 변혁을 이끌어갈 체계적인 관료 집단 형성을 이루지 못해 15년의 왕조를 마감하였다. 그러나 진나라는 차이나(China)로 진(秦)의 역사와 함께 장생불로(長生不老)를 꿈꾸던 진시황제의 소원이 이어져 가는 것이다. 진시황제가 아니었으면 중국도 유럽처럼 되거나 서로 엉겨 붙어 싸우는 중동이 되었을 수도 있다.

중국이 대일통으로 이어지는 것은 춘추대일통(春秋大一統)의 주 천하관과 진나라의 통일 정책의 영향이 결정적일 수 있다. 즉 주나라와 진나라를 결합한 형태의 한(漢)나라가 중국을 중국답게 한족(漢族)을 만들었기 때문이다. 따라서 오늘의 시(始와 쩝이 발음이 같다) 황제라고 하는 시진핑(習近平)의 중국몽 역시 춘추대일통이 그 원류이다. 왕조의 형태는 바뀌어도 춘추대일통은 변하지 않는 중국의 정치 이념이 되었다.

한(漢) 나라의 대일통

10만의 병력을 가진 진나라 토벌군의 일개 부장에 불과했던 한나라 유방(劉邦)이 40만의 병력을 거느리며 초(楚)나라의 상장군(上將軍)으로 토벌군의 최고 지휘관이었던 항우(項羽)를 무너뜨렸다. 유방은 외유내강의 포용적 리더십으로 용인술이 뛰어났다. 돈 많은 여후(呂后)의 아버지가 유방의 관상이 용안(龍顏)이라서 사위로 삼았다 한다. 용안의 시작이다. 머리로 전략을 세워 싸운다는 유방은 몸으로 싸우는 항우와 운명의 혈투를 했다. 유방은 민심을 얻으며 부전승(不戰勝) 전략으로 임했으며 항우는 무력으로 약탈과 방화 때문에 공포의 대상이 되었다. 함양(咸陽)을 두고 겨루다가 천하양분(天下兩分)으로 타협했다. 그러나 유방은 장량의 권유로 항우를 추격하여 해하성(垓下城)에서 초나라 노래를 불러 사면초가(四面楚歌)

항우   유방

를 만들어 심리전의 대승을 거두었다. 그래도 후대 사람은 산을 뽑고 세상 덮을 기력을 가진 역발산기세(力拔山氣勢)인 서초패왕(西楚霸王) 항우와 우희(우미인)의 사랑을 그리워 하며 항우에게 권토중래(捲土重來)하지 않은 것을 안타까워 하며 연민의 정을 보낸다. 이 초한(楚漢)의 대결은 장기(將棋) 놀이로 개발되어 음양의 주역 원리로 만든 바둑과 함께 중국과 조선 사람들이 밤낮으로 즐긴다. 파란만장했던 초·한 대결이 종결되며 중국은 다시 통일 천하가 되었다.

    삼걸(三傑)이라 하는 꾀주머니 장량[張良?~기원전 186, 자는 자방(子房)] 한신(韓信)과 소하(蕭何)의 도움이 컸다. 특히 사마천이 탁월한 식견을 가진 "하늘이 내린 참모"라 할 정도로 평가한 뛰어난 전략을 가진 장자방(張子房)은 조선의 개국공신인 정도전의 멘토였다. 정도전은 술에 취하면 "이성계가 나를 쓴 것이 아니라 내가 태조를 이용한 것이다"라고 호언장담까지 하면서 신권 우위의 조선 동주를 만들려 했다.

    유방은 존호를 황제로 하며 장안(長安)을 수도로 하였다. 공정한 논공행상(論功行賞)을 통해 한·초전의 공신들을 제후왕(諸侯王)으로 분봉하며, 형과 아들들 일가친척을 동성제후(同姓諸侯)로 봉하였다. 진나라 때의 군현제도를 답습하여 봉건제도와 군현제도를 절충하여 군국제도(郡國制度)로서, 시대 상황에 맞게 타협적 안정과 평화를 유지하며 새로운 나라를 만들어 가는 기반을 구축하였다. 약법삼장(約法三章)으로 율법을 정리했다.

한 고조 유방(劉邦)은 점차 중앙집권적 관료제도를 강화하여 중앙과 지방의 차별화 정책을 추진하였다. 중앙정부의 조직과 구조는 삼공(三公)과 구경(九卿)으로 하여 황제의 명령체계를 강화하였다. 관료의 서열화를 엄격히 하며 황제의 명령을 받아 감찰과 감독이 철저하게 이루어져 중앙의 통제 관리가 원활하고 신속하게 이루어지도록 하였다. 분수와 명분에 맞는 수직적 위계질서로 구심력을 강화했다.

지방 제도는 제후국과 열후국(列侯國)을 제외하고는 대체로 진나라를 계승하여 군현제도를 실시하여 100여 개의 군(郡)을 두었으며 1개 군은 10~18개의 현을 관할하도록 하였다. 그러나 유방은 진나라의 지나친 법치와 급진적인 군현제도의 실시로 실패한 것을 교훈으로 삼아 직제를 세분화하고 행정단위도 차등적 관계로 서열화하여 지배력을 강화하였다. 봉건제와 군국제의 비율도 1:3, 즉 봉건 하나, 군현 셋으로 하였다.

한나라의 황제 개념은 진시황이 법가사상에 따라 황제는 절대적이며, 유일한 존재로서 무제한의 권력을 소유한 지배였다는 것과는 다르다. 한의 황제는 하늘(天)로부터 천명을 받아(受命) 천명을 받들어 선정(善政)해야 하고 백성에게 덕(德)을 쌓아 만민을 편안하게 하는 성군(聖君)이 되어야 한다는 것이다. 유가의 천명성군(天命聖君) 사상이다. 군주에게 덕치로서 덕을 쌓아야 하는 임무를 부여한 것이다. 참위설과 동중서(董仲舒)의 재이설(災異說)이다. 중앙집권적 절대적 통치자로서 법가적 권력 황제와 성인군자로서 인의(仁義)의 덕치를 시행하는 유가적 권력 황제의 융합 정치였다. 선제(宣帝)의 양가병용정치(兩家倂用政治)는 동중서(董仲舒)의《춘추번로(春秋繁露)》에서 보듯이 왕도사상(王道思想)에 의한 유교정치(儒敎政治)가 이루어졌다. 동중서(董仲舒)의 왕도설은《춘추좌전(春秋左傳)》중의 춘왕정(春王正)을 기반으로 음양오행 사상과 유학의 정치사상을 융합한 것이다. 은대(殷代)의 신정 정치 주대의 천명 정치는 한대(漢代)의 천치(天治)로 진화했다. 유교를 중국 정치문화와 문명의 핵심 DNA로 만든 것은 동중서(董仲舒)이다. 이렇게 한족의 정체성과 중국의 정치문화를 정립한 것은 한나라 초기에 형성되어 발전되었다.

무자비한 내면적 권력의 속성과 도덕적 예치(禮治)의 명분이 조화가 이루어진 것이다. 현실적 권력 통제와 이상적 덕치의 명분을 적절하게 절충시켰다. 패도를 달성하기 위한 왕도의 명분을 활용한 것이다. 겉으로의 명분은 유가 사상을 국학으로 하여 덕치를 내세웠지만, 실상은 내면적인 중앙집권적 관료제도의 구축과 혹독한 전제정치로 법치에 기반한 황제 권력을 강화였다. 수명의 군주로서 하늘의 뜻을 받들어 선정(善政)을 베풀지만, 실제의 정치는 만민을 통치하는 최고 주권자였으며 유일한 절대권력을 소유한 황제였다. 도덕적 이상과 권력 강화로 현실의 대일통이 이루어진 것이다.

한편 진(秦)나라가 기본 틀을 만들어 초석을 쌓았으며 한(漢)대와 당(唐) 시대에 실현된 대일통(大一統)은 봉건 군주 시대의 주천하(周天下)처럼 온 천하가 하나(一統)의 정치 질서로 통합(統合)되는 것을 말한다. 화이지변과는 상대적 개념이지만 서로간 상호작용을 한다. 이는 팽창주의의 바탕이 되었다.

대종(大宗)을 중심으로 통일되는 통지유종(統之有宗)과 연원이 있어 합쳐지는 합지유원(合之有原)이다. 종번(宗藩)통치를 정당화했다. 연속성과 통일성이 유지되며 영토의 확장과 문화 융합이 이루어진다. 황제의 천하(天下) 아래 일국(一國)의 군주들이 모여(集合) 있다. 천하는 국가의 상위 개념이다.

대일통은 춘추공양전(春秋公羊傳)에서 처음 사용되었다. 대일통은 한 차례 밖에 나오지 않는 어원이지만 《춘추》와 춘추삼전(春秋三傳)인 《춘추공양전(春秋公羊傳)》, 《춘추좌씨전(春秋左氏傳)》, 《춘추곡량전(春秋穀梁傳)》을 관통하는 핵심 주제다.

다시 말하면 큰(大) 하늘 아래(天下) 하나의(一統) 땅(地) 위에 통합되는 사람(人)의 뜻으로 수신제가치국평천하(修身齊家治國平天下)를 지향하는 대동사회의 골간이다. 천하는 황제가 다스리는 온 누리의 영역을 말한다. 왕에게는 밖(外)이 없다(王者無外)는 천하관은 국경 없는 마을 나들이처럼 안과 밖을 구분하지 않는 한집안의 천하일가(天下一家)를 뜻한다. 만세일가(萬世一家)요, 일맥만파(一脈萬波)다.

초나라 사람으로 법, 도덕, 풍속 등 인위적 규제에 구애받지 말며 자연 법칙에 따라 살라는 노자(老子)의 이상 정치인 무위지치(無爲之治)나 소국과민(小國寡民:적은 나라 적은 백성)과는 다르게 분열은 나쁘고 통합은 선(善)이라는 강박관념으로도 작용한다. 한무제(漢武帝) 때 동중서(董仲舒)는 《춘추》를 연구하는 공양학을 주도하면서 한나라의 정통성을 확립하여 강력한 중앙집권정책을 강화하기 위해 대일통 사상을 고양하였다.

제자백가를 통합한 유학을 국교로 하면서 춘추의 주 천하를 모델로 태평천하를 이루려 했다. 중국의 천하관(天下觀)은 국가를 초월한 것이었다. 중국적 천하관을 이해할 때 중국의 정치문화를 알 수 있다.

중국은 천하관으로 한국은 국가관으로 접근할 때 서로 엇갈리는 세계관이 형성된다. 천하의 황제와 국가의 왕은 천하체계에서는 주종관계다.

공자를 숭앙했던 사마천도 《사기》에서 한나라의 중원 통일을 찬양하며 주변 족속들을 아우르는 대일통 사상을 발전시켰다. 황제를 종통으로 흉노족까지 끌어들여 다원일체(多元一體)를 찬양했다. 한무제의 한사군(漢四郡) 설치를 비롯한 영토확장의 이념이다. 결국, 《춘추》의 천하관과 대일통 사상이 결합하여 춘추대일통이 중국의 역사를 견인해 왔다.

즉 '춘추대일통'의 정치사상은 진나라와 한나라뿐만 아니라 고구려까지 정복하며 당나라의 찬란한 문화를 이뤄냈던 무측천(武則天) 여황제(女皇帝)가 세웠던 주(周)나라부터 후일 이민족인 여진족이 주축이 된 만주족의 청나라까지 이어져 중국 역사상 가장 큰 대일통 천하를 이루어냈으며, 중화인민공화국의 대일통 영토관과 세계관의 사상적 기반이 되었다. 중화민족의 틀은 강희·건륭 시대의 청나라가 만들었다.

일반적으로 정치사상은 시대의 반영이라지만 중국의 '대일통'은 시대를 초월하는 정치이념이다. 중국의 뿌리 깊은 불변의 DNA는 춘추대일통이다. 춘추대일통 DNA가 있었기 때문에 유럽이나 중동처럼 분열되지 않고 통일된 신중국을 건설할 수 있었다. 중국의 천하관에 의한 영토관과 종법제도(宗法制度), 그리고 성씨(姓氏)의 한성화(漢姓化)와 한자를 통한 문자의 통일로 의식과 이념이 집단기억으로 어우러져 공동체 형성이 이루어졌다.

그러면서 예치(禮治)에 의한 풍습의 동조화와 종교를 뛰어넘는 조상 숭배 사상은 모두 춘추대일통의 완벽한 성취에서 이루어진 것이다. 특히 문화 대일통의 가장 효율적 수단이 된 표의문자인 한자는 각기 다른 종족의 소리 말을 하나의 뜻으로 통할 수 있게 보편성과 과학성을 유지해 왔다. 인문(人文), 시(詩), 서(書)와 음양으로 조합된 어휘는 자발적 중화 동조화에 크게 기여를 해 왔다. 중화민족주의의 삼투압 작용이 주변 민족의 정치문화를 빨아들이는 속성이 있다.

이 절대권력은 고조 유방의 처 여후(呂后)의 15년간의 악독한 섭정에서도 드러냈다. 백전백승의 한신을 제거하여 토사구팽(兎死狗烹)을 한 것도 여후였다. 잔혹하게 어린 정적들을 제거하며 자신의 여씨 집안을 동원하여 권력을 독점했다.

한무제의 대일통 정책과 한족의 탄생

한무제(漢武帝)는 16세 때 등극(B.C.141년)하여 20세에 실권을 잡으면서 54년간 제위(帝位)에 있었다. 한나라를 통일제국으로 일으켜 세운 한무제(漢武帝)는 오늘의 한족을 만들어 낸 역사적 황제였다. 그는 중앙집권적 관료제도를 완성하여 황제의 통치권을 절대화하였다.

▲ 한무제

과거제도로 발탁된 동중서(董仲舒)의 권유를 받아들여 유가 사상을 국학(國學)으로 하였다. 왕도정치, 대일통주의자인 동중서(董仲舒)는 모든 이념과 제도를 융합·통합하였는데 한대(漢代)의 유가 사상은 춘추전국시대의 모든 제자백가의 사상을 모두 흡수 융합하여 통일된 이념과 사상 학술로 유교를 만들었다.

5경 박사를 설치하며 명당·태학의 교육기관을 설치하였다. 법가만을 이념으로 하였던 진나라와는 완전히 다른 유학이 탄생되어 법가뿐만 아니라 노장사상의 무위정치(無爲之治) 치도(治道)까지 끌어들였다. 새로운 제국의 질서와 통치의 명분을 유가 지도 이념으로 합리화하였다. 대의명분을 확실하게 세워 치도(治道)의 정당성과 정체성을 확립하였다. 주나라의 천하 사상과 진나라의 절대적 전제정치를 통합한 것이다.

무제는 진나라 2대 황제의 박사를 지냈으며 항양(項梁), 초혜왕(楚惠王)과 항우(項羽)를 차례로 섬기다가 자기를 따라온 유생(儒生) 숙손통(叔孫通)을 시켜 진나라의 번거롭고 복잡한 조정 예의(禮儀)를 간결하게 고치라고 명하였다. 숙손통은 노나라 지역에 가서 각기 다른 삼황오제의 예와 하은주의 예를 비교하며 진나라의 예를 융합하여 새로운 예치(禮治)의 틀을 만들었다.

연호를 최초로 제정하여 건원(建元)으로 하였으며, 황제의 이름에 해당하는 연호를 통해 연대계산을 편리하게 하였다. 아울러 역법(曆法)을 개정하여 태초력(太初曆)을 만들어 달의 운행을 기본으로 한 태음력과 태양의 운행을 기초로 한 태양력을 합쳤다. 역법은 천문학(天文學), 점성술(占星術)과 관련되어 절기에 따라 농사일을 하며 통치 수단으로 사용되었다.

이 연호와 역법은 중국의 종주권(宗主權)을 인정하는 제후국은 물론 주변 국가에서도 사용되어 아시아 중화 천하의 공통 연대의 기준으로 정착되어 한문화(漢文化) 확산에 결정적 역할을 하였다. 세시풍속도 춘절(春節), 중추(仲秋) 등 철 따라 명절을 만들어 놀이와 축제로 백성을 화합하도록 하였다. 삼국지 위서 동이전에는 부여에서 은나라 역법으로 정월에 날마다 술 마시며 노래하고 춤춘다는 기록이 있다. 고구려, 백제, 신라도 음력으로 설날의 축제를 해왔으며 고려와 조선도 이 전통을 이어왔다. 그러나 1896년 갑오개혁 이후부터 일본의 영향을 받아 양력을 공식적 설날로 썼다. 이중과세(二重過歲)로 신정과 구정을 함께 쓰면서 갈피를 잡지 못하다가 제5공화국 때인 1985년 음력설을 민속의 날로 정해 하루를 공휴일로 했다. 제6공화국 때인 1989년 음력설을 공식적으로 '설날'이란 이름으로 3일간 공휴일로 정해 중국의 춘절과 같게 되었다. 신정은 1999년부터 1월 1일 하루만 놀게 되었다. 시류에 따라 춤추는 전통 풍습이다. 조선은 청나라를 이적의 나라로 배척하며 없어진 명나라 연호를 쓰면서 조선이 동주(東周)라 하며 정신적인 승리를 구가했다. 조선의 사대는 연호의 집착에서도 별나게 나타났다.

한무제의 정복 공작과 한족의 팽창

한무제는 춘추전국시대나 진(秦) 시대에도 끊임없이 남하하여 중국을 괴롭혔던 흉노족에 대한 원정을 지속하였다. 전국시대 조(趙)나라의 무령왕이 우수한 북방 흉노의 기마 사술과 옷을 비롯한 풍습을 받아드려 부국강병을 도모했던 것과는 다르다. 기원전 129년 한나라는 흉노를 파멸시키거나 혹은 복속시키겠다는 대전략을 세운 후, 최초의 대규모 장거리 원정을 실행했다. 전쟁 첫 10년에 걸쳐 한나라는 결정적인 승리를 여러 번 거두었다. 그러나 흉노와의 전쟁은 서서히 결말이 나지 않는 지리한 혈투로 고착화되었다.

기원전 129년에 이뤄진 첫 대규모 원정을 보면, 각기 다른 기병

부대 4개가 동원되었는데, 각 기병 부대는 정예병 1만 명이었다. 기원전 119년 원정에선 독립적인 기병 부대 2개를 동원했는데, 각 기병 부대의 숫자는 5만 명 정도였다. 기원전 97년에 이르면, 기병 7만 명과 보병 14만 명이 흉노 원정에 파견되었다. 한나라 군대의 공세는 막강한 기병대의 주도하에 이루어졌다. 한나라를 제외하면 고대의 그 어떤 정주 제국도 보병은 몰라도, 10만 기에 이르는 기병을 지속적으로 장거리 원정에 투입한 사례는 존재하지 않는다.

로마 제국, 아케메네스조 페르시아 제국, 사산조 페르시아 제국, 전성기의 인도 마우리아 제국 어디도, 10만기 혹은 그에 육박하는 기병을 한 번도 아니고 여러 번, 장거리 원정에 투입한 사실은 없다.

무제의 통치 이후인 한선제(漢宣帝)의 치세 때, 흉노가 퇴각하다가 잘못 걸려서 선우의 친족들과 공주까지 포함된 3만 9천 명이 사로잡힌 적이 있었다. 이런 물량 공세에, 흉노 역시 무작정 도망가는 작전을 마음 놓고 편하게 할 수 있는 건 아니었다.

확실히 한무제가 흉노와 대결하면서 북방 유목민족에 대해서 주도권을 잡긴 했지만, 덕분에 거대해진 제국을 유지하고, 계속되는 전쟁 비용과 토목공사 비용을 대기 위해 무제는 새로운 농업생산량 증대 기술을 도입했다.

그는 흉노 원정의 재정을 마련하기 위해 원수 3년(기원전 120년), 제나라 출신의 소금 상인이었던 동곽함양(東郭咸陽)과 남양 출신의 철물 상인이었던 공근(孔僅)이라는 특출한 재무적 역량을 가진 인재 두 명을 뽑았고, 이들을 탁월한 재정 능력을 지닌 낙양의 대상인 가문 출신의 인물인 상홍양(桑弘羊)에게 붙여 주었다. 한무제는 상홍양을 기용하여 소금과 철을 전매했으며, 물가 조절을 빌미로 균수법(均輸法)과 평준

법(平準法)을 실시해 상업에 대해서 심한 통제를 가했다. 이를 통해 무제는 부유한 상인들의 주머니를 박박 긁어 많은 원성을 샀다.

한무제는 남월(南越)을 진압한 후 이 지역에 7군(七郡)을 설치했다가 나중에 해남도(海南島)까지 합하여 9군을 설치하여 현재의 광동(廣東), 광서(廣西)까지 한 제국의 직할지로 하였다.

대외적으로는 화친책(和親策)으로 중국 4대 미인 중 하나인 절세미인 왕소군(王昭君)이라는 종실의 여자를 공주로 변장시켜 흉노의 왕 선우(單于) 호한야(呼韓邪)에게 출가시키며 형제 관계를 맺었다. 하지만 선우는 후일에 홀로된 여후(呂后)를 조롱까지 하였다. 선우는 흉노 말로 '탱그리고도'로 하늘의 아들, 즉 천자라는 황제를 말한다.

흉노 선우에게 보내진 왕소군의 이야기를 살펴보자. 호한야선우는 기원전 33년에 또 한나라에 입조한다. 이때의 입조는 특별한 의미가 있었으니, 호한야선우가 통혼을 요청한 것이다. 원제(元帝)는 세 번째 입조한 호한야선우에게 왕소군(王昭君)을 주게 된다. 소군의 원래 이

▲ 호한야 선우와 왕소군 동상

름은 왕장(王嬙)이며 아명은 호월(皓月)이다. 《후한서(後漢書)》에 의하면, 입궁한 지 여러 해가 지나도록 황제를 만나지 못해 슬픔과 원망이 쌓인 왕소군이 흉노로 가겠노라 자청했다고 한다. 원제는 호한야선우를 위한 연회를 열고 그에게 하사한 다섯 명의 여인을 불렀다. 이때 원제는 처음으로 왕소군을 보게 된다. 궁전을 밝힐 정도로 아름다운 그녀를 보고 원제는 깜짝 놀란다. 그는 왕소군을 곁에 남겨두고 싶지만 흉노와의 신뢰를 저버릴 수 없었기에 결국 왕소군을 흉노로 떠나보낸다.

《서경잡기(西京雜記)》에는 왕소군이 흉노로 가게 된 것과 관련해 전혀 다른 내막이 전해진다. 원제는 화가가 그린 초상화를 보고 후궁을 선택했기에 궁녀들은 죄다 화가에게 뇌물을 바쳤다. 그런데 자기의 미모에 자신이 있었던 왕소군은 뇌물을 바치지 않았고, 화가는 왕소군을 추하게 그렸다. 왕소군은 황제의 부름을 받지 못했음은 물론이고 흉노에 보내질 여자로 선택되고 만다. 왕소군이 흉노로 가기 직전에야 그녀를 본 원제는 후회했지만 이미 때는 늦었다. 왕소군을 떠나보낸 원제는 화공 모연수(毛延壽)·진창(秦敞)·유백(劉白) 등 뇌물을 받아먹은 화가들을 죽임으로써 자신의 분노를 삭일 수밖에 없었다.

왕소군이 흉노로 떠나고 몇 달 뒤 원제는 세상을 뜨고 만다. 한편 왕소군은 흉노에 정착해 아들 한 명과 딸 둘을 낳는다. 그런데 그녀가 낳은 아들의 아버지와 딸들의 아버지는 다른 사람이다. 게다가 아들과 딸의 관계는 삼촌과 조카 사이다. 이는 아버지나 형제가 죽으면 그 아내를 자신의 아내로 삼는 흉노의 풍속 때문이다. 즉, 생모를 제외한 아버지의 첩실과 형수를 모두 아내로 상속받는 것이다. 이러한 수계혼제(收繼婚制)는 혈족의 단결과 척박한 유목생활 속에서 종족의 보존을 위한 제도로, 흉노를 비롯한 북방유목민에게서는 일반적 풍습이었다.

기원전 31년 호한야선우가 노환으로 세상을 뜬 뒤 그의 장자인 복주루(復株累) 선우는 흉노의 풍속에 따라 왕소군을 아내로 맞고자 했다. 이때 왕소군은 한나라 성제(成帝)에게 한나라로 돌아가고 싶다는 상소를 올린다. 하지만 성제가 내린 칙령은 "흉노의 풍속을 따르라"는 것이었다. 이렇게 해서 왕소군은 복주루 선우의 아내가 되어 두 딸을 낳는다. 호한야선우의 아내로 있으면서 낳은 아들은 이 딸들의 오빠이자 삼촌이 되는 것이다. 왕소군이 복주루 선우와 부부로 지낸 기간은 11년이다. 복주루 선우가 세상을 떴을 때 왕소군은 서른 중반이었다. 이후 왕소군의 행적은 기록에 남아 있지 않다.

채옹(蔡邕)의 《금조(琴操)》에는 호한야선우가 죽은 뒤 왕소군이 음독자살한 것으로 나온다. "너는 한나라 사람이고 싶으냐, 흉노 사람이고 싶으냐?"라는 왕소군의 질문에, 그녀의 친아들이 "흉노 사람이고 싶다"라고 답했기 때문이다. 친아들의 아내가 되지 않고자 왕소군은 결국 독약을 삼켜 자살했다고 한다. 사실 수계혼제에서 친모자 관계는 예외이기 때문에 《금조》의 기록은 신빙성이 떨어진다. 아무튼 한나라에서 나고 자란 왕소군으로서는 흉노의 혼인 풍속을 받아들이는 것이 무척 괴로운 일이었을 것이다. "부자(父子)에게 능욕 당하니 부끄럽고 놀라워라. 스스로 죽는 게 참으로 어려워 묵묵히 구차하게 살아가네"(석계륜(石季倫)의 '왕명군사(王明君詞)')라는 표현은, 엄청난 가치관의 충돌과 문화충격으로 괴로웠을 왕소군의 마음을 대변해 준다.

중국의 4대 미녀로 꼽히는 왕소군을 가리켜 '낙안(落雁)'이라고 한다. 구슬프게 비파를 연주하는 아름다운 여인을 보고 기러기가 날갯짓하는 것조차 잊은 채 땅으로 떨어졌다는 데서 유래한 말이다. 절세 미녀의 비극적인 삶은 오래도록 인구에 회자되었다. 왕소군 이야기는 여러 버전으로 변주되는데, 원(元)나라 마치원(馬致遠)의 《한궁추(漢宮秋)》에서는 원제와 왕소군이 사랑의 인연을 맺는 것으로 나온다. 어느 날 밤, 원제는 왕소군의 비파 소리를 듣고 그녀를 데려오게 한다. 왕소군이 궁에 들어온 지 꽤 오랜 세월이 지났건만, 왕소군에게 뇌물을 받지 못한 화가 모연수(毛延壽)의 농간 때문에 이제야 만나게 된 것이다. 위기에 처한 모연수는 흉노로 도망쳐 호한야선우에게 왕소군의 실제 모습을 그린 그림을 보여준다. 호한야선우는 원제에게 왕소군을 달라고 한다. 왕소군을 사랑하게 된 원제는 불같이 화를 내며 거절하려 했지만 신하들이 반대한다. 달기(妲己) 때문에 망국에 이른 상(商)나라 주왕(紂王)을 보라며, 평화를 지키기 위해서는 왕소군을 흉노로 보내야 한다고 주장했다. 결국 왕소군은 흉노로 가겠노라 자청한다. 원제는 황제인 자신의 신세를 한탄하며 왕소군을 떠나보낸다. 흉노로 가던 왕소군은 흑룡강(黑龍江) 강변에 이르렀을 때 강물에 몸을 던진다. 호한야선우는 그녀를 묻어주고 모연수를 한나라로 보낸다. 한편 왕소군의 그림을 걸어 두고 밤낮으로 바라보며 슬퍼하던 원제는 꿈속에서 왕소군을 보고 깜짝 놀라 깨어난다. 기러기 울음소리 들려오는 한나라 궁전의 깊은 가을밤, 원제는 슬픔에 잠긴다. 다음날 원제는 왕소군이 죽었다는 소식을 전해 듣고 모연수의 목을 쳐서 그녀의 영혼을 위로하였다.

한무제는 운남(雲南), 귀주(貴州), 사천(四川), 감숙성(甘肅省) 일대의 서남이(西南夷)까지 접근하여 6군을 설치하여 중국의 영토가 되었다. 서주(西周) 시대에 형성되었던 외이(外夷)의 구별도 남만(南蠻), 북적(北狄), 서융(西戎), 동이(東夷)로 구분하여 화이관을 정립하였다.

이 당시 한무제에게는 김일제(金日磾)라는 충성스러운 신하가 있었다. 김일제는 흉노의 번왕 휴저왕(休屠王)의 장남으로 곽거병(霍去病)의 흉노정벌 때 포로가 되어 14세에 한나라에 왔다. 궁궐 마굿간에서 무제의 말 관리를 맡아 성심으로 일하면서 한무제의 암살 시도를 막는 등 공을 세워 거기장군(車騎將軍)이 되었다. 한서(漢書) 김일제 열전에는 금(金)으로 사람을 만들어 하늘에 제사지내므로 김씨(金氏) 성을 하사받았다는 기록이 있다. 투현(秺縣)을 식읍으로 받아 열후(列侯)로 봉해져 투후(秺候)로 불렸다.

이 김일제가 신라 김씨 왕가의 시조라는 기록이 문무왕(文武王)의 릉비와 당대의 금석문에 정확하게 남아 있다. 경주김씨 족보도 이를 증명하고 있다. 내물왕(奈勿王)의 호칭도 이사금에서 마립간으로 바뀌었다. 흉노의 으뜸 또는 머리라는 뜻이다. 5호 16국 시대에 이주하여 당(唐)나라 시기에 당나라와 책봉 관계가 된다. 중국 시안의 비림박물관에는 대당김씨부인 묘비가 김일제의 김씨 시조임을 증명한다. 경주 황남대총의 유물도 기마 유목 유품과 금으로 장식된 알타이 문화가 신라 왕가는 유목민족이며 몽골리안임을 증명한다. 즉, 흉노족이라는 것이다. 한민족의 주류는 북방 기마 민족으로 몽골리안이라는 논리다.

삼국사기에 박혁거세가 말 울음소리와 알에서 태어나 어머니가 중국에서 온 사소의 아들이라 함에 선흉노의 후예라는 것을 드러냈다면, 김일제 후예설은 2차 흉노 유입설을 나타낸다고 볼 수 있다. 그러나 한국 사학계는 신라의 왕족 가계를 신성시하며 권력 강화의 방편으로 미화시킨 것이라 한다. 하지만 경주김씨와 안동권씨의 조상이 금나라를 세운 함보(函普)의 후예라는 금사(金史)의 세기 기록도 부정하는 것은 흉노에 대한 잘못된 오랑캐 의식의 발로라는 측면도 있을 수 있다. 중국에는 지금도 김씨 집성촌에서 투후의 자부심으로 살아가는 흉노족이 있다. 흉노족은 훈족으로 주로 선비족으로 분화했다.

한무제는 위만 조선을 정벌하고 이 지역에 한사군(漢四郡)을 설치하였다. 낙랑군(樂浪郡), 현토군(玄菟郡), 임둔군(臨屯郡), 진번군(眞蕃郡)이었는데 진번군은 압록강 중류 지역까지 진출했다고 한다. 지배방식은 월남과 같이 파견된 관리가 토착 지배층을 통해 간접 지배를 하였다. 한사군의 정벌은 흉노의 세력을 견제하며 고립시키는 전략도 포함된 것이다.

이 지역에는 기원전 37년에 부여(扶餘·브이르 지역)의 추모(鄒牟, 주몽)가 졸본 지역에 고구려를 건립하였다. 고구려는 기원전 57년에 경주에서 박혁거세(朴赫居世)가 세운 신라와 기원전 18년에 부여계 온조 집단이 한성의 백제와 삼국시대를 이루었다. 북조선에서는 고구려의 건국 연대를 고구려 중심 사관에 맞게 고구려의 건국 연대를 포함해 신라보다 앞선 기원전 277년에 세워졌다고 한다(조선력사 상권, p.52). 고구려 역사를 705년에서 945년으로 늘렸다.

한무제는 흉노의 약화를 위해 장건(張騫)을 서역(西域)으로 보냈다. 감숙성(甘肅省)까지 점령한 흉노 세력을 견제하기 위하여 대월씨국(大月氏國)에 보냈으나 우여곡절 끝에 13년 걸려 장안으로 돌아왔다. 한무제의 서역에 대한 집착은 한나라의 서역 개척에 계기가 되어 후한 세력이 중앙아시아 지역으로 진출할 수 있었다. 이에 따라 한나라와 서방의 교류가 시작되어 동서 통로의 활성화가 이루어지는 비단길 (The Silk Road)이 탄생하게 되었다.

진시황이 만리장성을 쌓아 흉노 등 북방세력의 침입을 막았다면 한무제는 만리장성 넘어 북방 개척까지 시도한 정복왕이었다. 무제의 태초력(太初曆)은 중국의 역법 발전에 큰 영향을 끼쳤으며 역대 황제는 매년 달력을 제정하였다. 이는 황제의 특권으로 황제가 내려준 달력을 하사받아 사용하였는데 이를 정삭(正朔)이라 한다. 중국 황제의 종주권을 인정하는 중요한 권한이었다.

절기나 농사철 영농시기도 이 역법 기준에 맞추었다. 시간은 황제의 권리였다. 조공국은 자체의 달력을 가질 수 없었다. 고종황제가 1895년 을미개혁을 단행하여 태양력을 도입해 일제 강점기 때 양력을 강요하여 이중과세하는 한국의 설날을 중국은 춘절(春節)이라 하며 베트남은 '뗏'으로 쓰는데 서양의 태양력과 다른 태음력의 첫날이다. 지금의 설날은 청나라 때인 1644년 반포된 시헌력(時憲曆)에 따라 중국과 화교국가 또는 각국에 널려있는 차이나타운은 동일한 날짜에 이루어진다.

일본은 19세기 말 명치유신(明治維新) 이후 태양력을 도입했다. 조선도 1896년부터 태양력을 썼는데 한국은 1985년부터 '민속의 날'로 되살려 3일간의 법정 공휴일로 정하여 중국의 춘절 때 맞추어 야단법석을 떤다. 아시아의 네 마리 용인 한국·싱가폴·대만·홍콩과 함께 시간의 동질성을 공유한다. Chinese New Year를 Korean Lunar Year로 쓰면서 전통을 자랑한다.

한나라 때 진시황이 소전(小篆)으로 통일한 문자(文字)를 정비하여 해서를 비롯해 행서·초서를 발전시켜 명실상부한 한자(漢字)로 정착시켰다. 이 표의문자인 한자를 통하여 다른 언어가 여러 종족을 통합시킬 수 있었으며, 고려·일본·베트남 등과 북방 민족 간 의사소통이 가능해서 동아시아의 보편적 문화를 창달할 수 있었다.

더욱이 주례(周禮)를 기본으로 한 율령제도(律令制度)와 유학(儒學)과 중국화한 불교는 물론 일반 백성이 좋아하는 도교(道敎)를 전파함으로써 자발적 한문화(漢文化) 전파와 함께 제후국들의 자발적 충성과 복종을 유도할 수 있었다. 한자를 통해 성(姓)과 지명(地名)이 통일되어 동양 문화의 대일통이 이루어져 용봉 문화와 함께 한자문화권이 이루어졌다. 한국인의 성씨 대부분은 한성(漢城)이다. 성씨만 보면 화교국이라 한다. 이름도 같은 작명(作名)법에 따라 항렬과 촌수에 맞추어 중국 이름과 동일하게 통일시켰다.

조선의 지명은 당나라의 문물을 받아들인 신라 시대부터 지명이 중국지명과 같이 한자화되어 중국과 일치시켰다. 한성(漢城)부터 시작하여 한강(漢江), 북한산(北漢山)이 있으며 장안(長安)의 장안평, 함양 등 모두가 중국지명이다.

산맥과 강물 따라 용(龍)이 들어간 용문, 용궁, 구룡 등 용비어천가의 고향 연변의 용 마을과 금당(金塘) 등이 모두 중복되어 있다. 쌍성총관과 장춘(長春)과 하얼빈 사이 쌍성, 철령이 중복되어 있으며, 예천(禮泉), 안동(安東)도 중복되어 있다. 신의주 건너편 안동은 단동(丹東)으로 바뀌었을 뿐이다.

사마천(司馬遷, 145-86)은 한족을 만들어 낸 전 세대의 통사(通史)인 《사기(史記)》를 썼다. 52만 6천 여자다. 공자를 숭모하며, 동중서(董仲舒)의 천명론과 천인감응설(天人感應說)에 영향을 받아 그의 자의적인 한족중심(漢族中心)의 역사를 썼다. 주변 종족 대부분은 한족으로 흡수시켰으며 하(夏)나라에 뿌리를 둔 은나라 순유(淳維)가 흉노 시조임으로 흉노족도 하나라의 후예로 화화(華夏) 민족이라는 것이다.

자유분방한 역사관이 개조된 순환론으로 역사 발전의 본질은 변화하면서 진화한다는 주장을 폈다. 섬서성(陝西省) 용문(龍門; 현재 漢城縣 夏陽)이 고향인 그는 아버지의 유지에 따라 역사에 대한 사명감으로 유가의 인치(人治)를 바탕으로 도가의 무위지치(無爲之治)를 결합하는 동시에 음양과 명리학·법·묵가의 제 이론의 장점을 받아들였다.

덕치를 존중하며 폭정을 반대하였지만, 법치를 배척하지도 않았다. 분열과 할거를 반대하며 대일통을 주장하여 한나라를 높이면서 중앙집권제인 군주제를 정당화하였다. 오늘날 중국몽의 '중화민족 대가정론'의 이론적 정당성을 가능하게 한 것도 사마천이다. 한족의 민족관을 만들어 낸 사마천은 한족과 각 소수민족의 민족통일 사상으로 다민족으로 구성된 각 민족은 모두 함께 창조한 역사이기 때문에 동등한 권리를 가지되 유가의 대동사상과 같이 인종과 사는 지역이 달라도 내외의 차별없이 동등하게 천자의 신민이며, 모두 황제의 자손이라며 민족 대일통론을 사기에 반영시켰다.

혈통이 아닌 유가적 문화 민족의 길을 튼 것이다. 중국사서 최초로 '조선열전'이 실려 있다. 대일통(大一統)의 문을 연 것은 사마천이다. 춘추(春秋)는 편년체(編年體)이지만 사기는 기전체(紀傳體)로서 본기(本紀), 세가(世家), 열전(列傳), 연표(年表)로 체계적 구성이 이루어져 역사서의 새로운 지평을 열었다. 25사 중 첫 번째 사서이다.

후한(後漢) 제국과 종족의 융합

치세의 시대인 한나라가 한무제의 이부인(李夫人) 외척(外戚)정치에 휘말리며 혼란에 빠지자 왕망(王莽)이 권력을 잡아 신국(新國)을 세웠다. 왕망은 한(漢)의 선조를 요(堯)라 하며 스스로는 순(舜)의 자손이라 하였다. 유학을 신봉하여 주례(周禮)에 따른 정치제도를 시행하며 주(周) 시대로 회귀하려는 정책을 추진했으며 봉건제를 회복하려 했다. 나라 이름만 신국(新國)이라 했지 실제로는 춘추시대 주나라의 부흥을 꾀했다. 왕망의 신주(新周)라 해도 무방할 것이다.

고구려와도 충돌하며 한왕조(漢王朝)의 외번(外藩)으로 취급하였다. 고구려를 흉노와 같이 후(侯)로 강등시켜 하구려(下句麗)라 하였다.

그러나 전한(前漢) 경제(景帝)의 아들 장사왕(長沙王) 발(發)의 후손인 하남 남양(河南 南陽)의 호족 출신 유수(劉秀)가 왕망의 신국을 무너뜨리며 후한제국(後漢帝國)을 세웠다. 국호를 한(漢) 연호를 건무(建武)라 하여 광무제(光武帝)가 되었다. 각지에서 천자(天子)를 참칭하던 군웅들을 평정하며 건무 13년(37)에 중국을 재통일하였다.

광무제는 유생(儒生) 출신으로 건무 5년에 태학(太學)을 설치하고 오경박사(五經博士)를 두었으며 군국(郡國)에는 학교를 세워 유학을 크게 발전 확대시켰다.

이후 후한 시대에 반고(班固)가 저술한 기전체인 한서(漢書)가 나와 한나라 역사 전체를 다루었다. 유가의 춘추대일통사관으로 한족 중심의 역사를 썼다. 사기가 하·은·주에서 한나라 효문제까지만 기록되었지만, 반고의 아버지 반표(班彪)가 효무제 이후 왕망(王莽) 정권에 아첨하는 왜곡된 역사서를 보면서 후전(後傳) 65편을 저술했는데 반고가 이어서 쓰고 누이 동생인 반소가 제4대 황제인 화제의 명을 받아 한서를 완성하였다. 사기와 함께 두 번째 정사(正史)다. 삼국사기와 고려사도 기전체로 썼다.

반고는 흉노 등 이적들을 심면수심(心面獸心)의 짐승이라 했다. 열전 속의 흉노전(匈奴傳)에 이적(夷狄)들은 머리를 풀어 헤치고 옷깃을 왼쪽으로 여미며 사람의 얼굴을 하였어도 마음은 짐승과 같다고 했다(夷狄之人, 被髮左衽, 人面獸心). 주(周)나라부터 내려온 이적관이다. 광무제의 흉노 관리는 서역제국(西域諸國) 관리와 병행하여 이루어졌다. 이때는 서역이 흉노의 지배를 받을 때였다.

한서(漢書)의 저자 반고(班固)의 동생인 반초(班超)가 서역을 경영하며 서방과의 교통을 열어 안식국(安息國), 페르시아와 서남아시아 및 인도와도 교류가 이루어져 동서 간의 관계는 결국 로마와 대진국(大秦國)까지 진출하였다.

한편, 흉노가 약화되면서 동방의 선비족(鮮卑族)이 크게 성장하여 오환(烏桓) 선비족이 왕후(王侯)의 봉작(封爵)을 받기도 했다. 티베트 계통의 강(羌)족과 함께 흉노의 약화를 틈타 동북 지역의 오환, 선비 그리고 남만주 부여(扶餘), 고구려 및 한반도 내의 예·맥(濊·貊) 계통의 부족이 일어났다. 오환과 선비는 동호(東胡)로 불렸는데 흉노의 제2대 묵돌선우(冒頓單于)가 월지와 동호를 예속시켰으며 서역으로 진출해 전성기를 이루었다. 묵돌은 모돈, 묵독(墨毒), 묵돌(墨突) 등으로 표기되는데 몽골식 이름으로는 "바타르"로 영웅, 용사라는 뜻이다. 그러나 북흉노가 남흉노와 함께 한의 침입을 받아 패퇴하였다. 이후 선비족이 고비사막을 포함한 몽골 일대에서 다시 크게 일어났다.

특히 단석괴(檀石槐)가 선비족을 통일하면서 주변 부족을 예속시켜 대제국을 세웠으니 그 지배 영역이 동쪽은 부여·예맥에 접하고, 서방은 오환(烏桓)에 달했다. 이때의 단군(檀君)인 단석괴가 몽골 지역과 부여 예맥에 널리 알려지면서 단군신화가 몽골과 만주 지역에 전파되었다. 이후 선비족은 5호 16국(五胡十六國) 시대에 크게 활약하다가 수·당 건국에 결정적 역할을 하게 되었다.

이 당시 고구려는 왕망(王莽) 시대에 후(侯)로 격하되었는데 광무제가 다시 왕(王)으로 회복 시켜줌으로써 한의 외신(外臣)이 되었다. 후한 시대 일본은 100여 개의 소국으로 난립되어 있었는데 구주(九

州)의 외노국(外奴國)이 중국과 교류하였다. 광무제 건무(建武) 2년(57년) 정월 외노국의 사자가 도착하자 한외노국왕(漢倭奴國王)이란 금인(金印)을 하사하였는데 이것이 한이 외노국을 외신(外臣) 또는 조공국(朝貢國)으로 대우했다는 것이다.

후한 역시 궁중의 외척과 십상시(十常侍) 같은 환관의 농단 정치로 구심력이 약화되며 자치 기능이 마비되어 난세의 징후가 나타났다. 사천성(四川省) 서부의 강족(羌族) 등이 반기를 들고 반란을 일으키는 등 주변 지역이 소란했다. 호족(豪族)과 지주(地主)들이 일반 농민을 저항하게 하는 착취가 심해지자 황건적(黃巾賊)이 일어났다.

당시는 순제(順帝) 시대에 산동(山東) 출신 천길(千吉)이 기초한 태평청령서(太平請領書)에서 유래한 황노사상(黃老思想)의 태평도교(太平道敎)가 퍼져있었다. 황노사상은 황제와 노자를 신격화하여 신선(神仙)으로 모시며 불로(不老), 불사(不死), 장생(長生), 부귀(富貴)를 누릴 수 있다는 신앙으로 발전하였다.

한편, 촉(蜀)의 장릉(張陵)이 스스로 태청현원(太淸玄元)이라 했다. 노자오천문(老子五千文)을 읽으면 병마를 치유할 수 있다고 해서 쌀 오두(五斗)를 받아 오두미교(五斗米敎)라는 종교 왕국을 건설한다며 백성을 현혹하였다. 이 황건적 난과 오두미교가 정치적 혁명운동으로 일어나 후한제국을 난세로 이끌었다.

삼국 분열과 삼국지(三國志)

천하대세(天下大勢)는 치세의 시대가 오래되면 난세가 된다[治久必亂]거나 합쳐진 지 오래되면 반드시 나누어지며, 나누어진 지 오래되면 반드시 합쳐진다(合久必分, 分久必合)는 삼국지 첫 문장처럼 흥망성쇠의 중국 역사의 순환과정은 400년 한(漢) 왕조에도 어김없이 적용되었다. 위(魏), 촉한(蜀漢), 오(吳)의 삼국 분열 시대가 지나며 위진남북조(魏晉南北朝)와 오호십육국(五胡十六國) 시대라는 전란의 역사가 지루하게 계속되었다.

삼분천하(三分天下)라는 삼국시대의 역사는 촉나라 출신인 서진의 진수(陳壽)가 지었으며, 송나라 배송지(裴松之)가 주석을 달아 정리한 삼국지(正史, 三國志)에 기록되어 전해진다. 진수는 삼국의 시작을 장각(張角)이 주도한 황건적의 봉기부터 서술하여 황건적을 진압한 군벌들이 각축장을 벌인 후 정립된 삼국의 역사를 기록함으로써 역사의 기록을 사실적 현실적으로 썼다.

위지(魏志) 30권, 촉지(蜀志) 15권, 오지(吳志) 20권 등 65권이다. 위의 조비(曹丕)가 한의 헌제(獻帝)로부터 선양을 받아 위나라가 통일하는 것으로 기록되었다. 그런데 송나라 때 주석을 단 배송지(裴松之)는 춘추사관으로 다시 정리하였다.

삼국지 30권, 위서 30, 오환선비동이전(烏桓鮮卑東夷傳)에는 오환, 선비, 부여, 고구려, 동옥저(東沃沮), 읍루(挹婁), 예(濊), 한(韓), 왜(倭)의 역사까지 기록되어 있는데 부여의 기록은 순박하게 호평하면서 고구려는 노략질하며 음탕하여 술·노래 춤을 좋아한다고 야만스럽게 기록하였다. 그러나 동이전의 기록은 삼국사기의 기록보다 더 상세하다.

삼국의 역사가 한족 중심의 역사로 바뀌어야 중국을 한족의 나라로 만드는데 결정적 역할을 한 것이 바로 원·명 교체기의 나관중(羅貫中, 1330?-1400)의 《삼국지연(三國志演義)》이다. 정사 《삼국지》보다 1,100년 후에 쓰여진 것이다. 소설이 역사를 뛰어넘어 "집단기억"을 재구성하여 특정 세계관으로 한족을 만들었다. 삼국지연의는 당대나 송대의 야담(野談)이나 설화인(說話人)들의 설본(說本)으로 내려온 전상삼국지평화(全相三國志平話)의 줄거리에 진수의 삼국지와 배송지가 보완한 《삼국지주(三國志注)》, 그리고 사마광(司馬光)의 《자치통감(資治通鑑)》을 바탕으로 하여 재구성한 것이다.

후한 말부터 위·촉한·오 삼국정립(鼎立) 시대를 거쳐 진(晉)이 통일하기까지의 역사를 담았다. 한(漢)의 정통을 이어받았다는 한소열(漢昭烈)의 촉한(蜀漢) 중심으로 철저한 춘추대일통 역사관을 반영하였다. 오직 한나라 유방의 유씨 성을 이어받은 성군 유비(劉備)의 덕치(德治)를 부각시키며 관우(關羽), 장비(張飛)의 무용담과 지모(智謀)로 뛰어난 전략가인 제갈공명 중심으로 쓴 소설이다.

한족의 정통성(正統性)과 종통성(宗統性)을 내세웠다. 조조는 난세의 간웅으로 폄훼하였다. 옛날 명의 화타가 관우의 독화살을 치료한다거나, 동남풍을 만든 공명을 신비화시켰다. 적벽대전에서 주유(周瑜)와 공명이 손바닥에 불화(火)를 써 화공을 했다는 것은 황개가 제안한 것이다. 제갈량과 주유는 만난 적이 없다. 이 싸움의 주역은 주유다. "주유가 있는데 왜 제갈량을 세상에 나오게 했습니까"(旣生瑜, 何生亮)라는 삼국지연의 속 주유의 탄식은 제갈량을 특별히 드러나게 신비화시키기 위한 소설일 뿐이다. 삼국지에서 가장 흥미진진하면서도 극적인 장면을 드러낸 제갈공명과 사마의(司馬懿)의 대결 장면도 각색한 것이라 한다.

성문을 열고 거문고를 타며 사마의를 달아나게 했다는 공성계(空城界)는 스릴 만점이었다. 사마의(司馬懿)를 좁은 쌍협곡으로 유인하여 화약 폭파 작전을 했는데 성공 직전 폭우가 쏟아져 사마의와 두 아들이 살아나 도망쳤다는 쌍협곡 전투도 긴장감을 더한다. 죽은 제갈공명의 목각에 속아 사마의가 놀라 줄행랑쳤다는 오장원(五丈原) 전투는 나관중의 기발한 예술 감각을 잘 나타낸다. 적토마도 항우가 원조였는데 관우와 연결시켰다. 전략전술에 뛰어난 조조는 《손자병법》을 요약 및 해설한 《손자약해(孫子略解)》를 저술하였다.

남송 시대 주희(朱熹)가 자치통감을 재분류하면서 한족 혈통주의를 강화하기 위해 《자치통감강목(資治通鑑綱目)》을 썼다. 사마광의 역사관을 뒤집어 가면서 한나라 후예인 유비의 촉한 정통론을 한족 중심으로 쓴 것이다. 그러나 자치통감은 위진(魏晉)의 연호를 쓰지만, 연도를 세기 위한 것이지 혈통이나 정통성 관계와는 문제가 없다는 것을 증명해 준다.

편년체인 자치통감은 "삼국 중 어느 쪽도 정통론으로 삼지 않았다. '위나라 중심으로 분량이 많은 것은 역사적 사실이 많기 때문이다'라며 자치통감에 명시하여 정치적 상황 자체를 사실적으로 쓴 가치 중립적이었다.

삼국통일은 결국 사마의(司馬懿)의 후손 사마소(司馬昭)와 사마염(司馬炎)이 이루어냈다. 참고 참으면 승리한다. 강한 자가 승리하는 것이 아니라 살아남는 자가 승리한다는 사마의의 전략은 일본의 도쿠가와 이에야스(德川家康)의 리더십과 일맥상통한다. 겸손하면 살아남는다는 생존 철학도 곁들였다.

춘추필법으로 한족 중심의 혈통주의를 대중화시킨 것은 주희와 나관중이었다. 장회소설(章回小說) 형식의 《삼국지통속연의(三國志通俗演義)》는 《수호전(水滸傳)》, 《서유기(西遊記)》, 《금병매(金甁梅)》와 함께 중국 4대 기서(奇書)로 사대부들뿐만 아니라 남녀 모두가 즐겨 읽는 책이 되어 조선에도 전파되었다. 18세기 이후부터 집마다 삼국지가 있었으며 그 내용이 과거 시험문제로도 출제되었다.

1569년 《삼국지연의》가 간행된 이후 춘추사관과 결합되어 충효와의(義)의 교본이 되었다. 지금은 경영학 처세학으로까지 번져 가는 한국의 삼국지 애독은 중국보다 더 열심이다. 소설 삼국지는 쓰는 대로 베스트셀러가 되었다. 반복해서 읽으면 세뇌(Brain Washing)되기 마련이다. 관우묘는 동대문 밖 동묘에 남아 있으며 무당들에게는 관우가 제일 큰 숭배 대상이 되었다.

그러나 조선에 들어온 삼국지는 주희가 자치통감강목을 써서 한족의 후예라는 유비에게 정통성을 부여했기 때문에 성리학이 득세하던 조선에서는 혈통주의가 극성을 부리며 오도된 이적 의식과 결부되어 조조를 미워하며 유비만을 떠받드는 한족 우선주의가 팽배했다.

삼국지에서 유비는 조조의 아들 조비(曹丕)가 강압적으로 황제 자리를 찬탈하였기 때문에 당연히 유씨인 한족의 후예 유비가 정통 황제 자리에 올라야 한다는 것에 찬동하며 한족 편을 드는 것이 정의롭다고 보았다. 삼국지를 읽으면서 세뇌되어 존주주의자가 된다.

주희는 여진족이 세운 금나라가 침략하여 내려와 북송의 휘종과 흠종 황제를 포로로 잡으며 중원을 차지하자 송을 세웠던 조씨 후손 조구(趙構, 1127-1162, 欽宗의 동생 康王)가 중원인 임안(臨安), 즉 오늘날 항주(杭州), 양주(揚州), 온주(溫州) 지역을 중심으로 '중국'이라는 이름을 쓰며 세운 남송(南宋) 사람이다.

남송은 황실 교체 없이 송나라를 이었다고 해서 조송(趙宋) 단일국가로 중원을 통치했다고 본다. 주희의 주장은 혈통을 계승하는 것이 정통이라는 논리다. 당시 주희는 북방의 이적(夷狄)인 여진 금나라에 유린당하는 송나라를 보면서 화이준별(華夷峻別)을 내세워 한족의 부흥을 염원했다. 비록 왕조의 명칭은 아니지만 '중국'이라는 나라 이름을 처음 쓴 것도 남송 때이다.

조선의 유별난 오랑캐 의식이 한족 중심주의에 빠져든 것도 성리학을 국가 기본 이념으로 하여 존주주의(尊周主義)가 득세했기 때문이다. 조선의 소화(小華)는 조선의 화하(華夏) 존중과 성리학적 유교가 결합되어 있다. 이적도 화(華)로 변하면 화(華)가 된다는 공자의 가르침에 따라 중국의 일부 아닌 대일통 중국화가 이루어진 것이다. 중화의 돌연변이였다.

이렇게 중국특색적민족주의(中國特色的民族主義)는 서구의 민족주의와 다르게 주변국의 자발적 동화현상과 함께 존재해 왔다. 서구 학자들이 주장하는 부족민족주의나 문화민족주의 또는 정치적 민족주의와 상상의 공동체로서의 지연, 혈연 공동체와는 다른 화하 민족에 바탕을 둔 한족 중심의 독특한 배타적 민족주의가 형성되어 왔다.

중원의 범위를 주로 현재의 산서(山西) 남부와 강소(江蘇) 서부 및 안휘(安徽) 서북부 등의 소수 지방을 포함한 하남성 일대였으나 이곳에 거주하는 사람들을 한족이라고 주장하는 것도 역사적 사실에 부합하지 않는다. 5호 16국 시대나 5대 10국 시대의 호한(胡漢) 융합시대에 혈통의 교집합(交集合)으로 혼혈(混血)이 이루어졌으며 황제와 염제의 발원지도 황토 고원지대의 북적(北狄) 지역이었다.

화하족의 근원은 춘추시대 주(周)나라이지만 맹자에 순(舜)은 동이족이며, 문왕(文王)은 서이(西夷)라 했다. 지역적으로 한족은 존재하지 않는다. 두드러진 특징을 가진 종족은 오히려 소수민족들이다(謝小東, "순수한 혈통의 한족은 없다" 2007).

언어와 풍습 및 인종적 흔적으로 보면 객가족(客家族)이 진정한 중원인으로 여겨지지만 객가족(客家族)의 원뿌리도 북방의 예맥(濊貊)족으로 본래 이름은 "코리"족이라 한다. 《몽골비사》에 나와 있다. 진시황도 서융(西戎)이다.

'객가(客家)'라는 용어는 위, 진, 남북조 시대의 '객호(客戶) 제도'에서 유래했다. 이후 명나라와 청나라 시대에 중국 서남 지역으로 이주하여 서남 방언을 사용했던 한족 이민자들도 이 지역에서 '객가족'이라고 불렸으며 오늘날 알려진 것처럼 객가족에만 국한된 것은 아니다.

'객가'라는 용어는 광동어로 '하카'라 하고 이름은 청나라 초기에 광동성 사읍(四邑) 지역의 지주 집단에서 다른 사람들과 다르게 부르기 위해서 불렀던 데에서 유래되었다. 청나라 초기에는 '하카'라는 용어가 없었고 원주민과 '하카'를 구분할 뿐이었다. 객가는 라향림(羅香林)의 객가학설에서 널리 알려졌다. 이후 점차 하나의 족군 이름이 되었으며 그들 스스로 이를 받아들이고 자신들을 하카라고 부르기 시작했다.

라향림은 〈객가연구도론〉에서 "객가족은 체계적이고 독특한 한족의 민족으로 충성심과 민족의식이 풍부하며, 객가족 선조들은 중국 내 국경 소수민족의 침략으로 중원에서 중국 남부로 점차 이주했다"고 설명한다. 복단대학의 이휘(李輝) 교수 등은 2003년에 발표한 글에서 복건성 장정(長汀)의 객가족에 대한 유전자 분석을 발표했는데, 이 지역 인구의 부계 염색체 조상은 북쪽의 한족이 약 80.2%, 남쪽의 여족(畬族)이 13%, 동족(侗族)이 6.8%를 차지한다고 밝혔다.

그리고 천진사범대학 생명과학부의 정연빈(鄭連斌) 교수 등은 광동성과 강서성에서 총 1,354명의 객가족 남녀의 체질에 대한 조사보고서에서 객가족은 북아시아 유형의 중국 민족에 가깝고 주요 구성 요소는 중원 중국인이라는 것이라고 주장하였다. 특히 객가족들의 언어는 현재까지 중세 중국어로 입성(入聲)을 간직하고 있다. 따라서 현대 중국어는 입성이 사라졌지만, 조선시대에 창제된 우리 한글의 성운 체계가 중세 중국 성운 체계를 빌려온바 객가어 발음이 우리의 언어 발음과 유사하다는 점은 흥미롭다.

위진 남북조 시대의 북주(北周):5호 16국 시대

위(魏)나라를 계승하여 진(晉)나라가 세워졌으나 서방의 호인(胡人)들이 밀고 내려와 장안(長安)과 낙양(洛陽)을 수도로 쓰지 못하면서 남경(南京)으로 천도를 하였다. 천도하기 전의 진나라를 서진(西晉)이라 하고 남경의 진나라를 동진(東晉)이라 한다. 이를 남조의 육조(六朝)라 하는데 오 및 동진·송·제·양·진을 말하며 호인들이 점유한 북반부를 북조(北朝)라 한다.

서진 지역의 호인들과 한인들은 5호 16국으로 난립하여 서로 상쟁하면서 전쟁하는 난세가 되었다. 북위(北魏), 동위(東魏), 북제(北齊), 서위(西魏), 북주(北周)와 실제로는 20여 개국이 넘는 나라들이 뒤엉켜 권력 쟁탈전을 벌여 수나라가 통일할 때까지 혼란을 거듭했다.

위진 남북조 시대(魏晉南北朝時代, 220년~589년)는 중국의 역사에서 위진시대와 남북조 시대를 통틀어 일컫는 용어이다. 위진시대(魏晉時代, 220년~420년)는 삼국시대의 위(魏)나라로부터 서진(西晉)을 거쳐 동진(東晉)에 이르기까지의 약 200년간의 시기이다. 남북조 시대(南北朝時代, 420년~589년)는 한족이 세운 남조와 한족을 장강 이남으로 밀어낸 유목민족이 세운 북조가 대립하다가 수(隋)나라에 의해 통일될 때까지의 시기를 말한다.

위진남북조 초반 후한은 황건적의 난으로 인해 매우 어지러웠다. 이에 이것을 진압하고자 지방호족들이 일어나게 된 것이 위진남북조의 시작이다. 조조(曹操)가 황제를 옹립하고, 원소(袁紹)와의 대전에서 승리해서 강력해지고, 동오(東吳)의 손권(孫權)에게 항복문서를 보내고 장강으로 내려오자 동오는 유비(劉備)와 동맹해 적벽대전(赤壁大戰)에서 승리를 거두고, 그 후 유비는 사천으로 들어가게 되며 이때부터 본격적으로 삼국지의 틀이 잡히기 시작한다. 220년 조비(曹조)가 한의 황제인 헌제(獻帝)를 끌어내리고, 위나라를 건국하면서 본격적으로 위진남북조시대가 시작된다.

249년 위나라 권문세족 사마의(司馬懿)가 고평릉(高平陵)의 정변을 일으켜, 황족을 숙청하고 사마의가 권력을 장악하고, 그의 아들 사마사(司馬師), 사마소(司馬昭)로 권력이 계승된다. 263년 상국 사마소의 명을 받은 위군의 대공세에 촉한이 항복하고 사마소가 죽고 진왕(晋王)의 자리를 이어받은 아들 사마염(司馬炎)이 조환(曹奐)의 선양을 받아 진(晉)의 황제가 된다. 진나라가 오를 침공하면서 진이 삼국을 통일한다.

사마염은 위나라의 멸망이 황족들을 견제하고자 권문세족을 지나치게 키웠던 점에서 비롯되었다고 보았다. 따라서 각 지방에 황족들을 파견해 봉국을 주고 그곳을 다스리게 하는데 동생 사마유(司馬攸) 만이 황족들의 내분 위협이 있으므로 이에 반대한다. 사마염의 아들 사마충(司馬衷)은 어리석은 자였기에, 사마염은 사마소의 아들이자 사마사의 양자인 동생 사마유에게 권좌를 물려줄까 고민했지만, 사마충의 아들 사마휼(司馬遹)이 총명했기에 사마충이 태자가 되었고, 290년 사마염이 붕어하자 사마충이 황제에 즉위하니 진혜제(晉惠帝)이다.

혜제의 부인 가남풍(賈南風)은 위나라 권신이자 고귀향공(高貴鄕公) 시해를 주도한 가충(賈充)의 딸로 성격이 악랄하고 권력을 탐하는 자였다. 혜제 즉위 후 외척 양준(楊駿)과 가남풍의 관계가 틀어지게 되었고, 가남풍은 초은왕 사마위(司馬瑋)와 동안공(東安公) 사마요(司馬繇)를 불러들여 양준(楊駿) 일파를 제거하고, 사마위에게 여남왕(汝南王) 사마량(司馬亮)을 제거하게 시킨다. 사마량은 진나라의 시조인 사마의의 아들이었기 때문에, 가남풍은 이를 명분으로 사마위까지 죽이고, 진나라의 권력을 장악한다.

가남풍은 혜제의 아들이자, 사마염의 총애를 받은 사마휼을 견제하고, 결국 죽였는데, 이에 조왕(趙王) 사마륜(司馬倫)을 필두로 한 지방의 왕들이 가남풍에 반발해 봉기한다. 조왕 사마륜과 제왕(齊王) 사마경(司馬冏)은 낙양을 점령하고 가남풍 일파를 멸하고 정권을 장악했는데, 사마륜은 반대하는 회남왕(淮南王) 사마윤(司馬允)을 죽이고 혜제를 폐위시켜 스스로 황제에 올랐다.

5호 16국 이후 북중국은 유목민족이 남중국은 한족이 정권을 세우고 분열의 시기를 맞으니 이게 남북조 시대이다. 북주 대승상이었던 양견(楊堅)이 수나라의 황제가 되고 남조를 침공하여 멸망시킴으로써 수나라는 남북조 시대를 통일하게 된다. 후한이 멸망한 후부터 수나라가 통일하기까지를 합친 것을 위진남북조시대라고 한다.

중국 철학사에서 위진시대는 노장학(老莊學)과 현학(玄學)이 주류를 이루었던 시대였다. 남북조 시대는 불교가 중국 철학의 주류를 이룬 시대로, 이러한 경향은 남북조 시대 이후의 수나라를 거쳐 당나라 시대까지 이어졌다.

위진 남북조 시대는 시기적으로 삼국시대의 오나라, 동진, 그리고 남조의 유송, 남제, 양나라, 진나라가 존속했던 기간들을 통틀어 지칭하는 육조 시대와 시간과 공간이 거의 일치한다. 육조 시대는 한나라의 귀족문화인 궁중문학, 서도와 회화 등이 국가들을 달리하면서도 통일성을 지니고 이어져 왔다.

한때 북주가 북제를 제압하며 화북지역을 통일하였다. 주례에 따라 관제와 부병제를 만들었다. 선비족 무사 집단인 관롱집단(關隴集團)이 북주의 주축을 이루었다. 8주국(八柱國) 관롱집단은 선비족 본거지를 중심으로 순수한 혈통을 지키기 위해 선비족끼리 결혼하였다.

혈통적으로도 흉노족·저족·갈족·선비족·강족과 한족이 엉켜지며 어우러진 시기였다. 이 전란의 시기에 서방 호인들의 세력을 배경으로 인도 간다라 지방으로부터 신강(新疆), 감숙(甘肅) 지방을 경유하여 불교가 전래되면서 현학과 도교 등이 성행하여 남방까지 전파되었다.

동진 시대부터 시작된 유교와 불교의 결합이 이루어져 불교와 유교는 새롭게 중국화된 교의(教義)로 거듭나게 되었다. 후일 송나라의 주희에 의해 신유학이 나타났으며 중국적 선불교(禪佛教)가 태어났다.

이렇게 혈통적으나 문화적으로 호한(胡漢) 융합이 이루어져 통일된 수나라와 중국 역사상 가장 강대하며 찬란한 문화를 이룩한 당나라가 일어나게 된다. 그 주역은 선비족(鮮卑族)이었다. 위서(魏書) 서기(序起)에 따르면 기원전 1세기-6세기 선비산에서 일어난 단석괴(檀石槐)가 통일하였던 동호(東胡)계의 제 민족이다. 동호족은 고조선의 후예라고도 한다.

선비족인 태조 우문태(宇文泰)가 황제로 등극하면서 북주를 통치한 지배층은 무천진(武川鎭) 출신의 선비족 관롱 귀족들이 득세하였다. 북주의 무제 우문옹(于文雍)은 북위 효문제가 한 한화정책과는 정반대로 존호(尊胡) 정책을 썼다. 효문제가 선비족들에게 하사한 양(楊)씨나 이씨(李氏) 성은 우문의 선비족 성씨로 바꾸며 선비족을 우대하며 한족을 차별하였다. 무제가 고구려를 침범하였으나 평강공주의 아버지

평원왕과 온달장군이 물리쳤다.

김부식의 삼국사기에 후주로 표기되어 자세하게 기록되어 있다. 북방종족을 존중하며 소박(素朴)주의 정치를 하였다.

서위(西魏) 시대부터 주(周)나라를 본받으려 북주라 하였는데 결과는 우문주(宇文周) 또는 후주(後周)로 호한(胡漢)이 융합되었다. 이렇게 호한 북주라는 미묘한 과도기를 거쳐서 수와 당이라는 통일 천하가 이루어지게 되었다.

북주의 제4대 황제인 선제(宣帝)는 남조인 진나라를 정복하여 속령으로 만들면서 선비족들이 진나라를 운영하였다. 그러나 민심을 외면한 선제의 뒤를 이어 선제의 친척인 북주총관 수국공(隋國公) 양견(楊堅)이 섭정하다가 5대 황제인 정제(靜帝)로부터 선양을 받아 북주의 나라 이름을 수(隋)라 하였다.

양견도 관롱집단과 함께 성장한 선비족이었다. 어릴 때 이름이 금강나라연(金剛那羅延)이었으며, 보륙여견(普六茹堅)이다. 나라연(那羅延)은 산스크리스트어로 금강불괴이며, 보륙(普六)은 선비어로 '버들'이다. 후일 당나라를 세운 이연(李淵)은 선비족 독고씨와 친척 관계였다. 양견과 이연은 이종사촌 간이었다.

수와 당의 왕조 교체도 선비족의 관롱집단 간의 지배체제 변화로 보는 견해가 학계의 정론이다. 그러나 수황실 자체는 족보가 주나라로부터 이어서 내려온 한족 명문가 홍농 양씨를 자처하며 혈통과 관계없이 언어나 관습문화는 주례를 따랐기 때문에 정복왕조가 아니라 침투 왕조로 본다. 선비족의 한화도 이때에 이루어진 것이다. '땅은 갈라져도 백성은 분열되지 않았다(有分土 無分民)'는 대일통의 논리는 왕조는 바뀌어도 백성은 흩어지지 않는다는 춘추의 뜻이다(春秋之義 春秋公羊傳).

제3장
수, 당과 송나라

수나라의 통일

390여 년의 기나긴 분열의 시대가 마무리되면서 천하 통일이 되었다. 난구필치(亂久必治)였다. 수문제는 각자의 토지를 소유한 자작농들을 확대하여 삼장제, 균전제를 확립하였다. 중국 통일 왕조들의 토지 정책의 뼈대를 만든 셈이다. 인구는 선양을 받을 당시의 배가 넘는 890만 7000호로 늘어났다. 장안을 도읍으로 하여 돌궐에 대한 방어를 강화하였다. 강릉 일대의 후량을 병합하여 전초기지로 삼아 남방을 평정하였다. 국부가 늘어나며 어느 왕조도 꿈꾸지 못했던 대운하 건설로 영토를 개조하였다.

수문제는 황하(黃河)와 장강(長江)을 연결시키는 대운하 건설을 시작하였으며 후일 수양제 양광이 대운하를 완성하였다. 백성을 위한 조세정책과 성군(聖君)이 되려고 스스로 검소한 생활로 모범을 보이며

▲ 수문제　　　　　▲ 수양제

뛰어난 정치적 리더십을 발휘하였다. 그러나 둘째 아들 양광(楊廣)이 수양제(隋煬帝)로 즉위하였으나 무리하게 추진한 운하 건설과 대규모 토목사업에다 고구려 정벌까지 나서면서 쇠퇴하기 시작한다.

당시 고구려는 돌궐과 협력하여 수나라를 견제하였다. 수양제가 돌궐의 계민가한(啓民可汗)을 방문했을 때 고구려 사신을 목격하면서 고구려와 돌궐의 연합전선을 견제하게 되었다. 598년 영양왕의 고구려는 요서(遼西)를 선제공격하였으며, 수나라는 이를 방어하며 고구려 침공을 준비하였다.

자치통감 기록으로는 113만 병력이 동원되었으며 지원부대가 200만 명이었다. 을지문덕의 살수대첩으로 물러났다. 이후 세 차례의 고구려 원정이 실패로 돌아가면서 각지에서 농민반란이 일어났다. 618년 장군 사마덕감(司馬德戡, 580-618)과 우문화급(宇文化及, ?-619)의 쿠데타로 무너졌다. 그 후 양제의 손자인 양정도(楊政道)가 돌궐의 지원을 받아 후수(後隋)를 건립했으나 630년 당나라에 흡수되었다.

수나라가 고구려 정벌에 나선 것은 바로 중원 중심의 천하관인 춘추대일통 역사관이 작용한 것이다. 수나라는 수나라 중심의 대일통 천하관으로 고구려와 같은 독자적 천하관을 인정하지 않았으며 고구려 역시 수나라의 대일통 천하를 거부하였기 때문에 수나라와 고구려의 전쟁은 천하관의 충돌로 보아야 한다. 주나라의 천하체계가 계속되는 것이 중원 왕조들의 특색이 된 것이다. 이는 수나라를 이은 당나라가 중원을 통일하면서 더욱 굳어져 동아시아를 당 천하로 만들었다.

춘추대일통은 혈통의 대일통이 아니라 중원 중심의 지역 대일통으로 변화되었다. 따라서 창업자들이나 세력가들은 지배의 정당성을 높이려고 좋은 가문과 연계시키는 경우가 많았다. 고려를 개국한 왕건(王建, 877-943)은 조부 경강대왕이 당 숙종(肅宗)과 보육(寶育)의 2녀 진의(辰義)의 아들이라 하였는데 이는 당현종 숙종의 황자(皇子)를 모셔 신라 골품제를 단숨에 뛰어넘으려 한 전략이었다.

왕건은 무역으로 큰돈을 모은 호상(豪商) 출신 용건(龍建)의 아들이며 조부는 작제건(作帝建)이었다. 그 윗대는 손호술(損乎述), 이제건(伊帝建), 강충(康忠)이었으니 제대로 된 성이 없었다. 속성이 김씨인 도선국사(道詵國師. 827-898)가 왕건(王建)이라는 이름을 지어 미화 작업을 했다. 이를 계기로 고려의 문벌들이 황제를 비롯하여 중국 성인들의 성을 끌어들여 한성을 쓰면서 중국의 대일통 정책과 종법제도에 편입되게 되었다.

당나라와 당 태종

당나라 황실의 연원은 북주와 연계된 수나라와 같이 선비족과 한족의 혼혈로 알려졌으나 분명치 않다. 선비족이 내려와 한족 지역을 정복한 후 북위 효문제부터 추진된 호한 융합정책이 이루어졌기 때문이다.

당대에 기록한 구당서(舊唐書)에는 진(秦)나라의 명장 이신(李

信), 전한(前漢)의 명장 이광(李廣 ?~기원전 119년)의 후손을 자처한 흥성황제(興聖皇帝) 이고(李暠, 351~417)의 자손이라고 기록되어 있다. 그러나 송대에 쓰인 신당서(新唐書)에는 황족을 포함해 지배층은 수나라와 연계된 선비족 혈통이 주류를 이루며 북주(北周)의 관롱(關隴) 귀족 우문씨와 수나라 양씨, 그리고 노자의 후손이라는 이씨가 뒤엉켜 있다. 관롱집단(關隴集團), 또는 관롱세족(關隴世族), 관롱귀족(關隴貴族), 관롱문벌(關隴門閥), 무천집단(武川集團)은 중국의 역사학자 진인각(陳寅恪)이 제시한 개념으로, 남북조 시대의 서위, 북주에서 수나라, 당나라에 이르는 기간 동안 관중(關中, 현재의 산시성)과 롱서(隴西, 현재의 간쑤성 동남) 지역을 기반으로 한 문벌 세족을 가리킨다. '관중'의 '관'과 '롱서'의 '롱'을 따서 '관롱(關隴)'이라는 명칭이 붙었다. 호한혼혈(胡漢混血)과 문무합일(文武合一)의 특징을 가지고 있었고, 당시의 지배층을 구성하였으며 황실 또한 관롱 집단에서 나왔다.

수제국의 양씨가 한제국의 명신 양진(楊震)의 후손이라 하며 당 제국의 이씨가 노자 이이(李耳, 李珥)의 후손이라 한 것도 절대다수인 한족과 어울리는 방법이었다. 이세민은 당 제국을 건설한 이후 노자가 이이로 소개된 사기(史記)를 근거로 그를 당 제국의 선조로 모시며 태상현원황제(太上玄元皇帝)로 추존했다. 노자가 태어난 날을 국가 경축일로 하며 도덕경(道德經)을 과거시험 교재로 채택했다.

▲ 당태종 이세민

수나라 제공(諸公) 출신인 이연(李淵)의 어머니 태목황후(太穆皇

后)는 선비족 두씨(竇氏)였으며 수양제 양광이 이종사촌이다. 북주 때 선비족 복고정책으로 이씨들이 북주로부터 대야(大野)라는 성씨도 하사받는다. 학계에서는 당의 이씨 황실은 관롱집단으로 한족에 동화된 선비족이 주류를 이루었다는 것이 정설이다.

결국 수양제 양광은 이종사촌 이연에게 나라를 빼앗긴 것이다. 617년 겨울 둘째 아들 이세민의 조언을 받아 평양공주(平陽公主)와 함께 장안을 함락시켰다. 양제를 태상왕으로 만들었다가 제거하였다. 손자 양유(楊侑)를 수나라 공제(恭帝)로 받들다가 제위를 선양받아 당나라를 세웠다. 장안을 수도로 하여 나라를 세웠으나 권력은 잔인하고 무상한 것이라 아들 이세민에게 강제적으로 양위하였다.

18세부터 문무에 뛰어나 군대를 지휘하며 뛰어난 책략으로 건국 공신이 되어 진왕(秦王)이며 천책상장(天策上將)으로 봉해졌던 둘째 이세민이 황태자였던 형 이건성(李建成)과 동생 이원길(李元吉)을 궁중 내에서 제거하며 아버지를 압박하여 황제에 올랐다. 현무문의 변(玄武門之變)이라 한다. 흉노족의 세습 방법인 형제들 간의 능력주의에 의한 경쟁적 권력투쟁 형태와 동일하다. 당 태종의 정변은 후일 조선의 태종 이방원이 일으킨 왕자의 난과 판박이였다. 동북면 출신의 이방원은 고려말을 잘못하던 형제들과 달리 한학과 유학을 잘해 과거시험까지 합격해 문무를 겸비했다. 아버지를 도와 개국에 큰 공을 세운 이방원이 형제들을 제거하며 아버지의 권력을 쟁취하는 과정과 같았다. 흉노와 선비계열의 권력 승계와 맥락이 같다.

그러나 피 묻은 손으로 잡은 권력을 선정과 덕치로 중국 역사상 가장 위대한 당나라를 건설하는데 선용하였다. 순자(荀子) 왕제(王制)편에 전해진 "군주는 배요, 백성은 물이다. 물이 배를 띄울 수도 있지만

물은 배를 뒤엎을 수도 있다(君舟民水, 水則載舟, 水則覆舟)"라는 백성을 두려워하는 마음으로 겸손과 자기 절제의 모범을 보였다. 왕도정치였다. 허물없는 문답식 토론 중심의 정책 결정으로 국가 통치의 기반을 마련했다.

자신을 암살하려 했으며 태자 이건성의 심복이었던 위징(魏徵)을 중용하여 능력주의 용인(用人)으로 왕권을 강화했다. 위징의 건의를 겸허하게 받아들였다.

제위에 오르고 난 후 태종은 북방의 돌궐을 정복하여 고창국과 비단길 지역의 영토를 확보하였다. 동남쪽으로 눈을 돌려 제후국을 자처하며 조공과 당의 년호를 사용하려는 신라의 김춘추를 원교근공 전략으로 끌어들였다.

신라 진덕여왕(眞德女王)은 당을 찬양하는 태평송을 비단에 수놓아 당태종에게 바쳤다. 김춘추는 아들 문왕을 당에 남겨두면서 백제와 고구려 정벌의 밀약도 이루어냈다.

율령 체제를 정비하여 국가 발전의 기틀을 마련하였다. 조세제도와 토지제도 그리고 군사 제도를 정비하였다. 태종의 이러한 정치를 정관지치(貞觀之治)라 한다. 후일 현종 때 오긍(吳兢)이 기술한 정관정요(貞觀政要)는 제왕학(帝王學)의 백미로 당 태종의 통치철학과 통치술을 체계적으로 정립했다.

고려 광종(光宗)이 정관정요를 읽었다. 고려말 원나라의 북방 유학에 통달한 박충좌(朴忠佐)는 충혜왕과 충목왕에게 정관정요를 강의했다. 조선에서는 경연 교재로 썼으며 정조는 정관정요 후서를 썼다. 일본에도 전해져 천황에게 진강했으며 도쿠가와 이에야스(德川家康)도 정관정요를 강론토록 하였다.

당 태종은 베트남 지역을 토벌해 교지(交趾) 지역을 확보한 후 고구려에 눈을 돌렸다. 이 당시 고구려는 연개소문이 영류왕을 제거하며 쿠데타를 일으켜 보장왕을 옹립하고 실권을 잡고 있을 때였다. 보병 7만 명, 수병 6만 명, 기병 3만 명이 정벌에 나서 요동 방어선을 무너뜨리며 15만 명의 연개소문(淵蓋蘇文?-666? 蓋金으로도 불림) 지원부대까지 대파하였다. 그러나 양만춘(楊萬春)이 방어하던 안시성 전투에서 밀려 퇴각하였다.

무측천(武則天)과 주나라

무측천의 이름은 무조(武照)이며, 어릴 때 이름은 무미랑(武媚娘)이다. 무사확(武士彠)의 차녀이다. 무사확은 목재상으로 수 양제의 토목공사에서 거부가 되었으나 617년 양제의 폭정으로 반란이 일어나자 당시 태원(太原) 유수(留守) 이연(李淵)과 함께 참전했다. 당나라가 건국되며 이연이 황제가 되자 태원군공 겸 이주 도독이 되었다.

▲ 성신황제 측천무후

무사확이 본처를 잃고 수나라 시절 재상을 지낸 양달의 딸을 아내로 맞아 세 딸을 낳으니 그 둘째가 무조(武照)다. 뛰어난 용모로 12세에 입궁하였다. 태종 이세민의 간호를 맡아 있을 때 고종이 되는 이치(李治)와 눈이 맞았다. 선제의 후궁은 비구니가 되어야 한다는 법도에 따라 비구니가 되어 감업사(感業寺)에 들어갔다가 불공을 드리러 온 고종을 따라 다시 입궁했다. 아버지의 후궁을 아들이 비(妃)로 삼은 것이다.

자기를 돌봐준 황후 왕씨를 음해하기 위해 딸을 이용했으며, 왕씨와 소숙비를 잔인하게 제거했다. 외척들을 내치며 권력을 탐하였다. 황제가 이홍, 이현(李賢)을 황제에 오르게 했다가 폐위시키고 자신의 소생 중 막내아들 이단(李旦)을 황제(睿宗)로 옹립하여 섭정하며 실권을 잡고 모든 정사를 관장하였다. 궁중 모두의 반발과 저항세력의 반란을 잠재우며 황제의 꿈을 실현시켰다.

자치통감 당기20, 측천후 천수[연호가 당(唐) 재초(載初) 원년에서 주(周) 천수(天授) 원년으로 바뀜 690년]의 기록은 다음과 같다.

9월 병자일(3일)에 시어사인 급현(汲縣, 치소는 하남성 衛輝市) 사람 부유예(傅遊藝)가 관중(關中, 섭서성 중부)의 백성 900여 명을 거느리고 궁궐에 와서 표문을 올렸는데 국호를 주(周)로 바꾸고 황제에게 무씨(武氏)의 성을 내려주도록 요청하였다. … 황제 역시 표문을 올려서 성을 무씨로 내려달라고 요청하였다. 봉황이 오동나무에 모여들었다. …

경진일(7일)에 태후가 황제와 여러 신하들의 요청이 옳다고 하였다. 임오일(9일)에 측천루(則天樓)로 가서 천하를 사면하고 당(唐)을 주(周)로 바꾸며, 기원(紀元)을 고쳤다. 을유일(12일)에 존호를 올려서 '성신황제(聖神皇帝)'라 하고, 황제는 '황사(皇嗣)'라 하면서 성을 무씨(武氏)로 하사하였으며, 황태자는 '황손(皇孫)'이라 하였다.

병술일(13일)에 신도(神都, 낙양)에 무씨(武氏)의 7묘를 세우고, 주문왕(周文王)을 추존하여 시조문(始祖文) 황제라 하였고, 그 비(妃)인 사씨(姒氏)는 문정(文定) 황후라 하였고, 평왕(平王)의 아들인 희무(姬武)는 예조(睿祖) 강(康) 황제라 하였고, 그 비(妃)인 강씨(姜氏)는 강예(康睿)황후라 하였다. 태원정왕(太原靖王)은 엄조(嚴祖) 성(成)황제라 하였고, 그 비(妃)는 성장(成莊)황후라 하였고, 조숙공왕(趙肅恭王)은 숙조장경(肅祖

章敬) 황제라 하고, 위의강왕(魏義康王)은 열조소안(烈祖昭安) 황제라 하였으며, 주안성왕(周安成王)은 현조문목(顯祖文穆) 황제라 하였다. 충효태황(忠孝太皇)은 태조효명고(太祖孝明高) 황제라 한다.

평왕(平王)은 낙양(洛陽)을 도읍(都邑)을 삼은 동주(東周) 왕조의 제1대 왕이고, 이름은 희의구(姬宜臼)이고 태원정왕(太原靖王)은 무후의 5대 할아버지인 무극기(武克己)이고, 조숙공왕(趙肅恭王)은 무후의 고조할아버지인 무거상(武居常)이고 위의강왕(魏義康王)은 무후의 증조할아버지인 무검(武儉)이고 주안성왕(周安成王)은 무후의 할아버지 무화(武華)이며, 충효태황(忠孝太皇)은 무후의 아버지인 무사확(武士彟)이다.

주나라 왕실을 복원하면서 자기 조상을 모두 왕으로 추존하였다. 측천대제(則天大帝) 무조(武曌)가 등극하면서 이씨의 당나라가 무씨의 주나라로 바뀌었다.

당 태종의 후궁으로 들어와 32세에 그 아들 고종의 황후가 된 무측천 황제는 705년 당주(唐周)를 다시 당으로 회복시킬 때까지 15년간 통치했다. 통일 진나라와 수나라의 존속기간과 같다. 섭정까지 포함하면 50여 년간 권력의 중심에 있었다. 고종의 치세 때 황제를 천황(天皇)이라 칭하였으며 황후인 무후(武后)는 천후(天后)라 하였다. 일본의 천황은 여기에서 비롯되었다.

천수 원년(684년)에 무측천 황제가 혁명하여 국호를 주(周)로 했다가 신룡 원년(705년) 다시 당으로 국호를 회복하였으니 주(周)를 사용한 기간은 21년이었다. 당나라의 지속성과 권력투쟁의 내부 분열을 종식시키기 위해 태자에게 감국(監國)을 하도록 하며 천하를 사면하기까지 주천하의 당나라는 여인천하였다.

가차 없는 반란 진압과 밀고 정치, 공포정치로 권력을 독점하였으며 권력에 도전하는 세력을 가차 없이 제거하였다. 당 태종의 예치와 정관지치(貞觀之治) 통치술을 눈여겨 배우며 시·서·예 학문에 정통했던 무측천 황제는 여성 특유의 온화한 정치로 백성을 위한 선정을 하였다. 과거시험으로 인재를 등용하였다. 농업, 수공업으로 국부를 늘리며 태평성대를 이루어 385만 호의 가구가 600만 호가 되었다. 도로를 정비하여 교통을 발달시켰다. 불교가 중화불교로 진화된 것도 무측천시대였다. 당송팔대가를 배출하였듯이 중국 역사상 가장 찬란한 문화를 창출하며 가장 부강한 나라를 건설하였다.

민심을 안정시키기 위해 도교와 불교 등 다원적 종교가 조화를 이루도록 하였다. 스스로 미륵불이라 하며 용문석굴을 건설하였다. 도교에 흡수된 신선술(神仙術)과 불로장생술(不老長生術)에 심취되어 방중술(房中術)로 수많은 남성들을 농락했다. 남성 황제들과는 반대로 궁녀 121명을 6명으로 줄인 후 수많은 남궁을 두며 사랑하다 노년이 추잡하게 되었다. 하룻밤에 3,000명의 남자를 상대했다는 과장된 표현으로 무측천을 비난하지만, 불로장수의 비법으로 진시황의 불로초나 힌두교의 까마스트라의 육체적 쾌락주의도 있다. 전한의 동중서(董仲舒)는 춘추번로에서 방중술을 기술하며 연령별 성교 회수까지 기록하였다.

후한서의 저자 반고(班固)도 예문지(藝文志)에 나오듯 성의 쾌락을 정사에서 다루었다. 《소녀경(少女經)》같은 방술도 기(氣) 철학과 함께 자연스럽게 통용되었다. 무측천 황제에 대한 부정적 평가는 남성중심 역사관이 왜곡시킨 것이다. 무측천의 손자 현종은 3만 9천여 명의 궁녀를 두었다. 권력욕과 성욕은 비례하며 불로장생술은 연단술(鍊丹術)로 발전시켜 화약까지 만들어 냈다.

당대(唐代)에는 도교를 중시하여 도교 교단을 조정 행정 단위에 예속시켜 1만 5천의 도사가 2천여 개소의 도관(道觀)에 배속되어 국가를 위해 삼재(三災)를 멀리하며 복을 기원하는 재초(齋醮)를 거행하였다. 또한 당실(唐室)의 조상으로 받드는 노자(老子, 李珥)에게 태상현원황제(太上軒轅皇帝)의 존호를 올리며 도덕경(道德經)을 민가에 돌려주며 과거제의 과목으로 채용하였다.

원래 도교는 도가나 도학과는 다르게 기원전부터 민간 신앙인 산악신앙과 신선 사상을 바탕으로 하여 유교와 불교의 교리와 체제 및 조직을 본 땄다. 중국인들이 화산(華山)과 태산(泰山)을 숭배한 이유다. 수련을 통한 불로장생의 방법인 양생, 입택, 방술(方術), 역리, 음양오행, 의술, 참위(讖緯)설을 더하여 현세(現世)의 부귀영화를 추구하였다. 따라서 건강을 위한 육체적 심리적 주술 방법을 동원하며 호흡법과 방중술(房中術)도 발전시켰다. 옥황상제, 북극성, 북두칠성, 성황신(城隍神)을 모셨다.

당시 진선(眞仙)으로 추앙받은 종리권(鍾離權)이 신라의 유학생인 승자혜(僧慈惠), 최승우(崔承祐), 김가기(金可紀)에게 종남산 광법사)에서 많은 도서와 비결을 주며 도법을 전수하였다. 최치원이 도맥(道脈)의 시원이다. 단군 설화가 산악신앙과 독특한 신선설과 결합하여 홍익인간(弘益人間)의 이념을 나타낸것도 도교일 수 있다. 성리학의 주희도 위백양(魏伯陽)의 참동계(參同契)와 음부경(陰符經)을 가까이 했으며 조선시대에 도교 서적이 많이 출판되었는데 이황도 이찬(李澯)의 8폭 양생설과 참동계를 보며 양생하여 지선(地仙)이 되어 사람답게 살려는 마음을 가졌다. 율곡 이이도 창양(昌陽) 같은 약제를 좋아했다.

무측천 황제 시대가 주변 만방이 조공하러 온다는 만방래조(萬邦來朝)의 대일통 시대였다. 당 태종도 두려워한 고구려를 흡수한 전략도 무측천이 직접 지휘했다. 660년 백제침공을 마무리한 후 고구려 침공 시 고종의 후면출발을 전진 배치시키고 신라와 동맹하에 나·당 연합으로 배후를 치게 하며 당군은 정면 돌파하는 원교근공(遠交近攻) 정책을 썼다.

고구려 왕자들인 남생(南生), 남건(南建)의 갈등을 이용해 병력을 일으키며 668년 고구려를 무너지게 했다. 마지막 보장왕(寶藏王)을 조선왕으로 봉했다. 요동주 도독 조선왕이었다. 보장왕은 고구려 유민을 규합하고 말갈과도 연합하여 고구려 부흥을 도모하다 681년 당나라로 소환되었다.

이후 보장왕의 아들 고덕무(高德武)를 안동도독으로 보내 유민을 달랬다. 당나라는 고구려 땅에 안동도호부, 백제 땅에 웅진도독부, 신라 땅에 계림도독부를 설치하려다 670년부터 676년까지 신라와 7년 전쟁 후 대동강을 경계로 국경을 확정지으며 퇴각했다. 이렇게 고려 반도가 중화 천하일가로 들어가는 계기를 마련한 것은 무측천 황제였다. 신라인도 같은 일가로 당에 유학가서 과거시험을 보아 관직을 가질 수 있게 되었다. 최치원은 대당신라인(大唐新羅人)이었다. 이는 명(明) 시대에는 유명 조선인(有明朝鮮人)이었으며, 신중국에서는 중국 조선족이 되었다. 고구려는 사라졌지만 고구려 천하는 동방의 강대한 중앙국가로 중원의 50여 개 왕조와 공존하면서 705년의 위대한 역사를 유지해 왔다. 후일 고려와 코리아로 지속되었다.

육로와 해상의 실크로드 전략은 더욱 발전시켰다. 호한 문화와 어우러진 자유분방한 태평성대가 이루어졌다. 무측천 시기에 주나라의 천하체계로 대일통을 이루어냈으며, 한족의 정체성을 지켜냈다.

무측천 여제 시대와 비슷한 시기인 당 태종 때 신라에서는 진골협의체(眞骨協議體)인 화백(和白)회의에서 최초로 여성인 덕만(德曼)을 뽑아 선덕여왕(善德女王?-647)이 되었다. 백제를 치기 위해 당나라 태종에게 원병을 요청하니 "너희 나라는 여왕이 재위하고 있어 이웃 나라들이 업신여기고 있다. 내 친족 중에 한 사람을 보내 왕으로 삼는다면 군대를 파견하겠다"고 조롱과 핀잔을 주다가 3년이 지난 뒤 김춘추의 노력으로 주국낙랑공신라왕(周國樂浪公新羅王)으로 봉했다.

주국(周國)의 낙랑공인 신라왕이었다. 신라 여왕에게 당 황제가 주나라(周國)의 낙랑공으로 봉한 것이 이채롭다. 당 문화와 주례(周禮)가 공식적으로 신라에 유입된 것도 당나라 때였다. 757년(경덕왕 16년) 성씨와 족보가 소개되면서 전국의 지명을 한자로 바꾸는 한화(漢化) 정책이 실시되었다. 주례(周禮)가 공식적으로 신라에 유입된 것도 당나라 때였다. 나비 없는 꽃 그림도 전달되었다. 신라는 선덕왕(재위 632-647), 진덕왕(재위 647-654), 진성여왕(재위 887-897)의 세 여왕이 있었다. 서요(西遼) 여황제는 야율보속완(耶律普速完)이 있었다.

중국 최초의 여황제라는 남북조 시대 북위(北魏)의 9대 황제인 효명제(孝明帝)의 딸 원고낭(元古娘)은 6세에 황제에 올라 생모인 호충화(胡充華)의 수렴청정에 이용당했을 뿐 실제 황제의 역할은 하지 못하였다. 남장 여제였는데 연호는 무태(武泰)였다.

중국 역사상 여황제를 참칭한 경우도 있다. 653년 1월, 당 고종 시기의 농민반란의 여자 지도자 진석진(陳碩眞 구당서에는 陳碩貞)이

▲ 당현종과 화청지의 양귀비 동상

문가황제(文佳皇帝)로 활동했는데 무측천이 여황제 등극과 묘한 연관성이 있다. 더구나 무측천 황제 이후 그의 딸과 손녀들도 여황제를 노리고 권력투쟁을 했다. 705년 2월 23일 중종(中宗)이 다시 제위에 올랐으나 중종의 아내 위황후(韋皇后)가 그녀의 딸과 누이들을 이용하며 중종을 독살하며 이중무(李重茂)를 황제로 삼아 권력을 장악하였다. 이에 임치왕(臨淄王) 이륭기(李隆基)가 위황후와 측근을 제거하며 예종을 황위에 복귀시켰다. 그러나 예종도 태평공주에게 휘둘리다가 현종(玄宗)에게 제위를 물려주었다.

현종은 개방된 정책으로 기독교인 경교(景教)와 이란의 조로아스터교도 받아들이며 명재상들을 등용하여 민생을 안정시켰다. 그러나 현종은 며느리였던 양귀비에게 반해 아방궁에서 놀아나며 국정을 돌보지 않아 쇠퇴하기 시작하였다. 안록산(安祿山)과 후속 반란이었던 사사명(史思明) 등이 주도한 안사의 난(安史之亂)을 일으켰다.

755년 12월 16일부터 763년 2월 17일에 걸쳐 당나라의 절도사인 안록산, 부하인 사사명과 그 자녀들이 일으킨 대규모 반란이다. '안사의 난'이란 안록산(安祿山)과 사사명(史思明)의 첫 글자를 따서 지은 이름으로 안녹산의 난 또는 '천보의 난'(天寶之亂)이라고도 한다. 안녹산은 나라 이름을 연(燕)으로 하고 스스로 황제(稱帝)라고 선포하고서 9년간 지속했다. 현종으로부터 국정을 위임받아 조정을 어지럽히는 양귀비의 사촌오빠 양국충(楊國忠)을 토벌한다는 명목으로 20만을 거병하여 장안까지 쇄도해 양국충과 양귀비를 처단하였다. 일설에는 양귀비가 자결하겠다며 애원하여 시종에게 옷을 갈아 입혀 내보내고 달아나 일본에서 여생을 보냈다고 한다.

반란은 천보 14년(755년)에 시작되었다. 12월 16일(음력 11월 9일), 범양절도사(范陽節度使) 안록산은 군대를 일으켜 남하하기 시작했다. 이때 조공책봉 관계에 있던 신라의 경덕왕은 촉나라 땅으로 피신한 현종에게 사신을 보내어 지원하였다. 감격한 현종은 시를 지어 경덕왕에게 전했다. 경주에서 서촉까지는 1,200km가 넘는 머나먼 전쟁터였다. 지극 정성이었다. 안록산은 아들 안경서(安慶緒)에 의해 암살될 때까지 2년 동안 반란을 이끌었다. 안경서가 안록산의 군대를 이어받고 2년 후, 사사명은 안경서를 살해하고 군부를 찬탈했다. 사사명 역시 2년 동안 이들을 지휘했지만 이후 아들 사조의(史朝義)에 의해 암살당하고 찬탈당했다. 사조의는 763년 2월 17일 당나라에 함락될 때까지 2년을 더 통치했다. 혼란을 틈타 소그디아 및 기타 세력들 역시 당에 반기를 들었다. 안사의 난은 이 반란 일체를 부르는 용어이다.

안사의 난은 중세 중국 역사에서 중요한 전환점이 되었는데, 군사 활동과 이와 관련된 전투 사망으로 기근, 인구 이동, 대규모 기반 시설 파괴 등으로 인한 인구 손실이 크게 발생하여 당 왕조가 크게 약화되었고, 당나라 황제들의 천왕(天王)으로서의 위신이 무너졌으며 서역(西域)의 영구적인 상실로 이어졌기 때문이다. 이백이 시선이라면 시성

(詩聖)이라 했던 두보(杜甫)는 "나라는 무너져도 산과 강은 옛처럼 여전하며, 성안에 봄이 드니 초목이 무성하다"[춘망(春望):國破山河在, 城春草木深]는 시를 지어 기울어져 간 나라를 걱정하는 충정을 전했다.

비록 반란이 황조, 의병, 외부의 지원 등 대규모 연합군에 의해 궁극적으로 진압되었지만, 왕조는 군부의 구조를 개편하지 않고 점령지의 통치 방식은 이전의 것을 고수하였다. 이는 당 왕조 쇠퇴의 직접적인 원인이 되어 말기에 지역 군벌 분리주의가 만연한 원인이 되었다. 황제는 말년에 불교를 맹신하여 금단에 빠졌으며 결국 환관에게 독살당했다. 당나라 역시 환관의 농단이 극심하였다. 이로써 당의 멸망 이후 수십 년 동안 5대 10국 시대가 이어졌다.

희종(僖宗) 때 산동(山東) 호족 출신 황소의 난(黃巢之亂, 875-884)이 일어나 장안과 낙양이 함락되기도 하였다. 국호를 대제(大齊) 연호를 금통(金統)이라 하였으나 당 왕조를 도왔던 돌궐계 이극용(李克用)에게 격파되었다. 대당 신라인 최치원은 황제를 옹호하는 '토황소격문(討黃巢檄文)'을 지어 진압에 큰 공을 세웠다. 이 격문은 명문으로 최치원의 명성이 크게 알려진 계기가 되었다. 황소의 난은 관군에 의해 진압되었으나 황소의 심복이었던 주전충(朱全忠, 본명은 朱溫)이 관군에 항복하여 절도사 지위를 얻어 강력한 권력을 잡았다. 903년 조정을 장악하며 소종(昭宗)을 암살하고 그 일가를 소탕하였다. 907년 애종(哀宗)을 퇴위시키며 선양을 받아 황제 위에 올라 후량(後梁)을 건국하였다.

이 시기 고려 반도에서는 왕건(王建)이 고려를 건국하였다. 신라가 쇠퇴하면서 후백제와 후고구려가 일어나 삼국시대가 되었는데 후고구려의 태봉(泰封)왕인 궁예(弓裔)의 부하였던 왕건이 918년 왕을 제거하며 즉위하여 연호를 천수(天授)라 하였다. 개경을 수도로 하여 후삼국을 통합하였다. 실존하지 않았다는 설도 있지만 속성이 김씨(金氏)이며 풍수설의 대가인 도선(道詵, 827-898)을 국사(國師)로 삼아 오제 시대의 정인(貞人)들처럼 각별한 예우를 하였다. 신라와 같이 당 문물의 영향을 받아 불교를 국교로 하였다. 5대 10국 시대의 혼란을 틈타 독자적 연호를 쓰면서 황제국처럼 요나라와 대결하였다.

발해와 신라

발해의 고구려 계승을 설명하는 중요한 유물이 온돌이다. 《구당서》에는 고구려의 주거 문화가 잘 묘사되어 있다.

"산골짜기에서 산다. 집은 띠로 이엉을 엮어 이어 짓는다. (중략) 겨울철에는 구덩이를 길게 파서 밑에다 숯불을 지펴 방을 따뜻하게 하는 온돌 장치를 하였다."

《구당서》가 이렇게 쓴 것은 고구려인의 주거생활이 당나라와 크게 달랐기 때문이다. 이로부터 한국학계에서는 온돌의 기원을 고구려로 본다. 실제 중국과 북한의 고구려 유적지에서 온돌이 발견되었고, 발해 유적지에서도 마찬가지다. 발해의 수도였던 상경용천부(중국 흑룡강성 영안현 발해진)의 궁성 서쪽 '침전터'와 북한의 함남 신포시 오매리 발해 유적지에서 구들 흔적이 발견되었다. 온돌은 말갈 지역으로 불리는 고구려와 발해의 변방 지역에서도 발견되지만, 당나라 유적지에서는 나왔다는 보고가 없다. 온돌 유적은 고구려를 계승한 발해 문화의 독자성과 계승성을 증명한다.

이렇게 고구려를 계승한 발해는 한국 역사에서 어떤 위치를 파지하는가? 이는 발해와 신라가 공존했던 시기를 어떻게 규정할 것인가의 문제다. 조선시대 역사학자인 유득공(1749~1807)이 이 시대를 '삼국시대'에 이은 '남북국시대'로 규정하였고, 이것이 한국 사학계의 보편적인 인식이 되었다. 삼국이 서로 협력하고 싸우면서 삼국시대를 형성했던 것처럼, 남북국도 교섭과 대결을 통해 '역사공동체'를 형성했다는 의미일 것이다.

그렇다면, 실제 남북국은 역사공동체로 부를 수 있을 만큼 적극적인 교섭과 대결을 펼쳤다고 볼 수 있을까? 우선 '신라도'라는 것이 있다. 신라도는 발해의 5가지 대외 교통로 중의 하나다. 신라 천정군(지금의 함경남도 덕원)에서 발해의 책성부(중국 길림성 훈춘)까지 연결하는 길로, 39개의 역참이 있었다고 기록된다. 두 나라가 긴밀하게 교류했다는 증거이다.

발해는 개국하자마자 신라 왕실과 접촉을 시도한다. 당의 방해 속에서 어렵게 발해를 개국한 고왕 대조영은 즉위 2년째인 700년에 신라에 도움을 요청하려고 사신을 파견한 일이 있었다. 고구려가 신라와 당나라의 연합군에 멸망한 사실을 교훈으로 삼아 이를 미리 차단하기 위한 외교정책의 일환이었을 것이다.

당시 신라의 최치원은 당에 보낸 편짓글에서 "(발해가) 처음 거처할 고을을 세우고 인접하기를 청하였기에 그 추장 대조영에게 비로소 신라의 제5품 대아찬의 벼슬을 주었다"고 전한다. 발해 대조영이 대아찬 벼슬을 받은 것을 명분으로 신라가 발해 건국을 묵인한 것으로 볼 수 있다. 그러나 발해가 신라에 조공이나 다른 정치적 배려를 하였다는 기록은 찾아볼 수 없다. 이는 발해 건국 초기 남북이 당으로부터 일정한 자주성을 확보하면서 평화적으로 교섭한, '근친원교'(近親遠交) 외교의 성공 사례라고 할 수 있다.

그러나 두 나라의 평화적 교섭은 오래가지 못했다. 신라와 발해가 직접적으로 충돌한 것은 732년에 발해가 당나라를 공격하자 신라가 이 전쟁에 끼어들면서 발단이 되었다. 발해와 당은 발해 건국 과정에서부터 대립관계에 있었다. 당은 발해를 견제하기 위해 발해의 지배 아래 있는 흑수말갈과 긴밀한 관계를 맺으려 했다. 이것이 발단이 돼 발해가 수륙양면으로 당나라를 공격하였다. 이때 신라는 발해가 아니라 당나라를 돕기 위해 군대를 발해의 남쪽 국경에 파견하였다. 험한 날씨 탓에 신라군이 중간에 철수하면서 두 나라가 직접적인 충돌은 없었지만, 이 사건을 계기로 남북국은 본격적인 대결 국면에 돌입한다. 발해 3대 문왕은 일본과 함께 신라를 협공하려고 '신라협공계획'까지 세웠다. 그러나 '안사의 난' 등 국제 정세의 변화와 일본 내부 사정으로 무산되었다.

이렇게 군사적 긴장 관계에 놓였던 두 나라는 신라의 국내 정치 변화에 따라 다시 교섭 국면에 돌입한다. 《삼국사기》에는 신라 원성왕(790년)과 헌덕왕(812년)이 각각 '북국'(발해)에 6두품급의 사신을 파견하였다고 전한다. 당시 원성왕과 헌덕왕은 모두 쿠데타로 정권을 잡아 정통성이 약했고, 국내의 정치 상황을 극복하기 위한 수단으로 발해와 교섭을 활용했던 것으로 분석된다.

남북국의 교섭은 8세기 초 발해가 영토 확장에 나서고, 신라와 당나라가 군사 협력을 맺음으로써 다시 대결 구도로 치달았다. 당나라는 819년 이사도가 반란을 일으키자 신라에 3만 명의 파병을 요청하였고, 신라는 이를 수용했다. 당시 3만 명이면 엄청나게 큰 규모였다. 한국사 최초의 해외 파병이라고 할 만 하다. 이사도는 고구려계인 이정기의 손자로 산둥반도에 진출해 독립된 세력을 형성하고 있었다. 당은 고구려계로 분류할 수 있는 이사도의 반란을 토벌하는데, 신라를 끌어들여 남북국 대결 관계를 교묘하게 이용한 셈이다. 이 사건으로 신라와 당이 가까워지는 계기는 되었지만, 남북국 관계는 최악의 상황으로 치달았다. 신라는 826년 1만 명을 동원해 발해와 국경에 성을 쌓는 등 발해를 상대로 한 국방력을 강화했다.

발해가 멸망하는 과정에서 신라는 어떤 역할을 했을까? 발해가 멸망기에 접어든 10세기, 국력이 기운 발해 왕조는 신라에 구원을 요청한다. 《거란국지》는 거란의 팽창에 두려움을 느낀 발해의 마지막 황제 대인선이 은밀히 '신라(후삼국)의 여러 나라'들에 구원을 요청해 약속을 받았다고 전한다. 누란의 위기 속에서 발해는 왜 신라에 도움을 요청하였을까? 두 나라가 비록 긴장 관계에 있었지만, 삼국시대 이후 이어온 민족적 공동체 의식이 존재했기 때문이라고 볼 수 있다. 그러나 발해를 돕기로 했던 신라는 약속을 어기고 발해 대신 거란을 도왔고, 그 공으로 선물을 받았다고 전해진다. 신라가 거란을 돕는 데 군사적 지원을 했는지는 명확하지 않지만, 당시 국제정세로 보면 신라가 가만히 있기만 해도 거란을 돕는 꼴이 된다. 발해는 결국 신라의 도움을 받지 못했거나, 신라의 방관으로 거란에 망한 셈이다(https://www.hani.co.kr/arti/culture/book/410897.html, 한규철, "발해-신라, 대결·갈등 속 민족공동체 의식 '싹'" 참고).

5대 10국 시대와 후주

5대 10국 시대(五代十國時代, 907년~979년)는 중국의 역사에서 주전충(朱全忠)이 건국한 후량에 의해 당나라가 멸망한 907년부터, 송나라가 십국을 통일한 979년까지, 황하 유역을 중심으로 화북을 통치했던 5개의 왕조(오대)와 화중·화남과 화북의 일부를 지배했던 여러 지방정권(십국)이 흥망을 거듭한 정치적 격변기를 가리킨다. 오대 십국의 오대는 후량(後梁, 907~923), 후당(後唐, 923~936), 후진(後晉, 936~946), 후한(後漢, 947~951), 후주(後周, 951~960)를 뜻하며, 십국은 오월(吳越, 907~978), 민(閩, 909~945), 형남(荊南, 924~963), 초(楚, 897~951), 오(吳, 902~937), 남당(南唐, 937~975), 남한(南漢, 917~971), 북한(北漢, 951~979), 전촉(前蜀, 903~925), 후촉(後蜀, 934~965)을 포함한다.

오대 십국 시대가 시작된 해는 거란족에 의해 당나라가 완전히 정복되어 멸망한 907년이라고 한다. 그러나 실제로는 왕조로서의 당나라는 875년~884년에 걸쳐 일어난 황소(黃巢)의 난에 의해 멸망한 것으로 보는 사람들도 있으며, 그 후 장안(長安)을 중심으로 관중 지역을 지배한 일개 지방 정권으로 추락하였고 돌궐족 이극용(李克用)과 한족 주전충(朱全忠) 등 절도사 세력이 함께 존재하는 난립 상태라고 말할 수 있었다. 여기서는 대략적인 내용을 황소의 난 시점부터 설명하겠다.

당나라의 중앙정부는 755년~763년에 일어난 안사의 난(安史之亂)에 의해 약해졌다. 이를 틈타 각지의 절도사 세력은 자립성이 강해져 자신들의 입지를 스스로 다스리기 시작하였고, 먼 지방의 절도사 중에는 중앙에 대한 납세마저도 거부한 자가 있었다. 이에 대해 억제책을 고안해 부분적으로 절도사를 누르는 데 성공했다. 그러나 절도사 세력을 억누르기 위해 이용했던 환관 세력이 도리어 힘을 갖게 되어, 정치에 과도하게 참여하게 되어 황제의 폐립까지 결정하게 되었다. 이후 안사의 난을 막으려다 위구르군에 의해 장안이 유린되어 많은 귀족들이 위구르에 끌려가 황폐화되었고 절도사들은 더욱 더 반란을 일으키게 되었다. 이런 폐단으로 중앙정부는 절도사 세력을 억누르던 힘이 사라졌다. 하지만 서쪽에선 위구르와 토번(吐蕃)이 당나라 서쪽을 정복하여 절도사들을 죽여 한족들을 노예로 만들었고 당나라의 영토는 매우 축소되었다.

이러한 상태 속에서 황소의 난이 발발했다. 정부군은 추락할 때까지 추락하여 별로 강하지 않은 황소군에 대해 고전을 면치 못했고, 세간에는 황소군을 전멸시키면 자신들의 입장이 위험해진다는 것을 두려워해 힘을 기울이지 않았다는 말도 있었다.

황소군은 장안을 함락했고, 황제 희종(熙宗)은 촉(蜀)으로 도망쳤다. 당의 입장에서 다행스러운 것은 황소군이 장안에서 폭정을 일삼아, 장안 사람들의 실망과 분노를 샀다는 점이다. 그러나 그 와중에도 당나라 정부에서는 장안을 회복할 만한 실력이 없었다. 여기서 돌궐 사타족 출신의 이극용과 황소군의 간부였다가 당나라 조정에 투항한 주온[朱溫, 후에 당나라로부터 전충(全忠)이라는 이름을 하사받았다]이 장안으로 들어가 황소의 난을 막았으나 돌궐족들은 당나라 장안을 유린하여 황폐화시켰다.

그러나 이것으로 인해 당나라의 약소함이 만천하에 폭로되었고, 황제는 명목상 존재하는 것에 불과하게 되었다.

이 시기 중앙을 두고 다투었던 이들이 변주(汴州; 현재의 開封)를 중심으로 산동, 하남을 지배한 주전충과 태원(太原)을 중심으로 산서(山西)를 지배하던 돌궐족 이극용, 하북을 지배한 유인공(劉仁恭)이나 섬서 일대를 지배한 이무정(李茂貞) 등이다. 그 외의 지역에서도 자립한 이들이 많아 후에 10국의 기원이 되었다.

돌궐족 이극용은 항상 당나라를 공격할 기회를 보고 있었고 이극용의 군대는 검은색 의복으로 통일하여 이들을 통칭 갈가마귀군[鴉軍]이라 불렸고 전투에 매우 강했지만 한족들을 자주 학살하고 당나라의 귀족과 당나라 황후 등을 무작위로 잡아 노비로 삼아 그 횡포함을 떨쳤다. 돌궐족 이극용이 날쌘 돌궐군을 보내 당나라 황제의 황후들을 모두 끌고가 첩으로 삼자 당나라 황제는 주전충에 붙게 되었고 주전충은 황제를 꼭두 각시화 하고 907년에 협박하여 선양을 받아 후량(국호는 단순히 양(梁)이었다. [후](後)의 글씨는 후세의 역사가들이 구별하기 위해 붙여진 것이다)을 건국하였다.

이후 요나라의 야율아보기(耶律阿保機)가 화북 전체를 정복하고 옛 당나라 수도였던 장안을 함락시켰다. 당 태종의 후손들은 거란족들에 의해 요나라의 수도로 끌려가 수치를 당하게 되었다. 요나라는 유목민족인 거란족이 화북지역에서 916년 발해를 무너뜨리고 세운 나라. 야율아보기(耶律阿保機, 872-926)는 건국 당시에는 거란(契丹)이라 했는데 947년 국호를 대요(大遼)로 바꾸면서 스스로 천황제라 하였다. 몽골 지역의 오랑캐 부족을 핵심세력으로 동원하여 만주 전역을 정복하였다.

▲ 야율아보기

후량은 주전충, 후당은 이존욱(李存勖), 후진은 석경당(石敬瑭), 후한은 유지원(劉知遠), 후주는 곽위(郭威)가 세웠다. 그런데 후당의 개조 이극용은 산서 군벌의 거두였으며 후당의 2대 황제인 명종 이사원은 이주용의 양아들로 이존욱의 인척이었다. 후진을 세운 석경당은 이사원의 측근이자 사위였으며 후한을 세운 유지원은 석경당의 측근이었다. 후주를 세운 곽위는 유지원의 측근이었기 때문에 왕조는 변해도 지배세력은 그대로 이어져 정치체제는 비슷하게 이어져 왔다. 기득권 세력의 돌림 왕조들이었다. 정치적 상층부인 황제나 왕조만 바뀌거나 무력을 가진 실세들만 교체되었을 뿐 백성들의 삶은 정치적 변동과 다르게 유지되었다. 전란에 휩쓸려 백성들이 고통받던 5호 16국 시대와는 달리 백성의 삶은 비교적 평화로운 세상이었다.

뒤이어 바로 송나라를 건국한 조광윤은 후주를 건국한 곽위의 양아들인 시영의 측근이었다. 조광윤을 돌궐족 사타부족 출신이라 하기도 한다. 관료조직의 왕조만 과거 양·당·진·한·주나라로 바뀌었으나 큰 틀에서 보면 천하가 바뀌는 것은 아니었다. 후주를 둥지로 삼아 탄생한 송나라가 본래 상(商, 殷)나라의 후예였다면 주나라가 상나라의 후손들을 위해 분봉해 준 땅이 송나라였으니 송나라는 주(周) 중심의 춘추 대일통 천하의 연속성이 유지된다고 볼 수 있다.

후주(後周, 951-960년)는 후한의 추밀사(樞密使)였던 곽위(郭威)가 후한 은제(隱帝)의 압력에 반발하여 대량(大樑·開封, 汴京)에서 군사를 일으켜 후한을 멸하여 951년 주(周)나라를 세웠다.

당 이후의 혼란과 호족(胡族) 통치에서 벗어나려고 춘추의 천하체계를 회복하려 개혁에 노력하였다. 군벌처럼 다투는 절도사들을 평정하려 하였다. 제2대 세종(世宗)인 시영(柴榮)은 통일사업을 추진하여 남으로 촉을 공격하여 진(秦), 봉(鳳), 성(成), 계(啓)의 4개 주를 흡수하였다. 남당을 공격하여 회남(淮南) 14주 60현을 얻었다. 북으로 연운 등 16주 가운데 영(瀛), 막(莫), 영(寧) 주를 끌어들였다. 자치통감 기록에는 영남(嶺南)으로 나온다. 정치개혁을 하여 농업과 상업을 발전시켰다. 한가로우면 유자(儒者)들을 불러서 고대 역사를 읽고 그 대의를 토론하였다. 그러나 39세의 나이로 세상을 뜨니 7세밖에 되지 않은 곽종훈(郭宗訓)이 등극하였다. 그가 공제(恭帝)였다.

이때 조광윤은 후주의 최고 권력자로서 군사권을 모두 장악하고 있었다. 960년 정월 초하룻날에 진주(鎭州)와 정주(定州)에서 거란병과 북한(北漢)군이 남하한다는 상주문을 받고 조광윤에게 전권을 주어 출병하였다. 진교(陳橋)에서 하룻밤을 묶는 동안 부하 장수들이 황용포(黃龍袍)를 입히면서 개봉으로 진격하여 군변을 일으켰다.

무력이 판치던 시대에는 권력은 무상한 것이었다. 조광윤은 후주의 공신이며 후주의 태조 곽위나 세종 곽시영으로부터 절대적 신임을 받았던 사람이지만 어린 공제(恭帝)가 등극하자마자 바로 계획적으로 왕권을 빼앗았기 때문이다. 일을 꾸미는 것은 사람이지만 성취시키는 것은 하늘이라는 격언처럼 송나라는 인위적으로 천명을 받아 건국되었다.

송나라와 성리학

후주의 무신 조광윤이 960년에 후주 공제(恭帝)로부터 선양을 받아 송나라를 건국하였다. 그러나 황제에 오른 지 3개월 만에 후주 시대의 소의군(昭義軍) 절도사로서 전공을 세워서 시중(侍中)에 오른 이균(李筠)이 반란을 일으켰으나 이를 진압했다. 후주의 태조 곽의의 생질인 절도사 이중진(李重進)도 군사를 일으켰다. 지방의 절도사들도 하룻밤 사이에 뒤바뀌는 황제들에게 눈치를 보는 불신의 시대였다.

무력이 판치는 난세에는 무력만을 믿었지 의리나 믿음 같은 인간의 도리는 도외시되었다. 조광윤은 배신과 투쟁이 악순환되는 무인의 시대를 벗어나 새로운 천하를 열기 위해 문신(文臣)을 통한 문치(文治)에 초점을 맞추었다.

문신 조보(趙普)의 전략에 따라 절도사들로부터 군권을 이양받으며 부귀영화를 보장했다. 문신은 힘(武力)이 없기 때문에 반역보다는 충성(忠誠)으로 복종하는 권력 중심의 속성을 간파하며 문치주의를 시작하였다. 북주를 이어받은 왕조답게 주례에 의한 유교적 예치를 선택하였던 것이다. 몸부림보다는 세뇌하여 자발적 충성을 유도할 수 있는 유가들을 통해 예치(禮治)의 기초를 마련하였다. 송대의 화려한 문필가들과 당송(唐宋) 8대가들이 대접받으며 성리학이 싹틀 수 있는 토양을 마련한 것이다. 새로운 방향(vision)을 제시하면서 시대의 흐름을 변화시킬 때 태평성대는 자연스럽게 따라오는 것이다.

태조 조광윤은 분열 상태를 종식시키며 대일통을 이루기 위해 정복사업을 하여 한나라와 당나라의 대부분 영토를 되찾았으며 개봉에 수도를 잡아 강력한 중앙정부를 수립하였다. 국토개발을 대일통과 연결시켜 도로 확장으로 제국을 통합하였다. 후일 송나라와 고려 그리고 조선도 과거제를 정착시켜 세습 대신 능력 중심 인재들을 등용하여 관료제 정부를 강화하였다. 고려, 조선의 과거제도 정착과 문치주의는 문약과 무의 도외시로 인하여 외침에 무방비 상태를 가져왔다.

과거제도는 서기 587년 수(隋)나라 때부터 시행되었으며, 고려에서는 958년(광종 9) 쌍기(雙冀)의 건의로 시작되었다. 과거제도는 시험을 통해 학문적 소양을 쌓은 능력 있는 관료를 선발함으로써 공신세력을 제압하고 왕권을 강화하려는 목적에서 실시되었다.

고려의 과거제는 제술과(製述科), 명경과(明經科), 잡과(雜科), 승과(僧科)로 구분할 수 있으며, 제술과와 명경과는 조선의 문과에 해당하였다. 제술과는 문장을, 명경과는 유교 경전의 해석을 시험해 보았는데, 조선과 달리 고려에서는 제술과를 명경과보다 훨씬 우대하였고 합격 인원도 많았다. 잡과는 기술관을 선발하기 위한 시험이었으며, 승과는 승려들에게 승계(僧階)를 수여하기 위한 시험이었다. 고려의 과거제는 조선이나 중국의 과거제와 비교할 때 무과(武科)가 없고 승과가 있다는 점이 특징이다.

천인과 향·소·부곡 등의 주민, 중대한 범죄를 저지른 자 외에 일반 양인층 이상은 원칙적으로 과거에 응시할 자격을 부여받았다. 그러나 과거의 종류에 따라 응시 자격은 상당한 차이가 있었다. 잡과는 하급 향리의 자손은 물론, 일반 양인에게도 문호가 개방되었다. 반면 제술과와 명경과는 응시 자격이 매우 제한되어, 문벌 관료층 자제나 문음(門蔭)을 받은 인사, 국자감(國子監) 유생, 그리고 지방의 상층 향리 자제 등이 응시할 수 있었다.

원칙적으로는 3년에 한 번 과거가 치러졌으나, 시기에 따라 그보다 자주 시행된 경우도 있었고 3년을 넘겨 시행된 때도 있었다.

향시(鄕試)와 회시(會試), 전시(殿試)의 3단계로 구성된 중국 송(宋)나라 이후나 조선의 과거제와 달리, 고려의 과거제는 처음에 예부시(禮部試)만 치르다가 11세기 초 현종(顯宗, 재위 1009~1031) 대부터 향시를 보기 시작하였다. 1차 시험으로 개경(開京)에서는 개경시를, 지방에서는 향시를 치렀으며, 합격자들은 국자감에서 다시 시험을 보았다. 여기에 합격하면 본시험인 예부시에 응시할 수 있었다.

이에 비해 국자감 학생들은 일반 응시자들과 달리 별도의 예비 시험을 치렀는데 이를 감시(監試)라고 하였으며, 감시 합격자들도 예부시에 응시하였다. 예부시에서는 초장·중장·종장의 세 단계 시험을 통과해야 최종 합격이 가능하였다. 잡과는 향시 없이 중앙에서만 시험을 보았으며, 대체로 관련 관서에서 주관하여 실시하였다.

한편 고려 시대 과거 문화의 주요 특징 중 하나는 예시의 고시관인 지공거(知貢擧)와 급제자의 관계가 매우 밀접하였다는 점이다. 시험을 주관하는 고시관인 지공거와 부(副)고시관인 동지공거(同知貢擧)를 좌주(座主)라 불렀고 이때 합격한 인사들을 문생(門生)이라 하였는데, 좌주와 문생은 학문적·정치적으로 굳건히 결속하는 양상을 보였다.

고려 후기에는 이들의 결속을 통해 문벌이 형성되기도 하였다. 원(元) 간섭기에는 고려의 국자감시를 통과한 사람 중에 원의 제과(制科)에 급제한 사람들도 배출되었다. 원 간섭기 이후 여러 차례 진통을 겪으며 학교 제도와 함께 과거제도도 개혁되었다. 좌주·문생의 강한 유대관계를 해체하기 위해 국왕이 친히 시험을 보는 전시(殿試)를 도입하고, 지공거 대신 여러 명의 고시관을 두는 제도로 바꾸었으며, 회시에 응시하는 수험생도 일정 나이 이상으로 제한하였다.

이외에도 고시 과목과 고시 방식을 조정하였는데, 이러한 개혁은 경전의 자구 해석이나 화려한 문장에 그치는 것이 아니라 나라를 다스리는 정치철학을 시험해야 한다는 성리학의 문제의식과 밀접한 관련을 맺고 있었다. 한편 1391년(공양왕 3년)에는 무과를 설치하였는데, 이는 조선 시기의 문무 양과 체제로 계승되었다. 따라서 조선의 과거제도는 성리학의 경전과 한문(漢文)의 결합으로 이루어진 엘리트 충원의 특수한 체계로 정착되었다. 과거시험의 과목을 사서오경인 논어·맹자·중용·대학과 시경·서경·주역·예기·춘추와 자치통감(294권), 그리고 사기(130권)을 기본으로 하여 논술·서예 정치적 안목과 인품을 보았다. 많은 분량을 달달 외우는 암기 능력이 우선되었다. 과거 준비에만 10년에서 평생이 소요되었다. 조선의 최고령자 합격자는 철종 때 김재봉으로 90세였다. 문무겸비나 부국강병을 도외시한 문약의 시대였다. 난해한 한문을 잘해야 사서삼경의 경전에 밝을 수 있으며 경전을 통달해야만 한문에 능숙하게 되는 양반문화를 통해 사농공상(士農工商)의 계급 사회가 이루어졌다. 경전의 틀을 벗어날 수 없는 사문난적의 원리주의만 있었다. 이는 신권이 강화되면서 당파로 분열된 존주주의가 득세하여 중화 천하체계가 공고화되는 결과를 초래해 조공 체제를 안정시켰다. 춘추대일통의 비밀장치였다.

송나라는 전국을 상세하게 지도를 만들어 관리하였으며 화약과 나침반을 만들었다. 지폐를 발행하여 상업이 발달하도록 하여 역동적 사회 분위기가 조성되었다. 인구는 당나라의 2배에 달하는 9천만 명에 달했다. 목판 인쇄술이 발달하여 당송 팔대가(唐宋八大家)들이 나오듯 문학과 지식의 전파 속도가 빨라지며 철학, 수학, 과학이 발달하였다.

태종이 대를 이어 대일통을 이루었으며 과거제를 완전히 확립하였다. 국제화에도 힘써 인도의 촐라 왕국, 이집트의 파티마 왕조, 중앙아시아의 카라한 칸국, 고려, 일본 등과 관계를 정립하였다. 요나라와 서하(西夏) 관계도 새로운 국면으로 접어들었다.

제4장
정복왕조

최초의 정복왕조 요나라

요(遼)나라는 유목민족인 거란의 왕조 중 하나다. 한자로는 '遼(요, 본음은 료)'의 한어병음 표기를 따라 Liao Dynasty, 또는 거란국, 거란제국이라는 뜻으로 Khitan State, Khitan Empire라고 부른다. 거란어로는 '훌지(호리지/胡里只. huldʒi)'라고 부른다.

218년간 존속하면서 거란 문자도 만들고, 막강한 군사력으로 북송을 압박했다. 약체로 이름난 송군을 몰아붙인 게 큰 업적으로 보이지 않을 수 있지만, 건국 초기의 송군은 고회덕(高懷德), 반미(潘美), 부언경(符彦卿), 양업(楊業)과 같은 우수한 지휘관들과 통일 전쟁을 치른 수십 만의 강군을 보유했다. 게다가 경제, 문화, 인구 등 다양한 면에서 송 왕조는 요 왕조를 압도하고 있었다.

이러한 상황에서 선제공격을 가해 온 송군을 번번이 격퇴한 요의 군사력은 상당히 강력했다고 봐야할 것이다. 심지어 금군에게 전 국토를 유린당해 멸망이 다가온 상황에서 요의 패잔병들이 송군 수만을 격퇴하는 기적적인 전적을 세운 적도 있었다. 그러나, 요군 역시 체급을 한참 앞서는 데다 국경에 두터운 방어선을 세운 송을 멸망시킬 만한 힘은 없었다.

개조(開祖)는 야율아보기이며 황성(皇姓)은 야율(耶律)이다. 황성인 야율은 거란어로 '옐뤼'라고 발음한다고 알려져 있으나, 이것은 현대 중국어 발음 예뤼(Yélǜ)가 와전된 것이다. 거란 문자를 통해 재구성한 음가에 따르면 '야루드(ei.ra.u.ud)'에 가까운 발음이었을 것으로 보인다.

요 왕조는 2개의 국호를 사용했다. 최초의 국호인 '거란'은 종족 명을 국호로 사용한 것으로 요 태조 야율아보기가 제정했고, 두 번째 국호인 '요(大遼)'는 947년(태종 대동 원년)에 처음 제정했다. 흔히 요라는 국호를 요하(遼河)나 요산(遼山)에서 유래했다고 말하지만, 둘 다 사실이 아니며 그 어원은 여러 학설이 분분할 뿐 불명확하다.

거란(契丹)이라는 국호는 빈철(賓鐵)에서 유래했다는 설이 가장 유력하며 중앙이나 중국, 칼, 시라무렌을 뜻한다는 설도 있다. 빈철설의 근거로는 완안 아골타(完顔 阿骨打)가 국호를 정할 때에 "요는 빈철의 강함을 취해 국호를 요라 정했다"는 금사(金史)의 기록과 원의 한림학사(翰林學士) 왕반(王磐)이 거란이란 국호의 유래를 빈철이라고 답한 기록 등을 제시한다. 빈철은 단련된 금속, 즉 강철을 의미하며 실제로 요는 광공업으로 유명하고 영토에 지하자원이 매우 풍부했다.

요 왕조가 구축한 이중 지배체제는 국호의 사용에도 영향을 미쳐서 한인과 발해인 같은 정주민을 대상으로는 요(遼)라는 국호를 사용하고 유목민과 삼림 수렵 민족을 대상으로는 대거란(大契丹), 또는 합라거란(哈喇契丹)이라는 국호를 사용했다. 합라거란은 거란어를 한자로 음차 표기한 것으로서 거란어 원음은 카라키타이 또는 카라키탄이다. 즉, 서요의 국호로 알려진 카라키타이는 서요나 흑거란(黑契丹)을 뜻하는 게 아니라 서요를 세운 요의 유민들이 옛 이름을 그대로 사용한 것이라고 볼 수 있다.

요사(遼史, 卷46)에 의하면 오랑캐 부족이 요나라의 59개의 국왕부(國王部) 중 하나라로 인정받아 역사상 처음으로 정치집단으로 등장하게 되었다. 이 국왕부에는 고려와 서하도 포함되어 있다. 여기에서 오랑캐와 이(夷)에 대한 참뜻을 알아보면 다음과 같다.

이(夷)는 대(大)와 궁(弓)의 합자로 큰 활을 뜻하며, 일(一)·인(人)·궁(弓) 3자의 합자로 활을 맨 사람으로도 해석한다. 갑골문에는 대인(大人)으로 풀이되어 있다. 평탄하다는 뜻은 이(夷)가 살았던 지역이 넓고 기름진 땅이라 평탄·태평이라는 뜻으로 풀이되었다. 남송대의 포조(鮑照)는 〈대방가행(代放歌行)〉이라는 시에서 "태평한 시절을 이세(夷世)3라고 하여 태평지세(太平之世)로 평화로운 통일을 이룬 이일(夷一) 태평통일(太平統一)"이라고 했다.

이족은 중국의 선 토착민으로서 중국 문명이 시작되기 전부터 주나라 때까지 수천 년간 중국 문명의 텃밭이 되어 왔다. 8천 년 전 찬란한 옥(玉) 문화를 창출한 적봉을 비롯한 홍산문화의 영향은 이족이 중원보다 앞선 선주민임을 나타내 주는 것이며 부사년(傅斯年)의 이하동서설(夷夏東西說)처럼 중국의 모든 문화는 이족이 창출한 계단적 문화로 밝혀지고 있다.

이하동서설(夷夏東西說)은 중국사전 문화기원(中國史前文化起源)

에 관한 가설(假說)로 1933년에 부사년(傅斯年)이 제기한 것이다. 여기서 그는 상족(商族)은 지금 중국의 동북지구에서 기원하였을 가능성이 있으며 상대(商代) 문화는 두 개의 족군(族群)이 건립하였는데, 상조(商朝)의 서부(西部)는 하족군(夏族群)이 개발하였고, 상대분화의 동부(東部)는 동이족군(東夷族群)이 개발하였다는 것이다.

태호복희(太昊伏羲)를 비롯하여 치우·소호·순임금이 이족이며 상(商, 殷)은 이족(夷族)의 나라였다. 따라서 은의 기자(箕子)도 이족이었다. 이천하관(夷天下觀)으로 보면 기자의 동래는 제 집으로 돌아오는 귀가(歸家)였다. 그리고 중국 민족의 뿌리도 따지고 보면 구이(九夷)였다.

황하와 장강 문명이 시작되기 전에 먼저 터를 잡은 이족이 그 전설의 시대를 이끌어 왔으며 그 이족이 동으로 이동하여 흔적으로 남아 있는 것이 조선, 부여, 옥저, 예맥이다. 춘추시대까지도 동이는 평화와 존경의 대상이었다. 공자도 노자에게 무위(無爲)의 가르침을 받았다는 전설과 함께 동이에 가서 살고 싶다고 했다. 주(周) 무왕도 현인 기자에게 탕평책을 지도받았다는 기록이 정치론인《서경(書經)》에 기록되어 있다.

이렇게 이(夷)는 중국에서 토착민과 중국의 동방민족을 가리키는 일반 호칭이었다. 그러나 정복의 시대였던 한(漢)나라 때부터 춘추사관의 중국 중심 세계관이 투영되어 동방 야만족인 동이(東夷)로 부르게 되었다. 초기에는 서이(西夷), 남이(南夷)의 호칭이 있다가 방위에 따라 남만(南蠻), 북적(北狄), 서융(西戎), 동이(東夷)로 구분하였다.

사실 중국어에서 동(東)은 주인을 뜻하며 동가(東家)는 집주인을 이르는 말이다. 그래서 주인이 손님을 맞을 때 주인은 동편에 서고 손님은 서편에 선다. 지금은 중국어에 방동(房東)이란 주인인데, 동이가 주인이었던 시절의 유제(遺制)로 볼 수도 있다. 《예기(禮記)》의 왕제(王制)는 '동방의 이(夷)를 어질다[仁也]'라고 하면서 '어질어서 만물을 살리기를 좋아한다[好生萬物]'라고 하였다. 유학의 중심 덕목이 인(仁)이요, 인은 곧 동방의 동이에서 비롯된 것이다.

은·주시대에는 산동반도와 강소성 북부에 분포하던 견이(畎夷), 우이(于夷), 방이(方夷), 황이(黃夷), 백이(白夷), 적이(赤夷), 현이(玄夷), 풍이(風夷), 양이(陽夷) 등의 구이(九夷)를 모두 동이로 통칭하였다. 그런데 주 문왕은 강태공이 정복한 동이 지역을 제나라로 하였다. 즉 문·무왕과의 문답집인 유가적 병법 《육도(六韜)》를 지었으며 문왕과 무왕을 도와 은나라를 무너뜨리고 주나라를 건설하는데, 공을 세운 강태공(姜太公, 태공망)은 이 지역의 동이를 정복하여 제나라를 세워 왕이 되었다.

당시 무왕이 재위 19년 만에 세상을 떠나니 어린 성왕(成王)을 대신하여 주공(周公)이 섭정했다. 주공의 형제들인 관숙(管叔)과 채숙(蔡叔)이 주공을 의심하며 은나라 잔존 세력인 상족(商族)을 이끌고 있던 주왕(紂王)의 아들 무경(武庚)과 함께 동이를 끌어들여서 반란을 일으켰다. 이에 주공이 제압하여 나라를 안정시켰다. 후일 이 지역의 동이들이 난세의 칠웅(七雄)이 되어 진·초·연·제·한·위·조를 세웠다.[4] 기원전 221년 진(秦)의 시황제가 제나라를 정복해 통일되면서 산동 지역은 동이가 아닌 중국으로 인식하게 되었다. 또 삼국시대만 해도 《삼국지》〈동이전〉을 보면 부여·고구려·예·옥저·읍루·삼한·왜인이 등장하는데, 이 모두 동이었고 우리가 동이로 불리게 된 것이다.

《후한서(後漢書)》에는 "동이(東夷)인 예군남려(濊君南閭)가 위만 조선(衛滿朝鮮)의 우거왕(右渠王)을 떠나 한나라의 요동군에 투항했다"라는 한 무제 원삭(元朔) 원년(기원전 128년)의 기록이 있다. 또 고구려의 장수왕이 동이의 군왕(君王)으로 표기되었으며 고구려에서는 신라를 동이(東夷)라고 하였다. 신라는 고구려·발해를 북적(北狄)이라고 했던 반면에 누르하치도 스스로 '이의 주인[夷之主人]'이라고 했다. 이러하듯 동이 개념의 혼란은 중국의 중원에서 동쪽에 사는 사람들을 지칭했고, 반대로 고구려나 신라에서는 각기 서쪽, 혹은 북쪽을 지칭하는 자기중심적 관점에서 본 것이다.

그러나 우리가 지금 내몽골 지역에 위치한 적봉을 중심으로 본다면 흉노가 거주하던 지역의 이족이 동과 서로 갈라져 이동한 것으로 보아야 한다. 서로 가서는 중국의 선주민이 되었고 동으로 옮겨와서는 이(夷) 천하를 이루었다고 볼 수 있다.

그런데 한대에 와서 춘추사관에서 보이는 화이관(華夷觀)이 계승되면서 그 후로 남만·북적·서융·동이로 부르던 것이 어느 틈에 남이·북이·서이·동이로 바뀌면서부터 이족에 대한 뜻풀이가 왜곡된 것이다. 왕대유(王大有)의《용봉후예》도표를 보면 용의 후예라는 중국 민족의 기본 원류는 이족(夷族)이다. 그럼에도 일반적으로 한국에서 가장 흔하게 쓰는 오랑캐라는 말은 유가 사상의 화이관에 의해 만들어진 왜곡된 이적(夷狄)의 상징으로 사용된 부정적 의미의 '오랑캐'이다.

즉, ① 요나라 시기의 부족 이름으로서의 오랑캐가 ② 여진족 전체의 종족 이름이 되었다가 ③ 몽골·여진·조선의 동북이(東北夷)로 확대되면서 남만·북적·서융·동이[蠻·狄·戎·夷] 등 중원의 한족(漢族) 이외의 모든 변방 외인(外人) 전체를 지칭하는 야만인으로서의 오랑캐가 된 것이다. 특정 부족 명칭인 오랑캐라는 '고유명사'가 한족

이외의 모든 미개한 종족을 지칭하는 '보통명사'로 바뀐 것이다.

서융(西戎)의 본래의 호칭인 융(戎)은 '과(戈)'와 '공(卄)'자로 되어 있다. 여기서 '과'는 중국 고대에 무기로 사용되었던 창을 말하고, '공'은 두 손으로 들고 있는 모습을 의미하고 있는데, 이것은 중국 서쪽의 종족들이 창을 썼던 사실을 말하고 있다. 남만(南蠻)의 '만'은 사종(蛇種)이라고 하였는데, 이것은 뱀의 무리로 간주하고 있음을 말하고 있다. 북적(北狄)의 '적'은 '견(犬)'과 화(火)로 되어 있다. '견'은 제사의 제물에 쓰이는 '개'를 말하고 '화'는 재액(災厄)을 쫓아버린다는 뜻이 있다. 또 다른 해석에 의하면 '적(狄)'은 '적(翟)'의 뜻으로 꿩의 깃털로 만들어진 무의(舞衣)를 말하고 있는데, 이것은 무의를 입은 남자 전사들로 설명하고 있다. 이와 같이 이·융·만·적(夷·戎·蠻·狄)의 뜻을 종합해 보면, 모두 무기를 잘 쓰는 종족 또는 개나 뱀 종류와 같은 사악한 족속으로 비하하고 있음을 알 수 있다.

오랑캐 명칭의 변화

이상에서 살펴본 바처럼 우리가 이(夷)를 오랑캐로 번역하는 잘못을 저지르고 있으며, 이(夷)는 중원 중심의 천하관에 의거하여 붙여진 명칭이다. 설사 동북아 지역에 거주하면서 스스로의 문화와 문명을 유지하며 중원의 문화와 다른 문화를 가진 어엿한 문화권을 이루었기에 야만으로 비하될 이유가 없는 것이다. 더구나 야만과 동일시되는 단어로 오랑캐를 사용하는 오류를 드러내고 있다.

그렇다면 역사적 실체로서 오랑캐를 살펴볼 필요가 있다. 토착 여진의 부족들은 백두산을 중심으로 압록강과 두만강 지역을 기반으로 하여 살아왔다. 그러므로 토착 여진의 부족들은 비록 명칭에서 오랑캐가 아닌 여진이라는 명칭으로 불리지만 그들이 거주하였던 지역은 옛 고구려와 발해의 강역이었고, 그 지역은 집안과 알동(斡東, Odong, 오동), 그리고 조선 창업 삼흥지(三興地)인 경흥, 영흥, 함흥이다. 이 가운데 지명으로 본다면 알동이 오랑캐가 살던 곳임을 분명히 알 수 있는데, 실제로는 알동이 중심이 되었을 뿐 앞에서 말한 집안과 삼흥지도 알동을 근거로 한 부족들이 이동하여 살게 된 지명이므로 이 모든 지역이 오랑캐가 살던 주된 근거지였다. 이 삼흥 지역은 옛날 발해의 신라길(新羅道) 요충지였으며 백두산 서쪽 조공길(朝貢道)과 함께 인적교류가 빈번하던 곳이었다.

이러한 오랑캐(斡朗改, 兀良哈)라는 몽골·여진의 부족 이름을 명나라 영락제 때 오랑캐 3위로 관리 되면서 한문 표기법인 건주(建州)·해서(海西)·야인여진(野人女眞)이라는 지역명으로 바뀌게 되자 부족 명인 오랑캐, 오도리, 우디캐가 쓰이지 않았다. 더구나 이성계 선대들과 어울려 살았던 오도리 출신의 누르하치가 여진을 통합하면서 여진으로만 불리다가 대청(大淸)을 이루어낸 홍타이지가 몽골, 여진, 한족 등 모든 부족을 초월하면서 일체감 조성이 가능한 종족 명인 만주족으로 바뀌면서 오랑캐 부족은 만주족으로 흡수 통합되었다. 여진과 오랑캐는 속어로만 쓰이게 되었다. 결국 잡다한 이족(夷族)들이 명나라 때 오랑캐 부족으로 통일되었다가 청나라 때 만주족으로 통합된 것이다. 오랑캐 명칭의 변화 과정을 보면서 우리 스스로가 동이(東夷)라며 오랑캐를 야만적 금수로 몰아붙인 자기부정의 종족 의식과 역사의식을 바로잡아야 할 것이다.

요 조정은 983년[요 성종 통화(統和) 원년]에 다시 대거란으로,

1066년[요 도종 함옹(咸雍) 2년]에 다시 대요로 변경하는 등, 여러 차례 국호를 개정했다. 그러나 국호를 개정하더라도 예전의 국호를 혼용하는 일이 많아서 대중앙 요 거란국, 거란 요국, 요 거란국, 대거란국 등이라 서술한 기록들이 전해지고 있다. 여요 전쟁 문서에서처럼 요 왕조의 국호를 개정 시기별로 나누어서 거란이나 요로 따로 지칭해야 한다는 의견이 있으나, 2가지 국호를 지속적으로 혼용한 사실이 드러나기 때문에 이는 부적절하다.

따라서 사회적으로나 역사적으로 통용되는 명칭을 사용하는 것이 적절하며 요 왕조가 유목민을 대상으로는 거란, 정주민을 대상으로는 요라는 명칭을 사용했으니, 개인의 편의에 맞춰 사용할 수도 있고 국호를 합쳐 요 거란국이라 할 수도 있을 것이다.

중앙아시아까지 진출해 이름을 날린 요의 영향은 현재까지도 남아서 러시아와 그리스, 이란을 비롯한 일부 국가들은 중국을 키타이(Cathay, 캐세이)라고 부르고 있다. 몽골에서 중국을 가리키는 '햐타드(Хятад)'도 키타이에서 유래한 단어이다.

그리고 마르코 폴로는 《동방견문록》에 북중국을 키타이, 옛 남송의 영토였던 남중국은 만지(Mangi, Manzi, 蠻子)라고 기록했다. 마르코 폴로의 영향과 중국 지역에 대한 낮은 정보력 때문에 유럽인들은 오랫동안 정복왕조의 영향이 짙은 북중국과 중국 전통문화가 강한 남중국을 서로 다른 지역으로 인식했다.

10세기 당이 멸망하고 난 후 중국은 분열 상태에 빠지게 되고 이에 따라 북방 여러 민족의 활동이 활발해져 동아시아의 국제 사회는 현저한 변화를 가져오게 되었다. 중국은 앞에서 언급한 5대 10국이라고 하는 불안정한 정세가 한동안 계속되다가 송에 의해 다시 통일되었다.

4장 정복왕조 **125**

송 왕조는 통일 정권을 수립하고 실지 회복을 시도하였지만 도리어 거란(遼)과 여진(金)에게 영토를 빼앗기고 압력을 받게 되었다. 그 결과 송 진종(眞宗) 경덕(景德) 원년(1004)에는 요나라와 형제의 맹약을 맺게 되고, 남송 고종(高宗) 소흥(紹興) 11년(1141)에는 금에 대하여 신하의 예를 취하게 되었다. 당시 동아시아의 국제질서는 중국 왕조의 규제에 의해 수립되는 것이었으나, 송은 이러한 규제력을 발휘하지 못하였기 때문에 동아시아의 국제관계는 복잡다단하게 전개되었다.

당시의 상황을 고려 측에서 살펴보면 고려는 건국 초부터 북방 민족과 대립 상태에 놓여 있었으며, 한편으로는 5대 혼란기의 여러 왕조와도 관계를 맺고 있었다. 그러다가 5대의 혼란이 송에 의해 통일되자 고려는 송과 전통적인 한중관계를 계속하게 되었다.

이러한 상황 속에서 고려는 대외 정책에서 두 가지 고민을 하게 되었다. 하나는 실질적으로 강성해진 북방 민족의 요와 금을 어떻게 대할 것인가 하는 문제와 전통적인 한중관계 속에서의 송과의 관계였다.

고려의 북방 민족과의 관계는 고려의 북진정책에 대한 거란의 출현으로 항상 대립·항쟁의 연속이었다. 뿐만 아니라 북방 민족에 대한 고려의 태도는 문화적 후진에 대한 민족적 자존심도 강하여 그들과 선린우호 관계를 맺기는 어려웠다. 한편, 고려와 송은 문화적 선진국으로서의 전통적인 관계가 그대로 유지되었다. 그러나 전통적인 관계라고 하지마는 송왕조의 전후 시대에 비하여 순조로운 관계였다고는 볼 수 없다. 전통적인 관계는 대개 조공 관계로 나타나게 되는데 당시로서는 송 자체가 대륙에서의 규제력이 미약했기 때문에 고려와 송은 통상적인 조공 관계에서 많이 벗어난 고려의 위상이 상당히 세워진 일반적인 관계도 많이 작용하였다.

송나라의 태조 때부터 국경을 접한 요나라와 북서쪽의 서하(西夏)를 다루는 데는 여의치 않았다. 요나라는 거란족 야율아보기가 발해를 공격한 지 한 달 만에 점령하며 5대 10국 시대의 분열을 틈타 남으로 진격 만리장성을 넘어 연운(燕雲) 16주의 농경지까지 침투하였다.

송나라는 938년 이래 요나라 영토가 되었던 연운 16주를 되찾기는 했지만 바로 요나라에 밀려 '전연의 맹'을 맺고 요나라에 공물을 바치며 요나라와 동등한 대우를 한다는 조건으로 평화를 지킬 수 있었다. 같은 황제국이었지만 요나라가 형이었다. 송의 내정(內政)은 여러 가지 개혁 방법으로 갈등이 일어나 왕안석(王安石)의 신법(新法)파와 사마광(司馬光)의 구법파(舊法派)가 극단적인 대결을 벌였다. 왕안석은 급진개혁파로 부패 관료 척결, 대지주의 억압, 영세농민의 보호를 주장하며 세금을 강제하며 과거제도까지 개혁하려 하였다. 공자를 숭상하는 사마광은 보수 온건파로 안정적이며 점진적 개혁을 주장하였다. 관리이면서 시인이었던 소식(蘇軾), 소동파도 왕안석의 급진 개혁을 비판했다. 소식(蘇軾)은 왕안석을 나무라는 뜻을 담아 적벽부를 썼다. "무릇 천지간의 사물은 각기 주인이 있다"며 획일적인 과도한 조정 개입을 경계했다. 소식은 고려 사신들을 원숭이로 비하하며 고려에 서적을 팔지 못하도록 하라는 건의를 했다.

그러나 삼국사기를 쓴 김부식의 아버지 김근(金覲)은 당송팔대가(唐宋八大家)인 소동파 소식(蘇軾)과 소철(蘇轍)을 사모하여 소식 형제들의 이름을 따 김부식(金富軾), 김부철(金富轍)로 이름을 지었다. 한국의 서예가들은 소동파의 적벽부를 외우며 일필휘지한다. 시회(詩會)에서 서예가들은 소동파의 시 강독들은 필수적인 것이었다.

송나라의 유교적 선진문화를 흠모하던 아버지의 영향을 받은 경주

▲ 소동파　　　　　　▲ 김부식

출신 김부식은 유학자이며 문신으로서 승려인 '묘청의 반란'을 진압하는 선봉대장이었다. 인종의 왕사인 묘청(妙淸)은 시인 정지상 등과 함께 고구려의 옛 수도인 서경(평양)을 도읍으로 황제를 칭하며 대위국(大爲國)을 선포하였다. 형제 관계를 맺자는 금나라를 정벌해야 한다는 명분과 풍수지설에 근거하여 자기의 고향인 서경 천도를 내세워 반란을 일으켰으나 진압당했다. 후일 단재 신채호는 고구려 중심 사관과 자주적 천하관을 가진 묘청을 사대적 신라계승 세력에 저항했던 대사건으로 평가했다.

또한 김부식은 왕명으로 중국의 역사서들을 참조하여 삼국사기(三國史記)를 썼다. 대부분은 중국 사서들을 옮겨 정리했다. 기전체(紀傳體)로 서술하였다. 고구려를 계승했다는 고려 역사를 신라 중심으로 쓰면서 사대주의 역사관을 드러냈다. "고구려와 백제는 대국(大國)에 죄를 지었으니 멸망함이 마땅하다"라든가 당나라가 고구려를 정벌했다는 중국 중심 기술은 논란이 된다. 그러나 최초의 우리 역사서이며 고대사의 기본 정사(正史)로서 한국 역사의 귀중한 사료라는 것은 확실하다. 역사기술은 시대와 역사가의 몫이기 때문이다. 오늘의 남북

관계 역사관도 닮은꼴이다.

한편 송나라는 서하와도 영토 싸움을 하다가 공물을 바치기로 하며 평화조약을 맺었다. 베트남의 리왕조와도 영토분쟁이 일어나 리왕조 수도인 탕롱까지 진격해 갔다가 평화조약으로 겨우 마무리되었다. 고려 현종 당시의 동양은 고려, 요, 송이 병존하는 삼정(三鼎) 시대였다. 이런 틈바구니에서 고려도 황제국인 요나라와 세 차례의 전쟁을 했고 조공을 약속하며 강동 6주를 확보했다.

고려는 고려가 고구려를 계승했다는 명분을 내세웠다. 강동 6주(江東六州)는 제1차 여요전쟁 때 서희의 담판을 통해 고려가 획득한 6개 지역을 의미한다. 압록강 이남이자 청천강의 이북, 거란의 보주와 고려의 안주를 잇는 해안 길과 내륙 길의 주요 요충지에 해당한다. 고려 성종 12년인 993년, 소손녕이 이끄는 거란의 80만 대군이 너희들은 신라에서 일어났지만 요는 고구려의 후예이니 고구려 땅을 내놓으라며 고려를 침공하였다. 이에 성종은 상중하 3군을 편성하고 시중 박양유를 상군사로, 내사시랑 서희를 중군사로, 문하시랑 최량을 하군사로 삼아 대비하게 하였다. 또한 성종은 친히 서경 너머 안북부까지 나아가 적극적으로 대비하는 모습을 보였다. 다만 소손녕의 직책과 부대 편재로 보면 거란군은 약 60만 명이었다.

그러나 봉산군(蓬山郡)에서 벌어진 전투에서 윤서안(尹庶顔)의 고려군 선봉대가 패배하자 고려 조정은 "거란에게 항복하자"는 의견으로 모였는데, 여기서 "거란과 단순히 화친만 하자"는 화친론과 "서경 이북의 영토를 떼어주자"는 할지론이 대립하였다. 다행스럽게도 안융진에서 유방과 대도수의 활약으로 승리를 거두고 전선이 고착화되자, 성종은 서희 및 이지백의 건의를 받아들여 강화론을 채택한다. 서희는 삼각

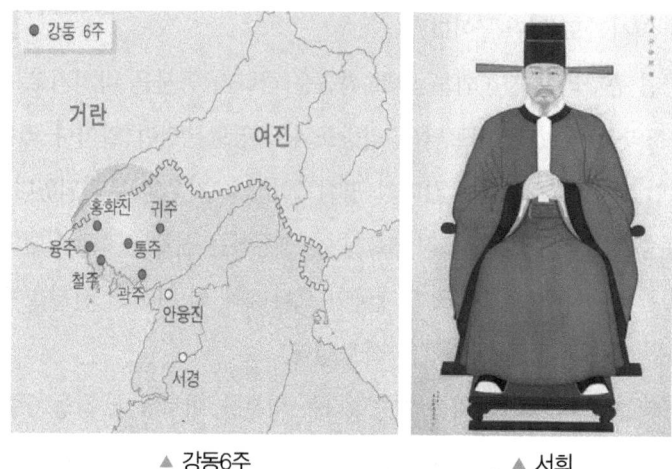

▲ 강동6주   ▲ 서희

산(三角山) 이북도 고구려 땅인데 저들의 요구를 들어주면 안 된다며 오히려 요동으로 진격하여 고구려 땅을 찾아야 한다는 건의까지 하였다.

고려 측의 협상자로서 거란 진영에 간 서희가 강직한 태도로 소손녕의 기선을 제압한 후 "고려는 고구려를 계승하였고 평양에 도읍하였으므로 오히려 거란이 고려에게 땅을 내놓아야 한다"고 주장했다. 서희는 조공 문제를 따지는 소손녕에게 "여진이 길을 막고 있으니 그들을 쫓아내고 압록강 하구 일대의 통제권을 주면 거란과 친하게 지내겠다"는 말로 압록강 동쪽의 영토를 얻어냈다.

이렇게 고려는 거란의 연호를 쓰고 송나라와의 통교를 끊으며 거란에 조공을 바치는 대가로 거란으로부터 '안북부에서 압록강까지의 280리(從安北府 至鴨江東 計二百八十里)'의 점유를 인정한다는 확약을 받았다. 이후 이듬해인 994년부터 이 일대의 여진족을 소탕하고 점진적으로 성을 쌓은 후 이곳을 통치하기 위해 흥화진, 용주, 철주, 통주, 곽주, 귀주를 설치하니 이것이 강동 6주이다. 이 당시 고려는 송나라와 요나라 사이에서 교묘한 줄다리기 외교를 하면서 자주적 국가경영을 할 수 있었다. 대륙의 구심력 약화를 원심력으로 끌어들여 영토를 확장하였다. 이는 후일 원·명 교체기의 요동 공백 쟁탈기를 이용하여 고려 영토를 크게 확장한 이성계의 고려반도 통일 전략과 같은 유형이었다. 국가경영의 통찰력은 바둑판의 구석만이 아니라 바둑판 전체의 국면을 운세에 따라 판별할 때 길러지는 것이다. 아시아의 역사와 개별 국사는 함께 이루어지는 것이다. 개경을 황도(皇都)라 하며 개방정책으로 대외교류도 활발하게 추진하여 나라의 융성기를 이루어냈다. korea의 세계화가 이때부터 이루어졌다.

정복왕조 금나라

북방의 여진족 아구다(阿骨打)가 1115년 금(金)나라를 세웠다. 금사(金史) 첫머리에는 아구다의 선대가 신라(고려)에서 왔다고 기록했다. 안동 권씨 선대인 함보(函普)를 이르는 말이다. 《금사》의 〈세기〉를 보면 함보(函普)에 관한 기록은 계속되고 있다. 함보에게는 형이 있었는데, 그 이름이 아고내(阿姑迺)였다. 그는 불교를 좋아하여 고려에 머물려고 하면서 함보를 좇아오려고 하지 않으면서 '후세 자손 가운데는 반드시 서로 모이게 할 수 있는 사람이 있을 것이나 나는 갈 수가 없다'고 하자 함보는 그의 동생인 보활리(保活里)와 함께 하였다는 것이다. '함보가 동생 보활리와 만주로 와서 함보는 복간수(僕幹水) 연안의 완안부(完顔部)에 살았고, 그 동생 보활리는 야라(耶懶)에 살았다'

고 기록하였다.

그러므로 함보의 형제는 아고내와 함보, 그리고 보활리 세 사람이었지만 금나라의 시조인 함보는 고려에서 오면서 동생 보활리와 함께 왔으며, 형인 아고내는 고려에 남았으며 이들은 만주로 와서는 각기 다른 곳에 터전을 잡았다는 것이다.

이 기록은 북송과 요가 대결하던 시절의 상황으로 보인다. 그 후에 요는 새로 등장한 금나라에 멸망하고, 북송의 휘종과 흠종이 금에 포로로 잡혀가는 시절이 되었다. 이때 금에 억류 중인 휘종(徽宗)·흠종(欽宗) 부자(父子)를 구출하는 교섭을 하기 위하여 금에 갔던 홍호라는 사람이 있었다.

홍호(洪皓, 1088-1155)는 남송 관리로 건염 3년(1129년) 8월에 남송의 사신으로 금나라의 태원(太原)에 가서 근 1년간 체류하였다가 다시 운중(雲中, 山西省 大同市)으로 옮겨가서 억류되었다. 다시 소흥 원년(1131년)에 혹심하게 추운 냉산(黑龍江 五常境)에 있는 태자산(太子山)으로 옮겨졌으며, 다시 천권 2년(1139년)에 연경(燕京, 北京)으로 옮겨졌다. 그동안 휘종과 흠종의 소식을 비밀리에 남송에 전하는 일을 했으며, 중국문화를 금에 전하는 일도 함께하였다. 소흥 13년(1143년)에 남송과 금의 화의가 성립되어 남송으로 귀임한 사람이다. 그는 15년간 금나라에 머물렀던 경험을 구술하여 《송막기문(松漠紀聞)》을 남겼다.

그의 아들 세 사람 가운데 하나인 홍매(洪邁, 1123-1202)는 《용재수필(容齋隨筆)》과 《이견지(夷堅志)》로 세상에 이름을 남긴 사람이니, 그만큼 《송막기문》의 내용은 믿을 만하다 할 것이다. 홍호의 《송막기문》은 금의 태조 아구다가 있던 시절이었으므로 금나라 초기의 사정이 많이 들어 있다고 여겨진다.

《송막기문》의 내용을 보자. 여진의 추장은 신라 사람으로 완안씨라고 불렀다. 완안이라는 말은 여진 말로 왕과 같은 것이다. 여진에서는 일을 익히게 하고서 뒤를 이어서 수령을 그들에게 양보했는데, 3형제 가운데 하나는 숙 여진이 되고 하나는 다른 나라로 갔다. 완안은 60세가 넘었는데 여진이 그에게 딸을 주어 아내로 삼아주었다. 또한 60이 넘어서 아들을 낳으니 그 맏이는 바로 호래. 이로부터 세 사람에게 전해져서 양가태사(楊哥太師)에 이르러서는 아들이 없자, 그 조카 아구다의 동생 문열이라 시호한 자를 아들로 삼았는데 그 뒤에 양가가 아들 달란을 낳아 이에 문열은 생가로 돌려보냈다.[5] 이 기록을 보면 신라에서 완안은 3형제였는데, 한 사람은 다른 나라로 갔고 두 완안과 다른 하나는 여진에 남아 있었다는 것이다. 이 기록은 사람의 이름은 밝히고 있지 않지만 《금사》에 보이는 함보에게 3형제가 있으며 여진에 두 사람이 왔다는 내용과 일치한다. 그런데 청대에 와서 건륭 42년(1777년)에 황제의 칙명을 받아서 아규(阿骨) 등이 무려 12년에 걸쳐서 만주 민족의 역사인 《만주원류고(滿洲原流考)》를 편찬하였다. 그런데 여기에 역시 금나라의 시조가 신라에서왔다는 기록이 있다. 즉 "신라왕은 김성인데, 전해져 내려오기 수십 세(世)가 되니 금나라가 신라에서 왔다는 것은 의심할 것이 없고, 나라를 세운 명칭 역시 마땅히 여기에서 가져온 것이다"[6]라고 한 것이다. 청은 처음에 후금이라고 하여 금과 청 왕조는 같은 여진족이 세운 나라이며, 금나라를 세운 것은 신라에서 온 김씨인 것은 청이 자기의 역사를 면밀하게 추적하여 내린 결론이기 때문에 분명한 것이다.

그러나 이것으로는 구체적인 사람의 이름을 알 수 없었으나, 《동명해사록(東溟海槎錄)》이라는 기록으로 구체적으로 밝혀지고 있다. 《동명해사록》은 조선 인조 14년에 일본에 통신사로 임광(任絖)과 함께 부사로 갔던 김세렴(金世濂)이 쓴 기록이다. 《조선왕조실록》 인조 15년 3월에 김세렴 등이 일본에서 돌아왔다는 기록이 있는데,7 그가 일본에 가면서 경주에 들렀을 때 경주의 역사를 회상하는 내용이 《동명사해록》에 들어 있다. 여기에서 그는 "인조 14년(1636년) 9월 초3일은 흐렸다. 경주에서 출발하여 … 신라의 뒷날에 김부가 비록 항복하여 고려가 합병하였으나 그 외손 완안 아구다는 바로 권행(權幸)의 후손으로 나중에 중국을 갈라 다스려 백년을 대이었으니 어찌 이른바 신명의 후손된 자라 아니하리오'라고 쓰고 있다. 물론 이 기록을 보면 고려 권행의 후손을 완안 아구다라고 하고 있다. 권행은 《고려사》에도 잘 나타나 있는 바대로 왕건과 견훤의 대결 과정에서 안동의 토호인 김행 등이 왕건을 도와 견훤을 물리치는 등 고려 건국에 큰 공로를 세웠고, 이 공로로 왕건으로부터 권(權)이라는 사성(賜姓)을 받았다. 그러므로 경우에 따라서는 김행으로 부를 수 있다. 또한 《고려사》〈예종세가〉에도 이와 비슷한 내용이 실려 있다. 이달에 생여진의 완안 아구다가 황제를 칭하고 이름을 바꾸어 민(旻)으로 하고 국호를 금이라고 하였다. … 어떤 사람이 말하기를 '옛날 평주(平州)에 사는 승려 금준(今俊)이 숨어서 여진으로 들어가 하지고촌에 살았는데 이 사람이 금나라의 선조이다'라고 하였고, 어떤 사람이 말하기를 '평주의 승려 김행(金幸)의 아들 김극수(金克守)가 처음에 여진의 아지고촌(阿之古村)에 들어가서 여진의 여자를 취하여 아들 고을태사(古乙太師)를 낳았으며 고을이 활라태사(活羅太師)를 낳았고, 활라는 아들을 많이 두었는데, 장남이 핵리발(劾里鉢)이고, 둘째가 영가(盈歌)이며 영가가 가장 영웅다워 많은 사람의 마음을 얻었다. 영가가 죽자 핵리발(劾里鉢)의 장자인 오아속(烏雅束)이 자리를 잇고, 오아속이 죽자 그 동생 아구다(阿骨打)가 섰다.8

이를 가지고 계보를 정리하면, 금준 혹은 김행 고을태사 활라태사 ① 핵리발 오아속 ② 영가(영걸, 무자) → 오아속(계승) 아구다라고 볼 수 있다. 그러므로 고려 출신 김행의 후손이 금의 시조 아구다라는 것이 분명하다. 이는《고려사》권14 예종(睿宗) 12년(1117년)조와《고려사》권13 예종 14년(1119년)조에도 분명히

▲ 금태조 완안 아구다

나타나 있으며 금나라도 인정하면서 1109년 고려로부터 갈라둔 9성을 돌려받았다. 그러나 금나라가 요나라를 격파한 후 부모의 나라로 모시던 고려에 형제의 의(義)를 맺고자 하였으며 송나라를 굴복시켜 송나라 황제가 금나라 군주를 백부(伯父)로 모시는 금(金) 천하가 되자 고려에 칭신(稱臣)을 요구하였다. 인종 시기인 1126년에 권신 이자겸(李資謙)이 중신들의 반대를 무릅쓰면서까지 금나라에 상표(上表) 칭신(稱臣)을 결정함으로 여진을 부모의 나라로 모셨다. 여진의 조상의 나라에서 형제의 나라가 되었다가 부모의 금나라가 되었다. 드러나지 않은 함보의 족적을 이렇게 보면 안동 권씨의 입장에서는 금의 시조 아구다가 그 후손이라는 것이므로 대단히 중요한 사실이라고 할 수 있다. 더구나 청 왕조를 일으킨 애신각라(愛新覺羅)도 우리가 아는 한자식으로 뜻풀이를 하면 김씨라는 뜻이다. 애신(愛新, 아이신)이라는 여진 말을 한자식으로 해석하면 금(金)이고 각라(覺羅, 교로)라는

4장 정복왕조

여진 말을 한자식으로 뜻풀이하면 씨(氏)이다. 그러므로 애신각라라는 청 황실의 성을 한자식으로 풀면 김씨가 되는 것이다.

중국 주위에 있는 종족의 고유명사를 중국어인 한자(漢字)로 기술할 때 각 종족이 사용하는 원래의 발음을 한자어로 옮기는 경우가 있고, 원어를 뜻으로 바꾸어 기록하는 경우가 있다. 예컨대 연개소문(淵蓋蘇文)의 경우에 어떤 문헌에는 연개금(淵蓋金)으로 기록되어 있다.9 즉 연개는 같고 소문(蘇文)이 금(金)으로 바꾼 것이다. 이는 소문이라는 고구려 말의 뜻이 금이기 때문에 이러한 현상이 벌어진 것이다. 이렇게 중국 주변의 언어를 한자로 쓰는 경우에 음으로 쓰는 경우와 뜻으로 쓰는 경우가 있었던 것이다. 이러한 현상은 일본어에서 한 글자를 두고 음독(音讀)과 훈독(訓讀)이 있는 경우에서 잘 볼 수 있다. 하여간 함보의 후손이 세웠던 금(金)이 몽골의 원에 멸망된 이후 그 뒤를 이은 명(明)이 쇠약해지자 아이신교로 부족들이 후금(後金)을 세웠다. 아이신교로에서도 금나라의 김행의 후예들이 금이 망한 후에도 계속하여 그 혈통 김씨[아이신교로]를 잊지 않고 이어왔다는 뜻이 된다.

그렇다면 신라의 김씨와 연관을 맺은 혈통이 금 왕조와 청 왕조를 건설하였다는 말이 되므로 당연히 그 본고장에서는 자랑스러워하고 이를 빛내야 할 것이다. 중국 사람들이 수천 년 전에 국외로 빠져나가서 활동한 인물들을 모두 화교로 생각하고 기회만 있으면 연관 지으려는 태도로 볼 때 우리도 그래야 하였다.

그렇다면 우선 김행과 관련이 있는 안동권씨 족보를 보자. 안동 권씨의 족보에는 시조 권행에게는 아들이 권인행(權仁幸, 생몰년 미상) 한 사람뿐이다. 그렇지만 앞에서 기록을 본 바와 같이 함보에게 3형제가 있었는데 한 사람은 고려에 남아 있고 함보와 그 동생 두 사람만

만주로 갔다고 하였으니, 만주로 떠난 사람을 족보가 싣지 못한 것으로 볼 수 있다.

이 족보를 만들 때는 우리나라에서 가장 일찍 만들어진 족보라고 하지만 만들어진 것이 명의 성화(成化) 연간이었으니 15세기 후반이었다. 따지고 보면 함보의 일이 있은 지 500~600년 뒤의 일인 것이다. 기억이나 구전으로 남겨졌을 계보는 이미 떠난 사람의 후손은 남아 있지 않았을 것이기 때문에 기억되지 않았다고 보아야 할 것이다.

이렇게 드러나지 않았던 기록으로만 보면 신라 김춘추의 10세손 김은의의 사위 이한을 선조의 뿌리로 둔 이성계가 여진과 고려 융합의 상징이었다면 함보는 분명히 신라와 여진 융합의 족적임이 틀림없는 것이다. 금나라에 대한 새로운 인식이 필요한 이유이다. 그리고 1453년 10월 계유정란 때 수양대군의 쿠데타에 반대했던 정적 김종서의 측근인 함길도 절제사로 가야국의 후예인 인천 이씨 이징옥(李澄玉, 1399-1453)은 함길도 종성에서 후임으로 온 박호문을 제거하고 여진족을 규합해 두만강 건너 오국성에 도읍을 정하고 대금(大金) 황제가 되었다.

종성판관 정종의 자객들에게 밀려났지만 그의 꿈 역시 여진과 신라의 드러나지 않은 혈맥의 연결고리였으며 두만강을 뿌리로 일어났던 후금의 누르하치에게도 직접적 영향을 끼쳤다고 볼 수 있다. 이를 뒷받침하는 것이 누르하치와 이성계 집안의 전설이며, 우리가 모두 알고 있는 동북면 민담이다. 진안대군(방우)이 두만강을 건너가 고향인 알동에서 살았었다는 민담도 이와 같다.

여진과 고구려는 같은 혈맥으로 조선과도 통한다. 김광평(金光平)의 《여진어언문자연구(女眞語言文字硏究, 문물출판사, 12쪽)》에 의하면 여진은 퉁구스계 민족으로 원래 주선(ʤuɕiən, 국제발음구호)이라는 뜻이며, 문화어로는 주션(Jusen), 만주어로 주션(ʤu-ɕiɛn)이라 했다. 즉 여진의 금나라 발음이 주션, 조선이라는 것이다.

신라, 여진, 고려, 조선을 한통속으로 여긴다. 아구다는 요나라를 무너뜨리며 문치주의에 찌든 송나라를 넘보다가 송나라를 침략했다. 송나라가 요나라 잔당과 밀통하는 것을 안 금나라가 1126년 북송이 금의 대대적인 남침으로 정치적 중심지였던 중원과 화북을 상실하고 강남으로 천도한 사건을 말한다.

정강(靖康)은 당시 북송의 연호였다. 금 태종에 의해 황제 흠종(欽宗)과 태상황(太上皇) 휘종(徽宗), 황후와 모친들 그리고 후궁들은 모두 포로가 되어 압송되어 굴욕을 당했다. 이를 '정강의변(靖康之變)'이라 했다. 금나라에 의해 중국 동북 지역의 오국성에 포로로 끌려와서 감금되었다고 한다. 1135년 휘종은 54세를 일기로 오국성에서 죽은 뒤 금나라 희종은 송 휘종을 지금의 중국 하남성 낙양시 부근에 매장했다고 한다. 1142년, 송과 금의 협의에 좇아 휘종의 유골은 임안(臨安, 항주)으로 반환되었고 송 고종은 그 유골을 소흥(紹興) 근교의 영우릉에 매장했다고 한다. 흠종은 1156년 연경에서 57세를 일기로 병사하였는데, 금나라에서는 그의 시신을 지금의 하남성 공현에 매장했다고 한다. 한족 굴욕의 역사였다.

당시는 금나라 중심의 천하였다. 금나라는 동류의식으로 고려를 침략하지 않았다. 패퇴한 송나라 군대는 흠종(欽宗)의 동생이었던 강왕(康王) 조구(趙構)를 받들어 고종으로 황제로 삼았다. 장강 이남으로 후퇴하여 임안(臨安)에 수도를 정하며 송을 재건하였다. 남송이었다.

중원을 차치함으로써 지역적 연고권을 내세워 정통왕조임을 주장하며 금나라와 대립각을 세웠다. 중원을 중국이라 하며 남북의 양자 대결이 이루어졌다. 자치통감에는 중국이라는 표현이 419차례 나오지만 왕조의 이름은 아니었다. 금나라는 황족 완안옹(完顏雍)이 반란을 일으켜 세종으로 즉위하였으며 송나라는 고종이 상황이 되고 조신(趙昚)이 황제가 되었다. 금 세종(1123~1189)의 이름은 완안옹(完顏雍)으로 금나라 5대 황제다. 전임 황제 해릉왕의 폭정을 종식시키고 왕조의 안정 기조를 구축한 명군이다.

금 세종은 태조 아골타의 3남인 완안종보(完顏宗輔)의 아들로 여진 이름은 오록(烏祿)이다. 12세에 부친이 세상을 떠났다. 해릉왕과는 사촌 관계. 해릉왕은 1149년 즉위한 후 수많은 종친과 중신을 처형했다. 완안옹(完顏雍)은 현 요양에 해당하는 동경 유수로 재직 중이었는데 자신도 살해될 것을 우려했다. 해릉왕은 동경 부유수로 고존복을 임명해 그를 염탐했다. 해릉왕은 남송 정벌을 최우선 과제로 정하고 막무가내로 밀어붙였다. 대남송 전쟁의 위험성을 간한 적모조차 살해하는 난행을 저질렀다. 생사존망의 위기에 몰린 완안옹은 선수를 치기로 결심하고 급습하여 제압했다.

1161년 즉위하니 이가 바로 여진의 정체성을 지켜내려 했던 세종황제(世宗皇帝)이다. 군대를 일으켜 금의 국도 연경에 입성했다. 해릉왕의 폭정에 시달린 종친, 중신 등이 적극적으로 호응했음은 물론이다. 연호를 대정(大定)으로 개원하고 해릉왕의 많은 과오를 공개했다. 수백 명의 중신과 종친을 이유없이 학살한 일, 상경(上京) 회릉부의 궁전을 파괴한 일, 백성들을 강제 징집한 일 등이 열거되었다. 해릉왕은 남송과의 전투 중 부관 완안원의가 주도한 쿠데타로 살해되었다.

세종은 남하한 군대를 철수시키고 남송과의 종전 협상에 나섰다. 세종은 우선 북방에서 거병한 거란족의 반란을 평정하였다. 강경하게 반란군 토벌에 나서는 한편 완안원의를 사자로 보내 설득 작업에 나섰다. 반란군의 일부는 서쪽의 서요로 탈출했고 나머지는 진압되었다. 세종은 주모자 외에는 처벌하지 않는 온건한 조치를 실시해 내란을 비교적 조기에 평정했다.

남송도 초대 황제인 고종이 황태자인 조신(趙昚)에게 양위하고 태상황이 되었다. 조신은 1162년 2대 황제 효종으로 즉위했다. 금에는 세종, 남송에는 효종이라는 유능한 군주가 등장하면서 양국의 화평 분위기가 무르익었다. 결국 1165년 송·금 화약이 체결되었다. 국경선은 기존의 화약대로 회하로 하고 종래의 군신 관계를 숙질 관계로 바꿨다. 세폐는 기존의 은 25만 냥 비단 25만 필에서 은 20만 냥 비단 20만 필로 약간 남송에게 유리한 내용으로 변경되었다.

송·금 화약 이후 세종은 내치에 전념하였다. 금은 대송 전쟁과 거란의 반란으로 엄청난 군비를 지출해야 했다. 필요한 재원을 조달하기 위해 곡물을 납부하면 관직을 주는 입속보관(入粟補官)제를 실시하였다. 승려에게 면허를 주는 도첩제(度牒制)를 시행하였다. 10년마다 민간의 재산을 조사해 세금을 부과하는 제도도 도입하였다. 여진족 특유의 정신과 문화가 상실되는 것을 극력 경계하였다. 여진어와 아구다가 재상 완안희윤(完顔希尹)에게 명하여 거란문자를 참조하여 만든 여진문자를 쓸 것을 적극적으로 장려하였으나 문화적으로 우월한 한족 문화에 급속도로 동화되었다. 여진의 문화를 낮춰보는 문화적 사대주의가 심화되었다.

여진인은 분배된 땅을 제대로 경작하지 않아 토지를 상실하는 사례가 많아졌다. 일하지 않고 사치에 빠지는 풍조가 급속도로 확산되었다. 가난에 빠진 여진족을 구제하기 위한 조치를 강구할 수밖에 없었다.

세금을 납부하지 않은 땅, 한족이 경작하고 있는 국유지를 회수해 여진족에게 나누어주었다. 이로 인해 한족의 반금(反金) 정서가 심해졌다. 거란족의 이반 현상이 심각한 수준이었다. 세종은 거란족을 위무하는 데 엄청난 공을 들일 수밖에 없었다. 거란족의 군사 조직인 맹안모극을 폐지했다가 후일 다시 부활시켰다. 거란족과 여진족의 통혼(通婚)을 장려해 민족화합을 도모했다. 1177년 세종은 조칙을 내려 양 민족의 결혼을 적극 추진토록 하였다. 한편으로 다수의 거란족을 상경 등 북만주 땅에 강제 이주시켰다. 거란 관료의 수도 줄이고 거란 문자의 사용도 불허하였다. 기본적으로 수렵과 어업에 종사하는 정주형 여진족과 유목형 거란족 간에는 좁혀지지 않는 간극이 있었다. 회유책과 강경책을 쓸 수밖에 없는 것이 세종의 고민이었다. 1189년 소요순시대(小堯舜時代)라 불리는 세종의 치세가 끝나고 손자인 장종이 즉위했다.

금나라 세종은 여진의 정체성을 지켰으나 장종은 한화를 부추겼다. 두 나라는 해전까지 벌이면서도 공존을 모색하였으나 몽골의 초원에서 일어난 칭기즈칸의 몽골이 금나라 수도 개봉을 함락시키며 송나라와 손잡고 금나라를 무너뜨렸다.

오고타이 칸이 송과 맺은 평화협력이었다. 송나라가 개봉 이북으로 올라가지 않겠다는 약속을 했다. 그러나 송나라가 이를 어기고 낙양과 개봉을 차지하자 몽골과 송나라 사이에 전쟁이 일어났다. 치고받는 전쟁은 몽골의 쿠빌라이 칸이 광주만(廣州灣)까지 점령하여 1279년 300여 년의 송나라 역사는 막을 내렸다.

쿠빌라이 칸이 원(元)을 세우며 중국 왕조의 정통성을 이어받았다고 선포하면서 정복왕조가 처음으로 중원과 주변 전체를 차지하였다. 몽골 천하였다. 5호 16국 시대나 5대 10국 시대에 북방 이적(夷狄)들의 각개격파식으로 중원을 침범했던 시기와는 다른 천하였다. 하나로 통일된 북방 세력이 춘추대일통 천하체계를 붕괴시킨 것이다.

몽골의 등장

오랑캐 부족의 터전에서 성장한 몽골족은 오래전부터 중국의 역사책에 멍구[夢古], 멍우[蒙兀], 멍올(蒙兀), 멍구[盟古], 멍구[朦骨], 멍구리[蒙古里], 멍화[蒙瓦] 등으로 기록이 나타나 있는데, 이들은 모두 몽골(Monggol)의 음역(音譯)이다. 80만 년 전부터 인류가 살았다는 몽골 지역에서는 8,000년 전 적봉을 중심으로 옥(玉) 문화를 꽃피웠다. 따라서 몽골 민족의 기원은 서양 중세를 열었던 훈족과 남북국시대의 흉노와 연결된다. 스키타이 흉노와 차카타이 몽골이 만난 것이다. 몽골 선대들은 수렵채집 하다가 10세기 이후부터 유목 생활을 했다. 북극성을 중심으로 돌며 계절과 시간 그리고 위치를 알려주는 북두칠성을 숭배하여 우유를 뿌리는 고수레[獻食]를 하며 경배했다. 칠성신앙의 뿌리였다.

당나라 때는 실위타타르(韃靼) 부족의 한줄기로 몽골 실위였다. 송·요·금 시기에는 맹고·맹고라로 쓰였으며 지명에 습관적으로 붙이는 자(子)를 넣어 맹고자(萌古子)라고 하였다. 만주 지역에 삼가자(三家子)등 자를 넣은 지명이 많은 것과도 연관이 있다.

몽골비사(蒙古祕史)에 따르면 순결 출신의 니로온몽골(尼魯溫蒙古)과 일반적인 질올열근몽골(迭儿列斤蒙兀)의 두 부족이 있었는데 니로온몽골은 칭키스칸의 11대조 할머니 아란활아(阿闌豁阿)의 아들인 불홀합탑길(不忽合塔吉)의 후예들이며 칭기즈칸이 태어난 보르지

킨부(乞兒只斤部)는 불한산 일대에 자리 잡고 있었다. 질열열근몽골은 이적를 비롯하여 백악오 등 느슨한 연맹 관계를 가진 30여 개의 부족으로 이루어졌다. 이들 두 부족은 합하여 합목흑몽골이라고 하는데 이는 모든 몽골을 말한다.10

몽골족은 한(漢)나라 시대에 막북(漠北)에 웅거하면서 한(漢)족을 괴롭혔던 흉노(匈奴)와 같은 계통의 북방 민족이다. 독자적 초원 유목 문화로 서스키타이와 돌궐 그리고 동흉노를 아울렀다. 숙신계의 선비족인 실위(室偉)의 후예로, 이들은 5호 16국(五胡十六國) 시대에 중국 내부로 밀고 들어가 한동안 북중국의 주인 노릇을 한 적이 있다.

그들의 일부는 고구려 말엽에 동부 몽골의 흥안령 동쪽 하이라르(海拉爾, 해랍이) 부근에 근거를 정했던 적이 있으며, 그 이후에는 흑룡강(黑龍江) 상류의 오난(斡難, 알란)과 커루룬(克魯倫, 극노륜) 등 두 강의 원천인 불한산(不兒罕山, 불아한산), 즉 오늘의 힌티산(肯特山, 컨터산) 주변에서 유목 생활을 하였다. 이들은 요(遼)와 금(金) 시대에 오랑캐 국왕부(吾兀哈國王部)로 존재하며 요·금에 대해서는 기미 관계(羈縻關係, 종속관계)에 놓여 있었다.

요약하면 몽골은 최고의 군주를 선우(單于)라고 하는 흉노, 선비, 유연(柔然), 돌궐, 위구르, 거란, 여진의 부침과 함께 했다. 오사달(烏斯達)을 시조로 하는 몽골족의 개국전설에 관해서는 몇 가지가 있으나, 불한(Burkhan)산에 살던 푸른 숫늑대 부르테 치노(Burte Chino)와 흰 암사슴 코아이 마랄(Gua Maral) 사이에서 선조가 태어났다고 하는 것이 가장 유력하다. 이와 같이 동물을 선조로 하는 전설은 고대에 흔히 있는 토템(Totem) 신앙 형태로 우리나라의 범과 곰 개국 설화와 일맥상통한다.

몽골족은 고려 시대에 점점 강대해져서 카불(合不勤, 합불근)칸에 이르러서는 여러 부를 통합하여 그 지도자를 칸(汗, 한, Khan)이라 불렀다. 칸은 쿠릴타이라는 부족장회의에서 선출되었다. 흉노족이나 유목민족의 관습인 쿠릴타이는 신라 진한(辰韓) 6부장들이 박혁거세를 '거서간'으로 뽑았으며, 후일 화백제도를 운영한 것과도 연관이 있다.

후에 카불칸의 손자인 예수해(也速該, 예수게이 야속해)와 어머니 호엘룬의 아들로 테무진(鐵木眞, 철목진)이 오논강변 델리온 볼닥에서 태어났다. 그가 바로 칭기즈칸(成吉思汗 성길사한, Chingiz Khan)이다.

테무진이 태어났을 때 금의 세종은 몽골인의 강용(强勇)한 모습을 보고 반드시 후환이 있을 것이라고 두려워하였다. 그래서 그는 몽골 장정 감축령(減縮令)을 내려 3년에 한 번 씩 금의 군사를 몽골에 보내서 몽골 장정들을 살육했으므로 몽골인들은 피해를 벗어나려고 도피 생활을 하느라 안정된 생활을 하지 못했다.

항상 송골매를 쥐고 지휘했던 칭기즈칸은 능력 있는 거란족 출신의 금나라 학자였던 야율초재(耶律楚材)를 정치 참모로 쓰면서 고구려가 5부족의 협력으로 강성대국을 이루어냈듯이 아룽고아(阿蘭豁阿, 이란활아)의 부러지지 않는 다섯 개의 화살 교훈으로 조직을 움직였다. 34세 때 강적인 태지우(泰吉烏)부(部)와 나이만(乃滿)부를 손에 넣고, 이어서 메르키(滅里吉, 감리길), 오이라(斡亦刺, 알력자) 등 여러 부를 규합하였다.

1190년 7월 24일 몽골 제국 원(元)의 건설에 결정적인 역할을 한 야율초재(耶律楚材)가 태어났다. 야율초재는 거란족으로 요(遼)나라를 건국한 야율아보기(耶律阿保機)의 9세손이었으며 한(漢)문화에 정통했다. 그는 어렸을 때부터 독서를 통해 천문, 지리, 역법, 수학, 의학, 유교, 불교, 도교 등 모든 분야에 정통했다. 야율초재는 금나라 조정에 출사하였는데 1215년 칭기즈칸이 중도(中都 : 현재 베이징)를

▲ 칭키스칸　　　　▲ 야율초재

점령하였을 때 정치고문으로 발탁하였다. 그는 칭기즈칸이 죽은 뒤 오고타이 칸에 의해 중용되었고 몽골 제국이 중국화하는 데 큰 공헌을 하였다. 오고타이가 칸의 위에 오른 뒤 그의 형으로 하여금 신하의 예를 올리도록 함으로써 몽골 지배층 내부에 중국과 마찬가지의 군신유별(君臣有別)의 예법이 정착하도록 하였다.

몽골은 건국 초기 군 조직만 있을 뿐 행정조직을 갖추지 못했는데 야율초재의 건의로 군조직과 민정 조직이 분리되게 되었다. 또한 항복하지 않은 성에 대해 부녀자와 어린이를 제외하고는 몰살시키는 잔인한 보복 관행을 자제하도록 했다.

흥미로운 것은 북경 이화원에는 야율초재(耶律楚材, 1190~1244)를 기념하는 사당이 있다. 이 사당을 건축한 이는 청나라 건륭황제이다. 그는 몽골 제국 초기 공신으로 자는 진경(晉卿), 호는 잠연거사(湛然居士)이다. 칭기즈칸에 발탁된 뒤 그의 서역 원정에 종군했으며, 오고타이의 즉위에 공을 세워 중서령(中書令)에 중용되었다.

중국 북방의 금나라가 멸망한 뒤 화베이(華北)에 알맞은 정책을 실시했으며 군정과 민정을 분리하여 군관이 민정을 간섭하지 못하게 하였고, 세제를 정비하여 제국의 경제적 기초를 확립했으나 1241년 오고타이 칸이 죽은 뒤 좌천되었다. 시인·문인으로서도 뛰어났으며 문집 '잠연거사집', 서역 원정에 종군했을 때의 견문기 '서유록(西遊錄)'이 있다. 그의 아들 주(鑄)도 세조 쿠빌라이를 섬겨 고관이 되었고 특히 시인으로 유명했다. 시호는 문정(文正)이다.

테무진은 민병 복합체의 2백만 백성에 10만 병력을 보유했다. 씨족보다 동료를 형제보다 전우를 우선하는 친위대 집단 '노코르'조직 코미라투스(comilatus)를 하루 평균 100km를 주파하는 최첨단 기마사술 부대로 양성하였다. 가장 빠른 정보전달을 위해 참(站, 역참) 조직을 체계화하여 운영하였다. 이 역참이 세계 정복의 틀박이가 되었으며 동서남북 문화교류의 축이 되었다. 우리말의 "'한참' 가면 새마을이 나온다"할 때 '참'이다. 한참은 39km 정도가 된다. 1206년 몽골을 건국하였다. 이어 숙적관계에 있던 타타르(塔塔兒) 등의 연합군을 대파한 후 52세 때 카칸(可汗, 가한)의 자리에 올랐다. 카칸(Kakhan)은 대왕이라는 뜻이다.

금나라 지역을 석권한 칭기즈칸은 동쪽으로는 만주 전역을, 남쪽으로는 북중국을 정복한 직후 중앙아시아 및 중동 지역으로 진군하여 1219년에는 서요국(西遼國, Kara Khitai)을 토멸하였으며, 이어서 서쪽 이웃인 코라즘(花刺子模, Khoranzm)국을 정복하였다.

이후 차카타이 칸국의 무슬림 티무르는 이슬람의 왕조인 티므르제국(1370-1405)을 건설하였다. 스스로 징키스칸의 후계자를 자처하며 몽골 제국을 재건하려고 북쪽으로는 카자흐스탄 남부로부터 남쪽은 펀잡브 일대, 서쪽으로는 시리아 아나톨라에서, 동쪽으로는 동튀르키스탄까지 정복하였다. 몽골문화와 페르시아 문화를 융합하며 이슬람 통치자로 존경받았다.

티무르의 뒤를 이어 몽골계와 튀르크 기마 집단을 이끌던 티므로와 칭기즈칸의 후손인 바브르(Babur)(1483-1530)가 토착세력인 로디왕조를 무너뜨리며 인도반도의 무굴(Mughul) 제국(1526-1857)을 건설하였다. 무굴이란 국명은 페르시아나 아랍인들이 몽골을 이르는 말이다. 5대 황제인 샤자한(1592-1666)은 사랑하던 황후 뭄타즈 마할을 위해 타지마할을 건축하였다. 그는 힌두교 사원을 철거하며 이슬람 예배를 강화했다. 몽골 황제가 331년간 인도를 지배하다가 1857년 영국에 정복당했다. 타지마할의 귀한 루비와 에메랄드, 다이아몬드는 약탈자 영국에게 탈취를 당하였다.

정복 과정에서 혁혁한 공을 세운 네 사람의 선봉장이 있었는데 특히 요나라의 오랑캐(우랑카이) 부족 출신 수부타이(速不臺, 速別額臺, 별명 바가투르)는 출중한 활쏘기와 전략 전술에 능하였다. 그는 유럽 정벌에 나서 타의 추종을 불허하는 추격 작전으로 카스피해까지 진출하며 정복지를 확장했다.

그는 잔학했지만 개국 공신으로 칭기즈칸의 최선봉장이었으며, 젤메, 제베, 쿠빌라이와 더불어 충직한 네 마리 개(四狗)라고 불릴 정도로 충성스러운 무사였다. 젤메는 그의 형으로서 오랑캐 부족들의 특출한 용병술을 드러나게 발휘했다. 칭기즈칸을 정복왕으로 성장하게 하는데 오랑캐 부족의 역할이 컸다. 코라즘국은 돌궐족인 무슬림 교도가 세운 나라로 중앙아시아의 서부와 페르시아 지방을 영유하고 있었는데 칭기즈칸의 60만 대군 앞에서 무너지고 말았다.

칭기즈칸은 서정(西征)을 끝내고 몽골로 돌아왔으나, 그의 부하 장수들은 코카사스 산맥을 넘어 러시아로 들어가 남러시아를 주축으로 하는 연합군의 군대를 격파하고 각지를 정복한 뒤 몽골로 귀환했다.

곧이어 칭기즈칸은 서하(西夏)로 군사를 몰아 국왕을 포살하고 서하를 완전히 토멸하였다. 오랑캐의 몽골 천하를 열었던 것이다.

1219년 거란이 웅거하던 강동성을 고려군과 함께 함락시켜 은인으로 자처하며 형제의 맹약을 맺었다. 1237년, 1238년에 러시아를 정복하고 1241년 폴란드, 헝가리의 연합군을 제압해 정복했다. 동남 유러시아 '우디케이' 동족 우량하(兀良哈) 지역 부족이 남하했다.

고려는 이자겸과 묘청의 난을 겪으면서 조정이 약화되고 문신의 차별에 항거한 무신들이 반란을 일으켜 최씨 정권이 들어섰다. 즉 1170년(의종) 정중부 주도로 집권하여 경대승, 이의민이 집권하다가 1196년(명종 26년) 최충헌 정권이 들어서 최우, 최한, 최의의 4대에 이르렀다. 1231년(고종 18년) 몽골의 오고타이가 대군을 이끌고 금과 고려를 동시에 침공했다. 고려 왕실은 소극적으로 대응했으며 몽골은 고려와 조공 책봉 관계를 맺고 고려의 국정을 감독하는 72인의 다루가치로 고려를 통치했다.

무신정권은 이들을 처단하고 대몽항쟁에 나서 강화도로 천도하였다. 2차 침입 때에는 승려 김윤후가 격퇴했으며 5차 침입 때는 충주까지 내려갔으나 처인성의 김윤후가 노비 문서까지 불태우며 주민과 함께 방어에 성공했다. 30여 년의 결사 항전은 1258년(고종 45년)까지 무신정권의 군사력을 뒷받침했던 최우의 삼별초가 나섰다. 배중손과 진통정으로 지휘권이 옮겨지면서 진도 왕궁까지 건립하여 왕온을 왕으로 옹립하여 용장산성과 제주도 항파두리성으로 옮겨 다니며 전라도와 경상도을 점령해 싸웠으나 결국 쿠빌라이칸의 지원을 받은 원종의 여몽 연합군에 밀려 항전은 마무리되었다.

이들의 일부가 류큐(琉球, 오키나와) 왕국으로 유입되었다는 설이 있다. 류큐는 중국에 조공하면서 개방된 부유한 나라였다. 칭기즈칸의 손자 쿠빌라이(忽必烈世祖)는 형 몽케칸(憲宗)을 계승하려던 막내 동생 아리크부카를 제거하며 북방 유목 세력을 견제하려고 수도를 카라코룸에서 상도(上都)로 옮겼다. 또한 몽골과 한족 간의 갈등을 해소하려고 한족의 방법으로 한족의 땅을 다스리는 이한법치한지(以漢法治漢地) 전략으로 유목과 농경이 가능한 중간 지대인 화북의 대도(북경)로 수도를 옮겨 전통적 중국의 왕조 체제를 확립하였다.

그는 중원을 차지하려고 1257년 서남쪽의 대리(大理)를 정벌 후 휘하의 대장인 오랑캐대(兀良哈臺)로 하여금 안남, 사천 그리고 남송을 장악하도록 하였다. 1271년 나라의 이름을 대원(大元)이라고 하면서 중국의 역대 왕조의 계보를 잇는 정통왕조임을 천명하였다. 중화 종주권을 쟁취한 것이다. 대원은 역경(易經)의 대제건원만물질시(大哉乾元萬物質始 크도다. 건원이여 만물이 시작되도다)에서 유래했다.

몽골의 원제국

형제의 갈등 속에서도 유럽까지 진출하여 킵착크칸국(Kipchak Khanate), 차가타이칸국(Chagatai Khanate), 오고타이칸국(Ögödei Khanate), 일칸국(Il Khanate) 등을 거느렸다. 러시아의 킵착크칸국은 1240년부터 1480년까지 지배하여 중국 원나라보다 100년 더 지속되었다. 이를 러시아 사람들은 타타르의 멍에(Tataar Yoke)라고 했다. 후일 황화론(黃禍論)의 빌미가 되기도 했다. 여기서 '칸'은 몽골 발음이며 흉노 혹은 여진 발음으로는 '한'이다. 한민족을 한의 후예로 보는 경우도 있다.

인류 역사상 가장 큰 나라를 건설하여 세계 최대의 영토로 몽골 제국의 대칸(大汗)이었으며 원나라의 황제가 된 쿠빌라이는 아시아의 대부분과 유럽의 동부까지 차지하여 대제국 원나라와 4칸국 그리고 4행성(行省)을 거느렸다. 그중 요양행성의 동계는 삼척까지 내려왔다. 원 천하(PAX MONGLIA) 지배 속의 평화를 구가하며 몽골인, 색목인, 한인, 남인(남송)의 서열화로 통치 기반을 다져나갔다. 몽골의 결혼동맹 관습으로 맺어진 사위의 나라 고려는 특별한 대우였다. 100만 몽골인이 6,000만 남송인을 지배하는 방법은 몽골인 제일주의로 고위 관리는 모두 몽골인이 독점하였다.

남송인은 노예 취급하며 몽골 귀족에 사적으로 배속시키기도 하였다. 호적상 한인은 계관호(係官戶)와 투하호(投下戶)로 나누어 관리하며, 노예는 사물로(驅口) 거래되었다. 계급적으로는 ① 관리 ② 아전 ③ 도사 ④ 승려 ⑤ 의사 ⑥ 기술자 ⑦ 목공 ⑧ 창녀 ⑨ 유생 ⑩ 거지(丐)였다. 또한 유학자들을 거지 취급하는 구유십개(九儒十丐)라는 말은 정사초(鄭思肖)의 《대의략서(大義略敍)》에서 나온 말로 타타르인들이 직업을 선택할 때 관인(一官), 아전(二吏), 승려(三僧), 도사(四道), 의원(五醫), 장인(六工), 엽사(七獵), 평민(八民), 유학자(九儒), 거지(十丐)의 순으로 선호한다는 것이다.

쿠빌라이도 이를 빌려 팔창구유십개(八娼九儒十丐)라고 표현하며 유학자들을 창기들보다는 못하고 거지들보다는 겨우 나은 사람이라 멸시했다. 한(恨) 맺힌 한족(漢族)들의 굴욕과 저항 그리고 한족들의 민족의식이 깨어나기 시작했다. 이런 상황 속에서 남송인으로 주희의 화이준별(華夷峻別)과 나관중의 삼국지가 나왔다. 나아가 달로(韃虜)를 물리치고 중화를 회복하자는 주원장이 등장하는 것은 시대적 요구였다. 시대가 구세주와 영웅을 기다리는 것이다.

한화가 되지 않은 티베트 불교를 국교로 정하여 한화를 막으면서 파스파라마(八思巴喇麻)의 도움을 받아 파스파(八思巴) 문자를 만들어 1269년(지원 6년) 국자(國字)로 제정하였다. 위구르 문자를 병용함으로써 한자를 멀리했다. 파스파 문자는 티베트 문자(梵字, 산스크리트 문자)의 일종인 표음문자로 고려에도 전해져 한글 창제에도 영향을 끼쳤다. 금나라 세종, 원나라 쿠빌라이칸 그리고 후일 조선의 세종대왕까지 모두 문자의 중요함을 알고 독자적 문자로 독자적 문화를 창출하려고 하였다. 따라서 원천하(元天下)에서 이루어졌던 몽골 중심의 원대 성리학에 대한 이해도 함께 이루어져야 한다. 쿠빌라이칸에 의해 한족의 방법으로 한족 땅을 다스린다는 이한법치한지(以漢法治漢地) 전략은 남송대의 주자학을 체제교학으로 채택했다. 그러나 북방성리학(北方性理學)의 주역인 허형(許衡)의 노재지학(魯齋之學)은 주희의 한족 중심 혈통주의가 아니라 몽골 중심 혈통 즉 몽골-색목인-한인-남인의 서열화를 인정하면서 화이 일체적 융합 정책에 기여했다. 티베트 불교, 이슬람, 기독교까지 포용하는 다원성을 인정했다. 그리고 이론적 궁리(窮理)보다 실천적 거경(居敬)을 위주로 하는 성리학을 재편성하여 관학 이데올로기에 적용했다. 공자를 대성지성문선왕(大成至聖文宣王)으로 하여 만세사표(萬世師表)로 삼았다. 현실적 권력을 강화하기 위해 공자의 높은 권위를 이용하였으며 권력과 권위를 합리화하면서 정당성을 확보하기 위해 유학을 체제교학의 이데올로기화하였다.

　이러한 원대 유학이 안향에 의해 고려로 전해졌다. 몽골 혈통의 황금 세족인 쿠빌라이의 외손자 이질부카(益知禮普花, 王璋) 심양왕인 충선왕(忠宣王)에 의해 성리학이 처음으로 우리나라에 들어온 것은 원나라 때이다. 원은 당시 한족과의 동화정책을 펼치면서 유학을 정치이데올로기로 하기 위해 송나라도 관학화하지 않은 유학을 관학(官學)으로 하였다.

정주학 및 노제지학(魯齋之學)을 수용하기 위해 조복(趙復), 허형(許衡), 유인(劉因)과 남방의 주자에서 황간(黃幹), 하기(何基)를 거쳐 김이상(金履祥)과 왕백(王柏)에 의해 전파된 성리학을 받아들였다.

그러나 정치권력과 결부된 원대의 성리학자들은 주자학적 이상주의와 현실적 정치권력의 목표와는 갈등을 일으킬 수밖에 없었다. 원의 종족정책은 몽골족 우선 정책이었으며 고려인과 색목인(色目人), 장족(티베트)과 위그루족(회족)을 우대하는 한편 한족과 남송인을 차별하고 있었다. 주자가 극명하게 주장했던 화이준별이 정복자인 몽골에 의해 뒤바뀌어진 상황이었기 때문이다. 한족 중심으로 정복왕조에 대한 배타적 이적관(夷狄觀)이 강화되었다. 이는 금나라, 요나라, 원나라의 계속된 정복왕조에 대한 저항이었다. 이러한 화이준별론은 청 왕조 시기의 타청흥한(打淸興漢)으로 계속 이어져 왔다. 몽골 중심의 이화(夷華)세계였기 때문이었다.

몽골인들은 한인(漢人)들의 문화를 비실용적 문화로 낮게 평가했지만, 고려인의 문화는 더욱 좋게 평가하였다. 원의 세조 쿠빌라이는 "고려는 소국이지만, 장공(匠工)과 변기(變技)가 모두 한인보다 뛰어나고 유인(儒人)들도 모두 경서에 통하여 공맹(孔孟)을 학습하는데 한인들은 오직 시부(詩賦)를 음송(吟誦)하는 일에만 힘쓰니 장차 어디에 쓰겠는가"라고 하면서 고려 지식인들과 기술자의 수준을 높게 평가하였다.

안향(安珦)은 1304년(충렬왕 30년) 양현고의 돈을 이용하여 박사

김문정을 대도(大都)로 파견하여 공자와 72현의 초상 및 제기와 악기 6경, 자, 사 등의 책을 구매하여 귀국하게 하였다. 이때 들여온 성리학은 원대의 성리학이었다. 원대의 성리학은 남송에서 집대성한 주자의 성리학의 북방적 전파 선상에서 이루어진 것이었다. 몽골인들의 지배 하에 들어간 남송 시대의 유학자들은 대개 두 계통으로 나뉜다.

유인(劉因)은 주자학의 순수성을 지키기 위하여 몽골족의 원 조정과의 결부를 거부하였던 반면에 노재(魯齋) 허형(許衡, 1209-1281)은 주자의 성리학이 살아남기 위해서는 권력을 쥐고 있는 몽골의 원 조정과 결부할 수밖에 없다고 생각하고 한족법으로 한나라 땅을 다스린다는 이한법치한지(以漢法治漢地) 정책에 동조하며 대도(大都, 燕京, 北京)로 올라와서 원 조정과 교류하면서 스스로 서원을 설립하여 주자 성리학의 교육에 매진하였다. 주희의 화이관을 해체하며 형이상학적 궁리(窮理)보다 실천적 거경(居敬)의 수신을 중히 여겼다. 체제교학형한 항몽(抗蒙)적 이학(理學)을 금지시킨 노제지학(魯齊之学)이었다. 대원(大元)의 유종(儒宗)으로 추존되었다. 조선의 주세붕(주세붕(周世鵬, 1495~1554))에게 영향을 끼쳤다.

이러한 분위기 속에서 몽골이 지배하고 있었던 고려의 충선왕은 대도(연경)에 들어가서 만권당(萬卷堂)을 만들었다. 당시로서는 몽골 조정의 적극적인 지원을 받고 있었던 만권당의 주인인 충선왕은 정치보다 학문을 좋아하여 여러 학자와 토론하며 책 읽기에 전념하며 한족(漢族) 유학자들을 원나라 조정에 천거하여 벼슬까지 하게 하였다.

쿠빌라이칸의 외손자이자 손녀사위인 심왕(瀋王) 이질부카(益智禮普化, 1275-1326)인 충선왕의 만권당은 당시 주자의 성리학을 공부하는 많은 학자가 모여들 수 있는 장소였다. 그리하여 남송(南宋) 출신의 유학자로서 원나라에서 벼슬하고 있던 당대의 명유(名儒)인 요수(姚燧)·염복(閻復)·조맹부(趙孟頫)·장양호(張養浩)·원명선(元明善)·우집(虞集)·소구(蕭䕸)·홍혁(洪革) 등이 이곳에 초치(招致)되어 학예를 수련하였고, 고려에서도 충선왕의 시신(侍臣)이었던 백이정(白頤正)의 도움으로 어린 나이에 과거에 장원 급제하여 이름을 날렸던 이제현(李齊賢)과 유학에 밝은 박충좌(朴忠佐)를 만권당에 초대하였으니, 이들은 자연스럽게 만권당을 매개로 하여 당시 북방으로 전파된 주자의 성리학을 수용하고 돌아와 고려에 성리학을 전파하였다.

그 결과 충선왕은 1308년 고려로 귀임하여 즉위하면서 유학 교육 기관을 정비하여서 인재를 양성하였다. 이때 종전에 국자감(國子監)이라고 부르던 기관을 충렬왕 때 성균감(成均監)이라 고치었던 것을 다시 성균관(成均館)으로 이름을 바꾸고는 본격적으로 인재 양성을 하였다.

이제현은 이색을 비롯한 고려의 젊은 신진사대부를 길러내는 데 큰 공을 세웠으며 벼슬이 시중에 이르렀고 박충좌는 충혜왕과 충목왕에게 정관정요를 강론하는 등 유학 발전에 기여하여 판삼사사(정일품)에 올랐고, 함양군으로 봉해졌다. 평양의 대동강 부벽루에 그의 시(詩) 현판이 있다.

이러한 주자학의 전파는 그 성격을 보면 엄격한 혈통적 구별을 전제로 한 주자학이 아니라, 오히려 국제화된 주자학, 화이의 혈통적 구별이 엄격한 주자학이 아니라 어떻게 보면 화이일체(華夷一體)를 추구하는 한족 포용 정책인 원나라의 관학으로서의 유학이었다.

이제현은 홍복원 일가의 삼한성입성(三韓省立省) 책동을 막으면서 이색(李穡) 등 많은 제자들을 양성하였다. 공민왕 때 백문보는 《단군기원》을 썼다. 단군 연호 최초의 기록은 《고려사》 권112, 열전 제25에 기록된 백문보전(白文寶傳)이다. 후일 나철이 교주이며 1909년 창설된 대종교가 공식 연호로 썼다. 3·1 독립선언일을 조선 건국 4252년 3월 1일로 표기했다. 10월 3일 개천절의 유래도 여기에서 나왔다.

이암은 《단군세기》를 지었으며, 이는 이후 권근과 이암의 손자 이원으로 전해져 물밑으로 조선시대에 계속 이어져 내려왔던 것이다. 이는 분명 주희의 정통 성리학을 고수하며 화이준별을 원칙으로 삼았던 유인(劉因)의 남방 성리학과는 판이하게 달랐다. 원대의 정치 이데올로기적으로 관학화한 체제 교학의 영향을 받은 것이었다.

한편, 이제현의 제자인 이색은 주희를 선조로까지 모시려고 했던 주원장의 명대 성리학을 적극적으로 수용하여 철저한 한족 중심의 화이준별(華夷峻別)이 전제된 정치이데올로기로 변한 성리학으로 신진 사대부들을 양성하였다. 중화 천하의 뿌리인 주 천하(周天下)를 이상향으로 하는 정몽주, 정도전 등이 조선을 동주(東周)로 만들려는 꿈을 꾸었다.

그리고 병자호란 이후 권력과 학문을 독점한 사림의 노론이 중화사대를 극대화하여 소화의 나라가 되었다. 중화의 조선이 된 것이다. 《경국대전》으로 나타난 《대명률》의 영향력은 조선을 명의 천하로 만들며 중화 선민의식으로 은나라 기자를 정통으로 한 한성(漢姓)의 확산이 이루어졌던 것이다.

몽골의 고려 통치

고려는 1260년 쿠빌라이가 즉위하면서 1270년(원종 11년) 강화조약을 맺고 개경으로 천도하였다. 1279년 원은 요동에 요양행성을 설치했다. 원나라는 고려에 동녕부와 쌍썽총관부를 설치하였으며 탐라총관부를 설치하여 말을 기르며 일본 정복의 기지로 활용했다. 1283년 원 세조(世祖)는 고려에 정동행성(征東行省)을 설치했다.

고려의 태자 왕전(王傳)은 몽골의 칸 헌종(憲宗) 멍거(夢哥, 몽케)가 죽고 왕위계승 투쟁이 벌어졌을 때, 카라코룸으로 가지 않고 남송정벌에 나섰던 예종(睿宗, 툴루이)의 4남 쿠빌라이[世祖]를 양양에서 만나 힘을 실어 준 특별한 관계를 인연으로 고려왕이 된 후 고려의 자주권 유지, 몽골군 철수, 고려의 포로 송환을 성사시켰다.

쿠빌라이는 당나라도 이기지 못한 고려가 나에게로 왔으니 이는 하늘의 뜻이라면서 반기며 고려를 특별히 배려해 주었다. 칭기즈칸의 막내동생인 테무게 옷치긴(鐵木哥斡赤斤)은 칭기즈칸으로부터 몽골의 동북부 지역을 분붕(分崩) 받은 이래 만주 전역으로 세력을 확장해 나갔다. 그리고 지정학적 특수성을 이용해 고려에 간섭했다.

1259년 등극한 원종은 고려 태자와 원의 공주를 결혼시키면서 원나라의 부마국이 되었다. 몽골식의 이름과 말, 변발, 복장풍습이 유행했다. 고려는 사위국으로 무신들의 전횡을 누르면서 원의 다루가치의 횡포도 막았다. 《원사(元史)》 제왕표는 원대의 제왕을 여섯 등급으로 나누었는데 부마 고려왕, 회국왕, 안남(베트남)왕은 제1등급인 금인수수조에 속했다. 고려의 왕들과 대신들은 부마국임을 내세워 다루가치를 누르고 원 조정에도 영향력을 끼쳤다. 충선왕처럼 한족(漢族) 유생들을 조정에 소개하기도 하였다.

만주의 요동 땅을 고려왕 또는 심양왕이 다스렸다. 원의 무제(武帝)는 "지금 천하에서 자기 백성과 사직을 가지고 왕위를 누리는 나라는 오직 삼한뿐이다"라고 하였다.[11] 여기서 삼한은 고려를 지칭하는 것이다. 이렇게 부마왕으로서는 선창으로 원의 세조에 귀의하여 왕이 된 충경왕(원종)과 원 세조의 친딸 홀독거미사(忽都魯揭里迷失公主, 쿠툴룩켈미시)에 장가든 충렬왕 그리고 그 아들 충선왕 그 손자 충숙왕이 있다. 이는 몽골의 천하 일가였다.

다음은 비안티므로(佰顔帖木兒)인 공민왕이 있고, 그 아들 모니노는 우왕(偶王, 辛偶)이었다. 그리고 창왕(辛王)이 뒤를 이었다. 충열왕에서 공민왕까지 7대 부마요, 원 공주는 심 왕비 포함 8명이었다. 4명의 국왕이 원 왕실의 부마(駙馬)였고, 3명의 국왕이 원 공주 소생이었다. 이 사이 부원 세력이 득세하여 권세를 누렸다.

몽골 침입 때부터 길 안내를 시작으로 부몽고려군민(附蒙高麗軍民)이 된 홍대선(洪大宣)과 홍복원(洪福源) 부자는 원나라의 고려 정복 전위대로 활약했으며 동진국포선만노군(東眞國浦鮮萬奴軍) 토벌에도 참여하였다. 홍대선부터 손자 홍다구(洪茶丘)까지 몽골의 6차 침입에 모두 적극적으로 동참하거나 원에 부역하였다. 5차의 충주 전투에서는 노비 문서까지 불태우며 노비까지 동원한 김윤후의 적극적 방어에 홍복원이 지휘한 몽골부대가 패퇴하였다.[12]

그리고 몽골이 고려를 침공할 때 홍복원 일가와 고려 서북지방 호족(豪族)들이 대규모 부원세력들을 이끌고 요동으로 이주함에 따라 요동을 고려 삼한(三韓)이라고까지 하였다.[13] 원 조정은 1380년 원 무종(武宗)의 정책에 참여한 공로로 고려 왕자(충선왕)에게 심양왕(瀋梁王)을 책봉했다. 다음 해에는 고려왕까지 겸임토록 하였다.[14]

이후 심양왕의 지위는 계속 고려 왕족에 의해 계승되었으나 고려왕과 심양왕의 분열과 갈등이 심하였다. 여기에 홍복원의 손자로서 요양행성 우승(遼陽行省 右承) 홍중희(洪重喜)와 그 아우 홍중경(洪重慶)

등이 고려를 원나라의 하나의 성으로 편입하려는 입성(立省) 책동이 일어나 고려를 없애려고 했다.15 요동 홍씨들의 입성 책동은 충선왕과 고려 사람들의 반대로 무산되었지만 1323년(충숙왕 10년) 때 유청신 (柳淸臣), 오잠(吳潛) 등이 입성(立省)하여 내지(內地)와 같게 할 것을 청하였다. 심양왕 책략으로 충선왕은 토번으로 유적(流謫)되고 충숙왕은 원 조정에 고려국왕인새(高麗國王印璽)를 빼앗기고 5년간 억류되었다 풀려나기도 했다.

원나라는 고려를 군현(郡縣)으로 하고 정동성(征東省)을 파하고 삼한성(三韓省)을 세우려고 하였다.16 이에 원 집현전 대학사 상의중서성사(商議中書省事)인 왕약(王約)이 원도(元都)에 있던 이제현 등 고려인들의 우려를 참조하여 반대함으로써 입성 기도는 원나라 사람에 의해 무마되었다. 그러나 홍씨들의 대를 이은 부원과 입성 책동은 대한제국의 이완용 등에 의한 일본합병 찬동과 함께 우리의 역사에서 반역무리들로 평가받고 있다.

이렇게 훈, 선비, 동호로부터 연결된 몽골인들이 원나라 시대에는 상층 계급으로 귀화한 사람들이 많았다. 한국인들이 몽골리안이라는 것은 성씨에서도 나타난다. 훈족이 여러 갈래로 갈라져서 1차적으로 동남하한 것이 선비-갈-저-강-연-부여-고구려-발해-요로 이어졌다면 2차적으로 대거 남하한 것이 강성한 몽골족의 대원제국이 알동과 고려로 남하했을 때였다. 만주를 중심으로 서쪽은 황실을 등에 업은 기황후 세력이 득세했다면 동쪽은 개원로를 중심으로 하여 이성계 세력이 군벌로 성장했던 것이다.

한편 포선만노는 동경(東京)에서 눈치를 보다가 압록강 하류인 우안에서 동진국(東眞國)을 세우고 천태(天泰)라고 건원(建元)했다. 새로 일어난 원나라에 잠시 투항했다가 다시 모반을 일으켜 지금의 연길 동쪽 성산자(城山子)를 남경(南京)으로 하여 동하국(東夏國)을 세웠던 것이다. 동하국은 두만강 북쪽의 부르하투강(布爾河圖江)과 해란강(海蘭江)의 두 유역을 근거로 하여 동쪽은 수분하(綏芬河), 남쪽은 함경도의 함흥평야까지 이르는 광대한 지역을 영유했다. 갈라둔 직할지 즉, 후일의 화령국 중심지인 함주(咸興)까지 차지했다.

포선만노는 큰 야심을 품고 압록강 우변까지 세력을 펼쳤으나, 몽골 태종 5년에 몽골 황자 귀유(貴由)가 남경을 함락시키고, 포선만노를 생포함으로써 동하국은 18년 만에 그 막을 내렸다.

원 시대의 화령 지역

원나라의 만주 지역의 통치는 요양등처행중서성(遼陽等處行中書省)을 두고, 그 아래에 요양(遼陽), 광녕부(廣寧府), 심양(瀋陽), 대녕(大寧), 개원(開原), 수다다(水達達)의 6로(路)와 함평부(咸平府), 12주(州) 10현(縣)과 5만 호부(戶府)를 두어 실시했다. 이들 중 개원로는 지금의 농안에 있었는데, 그 남경이 지금의 연길이다. 그 영역은 대체로 백두산 동쪽과 흑룡강, 송화강, 목단강 유역을 포함했으며, 백두산 남쪽에는 또 합란부(哈蘭府)를 두었다.

원나라는 당과 송의 제도를 본받아 중앙에 성(省)과 부(部)를, 독립기관으로 원(院)·감(監)·부(府)를 두었고, 지방에는 로(路)·부(部, 府尹)·주(州, 防衛使, 刺使)·군진(郡鎭, 節度使)·현(縣, 令)을 두었으며, 토호들을 이용해 다루가치(達魯哈赤)를 통한 간접 통치를 했다.

원나라는 고려에 대해서 정동행성 외에도 다루가치를 개경 등 고려

각지에 직접 파견하여 내정을 감독하고 관여했다. 다루가치들은 고려 국왕의 동의 없이도 마음대로 고려 인민을 징벌했다. 이들은 "고려국사를 총괄하라는 명령을 받고 고려에 왔다"라고 큰소리를 치면서 거의 반세기 가까이 고려의 내정에 간섭했다.

이러한 시대적 상황 속에서 당시 몽골이 밀고 내려올 때, 고려의 서북지역과 동북 지역의 여진 부족들은 자발적으로 다투어 몽골에 투항했다. 변방 부족들의 양다리 걸치기 생존법이 드러난 것이다. 변절이 아니라 생존을 위한 변화적응이었다.

1258년 원나라의 7차 공격 때 고려의 화주(和州, 永興) 등 동북면의 호족들이 원나라에 투항하여 이 지역에 쌍성총관부를 설치하고 쌍성(永興) 이북은 합란부(哈蘭府) 및 알동을 포함해 개원로에 속하도록 했다. 전술한 바와 같이 몽골 산길대왕(散吉大王) 보지관인(普只官人) 등이 군대를 이끌고 와서 화주 땅에 주둔하자, 용진현인(龍津縣人) 조휘(趙暉)와 정주인 탁청(卓靑)이 화주 이북의 땅을 들어 귀부(歸附)하니 몽골은 1258년 쌍성총관부를 설치하고, 조휘를 총관(摠管)으로 삼고, 청(靑)을 천호(千戶)로 삼았다.17

쌍성총관부의 소재지는 원래 금나라와 동하국 시기에 있던 갈라로(曷懶路)의 할지(轄地)였다. 그 남쪽 경계는 철령위였는데, 함경도와 강원도의 경계였던 곳이다. 후일 고려에 흡수되었다. 명 초기 홍무제 주원장이 쌍성총관을 접수하려다 이성계의 위화도 철군 이후 압록강 넘어 요령 경내의 철령으로 옮겼다. 오늘의 금야군(金野郡, 옛 이름 永興郡)이 중심지였다. 갈라둔은 함주(咸州)로 원나라 당시의 합란부(哈蘭府)로 오늘의 함흥이라 한다.

한국사학계 일부에서는 쌍성총관부가 조선이 아닌 요동에 있었다는 주장을 하지만 《고려사》, 《원사》, 《명사》가 모두 조선 경내의 존재를 기록하며 사실로 여긴다. 동계의 남쪽은 쌍성총관부에서 해안을 따라 삼척까지 내려왔다. 이성계의 고조부인 이안사가 전주에서 식솔 170호를 데리고 처음 이주했던 곳이다. 5대조 이양무의 무덤인 준경묘(濬慶墓)가 있다.

《용비어천가》 '육룡이 나르샤'의 성지이다. 원종 11년(1270년) 최탄(崔坦)이 원나라 병사 3천을 서경에 투입해 줄 것을 청하면서 귀부하니, 원은 최탄과 이연령(李延齡)에게 금패(金牌)를 하사했고, 현효철(玄孝哲)과 한신(韓愼)에게는 은패(銀牌)를 내렸으며, 자비령(慈悲嶺)을 경계로 서경에 동녕부(東寧府)를 설치했다.[18]

《원사》에는 최탄이 60성을 들어 원에 귀래하여 8년에 서경을 동령부로 바꾸었다고 기록하였다.[19] 그리고 원나라는 탐라를 무대로 저항하던 삼별초를 토벌한 다음 탐라국 초토사(耽羅國 招討司)를 세웠다. 그 뒤 군민도 다루가치총관부로 하였다가 군민안무사(軍民安撫司)로 바꾸었다. 1278년부터 요양행성 범위 안에 넣었다.[20] 어쨌든 고려에 이르러 강원도는 영동 지역은 삭방도(朔方道)와 강릉도(江陵道)로 부르고, 영서 지역은 춘천도(春川道) 혹은 동주도(東州道)로 부르다가 교통의 요지였기 때문에 교주도(交州道)라고도 불렀다. 지금 생각하는 것보다 훨씬 교통이 좋았고 요지였던 것임을 말해주는 지명이다.

이 지역은 고려와 거란, 그리고 여진과 영역 다툼을 하던 곳이었다. 그래서 고려는 거란과 여진을 방비하기 위하여 압록강 하구에서 동해에 있는 도련포에 이르는 천리장성을 쌓았다. 1033년(덕종2년)에 시작하여 1044년(정종 10년)에 성축(成築)했으며, 1055년(문종 9년)에 완료했다.

고려 시대의 함길도(咸吉道)는 지금의 함경도인데 고려 성종 때, 동쪽 지경을 삭방도라고 했다. 그런데 이 시절에 함주(咸州), 함흥 이북은 동여진의 땅이었다. 그리하여 1107년(예종 2년)에 시중(侍中)인 윤관(尹瓘)이 17만 명의 특별기동대인 별무반을 이끌고 천리장성 밖의 동여진을 쳐서 함주, 영주, 웅주, 복주, 길주, 의주, 공험진(公嶮鎭)의 선춘령(先春嶺), 동태진, 평웅진 등 9성을 쌓았다. 그러나 2년도 안 되어 아구다(阿骨打)의 여진 부족 완안씨에 밀려나고 말았다. 고려 예종 4년인 1109년이었다.

그 후 1115년 말갈의 후예인 여진은 금나라를 건국하면서 발해와 깊은 연대의식을 천명했다. 《금사(金史)》〈태조기(太祖紀)〉에서 여직(女直)과 발해는 본래 같은 집안[家]이었다고 기록했다. 이러한 과정을 거치며 선대로부터 이동과 정착을 반복하던 이자춘은 화주에서 1335년(충숙왕 4년) 10월 이성계를 얻었다. 이성계의 어머니는 최한기(崔閑奇)의 딸 최씨였다. 이춘(李椿)의 몽골식 이름은 부강(富强)을 뜻하는 바얀티무르(孛顔帖木兒, 부얀테므르 Büyan Temür)요, 맏아들인 이자흥의 이름은 독수리 용사라는 뜻의 타스부허(塔思不花, 타스부카 TasBüqa)이며, 이성계의 아버지 이자춘의 이름은 국사(國師)라는 의미의 울루스부허(吾魯思不花, 울루스부카 Ulus Büqa)였다.21

몽골이나 여진족은 성 없이 짐승이나 물건의 이름을 빗대어 사람의 이름을 썼기에 이들의 이름도 이렇게 지은 것이다. 티무르는 큰 사람(大人)이라는 뜻으로 유목민 후예 소그드족의 키르키스탄 시조를 티무르처럼 위대한 지도자로 존경을 받는 사람이다. 1356년(공민왕 5년)에 고려가 쌍성총관부를 공격했을 때, 이자춘은 동북면병마사 유연우에게 도움을 주면서 고려에 내부하여 공을 세움으로써 고려로부터 사복경(司僕卿)에 제수되고, 1362년(공민왕 11년)에는 삭방도만호(朔方道萬戶)겸 병마사(兵馬使)에 임명되었다. 몽골의 원나라가 고려를 침범했을 때에 목조 이안사가 몽골에 귀부한 것과 반대되는 상황인 것이다.

이때 요동 지방에 웅거하던 10만의 군사를 거느린 원나라의 나가추(納哈出, ?-1388)가 쌍성을 회복하기 위해 조휘와 탁청의 후손인 조소생(趙小生), 탁도경(卓都卿)과 함께 대병을 이끌고 삼살(三撒: 北靑·忽面·洪原) 방면에 침입했다. 이성계는 함흥평야의 대회전(大會戰)에서 원나라 군대를 대파하여, 그의 잠재된 위력을 세상에 드러냈다. 더 나아가 이성계는 정주(定州)에서 내·외종형제, 즉 이자춘의 딸과 결혼한 삼투양(길주)의 다루가치인 김방괘(金方卦)의 아들로 고종 형제인 함주 지역의 삼선(三善)과 삼개(三介)와의 격전을 치러 화령과 함주를 회복함으로써, 고려는 그를 밀직부사(密直副使)로 삼고, 단성량절입우대공신(端誠亮節立羽戴功臣)의 호(號)를 내려주면서 가별치 부대와 함께 중용하게 되었다. 정복한 지역을 통치하기 위해 파견한 다루가치(達魯花赤)의 관할 지역이었다. 다루가치는 중국에서는 달로(韃虜)로 비하해 쓰면서 적대시하는 용어가 되기도 한다. 중국에서는 건주(建州) 해서(海西) 등 여진족을 건로(建虜)로 여겼다. 주원장이 명나라를 세우면서 몽골족을 쳐부수고 중화를 회복하자(驅除韃虜 恢復中華)라는 가치로 중원을 통일하였다. 후일 손문도 청나라를 무너뜨리고 중화를 회복하며 같은 구호를 내세웠다.

활꾼 이성계는 아버지의 뒤를 이어 22세에 무관으로 등용되어 이성계는 동북면상만호(東北面上萬戶)가 되었다. 활꾼으로 소문 난 그의 본명은 아가바토루(阿哥勃禿魯)였다. 아(阿)는 '언덕 아' 또는 '우뚝

솟을 아'로 대형(大兄)으로 쓰이며 성이 아구다와 통할 수도 있다. 토루는 몽고어로 쇠(鐵, 金)로서 테무진처럼 강철같이 강함을 나타내며 가별치부대의 나무토루와 이름이 같다. 일명 성계티무르의 몽골 이름이다. 이재운의 소설《정도전》에는 정진(정도전의 장자)이 이성계의 정체성에 대해 다음과 같이 말했다.

너에게 난 눈엣가시 같은 존재일 것이다. 이성계 전하가 실은 여진 땅 만호장 아가바토루이며 아버지 이자춘 역시 여진 땅 만호장 우르스부카라는 걸 내가 세상에 다 까발릴까 봐 두려울지 모른다. 전주에서 그 옛날 도망쳐 올라온 이씨라고 해야 되는데, 이방원 네 혈통이 복잡하다는 걸 내가 다 알고 있다. 언젠가 무학대사가 내게 직접 말씀해 주신 게 있다. "그간 헤어져 살던 고구려족(여진족)이 오백년 만에 두 손을 맞잡지 않느냐, 여진을 이끄는 이성계와 고려를 이끄는 정도전 말이다. 여진족은 저희들 힘만으로도 금나라를 일구었는데 앞으로 좋은 구경거리가 생길 것이다. 나는 고구려가 되살아나는 걸 보기 위해 오래오래 살아야 한다. 두고 보아라, 요동 벌에 고구려의 함성이 진동할 것이리라."(정도전, 160-161)

"우왕 시절 계해년(1383년) 우리 아버지가 마흔두 살 되시던 해였지요, 그때 우리 아버지는 일곱 살 많은 동북면도지휘사 아가바토르 장군을 찾아갔지요, 두 분은 새로운 나라를 세우기로 밀약하여, 붉은 돼지 피를 나눠 마시며 하늘을 우러러 서약하고 장남인 나와 나리의 큰형도 맹약을 맺도록 하셨지요. … 방우 형님은 그때 우리말이 서툴렀지만 큰 목소리로 잘 따라 읽었지요."

동북면 출신 이성계 집안 역시 120여 년 이상 이 지역의 다루가치로서 이들과 함께 어울려 살았다. 이종사촌과 고종사촌 모두가 다루가치 집안과 연줄이 맞아있다. 가족 간의 법적 문제가 있을 때는 개원로의 행정청에 가서 해결하였다. 이안사 집안이 전주부에는 연고가 없으면서도 신라 김춘추의 10세손 김은의와 연계된 전주 사람으로 기록되어 있다. 이안사가 삼척을 거쳐 알동(斡東)으로 가서 다루가치가 되었다거나 개원로에서 출발해 오랑캐부가 있었던 연길의 성자산성에 도착하여 유목 생활하면서 다루가치가 되었다는 기록보다는 알동과 적도, 그리고 화령에 정착하는 유목 생활의 과정이 더 중요한 역사적 사실이 되는 것이다. 전주에서 성자산성으로 가 몽골에 귀화하여 다루가치가 되었다가 다시 고려에 귀부하여 고려인이 된 것만은 확실한 역사적 사실이다.

한국의 국어사전 대부분이 '오랑캐'를 여말 선초 두만강 변에 살았던 여진족이라고 풀이하고 있다. 여말 선초 두만강 변에는 오랑캐 부족과 오도리, 그리고 우디케의 세 부족이 토착 여진족과 함께 경쟁적으로 어울려 살았다. 오랑캐 부족을 세력 기반으로 한 이성계의 강력한 가별치 부대의 독특한 전법과 기마 사술은 오랑캐 기마 부대의 자랑거리였다. 이는 기원전 3세기 중엽 한나라와 인도를 연결하는 중계 무역으로 번성했던 이란계 유목민의 파르티아 기마병들과 훈족의 독특한 기마술과 같은 것이다. 왜구의 침략을 물리칠 때 이성계와 퉁두란의 적장 투구와 눈 맞추기 합동작전은 삼국지보다 흥미롭다. 요나라, 금나라, 몽골의 선봉 부대는 모두 오랑캐 부족이 도맡았다. 《조선왕조실록》, 《용비어천가》, 《전주이씨 족보》는 이러한 역사적 사실들을 자랑스럽게 기록하였다.

제5장
명의 등장과 조선

명의 등장과 위화도 철군

1368년(공민왕 17년)에 대륙에서 대변화가 일어났다. 금릉(金陵, 남경)에서 일어난 주원장(朱元璋, 1328-1398)이 명(明)을 세우고 그 여세를 몰아서 북쪽으로 와서 북경을 함락시킨 것이다. 탁발승으로 홍건적에 가담했던 주원장은 몽골을 물리치고 중화를 회복하자(驅除韃虜 恢復中華)는 기치를 내세우며 요동 정벌에 나섰다.

북경(大都)에 있던 원 조정은 북쪽 자기들의 본거지인 상도(上都)로 후퇴해야 했고, 자연스럽게 동북 지역에 대해 영향력을 행사할 수 없게 되었다. 대신 새로이 등장한 명의 영향력이 강하게 나타날 수는 있었지만, 아직은 그 여력이 없었던 시기였다. 다시 이 지역은 실제로 무주공산이 되었다. 이러한 변화 속에서 고려는 1370년(공민왕 19년)에 원의 지정(至正) 연호를 그만두고 명나라의 정삭(正朔)을 받들기로 했다. 국제 정세에 발 빠르게 대응한 것이다. 이 당시 고려 내전에는 반원(反元) 기치를 내세우면서 동북면 이성계와 손잡고 북진정책을 추진했던 공민왕과 몽골의 기황후 세력과 결탁된 이인임 그리고 최영의 친원파가 암암리에 대결하는 상태였다.

1369년 4월부터 명나라 연호를 쓰면서 조공도 하였으나 북원(北元)과의 관계도 유지하는 양다리 외교를 교묘하게 추진하였다. 그것이 현실로 나타난 것이 지용수와 이성계의 요양 정복 등 3차례 요동 정벌이었다. 요양과 심양은 고려 영토의 일부처럼 되어 고려왕들이 원의 요동왕으로 봉해지기도 했다. 명나라는 원나라의 후방에서 고려가 원을 쳐주는 요동 정벌을 이이제이(以夷制夷) 전략으로 삼아 이를 묵인하려고 하였으나, 고려의 독자적 요동전략에 제동을 걸면서 충돌도 일어났다.

1373년 7월 홍무제(洪武帝, 明太祖)는 '고려를 정벌하지 않을 터이니 지나치게 분란을 일으키지 말라'고 했다.[22] 원나라는 공민왕을 우승상으로 진급시키는 정책도 시행했으나 공민왕은 이를 받아들이지 않았다.

원나라는 바얀테무르 왕(공민왕)이 원을 배반하고 명나라에 붙었음을 의심하며 이인임(李仁任)을 통해 공민왕을 견제하였다. 1374년 9월 공민왕은 시해되었다. 친원 세력인 이인임이 우왕이 즉위하면서 최영과 이성계 일파에게 대항하다가 창녕으로 유배된 후에 원의 책봉을 받은 우왕과 친원파인 최영이 실권을 잡았다.

이에 성리학으로 결탁된 친명파의 신진사대부들과 동북면의 이성계가 정도전을 중심으로 연합한 새로운 세력이 대결 구도를 이루었다. 내부적 권력투쟁이 외부적 원·명 교체기의 국제환경에 따라 요동치는 결과가 일어났다.

 이때 최영은 원과 협공으로 명을 치려고 요동 정벌을 단행했다.[23] 고려는 배후(裵厚)를 보내 북원과 밀약으로 협공 작전을 계획하였으나 원이 말로는 응하면서도 행동으로 나오지 않았다.

 결국 호발도(胡拔都)와의 전투에서 이성계가 승리하였다. 안변지책으로 강화된 가별치부대가 주축이 된 2만 5천의 위화도 진공군은 지연 작전을 쓰면서 장맛비를 핑계로 가을의 요동 정벌을 건의하며, 명과 전략적 타협을 추진한 것이다. 요동정세 판단에 정확한 정보를 확보하기 위해 명과 원의 전투 상황을 치밀하게 관찰하면서 박의중(朴宜中), 설장수(偰長壽), 이색(李穡), 이방원을 통한 명과의 전략적 철수를 추진했다.

 1388년(漢武 21년) 4월 남옥(藍玉) 휘하의 명나라 군대가 북원의 정치중심지인 후룬베이얼 지역을 정복하고[24] 나가추가 명에 투항했다는 첩보와 함께 설장수 편으로 명나라가 이성계의 세력 기반인 쌍성총관부를 요동에 귀속시키려 한다[25]는 통보를 받으면서 철군을 단행하였다.

 이성계의 생존을 위한 전략적 모험이 결국 위화도 철군으로 나타난 것이다. 전술적으로 도망치다가 역습하는 기마 전술일 수도 있으며, 져주는 척하다가 이기는 가별치부대의 큰 전략일 수도 있다. 이때 명나라에서는 우왕의 지시에 따라 이성계의 출병한 소식을 듣고 장차 고려를 정벌하려 황제가 친히 20만 병력으로 출정하며 종묘에 점치기 위해 재계(齋戒)하다가 이성계가 철군했다는 소식을 듣고 즉시 그만두었다.[26]

 홍건적의 수장으로서 요동, 고려까지 침투했다가 이성계에게 패퇴한 전력이 있던 주원장(朱元璋)으로서는 천운(天運)을 만난 것처럼 안도의 한숨을 쉬었을 것이다. 한중관계의 역사에서 가장 극적이면서도

제5장 명의 등장과 조선 **169**

중차대한 모멘텀이 위화도 철군이었다. 역사상 가장 넓은 영토를 확보하며 중국과 직접 대타협을 이루어냈기 때문이다.

4월 18일 서경을 출발, 5월 7일 위화도 도착, 15일 후인 5월 22일 조민수와 합작한 철군은 위화도를 떠난 지 9일 만인 6월 1일이었다. 이는 개경 도착 3일 만에 회령 지역 부대와 합작하여 번개 작전으로 개경을 접수한 긴박했던 순간은 고려의 명운이 걸린 기간이었다.

이와 관련하여 위화도 철군을 보는 외교적 문제에 대해서 명나라가 묵인해 준 점이 특이하다. 다시 말해서 이성계가 위화도 회군 쿠데타를 일으켜 고려의 우왕(禑王)을 유배하고 신창(辛昌)을 왕으로 세웠다. 종주국 명나라가 책봉한 왕을 강제로 퇴위시켰기 때문에 명나라와 고려의 종번 관계에 대한 도발로 간주되었다.

그러나 명나라의 암묵적인 인정으로 이성계의 행동이 명나라에 의해 인정받게 되면서 고려에서 이성계의 정치적 입지는 공고해졌다. 이로 인해 태조 이성계는 명나라를 명조에 대한 '사대(事大)'와 명조를 섬기는 데 최선을 다하였다. 먼저 명나라가 원나라 잔존세력을 평정하고 북원(北元)과의 관계를 단절하는 것을 축하했다.

이후 명나라에서 고려를 감독할 관리들을 파견해 줄 것을 요청하고, 고려인들도 북경의 국자감(國子監)에서 공부할 수 있도록 해달라고 요청했다. 이러한 상황에서 명나라와 고려의 관계는 점차 개선되었다(葉泉宏,《明代前期中韓國交之硏究(1368-1488)》, pp.51-52). 또한 고려왕조 내부에서는 낡은 제도에 대한 일련의 개혁이 이루어졌는데, 이성계는 고려의 낡은 제도를 개혁하고, 특히 과전법(科田法)에 의해 토지를 관리하도록 개혁함으로써 고려의 경제를 더욱 통제할 수 있었다.

이 무렵 이성계는 이미 고려왕조의 정치, 군사, 경제를 모두 장악하고 있었음을 알 수 있다. 이로 인해 친명파가 분열되면서 고려왕 지지파(정몽주)와 이성계 지지파(정도전) 간의 분쟁이 일어났다. 고려왕 지지파는 이성계의 개혁에 반대했지만, 결국 이성계는 정몽주 등을 제거하고 1392년 7월 고려권지국사(高麗權知國事)로서 조선의 초대 왕으로 즉위하였다.

이러한 위화도 철군으로 명이 요구했던 쌍성총관부를 비롯한 이성계의 세력범위에 속했던 서계와 동계 그리고 압록강과 두만강을 경계로 할 수 있는 동북면 그리고 탐라도까지의 확실한 보존이 이루어졌다.

과거 서희가 요와 송의 역학관계를 교묘히 이용하여 뛰어난 외교력으로 강동 6주를 차지한 것처럼 이성계 역시 명과 북원의 역학 관계를 최대한 활용한 것이다. 박의중(朴宜中)과 설장수 같은 유능한 외교관을 심복으로 둔 용인술 역시 돋보인다. 또한 원나라 마지막 황제가 탐라도를 피난처로 하면서 원왕조의 기지화하려고 많은 보물을 이 섬으로 보내면서 도성을 만들었듯이 몽골의 원나라 황족들을 집단적으로 제주도(탐라총관부)에 집거토록 한 후 특별지구 남명(南明)을 세워 중국에 조공토록 하려는 주원장의 초기 의도를 봉쇄할 수 있었던 것이다.

주원장과 이성계

인터넷이나 모바일의 지식백과 사전, 한국사 편의 〈위화도 회군〉 편에는 대부분 내용이 '1388년 요동 정벌을 위해 위화도에 출정했던 이성계가 군대를 돌려 정변을 일으키고 권력을 장악한 사건'으로 설명하면서 "고려 안에 있는 친원 세력을 몰아내고 원에게 빼앗겼던 평안도와 함경도의 영토를 되찾았다"라고 기록하고 있다.

이러한 설명은 옛날 단군 시대부터 고구려, 발해, 고려까지 백두산을 비롯하여 평안도와 함경도가 우리 땅이었다는 것을 전제로 설명하여, 독자들이 원래부터 만주가 우리 땅이라는 것을 당연시하는 막연한 영토관을 드러내는 것이다. 요나라와 이적, 여진의 금나라, 몽골의 원나라 그리고 만주족의 청나라 역사를 소홀히 한 때문이다.

만주족에 대한 연구가 더 깊이 있게 이루어져야 균형 잡힌 역사관을 정립할 수 있을 것이다. 성리학적 충효관에 젖어 만고 충신 최영은 요동 정벌로 고구려의 옛 땅 만주를 찾으려고 하였는데 반역자 이성계가 위화도 회군으로 쿠데타를 일으켜 권력을 찬탈하며 명에 붙었으므로 만주 땅을 찾지 못했다는 논리는 극복되어야 한다.

조선 창업을 반대했던 정몽주가 충신열사가 되고, 민본을 바탕으로 신권(臣權)을 중하게 여기면서 술만 취하면 '한 고조 유방이 장자방 장량을 참모로 쓴 것이 아니라 장자방이 한 고조를 썼다'(《태조실록》 1398. 8. 26)는 자부심으로 한양을 설계하고 경국대전으로 조선의 통치기반을 마련한 정도전은 간신 역적으로 매도되었다가 470년 뒤에 개국공신으로 복권되는 것과 같다. 이는 모두 삼봉집에서 정도전의 장자 정진이 원한에 맺혀 처절하게 써 내린 방원에 대한 원망이 민본(民本)주의자 정도전을 신봉하는 유가들에게도 영향을 미쳤을 것이다(이재운, 《정도전》, 책이 있는 마을, 2014 참고).

역사학자들이나 이성계의 후손들이 이를 바로잡아 주는 노력도 필요할 것이다. 역사적 평가에 대해서는 부정과 긍정의 양가적일 수 있지만, 그 평가는 어디까지나 사실(fact)에 바탕해야만 한다. 사실에 바탕한 진실(truth)이 역사의 교훈이 될 수 있다. 이성계는 려말·원·명 교체기에 흔들리는 조정의 표류 속에서 홍건적 난립과 왜구의 출몰을 물리치

▲ 주원장　　　　　　　▲ 이성계

면서(황산대첩) 천리장성을 넘어서 백두산 너머의 넓은 땅과 탐라도까지 찾아냈다. 고려의 영토를 배로 넓혔다. 강동 6주를 흡수한 서희는 칭송하면서 고려 영토를 배로 확장한 이성계의 공로는 외면하는 풍조는 바로잡아야 한다. 그리고 농토 없는 백성들이 조정. 관리. 토지 주인들에게 삼중 수탈을 받으며 이밥(李밥) 한번 먹어 보자며 새로운 구세주를 원하던 시대적 상황을 제대로 이해해야 한다. 둔전제가 혁명적 조치였다. 이성계의 기마사술 동상을 광화문 광장에 세워야 한다는 주장을 계속하는 이유이다. 실질적 삼국통일을 이루어내면서 한성(서울)에 도읍을 정하여 화령 정신을 이어가도록 한 공로는 이성계이다.

당시 명나라 주원장의 주장을 《고려사》는 다음과 같이 적고 있다.

"이상의 모든 분쟁의 뿌리를 캐 보면 모두 고려가 스스로 초래한 것이다. 이것은 중국의 제왕들이 남의 나라를 합병하기를 좋아하고 그 영토를 탐내서 한 일은 아니다 … 그러면 탐라도에 대하여 말해보자.

이곳은 옛날 원 세조 때 말 목축지였다. 그런데 지금 원나라 자손으로 귀순한 사람이 많다. 나는 기어코 원의 후손들을 단절시키지 않을 생각인즉, 원조 때의 여러 왕들을 탐라에다 두고 수만 명의 경비병으로 호위하여 주며 절강성의 양곡을 운반해다가 보급하여 주어 후손을 존속시키고 원나라의 자손들이 다시 해중(海中)에서 한가한 세월을 보내게 하겠다. 이것이 어찌 옳은 일이 아니겠는가?"27

이후 주원장이 명 태조로써 사신으로 간 설장수에게 조선 태조 이성계의 공로를 치하하며 고마움을 전달한 내용은 《화령국왕 이성계》에서 서술한 바와 같다. 또한 주원장이 사신으로 간 권근에게 "조선 국왕은 우리나라를 치라는 명령을 거부하고 조선 조정을 혼내준 이성계가 아닌가? 내가 고마워하고 있지!"라고도 했다.28 이성계와 주원장의 대타협(Big deal)이 평화롭게 고려 반도를 대일통한 것이다.

철군 후 조민수는 이인임, 이색과 연합하여 이인임과 의형제인 이림의 아들 '창'을 세우고 이성계를 제거하려고 하였으나 이미 지용수 가문과 혈족이 된 이성계는 공양왕을 옹립하여 세력을 굳혀나감으로써 결국은 고려권지국사(高麗權知國事)로 등극할 수 있었다. 권서국사(權署國事)라고도 하는 권지국사는 고려 왕실의 뒤를 이은 이성계가 명의 책봉을 받기 전에 사용한 관명(官名)이다.

조공과 책봉

조공(朝貢)은 전근대 동아시아의 천조체제(天朝體制) 틀 속에서 중국 주변에 있는 나라들이 정기적으로 중국에 사절을 파견하여 예물을 바치던 행위 또는 그 예물을 의미하는 말이다. 중국은 주변 국가의 왕에게 직책을 내려주는 '책봉(冊封)'과 하사품으로 답례했다.

이런 관계는 중국 고대 주나라 때에 귀족들에 대해서 시작되었다. 중국 주변 국가들에 대한 조공과 책봉이 적용된 것은 한(漢)나라부터이며, 동아시아의 일반적인 국제질서로 자리 잡은 것은 당(唐)나라부터라고 볼 수 있다. 명·청 시기까지 중국과 주변국의 조공·책봉을 중심으로 한 국제질서는 계속 유지되었다.

조공과 책봉은 형식적인 면에서는 중국 주위 국가들이 중국을 종주국으로 섬기고, 중국은 주변 국가들을 종속국으로 거느린 듯한 인상을 준다. 조공 책봉으로 형성된 중국을 둘러싼 국가 간의 미묘한 관계를 파악하지 못한다면 전근대 아시아 국가들은 중국의 속국으로 생각하기 쉽다.

그러나 19세기 영국을 비롯한 유럽 국가들이 중국과 교역을 할 때조차 형식적으로는 조공무역의 형태를 띠었다. 그렇다고 유럽의 국가들을 중국의 속국으로 볼 것인가? 실제로는 제국주의 시대 중국이 유럽 국가들의 반식민지 상태가 되었음을 생각한다면 조공과 책봉에 대해서도 형식적인 면만을 보아서는 안 될 것이다.

중국과 주변국의 조공 책봉 관계는 약소국인 주변국이 자국의 안전을 위하여 중국과 공식적인 교류를 통해 중국의 침략을 막으려는 외교정책이었다. 중국에게 조공하고 중국으로부터 책봉을 받는 것은 중국 중심의 천하적 국제질서에 편입되었으며 중국과 정치적, 경제적, 문화적으로 교류할 수 있다는 의미였다.

경제적인 관점에서는 중요한 국제무역이기도 했다. 중국은 조공을 바치는 주변 국가들에게 그 몇 배의 하사품을 내려주곤 했는데, 이를 통해 중국과 주변국의 무역이 이루어졌다. 주변국이 중국의 침략을 막기 위한 외교로 조공과 책봉을 택했듯이 중국 역시 주변국의 중국 침략을 막고 중국 중심의 국제질서에 편입시키기 위해 막대한 하사품을 내려준 것이다. 심지어 과도한 하사품이 중국의 재정을 압박하자 중국이 주변국들에게 조공을 제한하고 주변국은 오히려 조공을 주장하는 일도 종종 발생하였다.

하사품 외에도 공식적인 사절단을 따라온 상인들을 통해 대규모의 무역이 이루어졌다. 19세기에 영국·프랑스 등 유럽의 나라가 중국에 통상을 요구할 때도 조공 무역의 형식을 갖추어야 했는데 이는 청나라가 조공 외의 무역 형태를 인정하지 않았기 때문이다.

이러한 조공 책봉 관계는 한나라 이후 19세기까지 중국의 국가 간 대외 정책의 기본 방침이 되었다. 결국 19세기 이전 만주·몽고·서장(西藏)·안남(安南) 및 중앙아시아 등 모든 주변 나라는 하나도 빠짐없이 모두 중국에 조공하게 되었다.

그러므로 전근대 한국의 대중국 관계도 조공과 책봉의 형태로 나타난다. 하지만 그것은 어디까지나 동아시아에서 중국과 주변국 간에 존재했던 국제관계의 보편적인 외교 규범을 지키면서 동아시아 외교 체제에 편입된 것을 의미하는 것이지 조공과 책봉만을 두고 종주국에 대한 예속 또는 종속이라고 볼 수는 없다.

경제적인 부분에서는 공식적으로 주고받는 조공품과 하사품 외에 이를 계기로 이루어지는 사무역 비중도 높았다. 또한 조선은 일본이나 여진으로부터 말 등을 수입하여 조공을 계기로 중국에 팔고, 중국에서 들여온 물품을 일본이나 여진에 수출하는 중계 무역을 통해서도 큰 경제적 이익을 남겼다.

중국에서 명이 청으로 교체되는 시기를 기점으로 조선은 이중적인 태도로 중국을 대하게 되었다. 그동안 조선과 명나라는 양국이 건국되는 초기부터 조공 책봉으로 국교를 맺고 밀접한 관계를 유지해 왔다. 더욱이 일본이 조선을 침략했던 임진왜란 때 명나라가 지원병을 보내준 일도 있어 조선은 명나라에게 은혜를 입고 있다고 생각하였다. 그러한 명나라를 멸망시키고 중국을 차지한 청나라는 조선이 오랫동안 오랑캐로 불러온 만주족의 나라였다. 조선은 청나라와 병자호란 등 두 번의 큰 전쟁에서 패배하며 청나라에 항복한 후 청과 조공 관계를 맺을 수밖에 없었다.

정치적으로는 조공 책봉이라는 전통적인 국제질서에 편입되었으나 문화적으로는 조선이 청을 비롯한 동아시아의 다른 나라보다 우수하다거나, 더 나아가서는 조선이 문화적으로는 세계의 중심이라는 우월감을 품고 있었다. 이러한 생각을 '소중화사상(小中華思想)'이라고 한다. 중국조차 청나라 문화에 물들어 문화적 후진국으로 본 조선의 문화적 자긍심은 19세기와 20세기에 조선의 근대화를 방해하는 부작용을 낳기도 하였다.

동아시아, 특히 한국은 중국이라는 강대국과 수천 년간 국경을 맞대면서 중국에 편입되지 않고 독자적인 국가를 지켜온 역사를 가지고 있다. 조공과 책봉은 한국이 중국 중심의 천하질서에 편입되어 있음을 의미하긴 하지만, 형식적인 면만을 보고 한국이 중국 지배하에 있었다거나 중국의 속국으로 취급하는 것은 수천 년간 강대국의 압박 속에서도 국가의 독립성을 지켜온 한국의 역사를 올바르게 보지 못하는 것이다.

천조 예치 체제의 성립: 예법과 통제 기술

명 태조는 '공자의 말씀'이야말로 '진정한 치국의 규범'이라는 것을 깨닫고 난 후 '예법'으로 '분수'를 정하고 명령을 엄정히 하는 정치를 펼쳤는데, 이른바 "예의를 밝게 하고 인심을 바르게 하고 풍속을 도탑게 하는 것"이었다.

이렇게 '예법'을 시작으로 내정을 수습한 다음 풀어야 할 문제는 주례(周禮)에 근거한 천조예치체제를 새롭게 정비하는 것이었다. 그리하여 그는 사신을 파견하여 천하에 자신의 명을 내리고 각국의 산천과 하류에 제를 지내게 함으로써 중국의 새 왕조를 중심으로 인간과 자연의 관계를 새롭게 정립하고자 하였다.

그리고 그 다음은 '하늘을 대신하여 만물을 다스린다'는 이념에 따라 천하의 제왕과 족장들이 중국 천자의 영도하에 "국경을 지키고 백성을 돌보고 하늘의 뜻에 따르라. 그런 나라는 필히 번창할 것이다"라고 하며, 작은 나라가 큰 나라를 섬기는 것이 예의 기본(字小事大)이므로 이런 원칙에 따라 중국을 대할 것을 요구하였다(朝貢과 冊封).

여기서 '천조예치체제'에 대한 명 태조의 인식을 다음과 같이 정리할 수 있다.

첫째, 천지 간에 해와 달이 비추는 곳이라면, 그곳이 멀든 가깝든 왕의 국토와 백성이 아닐지라도 그들 모두가 각자의 터전에서 편안한 삶을 누릴 수 있도록 하는 것은 일정 부분 중국 천자가 도의적 책임을 진다.

둘째, 중국은 예의로써 각 나라를 대하고, 작은 나라를 보살피며(字小以仁), 이들을 선의로써 사람들을 이끈다(誥命과 印信).

셋째, 작은 나라는 큰 나라를 성의를 다해 섬기는 것으로 보답하며, 정해진 기일에 조공(朝貢)해야 한다.

요컨대, 예상왕래(禮尙往來), 즉 서로 왕래하며 예로써 상대방을 존중하는 것은 불변의 진리라는 것이다. 물론 상호관계에서 당연히 신분의 상하와 주종관계, 대소의 구분은 존재하는 것이다. 예의 요체는 위 아래를 구별하고 각자가 분수를 지키도록 하는 것이었고, 그리하여 어느 영역이나 계층 위에서 적용되는 예법은 평등주의를 허용하지는 않았다. 이 단락은 또 다른 시각에서 천조예치체제를 매우 압축적으로 보여주고 있다고 할 수 있다.

천조의 황제는 성인(聖人)으로 다만 모든 사람들이 자신의 본분을 지켜 평안한 삶을 영위하는 것에 관심을 가질 뿐이다. 번왕은 이러한 틀 안에서 백성들의 아픔을 좌시해서는 안 되고, 백성을 구제하자는 마음이 있어야 하며, 늘 왕으로서의 법도를 다하기에 부지런히 힘쓰며, 하늘을 두려워하고 대국을 섬겨야 한다. 천자가 번왕에게 해마다 소빙을 하고, 3년에 한 번씩 대빙을 하라고 하면 천자의 뜻을 알아듣고 헛된 모략이나 거짓 수작을 부리지 말아야 한다. 요컨대 진심으로 사대하여야 한다는 것으로, 선물이 약소하더라도 정리가 두터운 것이 선물이 많더라도 정리가 약한 것보다 낫다는 것이다. 천조에는 없는 것이 없기에 멀리서 보낸 물건을 귀하게 여기지 않고 속국의 백성들을 힘들게 하지 않으며, 더더욱 그 나라의 내정에는 간섭하지 않는다.

예는 이중적인 성격을 갖고 있다. 즉 예는 '예의'(禮儀)로 발전할 수도 있고, '예법'(禮法)으로 발전할 수 있다는 것이다. 전자는 '참뜻'(真意)과 '진실'(志誠)이 관련되는 것으로 내면적 감수성과 판단력을 강조한다. 예의는 인간의 공동생활을 담보하는 기본적 규범을 전제하며 누구나 더불어 사는 규칙을 지키는 공동 윤리(倫理)다. 고도의 올가미 통제 기술이기도 한 예법은 구체적 규정을 중시하게 된다. 예컨대 맹자의 선성설(性善說)에 반대하며 인간이 악한 본성을 예를 통해 변화시켜 선하게 해야 된다는 순자의《순자(荀子)》〈수신편〉에서 말하고 있는 인간의 심리적, 생리적, 사회적 활동과 관련된 활동을 할 때 하나하나의 경우에 맞는 구체적인 예의(禮儀)를 지켜야 한다는 것이다. 이는 중앙 문명의 변방전파가 아니라 자발적 동조를 통해 내면적 충성을 유도하는 고도의 위계질서 확립과 함께 정치권력의 통제 방법과도 연계되어 있다. 짐이 국가라면서 스스로 신(God)이 되려고 했던 태양왕(太陽王) 루이 14세가 에티켓(etiquette 예절, 기본 매너)으로 엄격한 위계질서를 통해 귀족들을 통제하며 복종시켰던 경우와 같다. 왕권 강화를 정치의 근본으로 여겼던 공자가 "지식도 좋지만 모략이 반드시 성공한다"(智而好謀必成)는 정치술을 가어(家語)로 남긴 것은 참으로 솔직한 교훈이다. 따라서 예는 항상 악(樂)과 함께 어울려 권력을 순화시킨다. 화려한 장식과 음악이 있는 연회를 동반하듯이 예악은 함께한다. 법(法)과 무력은 강하지만 피로감을 준다. 안정된 예치는 장구하다.

봉건사회에서 예치 체제의 위에 있었던 황제와 국왕은 '지성'(至誠)에 마음을 쏟아 그 신민에 대해 엄밀한 규범을 요구하게 된다. 덕치주의에 법치주의가 가미될 수도 있다는 것이다. 한(漢) 나라의 덕치와 법치의 융합적 유교와 같은 논리다. 조선의 '동방예의지국'과 '존주주의(尊周主義)'의 기본이 되었다. 어쩌면 덕치의 수단이 예치 체제일 수 있다. 원래는 황제를 찬양하거나 황제의 영광을 높이는 황제 폐하 만세가 만세삼창이 되었다. 만세 만세 만만세이다. 왕은 천세(千歲)였다. 조선은 고종황제 이후 만세였다. 일본말로 '반자이'이다.

"예법은 나라의 근본이며, 예법이 바로 서야 사람의 뜻이 바르게 되며, 그래야 위아래가 편안해진다"는 것이 주원장의 생각이었다. 명 왕조의 수립은 고려왕조와 중국의 관계를 다시 한번 천조예치체제의 틀 속에서 발전시켜 나아갈 수 있는 새로운 기회를 주었다.29

명태조실록(明太祖實錄) 45권에 실려 있듯이 홍무 2년 9월에 제정된 '번왕조공례'(藩王朝貢禮)는 천조예치체제에 대한 명 태조의 인식을 잘 보여주고 있다. 예부 관원은 주원장에게 유사 이래 선왕들은 "문덕을 닦아 멀리 있는 사람들을 오게 하였다"고 했다. 즉 예치를 널리 펼침으로써 이적(夷狄)들을 끌어당기고 그들이 '알현(謁見)'하러 오도록 하였는데, 이러한 예는 일일이 열거할 수 없을 만큼 많았다는 것이다.

예컨대 은나라 탕왕 때의 저(氐)와 강(羌)이 내조하여 공물을 헌납했고, 그 후로 이중 통역을 거쳐 내조한 나라가 76개국에 달했다고 한다. 주 무왕(武王)은 상나라를 공격할 때 제후와 사방의 이적(夷狄)들과 회동하였다. 이에 《주례(周禮)》에서는 특별히 주변의 이적들에서 알현(謁見)을 오는 관원들을 위한 제도를 만들어 만(蠻), 이(夷), 민(閩), 맥(貊), 융(戎), 적(狄)의 사신을 관장하도록 하였다. 이러한 의례는 서한 시대에 더 한층 발전하였다.

한무제 원정(元鼎) 6년(기원전 111년) 야랑국(夜郎國)이 입조하였는데 그 후에 이적의 조공이 그치지 않았다. 순제(順帝) 영화 원년(永和元年, 136년)에는 왜국이 내조하였는데 연회를 베풀어 대접하는 제도가 있었다. 당대에 이르러서는 주객낭중(主客郎中)이라는 관직을 설치하여 번국의 사신들의 영접, 알현, 사연(賜宴) 등의 예식에 관한 자세한 규정을 두었다. 송나라 제도는 당나라와 비슷하다. 원 세조가 지원 원년(至元 元年, 1264년) 고려 국왕의 알현을 받았는데 역시 이 격식을 갖추었다.

명사(明史) 권322 열전에는 명 태조가 일본과 왜구를 견책하는 조유(詔諭)는 매우 많다. 홍무 7년(1374년) 6월 기사를 보자.

> 일본국이 승려 선문계(宣聞溪)와 정업희춘(淨業喜春) 등을 보내 말과 방물을 바쳤지만, 황제는 공물을 거부하였다. 이때 일본에서는 지명(持明)과 양회(良懷)가 권력다툼을 하고 있었는데, 선문계 등이 일본국 국서를 가지고 왔지만, 표문이 없었다. 명 태조는 조공을 거절했지만, 이전과 같이 선문계 등에게 문기(文綺)와 사라(紗羅) 두 필씩을 하사하였고, 관직에 따라 금전과 비단에 차이를 두었다. … 명 태조 입장에서 볼 때 '일본 내부의 권력투쟁'이나 '본국의 명도 없이 사사로이 조공하는 것'은 모두 예의에 어긋나는 일들이었다.

명 왕조의 '번왕조공례'는 위에 언급된 선례에 근거하여 천자의 위엄을 보여주기 위해 다음과 같은 수순과 특별한 의례(儀禮)로 진행되었다.

사절이 계단을 지나 황제에게 하직 인사를 올리면 예부 관원이 예물과 조서를 두 손으로 들고 단지(丹墀) 가운데에서 오문(午門)으로 나와 이들을 사절에게 전달하고 사절은 예를 행하여 감사 인사를 한다. 황제에게 하직한 후 황태자에게도 고별인사를 하는데 처음 방문시의 예와 같다.

이러한 예를 모두 마치고 나서야 오문을 나설 수 있다. 예부 관리의 인도 하에 응천부(應天府) 관리 등은 번왕의 사절을 용강역까지 배웅

하고 위로연을 하게 되는데, 번왕에게 했던 예와 같다. 다만 번왕 사절이 매년 행하는 조현(朝見)의 예에는 또 별도의 규정이 있었다. 그 외에도 명 황실에는 속국 수도에서 정월 초하루나 동지, 황제 생일 등을 맞을 경우 국왕과 신하들이 행하는 '망궐행례'(望闕行禮)라는 세부규정이 있었다.

행사 하루 전, 집사자는 반드시 왕궁 정전에 황제의 권위를 나타내는 남향의 궐정(闕庭)을 설치하고 그 남쪽에 향안(香案, 촛대 놓는 탁자)을 놓아둔다. 그 뒤쪽에 국왕의 배위(拜位, 절하는 자리)를 설치하고, 그 약간 뒤쪽(남쪽)에 여러 관리의 배 위를 마련해 둔다. 모든 이들이 궐정과 향안이 있는 곳을 마주 보고 북향하여 무릎을 꿇게 되는 것이다. 사례(司禮), 사찬(司贊) 등은 왕의 배 위 앞(북쪽)에 서며, 사향(司香) 두 사람은 향안 앞에 서서 동서에서 서로 마주본다.

행사 당일, 왕궁 밖으로 갑옷을 몸에 걸친 군사들이 가득 줄지어 있고 배 위 뒤편(남쪽)에 악대도 대기하게 된다. 관리들은 먼저 궁문 밖에서 동서로 마주 서 있고, 국왕은 후전(後殿)에서 면복(冕服)을 입는다. 의식이 시작되면 관리들이 정전으로 들어오고 궐정 동서 양쪽에서 마주보고 선다. 국왕이 입장할 때 연주가 시작되는데, 국왕이 서쪽 계단에서 배위로 오르면 연주가 그치고, 관리들도 그 뒤를 이어 자신의 배 위에 선다. 집사자가 '찬배'(贊拜)를 외치면 다시 연주가 시작된다. 이때 국왕과 관리들이 함께 일어났다가 다시 엎드리며 4배를 하면 연주가 그치게 된다. 연주도 예악의 엄격한 법도에 따라 정교하게 이루어진다. 궁중음악은 주로 당악(唐樂)이다.

국왕이 동문으로 입장하면 연주가 흐르는 가운데 향안 앞 배 위로 이동하면 음악이 멈춘다. 집사자가 '궤!'(跪!)를 외치면 국왕과 관리들이 모두 무릎을 꿇는다. 국왕이 먼저 향을 피운 다음 부복한다. 다시 일어나면 관리들이 그 뒤를 따라 동문으로 나간다. 연주가 흐르는 가운데 배위로 돌아가면 연주가 또 그친다. 누군가 '배!'(拜!)를 외치면 음악이 다시 울리고 국왕과 관리 모두 4배를 올리고 나면 음악이 멈춘다. 집사자가 '진홀(搢笏, 손에 든 홀을 띠에 꽂음. 홀은 조복에 갖추어 손에 쥐던 패), 무도(舞蹈, 신하가 임금 앞에서 행하는 의례의 하나로 손을 휘두르고 발을 구름), 산호!'(山呼!, 신하들이 두 손을 치켜들고 일제히 만세 또는 천세를 외치던 일)라고 외치면 국왕과 관리들은 모두 일어나 진홀하고, 무도 3회, 무릎 꿇기 3회를 한 후 손을 이마에 모으고 '만세!'를 외친다. 국왕이 홀(笏)을 들어 올려 부복할 때 예관이 큰 소리로 '배!'를 외치면 국왕과 관리들은 다시 한번 4배를 올린다. 예를 마치면 국왕과 대신들은 차례대로 자리를 떠난다. 신하는 황제에게 진례(盡禮)하며 황제는 신하에게 예대(禮待)했다. 군인신충(君仁臣忠)이었다. 왕국에서 중국에 진하표전(進賀表箋)을 보낼 때도 엄격한 예의를 갖추어 천조의 위엄을 보여주고자 했다.

    만약 국왕이 어진 정치를 베풀지 못하고 '길이 중국을 보좌하지 못하여' 왕위에서 쫓겨나도 그것 역시 천자의 직접적인 행동에 의한 것이 아니다. 중국은 이어서 일어선 정권 혹은 국왕을 새로이 책봉할 수도 있다.

    이런 책봉 의식은 매우 성대하게 이루어졌다. 이를테면 태종 원년 5월 을묘일(7월 8일) 조선에서 금릉에 파견한 사은사가 한성에 돌아왔다. 이들은 책봉사가 그들과 함께 왔는데 "고명과 인장을 싸 가지고…이미 압록강을 건넜다. 며칠 후 도착할 것이다"라고 보고하였다. 이방원이 보고를 듣고 매우 기뻐하였고, 백관과 대소 한량기로(閑良耆

老)들이 모두 경하하였다.

　드디어 10여 일이 지난 6월 기사(己巳, 7월 22일)에 책봉사가 한성에 도착했다. 국왕은 일찌감치 교외에서 영접 준비를 마쳤다. 그곳에서 초롱을 달고 오색 끈으로 장식하고 장막을 설치하여 황제의 사절을 영접하고 나례(儺禮), 백희(百戱)를 갖추며 잔치 분위기를 돋우었다. 이 날 국왕은 "사모(紗帽)와 단령(團領) 차림으로" 의장(儀仗), 고취(鼓吹)를 갖추고 성복(盛服)을 한 백관을 거느리고 호호탕탕하게 선의문(宣義門)에서 중국 사신을 맞이했다.

　무일전(無逸殿)에서 명의 사신이 "정성스럽게 예를 갖추고 아름다운 덕을 지녔다"는 고명을 읽었다. 국왕이 공손하게 듣고 고명을 받은 후 "면복을 입고 사은례를 행하였다. 이와 같은 책봉 의식을 거치면서 임시로 직을 물려받아 나랏일을 관장하던 이방원의 지위는 명실상부한 조선의 국왕으로 바뀌게 되었다.

　행사가 끝난 후 국왕과 대신들은 사신을 '태평관'으로 보내고 황제의 부절(斧節)을 대청에 모셨는데, 망궐행례(望闕行禮)를 행하는 것과 같이 부절에 배례하였다. 천자를 대신해 이방원이 책봉을 받아 왕이 되게 해준 절월(節鉞, 절(節)과 부월(斧鉞). 절(節)은 수기(手旗)와 같고, 부월(斧鉞)은 도끼같이 만든 것으로 생살권을 상징함)에 배례하면서 감사의 뜻을 표했다.

　그런 뒤 책봉사를 위한 성대한 연회를 베풀었는데 조선인들이 여악(女樂)을 고집하여 손님들이 불쾌감을 표시하였다. 전형적인 공맹의 도를 견지했던 그들로서는 이런 융숭한 행사에서 여자들이 시중을 드는 여악을 받아들일 수 없었다. 그러나 사실 많은 경우 중국 사신들이 유흥과 여색을 밝혀, 예가 아니면 보지도 말고 행동하지도 말고 듣지도 말라는 따위의 법도를 지키지 않았다.

이튿날(23일) 국왕은 대신들을 대동하고 태평관으로 가서 황제의 부절에 일배고두례(一拜叩頭禮)를 행하였다. 오늘날의 '차렷!'은 차례(次例)에서 경례(敬禮)의 본딧말로 여기는 것도 모두 예법과 통한다. 이렇게 의례(儀禮, Ritual)를 통해 사람들을 하나의 집단으로 단결시키는 것은 예로부터 동서양을 막론하여 정치, 종교, 군 통솔 등 모든 조직에서 이루어졌다. 동방예의지국의 본색이었다. 프랑스 태양왕 루이 14세의 에티켓(예절)은 절대왕정 유지의 필수적 수단이었다.

이러한 조선과 명나라의 조공 책봉 관계는 후일 미국과 조선의 수호통상조약까지 이어졌는데 수교 과정에서 청나라 북양대신 이홍장이 "조선은 청나라의 속국"이라는 문구를 조약문에 넣을 것을 요구했으나 미국 측 로버트 슈펠트(Robert W. Shufeldt, 1822-1895) 제독이 "조선과 청의 조공 관계는 의례적 관계일 뿐"이라며 조공의 국제법적 해석으로 마무리되었다.

이성계의 화령몽(和寧夢)

이성계는 공양왕에 의해 화령군개국충의백(和寧郡開國忠義伯)과 군(君)으로 봉해지면서 자기 스스로를 '화령왕'으로 칭했으며, 새로 세우는 나라의 이름을 '화령국'으로 정하려고 했다. 나라 이름은 민족의 이미지를 담아내는 상징 언어이며 종족의 특수성과 정체성을 드러내는 명분(名分)으로써 그 나라의 정통성과 정당성을 아우르는 국격(國格)의 기준이다. 이성계가 화령을 국호로 하여 그의 꿈을 담아내려고 했던 이유를 알기 위해서는 화령의 천시(天時)와 지리(地理) 그리고 인화(人和)를 관찰할 필요가 있다.

여러 가지 어려운 과정을 거쳐 종족 간 분열의 땅이 통합의 땅으로 태어나게 된 것은 화령을 중심으로 한 동북면은 어찌 보면 당시 상황에 비춰 보았을 때 타고난 정치 지리적 운명이었다. 여진의 침입과 충돌을 막으려고 만들었던 천리장성을 무너뜨리고 고려와 여진을 하나로 아우르는 통일의 기지로 국경과 종족을 넘어 다종족·다문화의 역동성을 키워 화령의 꿈인 통합의 기틀을 마련한 것이다.

오랑캐 부족을 개경의 집으로까지 초대하며 각별한 대우를 했던 태조는 1393년(태조 2년) 5월에 이적의 궁부대(宮富大)를 두만강 상류의 상만호로 삼았고, 1395년(태조 4년)에는 이적 만호인 파소, 천호인 조이리와 이도개 등이 내부했으며, 알타리(斡東:훈춘 지역)의 갸몬 멍거티무르와 압록강 연안의 톨우(토루) 맹간(강계) 갸온부허, 토문맹간 고론보리 등이 내부했다.

이러한 역사적 사실은《용비어천가》제7권 제53장)에 기록되어 있듯이 조선 창업과 동시에 화령의 동북면 지역이 조선의 영향력 아래 있었으며 이성계의 세력기반인 오랑캐 부족의 실체를 증명하는 것이다. 십호, 백호, 천호, 만호는 몽골, 여진의 민병(民兵) 조직체계의 명칭이다.

조선 창업 당시에 이미 세종 때 압록강과 두만강의 군과 진을 개척할 수 있는 토대가 마련되어 있었다는 점이다. 이는 이성계 집안의 고향을 향한 북방지향성(北方指向性)이 이성계로 하여금 북방 개척을 이루게 했으며, 이는 곧 고구려, 발해, 여진으로 이어진 우리의 옛 영토와 고려가 다시 한 덩어리로 통합되는 결과를 가져온 것이다. 따라서 우리의 역사에서 신라의 명분적 삼한통일 이후, 실질적 삼국통일 국가를 이루어낸 것은 태조 이성계였다. 한반도에서의 유일한 통일국가이기도 하며 화령 정신의 소중한 자산이기도 하다.

원·명 교체기의 소용돌이 속에서 홍건적과 왜구의 난입으로 고려 조정이 혼미한 상태에 놓여 있을 때 이러한 영토와 종족의 통합이 이루어졌다는 것은 우리 역사의 기적이었다. 이성계는 신라 중심의 남방지향성(南方指向性) 발상에 젖어 있던 고려인들과는 천하관 자체가 달랐다. 고려반도의 통일이 언제 어디에서 누가 어떻게 어떤 형태로 이루어졌는가를 되짚어보아야 한다. 천리장성 안에서 안주하려는 현상유지의 영토관과 천리장성을 허물고 두만강을 넘으려는 현상 타파의 역사관은 그 발상 자체가 엄청난 차이가 있는 것이었다. 반도 사관과 대륙 사관의 분기점은 천리장성을 넘어선 화령 정신이었다.

과거 원의 평장사(平章事) 기새인티무르(奇賽因帖木兒)는 동녕부에 웅거하면서 원의 재기를 도모하였는데, 그의 아버지 기철(奇轍)이 1356년(공민왕 5년)에 포살된 것을 이유로 압록강 북쪽으로 침입했다. 그동안 고려인으로 원 조정에 들어가 있던 세력이 그 배후 세력이 없어지자 독자 행동을 취한 것이다. 이에 공민왕은 이성계에게 1만 5천의 군사로 동녕부를 치게 했다. 고려가 원에 복속했던 100년간의 태도와 전혀 다른 응전인 것이다. 이것은 국제형세의 변화에 따른 고려의 능동적인 대처라고 할 수 있을 것이다. 이러한 변화에의 적응은 화령 지역을 점거하고 있는 이성계에게도 마찬가지였다.

이성계는 공민왕의 명을 받아서 1369년에서 1370년 1월에 걸쳐 설한령(雪寒嶺)을 넘어 강계(江界)로 나아가 압록강과 파저강(지금의 혼강)을 건너 진군했다. 동녕부 치소가 있는 우라산성(지금의 환인), 즉 오녀산을 공략하고 활시합으로 이우로티무르(李吾魯帖木兒, 李原

景)을 항복시켰다. 이때 우라산성 공략시 금나라 황제성(皇帝城)이라고 알려진 집안(集安·戢安)의 고분과 산성에서 7리가량 떨어진 이 지역의 주변 환경이 《용비어천가》에 기록되어 있는데, 이것이 1445년이었다.

전술한 바와 같이 이해 11월 동북면 원수 이성계는 본대를 이끄는 서북면 상원수 지용수(池龍壽)와 더불어 요동의 중심지인 요양을 공략하여 진입했으나, 혹한 속에서 인력과 군수물자의 보급이 이루어지지 않아 철수해야 했다. 요동에는 수많은 고려인이 살고 있었고, 몽골 세력은 후퇴하고 있었다. 명은 진격하지 않았고, 여진과 거란도 무력한 상태였다. 지용수는 "요동과 심양은 우리나라 강역이요, 백성은 우리 백성이므로 이제 의병을 일으켜 어루만져 편안케 하려 한다"라고 말했다. 요동을 삼한(三韓)이라 한 이유였다.

12월 고려 정부는 요동의 동녕부에 문서를 보내 '요동과 심양이 원래 고려의 영토'라는 것을 알리고, 백성들을 회유하는 공고문을 곳곳에 붙였다. 그러나 1371년 4월 명이 요동에 영향을 뻗치기 시작했다. 고려가 요동으로 진출할 수 있는 기회가 사라지는 순간이었다. 이렇게 이성계의 요동 진출이 가로막히는 상황에서 새로 굴기한 명의 진출은 빨라졌다.

1385년(고려 우왕 11년, 명 홍무 18년) 이후, 훈춘 서쪽에 있는 해관 총독부의 여진이 명에 투항한 것이다. 이 지역이 고려로 넘어오지 못하게 되는 사건이다. 또 동녕, 해양, 초하의 여진 등 5천 호소(戶所)가 명에 내부(內附)하여 명의 요동공략이 활발하게 진행되었다. 결국 1387년 6월 금산 동북에서 나가추를 생포함으로써 만주 전체가 명의 세력 아래로 들어가 버리고 만다. 나가추에 대해서는 윤은숙(尹銀淑)

의 〈나가추의 활동과 14세기 말 동아시아정세〉, 《明淸史硏究》 제28집, 明淸史學會, 2007를 참조하기 바란다. 나가추는 납합출(納哈出)로 쓰며, 나합출, 나하추로도 번역된다. 몽골식 원 발음은 나가추다. 나가추는 이성계와의 대회전에서 패하고 돌아가면서 그의 활 솜씨와 인품에 감복하여 선물과 함께 동생 월아를 소개했다는 설과 두 사람이 연인관계였다는 소설도 있다(손승휘, 《해동육룡이 나라샤》, 책이 있는 마을, 2015).

여말 선초의 동북면 쟁탈전

명은 삼성(三姓) 방면에 삼만위를 설치하여 북만주를 통치하고, 고려와의 경계선에는 요동 소주의 철령에 철령위를 개설하여 남만주를 통치하면서 고려에 압박을 가하려고 했다. 《명 태조실록》에 의거하면 1387년에는 삼만위를 알타리에 두었다가 다음 해에 남만주 개원(開元)으로 옮기는 일이 벌어진다. 이는 명이 동북 지방 공략의 근거지로 삼으려는 것이었다. 명 초기의 노르칸도사(奴兒干都司)는 여진의 본거지였고, 요동도사는 조공과 책봉, 공시와 마시관리로 유지되는 독립 지역이었다. 그런데 원대에 한반도 서북부에 원의 동녕부가 설치되고 동북부에는 쌍성총관부가 설치되어 요동행성의 관할하에 놓여 있었는데, 중원을 장악한 명 조정 역시 이 지역을 요동도사의 관할 안으로 편입하려고 했다. 명 태조 홍무 20년(1384년)에 명 조정은 고려에 대해 다음과 같은 요구를 제출하였다.

예전에 개원(開元)에 속하였던 철령북(鐵嶺北) 동서지지(東西之地)의 토착 군민과 여직(女直), 달단(韃靼), 고려인(高麗人) 등은 요동이 통괄하고 예전에 고려에 속하였던 철령지남(鐵嶺之南)의 인민은 모두 본국(고려)에 관속된다(《明太祖實錄》卷187, 洪武 20年, 《明史》卷320, 外國 朝鮮 '舊屬開元者 遼東統之 鐵嶺之南 舊屬高麗者本國統之').

이렇게 명은 고려에 원이 통치하던 쌍성총관부 지역에 철령위를 확대 설치하려고 이를 내놓으라고 요구했다. 이렇게 고려와 명의 요동 쟁탈전의 연속선상에서 동북면 11처가 분쟁 지역이 된 것이다.

남방 철령위는 함길도 남단과 강원도의 경계에 있는 철령을 원의 남계로 하다가 북원과 합의하여 동북면의 경계를 지금의 함경남도 북계인 마천령으로 결정한 바 있었다. 그런데 새로 나타난 명의 영향력이 화령부까지 미치게 되자, 이 지역은 고려와 명의 분규 지역이 되어 버렸다. 《용비어천가》(제57장)과 《태조실록》을 보면, 이 당시 이성계가 명의 장수 호발도(胡拔都) 등과 싸워 이들을 길주 방면에서 격파하고, 이 지역 여진 추장들을 고려로 복귀토록 했다.

이러한 과정에서 고려는 1369년부터 1371년까지 3차의 요동 원정을 했고, 우왕(禑王, 辛禑, 牟尼奴) 때에 이르러 원과 연계된 최영 세력과 친명 노선을 걷고 있던 이성계 그리고 신진사대부 세력이 대치된 가운데 요동 정벌이 다시 시도되었으며, 결국 이성계의 위화도 철군이 이루어져 정변이 일어난 것이었다.

이처럼 화령을 중심으로 한 동북면 지역은 고구려 이후 700년간 여진족과 고려인, 몽골과 한족 간에 끊임없는 이합집산이 이루어지던 곳이었다. 부족들 간에 이 지역을 쟁탈하고자 하는 역사의 무대였는데 조선 창업 시기에는 조선과 명의 주도권 쟁탈 지역으로 공험진, 갈라둔(曷懶甸)을 포함하여 동북면[30] 11처(東北面 十一處)[31]가 드러나게 되었다.

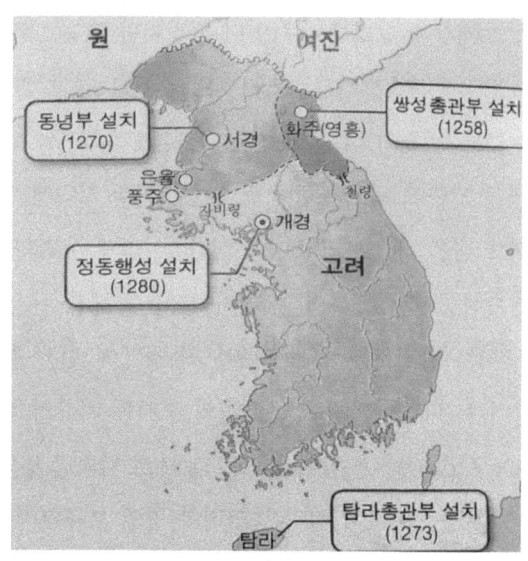

▲ 쌍성총관부와 탐라총관부

두만강 양안에 위치하고 있었던 동북면 11처는 조선 전기에 있어서 명과 조선의 분쟁 지역이었다. 이성계의 화령국 기반이 있던 동북면에 대한 쟁탈전은 고려 시대부터 시작했다. 환조(桓祖) 이자춘(李子春) 과 고려대장 밀직부사 유인우(高麗大將 密直副使 柳仁雨)가 손잡고 1356년(공민왕 5년)에 부원(附元)세력인 조소청(趙小靑)과 탁도경 (卓都卿)을 구축했을 때부터 동북면 11처는 원과 고려의 쟁점이 되었다가 명이 등장하여 원의 영토를 계승하겠다는 의지를 보였다.

조선이 이미 오도리를 지배했다고 믿었는데[32] 1403년(영락 1년) 명 성조가 등극한 뒤에 명 조정이 오도리와 오랑캐(兀良哈) 등에게 칙서를 보내 조공을 요구했다.[33] 그 조공의 대가로 1403년 11월에 오랑캐부(兀良哈部)가 있는 장백현 화룡에 건주위 군민지휘사사를 설치하고 추장 아하추(阿哈出)를 건주위지휘사로 임명했다.[34]

이로써 강북에 대한 기미정책(羈縻政策)을 실시하게 되었으며 1404년에 건주위가 두만강 강북에 설치되었다. 이곳은 발해의 솔빈부 건주(率賓府 建州)의 땅이어서 그 명칭을 따라 건주위라고 하였다. 아하추(古倫阿哈出, 李誠善)의 딸이 명 성조(영락제)의 제3황후였기 때문에 그는 명 성조의 신임을 받아서 여진과의 교섭에서 중요한 역할을 하였다. 이때 조선은 오도리를 여진과 격리하는 울타리라고 생각했다.[35]

동북면 11처

여진 명칭		조선 명칭
해관(奚關, xi guan)	시관	훈춘(琿春)
참산(參散, can suan)	찬싼	북청(北靑)
독노올(禿魯兀, tu lu wu)	투루얼	단천(端川)
홍긍(洪肯, hong ken)	홍컨	홍원(洪原)
합란(哈闌, he lan)	허란	함흥(咸興)
대신(大伸, da shen)	따선	길주(吉州)
도부실리(都夫失里, dou fu shi li)	도우푸스리	길주(吉州)
해동(海童, hai tong)	하이퉁	길주(吉州)
알합(斡合, wo he)	워허	명천(明川)
아도가(阿都哥, a dou ge)	아도우꺼	풍산(豐山)

1403년(영락 1년) 명 성조(朱棣, 1359-1424)가 황위에 오른 이후 북원의 남침을 방비하는 차원에서 북방 변경에 많은 관심을 기울였다. 이 과정에서 그는 동쪽에 있는 여진에게 상당한 관심을 가졌으며, 조선도 이 지역을 조상이 국가 기반을 세운 곳이라고 생각하여 양보할 수가 없었다.

1404년에 그가 조선에 칙서를 보내어서 제3황후의 친척인 오랑캐 오도리 추장을 연경에 보내달라고 요구하면서 문제가 격화되었다. 요동천호(遼東千戶) 왕가인(王可仁)이 칙유서(勅諭書)를 가지고 태평관에 와서 '동북면 십일처(東北面 十一處)'라는 글을 지어 제시했다. 조선 지명과 동북면 11처를 대비하면 해관(奚關, 縣城)만 두만강 북쪽 혼춘(琿春)에 있었고 다른 10처가 모두 두만강 남쪽인 함경도에 있었다.36

영락제의 해양 개척

영락제는 정화를 책임자로 해양 개척에 나섰다 정화(鄭和, 1371년~1434년)의 본명은 마삼보(馬三寶)이다. 중국 명나라 시대의 장군(將軍)이자 환관, 무관(武官), 제독(提督), 전략가, 탐험가, 외교관, 정치인이다. 영락제(永樂帝)의 심복으로 영락제의 명령에 따라 남해에 일곱 차례의 대원정을 떠난 것으로 유명하다. 원래 성씨는 이슬람의 예언자 무함마드의 중국식 한자인 마(馬)씨인데, 이는 중국 전통시대 이슬람교 신자들이 마씨를 성으로 삼은 풍습에서 유래한다. 이름은 삼보(三保)였다. 환관의 최고위직인 태감(太監)이 되었기에 중국에서는 삼보태감(三保太監 혹은 三寶太監)이란 이름으로 알려져 있다. 정화의 함대는 동남아시아, 인도를 거쳐 아라비아반도, 아프리카까지 항해하였고, 가장 멀리까지 도달한 지점은 아프리카 동해안의 말린디(현재의 케냐 말린디)였다. 그가 지휘한 함대에서 가장 큰 배인 보선(寶船)은 전체 길이가 130m가 넘는 대형 선박이었다.

마삼보(馬三保)는 마합지(馬哈只)의 아들로 운남성(雲南省) 곤양(昆陽)의 이슬람교도 집안에서 태어났다. 성씨인 마 씨는 예언자 무함마드의 후손이라는 것을 나타내는 것이고, 아버지의 이름 합지도 이슬람교의 성지 메카를 순례한 사람에게 붙이는 존칭인 하지에서 유래

▲ 영락제

▲ 정화

되었다. 선조는 칭기스칸의 중앙아시아 원정 때 몽골에 귀순하여 원나라 세조(世祖) 쿠빌라이 때 운남성 개발에 노력했던 색목인 정치인 사이드 아잘 샴스앗딘이었다. 정화가 이슬람교도 출신이었던 것은 나중에 영락제가 대원정을 준비할 때 그 지휘관으로 정화를 염두에 둔 이유 중 하나가 되었다.

주원장(朱元璋)이 명나라를 건국한 후 원나라의 세력하에 있던 운남성을 공격할 때, 소년 정화는 붙잡혀 거세된 뒤 환관이 되어 당시 연왕(燕王) 주체(朱棣)에게 헌상되었다. 명 태조 주원장 사후 영락제가 제위를 찬탈한 정난의 변(靖難의 變)때 정화는 공적을 세워, 영락제로부터 정(鄭)씨란 성을 하사받고 환관의 최고위직인 태감이 되었다.

정화는 영락제 명령을 따라 남쪽 바다 대원정을 준비하여 1405년 6월 제1차 원정을 떠났다. 명사(明史)에 따르면, 전체 길이가 44장(丈; 약 137m), 폭 18장(약 56m)에 이르는 대형 선박을 포함한 함선 62척에 총승무원 27,800명이 탑승했다. 큰 배는 약 8천 톤 규모 정도였다고 한다. 훗날 바스코 다 가마의 함대가 120톤급 3척에 총 승무원

170명이었고, 지구 한 바퀴 원정을 기획했던 콜럼버스의 함대도 250톤급 3척, 승무원 88명이었던 것에 비교하면 초거대 규모의 함대였다.

소주(蘇州)에서 출발한 함대는 참파(지금의 베트남 중부)와 수마트라를 거쳐 팔렘방, 말라카, 실론(지금의 스리랑카) 등의 항로를 거쳐 1406년 인도 캘리컷(Calicut, 지금의 코지코드)에 도달했다. 함대의 목적은 항해하여 도착하는 나라에 대하여 명나라에게 조공을 요구하는 일과 남방 지역의 문물 등을 가지고 돌아오는 일이었다. 말라카 해협의 해적 진조의(陳祖義)라는 중국인을 붙잡아 일시 귀국하였다. 이 항해를 통해 명나라와 교류가 없던 동남아시아의 여러 나라가 차례로 명나라에 조공을 바치게 되었다.

1407년 9월 귀국한 정화는 얼마 뒤 재출발 명령을 받아 연말에 제2차 원정을 떠나게 되었다. 항로는 전과 같았지만, 이번에는 시암(태국)과 자바섬 등을 거쳐 캘리컷에 도착했다. 귀환 중 스리랑카 섬의 갈에 중국어, 타밀어(현지어), 페르시아어(당시 국제어) 등 3개 국어로 쓰여진 비석을 세웠다.

1409년 여름에 돌아온 정화는 다시 출발 명령을 받고 연말에 제3차 원정을 떠났다. 이번에도 캘리컷에 도달하고 돌아오던 중 스리랑카 섬의 현지 왕이 정화의 배에 실려 있던 보물을 강탈하기 위해 공격했다. 정화가 반격하여 그 왕과 그 가족을 포로로 잡아 1411년 7월에 귀국했다.

3차례 대원정은 거의 같은 항로를 유지했지만, 4번째 원정은 약간 시간을 두어 1413년 겨울에 출발했다. 이번에는 좀 더 서쪽으로 나아갈 생각으로 준비가 더 필요했던 것이다. 캘리컷에 도달한 후 서쪽으로 항해를 계속해 페르시아만의 호르무즈와 아라비아반도 남쪽의 아덴에

도달했다. 귀환 중 수마트라 현지 국왕의 요청을 받아 병사를 움직여 반역자를 토벌하고 1415년 7월에 귀국했다.

5번째 원정은 1417년 겨울에 출발해 본대는 4번째 원정처럼 아덴까지 도달했으나, 도중에 나뉜 분대는 아프리카 대륙 동쪽 해안의 말린디에까지 도달했다고 전해진다. 1419년 8월에 귀국할 때 사자, 표범, 얼룩말, 코뿔소 등 진귀한 동물을 데리고 돌아왔다.

6번째 원정은 2년 후인 1421년 2월에 있었으나, 이번에는 지금까지와는 달리 조공을 바쳤던 각국의 사절을 돌려보내기 위한 것이 임무였다. 항로는 동일했고, 1422년 8월에 귀국하였다.

7번째 원정은 영락제의 사후 그의 손자 선덕제(宣德帝)의 명령에 의한 것이었다. 1431년 12월에 출발하였는데, 이때 정화는 나이가 많아 지휘관 직을 거절하려 했으나 그를 대신할 인재가 없었다. 이번 항해 때 분대는 메카에까지 이르렀다고 한다. 1433년 7월에 귀국하였지만 얼마 후 정화는 병으로 죽고 말았다.

정화의 사후 명나라는 다시 쇄국정책으로 전환하여 이후 원정은 이루어지지 않았다. 성화제(成化帝) 때 다시 대항해에 대한 목소리가 나왔으나 항해에 쓰이는 막대한 비용과 유교적 성격을 지닌 관료의 반대에 부딪혀 물거품이 되었다. 이 대항해에 대한 기록은 제4차 원정과 제7차 원정 때 동행했던 마환(馬歡)의 《영애승람》(瀛涯勝覽)과 비신(費信)의 《성차승람》(星槎勝覽), 공진(鞏珍)의 《서양번국지》(西洋番國志) 등의 견문지가 현재까지 남아 있어, 그 시대 동남아시아에 대한 매우 귀중한 자료로 쓰이게 되었다. 그러나 이것은 민간의 것이었고, 정화의 공식 기록은 다시 대항해를 시작하는 것을 두려워한 관료들이 감추어 찾지 못하고 있다.

그렇다면 대원정을 한 이유는 무엇인가? 영락제가 막대한 비용이 드는 대원정을 기획한 것에 대해서는 몇 가지 설이 있었다. 정난의 변 때, 남경(南京)에서 탈출하여 실종된 건문제가 남해로 도망치지 않았을까 하는 이유로 그 탐색을 위해 시작한 설이 그것이고, 또 하나는 서쪽의 티무르 왕조의 성장을 두려워한 영락제가 티무르 제국의 주변 세력과 동맹을 맺고 협공을 하기 위한 설이며, 마지막으로 예전 주원장이 명나라 건국 시 멸망시킨 진우량(陳友諒) 휘하에 있던 수군 세력이 반항할 것을 두려워해 이들을 남해원정에 포함시켰다는 설 등이 있다.

첫 번째 설은 믿지 못할 이야기는 아니지만, 주목적에 대해서는 의문점이 있다. 두 번째 설은 티무르가 제1차 원정이 시작한 해에 죽었기 때문에 믿을 수가 없다. 세 번째 설은 주원장이 진우량을 격파한 시기가 너무 오래되었기에 납득할 수는 없다. 달리 생각할 만한 이유로는 찬탈이란 수단을 이용하여 즉위한 영락제가 국내의 불만을 불식시키기 위해 타국의 조공을 많이 받아 유교적 성왕이란 모습을 연출하여 스스로 계승의 정당성을 정당화하기 위해 시작한 일일 수도 있다.

그러나 이러한 정치적인 이유도 있지만, 중국 함대가 남중국해와 인도양에 이르는 해상패권을 수립하는 것으로 여러 나라의 조공을 촉구하여 궁정에서 사용하는 해외의 사치품을 입수하기 위한 것이 주목적일 수도 있다고 생각할 수 있다. 비신(1385/1388-?) 등의 기록을 보더라도 여러 나라의 물물과 통상교역에 대한 사정에 관심을 기울인 것을 보더라도 경제적인 동기가 있음을 알 수 있다.

정화 사후 대원정 중단 이유는 무엇인가? 명나라인 중국은 자원이 풍부하고 자급자족할 수 있으니, 구태여 조공무역으로 외부와 물자를 주고받을 필요가 없다는 것이며 굳이 외국 세력에 문호를 개방하여 이

민족의 침입을 유도해서는 안 된다는 것이다. 이후 명나라는 내륙의 뱃길인 대운하를 건설하여 척박한 북경을 중심으로 대륙을 개조하였다. 그러나 후일 해양 진출이 쇠락하여 국력이 약화되었다는 평가도 있다.

역사적 평가는 이 대원정은 유럽의 대항해 시대보다 70년이나 앞선 대원정이자 대항해로 매우 높은 평가를 받았다. 그는 후세에 삼보태감으로 불리며, 사마천 및 채륜 등과 함께 환관의 영웅으로 이야기되었다. 또 정화가 머물렀던 각지의 항에서도 정화에 대한 평판은 높아 자바와 수마트라, 태국에서는 삼보묘가 건립되어 그에 대한 제사가 치러지기도 한다. 결국 정화의 해양진출은 화교의 뿌리가 되어 오늘날 세계를 주름잡는 화교들의 정신적 지주가 되었다.

또한 정화 함대는 당초부터 말라카해협에 건국된 말라카 왕국을 인도양 항해를 위한 근거지로서 중시하여 말라카 국왕을 우대하였다. 그 때문에 말라카 왕국은 정화 함대의 보호에서 성장하여 중국 함대의 항해가 단절된 뒤에도 동서 교역의 중계항으로서 번영을 누렸다.

이러한 역사적 의미는 시진핑에 의해 추진되는 일대일로의 해상 실크로드의 뿌리를 정화의 대원정에서 찾을 수 있다. 중국은 현재의 정책을 역사에서 찾는 것이 가장 기본적이다.

명나라의 오랑캐 관리

명이 건국되면서 원의 행성제도(行省制度)가 폐지되고 중앙에는 13개의 포정사사(布政使司)가 설치되고 변방에는 여러 개의 도지휘사(都指揮使)와 위소(衛所)가 설치되었다. 1371년 명은 원의 요양행성을 접수하고 1377년에는 요동서남부에 요동도사를 설치했으며 1387년에는 요동서북부에 오랑캐 3위를 설치하여 대령도사(大寧都司)에 소속시키고 1409년에는 요동 동부에 누르칸도사(奴兒干都司)를 따로 설치했다.

누루칸도사는 요동도사가 통제하지 못하는 흑룡강, 송화강, 오소리강 유역의 여러 위소(衛所)를 통괄하기 위해 설치되었다. 여기에는 115개의 위가 설치되었으며 영종(英宗) 정통(正統) 13년(1447년)에는 69위(衛)가 증가하여 설치되어 건주위 등 모두 382위가 관할대상이었다.

주원장의 26명 아들 중 넷째인 연왕(燕王) 주체(朱棣)가 남경으로 진공하여 조카인 건문제(建文帝, 朱允文)를 내치고 황제에 올랐다. 영락제(永樂帝)가 1421년 북경으로 천도하면서 한족 왕조로는 처음으로 만주 지역을 경략하기 시작했다. 영락제 주체(朱棣)의 생모에 대해서 많은 논의가 있다. 성조(成祖) 영락제(永樂帝) 스스로는 조카 건문제를 내쫓고 황제에 등극하면서 스스로 주원장의 정처인 마황후의 소생이라고 했지만, 이는 어디까지나 자기의 정치적 입지를 견고하게 하기 위한 것으로 보인다. 청대의 주이존(朱彝尊)은 여러 자료를 가지고 조선(朝鮮) 출신의 공비(碩妃)라고 했다. 만약에 주이존의 논리가 맞는다면 주체의 혈통에는 조선이 있고, 그러한 그의 배경이 북경 천도와 만주 경략의 숨은 원인으로 볼 수 있을 것이다. 적어도 남방이 아닌 북방이 그 뿌리인 것이다.

영락제(永樂帝)는 여진을 관리하기 위해 이적 부족인 만호부 대추장 아하추(阿哈出, 於許出)의 딸을 제3황후로 삼아 이용했다. 아하추의 아들 멍거불화(猛哥不花)가 새로 설치한 모린위(毛憐衛)의 지휘사로 되었고, 손자 이만주(李滿住) 때 압록강 지류인 파저강(波猪江) 유역으로 이동했다. 건주여진과 다른 건주좌위도 조선에서는 보통 오랑캐라고 불렀다.

해서여진은 대흥안령산맥의 서부에서 우수리강과 흑룡강 남단에 이르는 넓은 지역에 흩어져 살았으나 영종 때부터 오랑캐의 압력에 밀려 서서히 남쪽으로 이주하기 시작했다. 이는 타타르의 알탄칸이 차하르부(察哈爾部)를 압박하고, 차하르부는 오랑캐를, 오랑캐는 해서여진을 연쇄적으로 압박한 결과였다. 오랑캐가 해서여진의 거주지인 후룬 지역을 공격하자 해서여진은 오랑캐를 피해 남쪽으로 이주했다. 남하한 해서여진은 이후 예허(Yehe, 葉赫), 호이파(Hoifa, 輝發), 하다(Hada, 哈達), 울라(Ula, 烏拉)의 해서4부 연맹을 형성했다.

당시 해서여진은 스스로 후룬(扈倫)을 칭했다. 예허부는 몽골에서 이주한 부족으로, 같은 여진족이라고는 하나 몽골계였던 까닭에 명과 사이가 좋지 않았다. 예허부가 친명인 하다부와 늘 대립하는 것은 이 때문이었다. 당초 영락제는 재위 원년(1403년)에 건주위(建州衛)를 설치하면서 화알아(火兒阿) 이적의 수장 아하추(阿哈出)를 지휘사로 삼았다.

당시 본거지가 흑룡강 호이파하(輝發河) 부근이었던 오랑캐는 아하추의 인솔하에 두만강 일대로 남하해 있었다. 아하추의 한자식 이름은 이성선(李誠善=李思誠)이다. 전술한 바와 같이 영락제는 이들을 초무(招撫)하는 차원에서 아하추의 딸을 후궁으로 맞아들였던 것이다. 영락제는 이로부터 2년 뒤 아하추의 아들 멍거부허(猛哥不花)를 새로 설치한 모린위(毛燐衛)의 지휘사로 삼았다. 멍거부허는 몽골어로 '불굴의 용사'라는 뜻이다. 이후 세종 14년(1432년) 건주위는 아하추의 손자 이만주(李滿住) 때 다시 압록강 지류인 파저강(婆猪江) 유역으로 이동했다. 이에 대응하여 세종은 여연, 자성, 무창, 노예 등 4군을 설치했다.

건주여진은 원래 발해의 고토인 흑룡강 일대를 근거지로 삼다가 아하추가 건주위 지휘사가 될 무렵 남하해 두만강변 건주위 휘하로 들어갔다. 멍거티무르는 오도리(Odoli, 斡朶里)를 근거지로 삼았다. 오도리는 훗날 청조가 성립한 뒤 발상지지(發祥之地)로 중시된 곳으로 조선 왕실의 본거지인 훈춘의 알동 일대였다. 이들은 오랑캐와 이웃해 살면서 조선조에 경쟁적으로 접근했다.

멍거티무르는 소달로(蘇多老, 孔州)를 점거하고 알목하(斡木河, 會寧)에 들어와 살았다. 태종 5년 5월에 멍거티무르의 상인집단은 경원과 경성에도 왕래할 수 있으며 경성 만호로 인정받았다. 그러나 태종 말년에 오도리를 조선 군현에 편입할 때 이두란(李豆蘭)과 같은 일부 오도리는 편입되었지만 멍거티무르는 군현으로 편입되지 않았다. 그가 이때 이만주가 살고 있는 오미부(吾彌府)로 이주하였지만 얼마 지나지 않아 세종 5년에 다시 회령으로 돌아왔다. 돌아온 이들은 매우 기뻐하였다.

세종 15년(1433년) 우디캐 부족이 오도리 부족을 습격하여 멍거티무르를 제거하였다. 명나라의 개입설도 있다. 세종은 회령 지역의 공백을 틈타 김종서를 보내어 회령, 종성, 은성, 경원, 경흥, 부령 등 6진을 개척하였다.37 그리고 세종14년(1432년)에 있었던 건주위 이적 추장 이만주(李滿住)의 내침에 대한 응징으로 세종 25년(1443년)에 여연(閭延), 자성(慈城), 무창(茂昌), 우예(虞芮) 등 네 군이 차례로 설치되었다. 멍거티무르 사후 그의 동생 판차(凡察)가 건주좌위를 지배했다. 멍거티무르의 아들 동창(童倉)이 이에 반발해 이내 건주우위(建州右衛)를 분설했다. 이로써 누르하치가 등장할 당시까지 '건주3위(建州三衛)'가 정립(鼎立)하게 되었다. 특히 세종 14년(1432년)에 있었던 건주위 오랑캐 추장 이만주(李滿住)의 내침에 대한 응징으로 여연(閭延), 자성(慈城), 무창(茂昌), 우예(虞藝) 25년(1443년)까지 차례로 설치되었다.[38]

아버지 태종이 대마도를 정벌하여 경상도 계림에 속하도록 한 것을 확정지었다. 이렇게 태조와 태종이 무인들답게 영토를 확장하도록 터 닦아 놓은 바탕 위에 전략가인 세종이 한국 역사상 처음으로 실제적 삼국통일을 이루어낸 것이다. 고구려의 후예인 오랑캐 여진과 고려의 통합으로 고려 반도가 대일통된 것이다.

한편 몽골 초원의 오랑캐 부족은 타타르 대신 토곤을 수장으로 하는 오이라트가 패자로 등장했다. 1449년 7월 만리장성을 넘은 2만의 강력한 기마병대로 50만의 명나라 군사를 물리치면서 토목지변(土木之變)으로 명 영종을 나포했다가 송환한 그 아들 에센(也先, Esen)이 오랑캐를 복속시켜 통일하였다. 서쪽으로는 발하슈호(카자하스탄), 동쪽으로는 바이칼호(시베리아), 남쪽으로는 만리장성에 이르는 거대한 영토를 확보했다.

몽골 혈통인 충숙왕의 둘째 아들인 공민왕(伯顔帖木兒, 바얀테무르)의 지원을 받은 이성계가 화령부를 세력 기반으로 했기 때문에 이 시기에 이 오도리와 오랑캐 부족이 중요한 역할을 하였다. 그는 칭기즈칸으로부터 몽골의 동북부 지역을 분봉 받아서 만주 지역으로 세력을 넓히던 막내 동생인 옷치긴 가문의 타카차르(塔察爾) 영향력 아래에 있던 산길(散吉) 휘하에서 성장한 목조의 행적처럼 몽골 대귀족 무카리(木華梨) 가문의 후예 아하추(阿哈出)와 가까워 몽골 사정에 밝았다.

동부의 오랑캐 부족은 우수리강 지류인 '목능하(穆陵河)' 유역에 살았다. 원나라가 중원에서 밀려나 서몽골 오이라트와 동몽골 타타르로 나누어질 때, 서쪽 대흥안령산맥과 동쪽의 송화강 상류에 걸쳐서 여진족과 인접해 살았다.

명나라는 오랑캐 부족을 여진족으로 관리했는데, 홍무 22년(1389년) 5월에 명나라는 오랑캐를 태령(泰寧)·타안(朶顔)·복여(福餘)로 나누고 오랑캐 삼위(兀良哈 三衛)로 불렀다.39 영락제 재위 7년(1409년)에는 요동도사의 힘이 못 미치는 흑룡강, 송화강, 우수리강 유역에는 누루칸도사를 설치하여 간접 지배하였다. 해서야인·건주여진 등 서부 변장(邊牆)은 오랑캐가 3위와 결합되어 요동도사 관할이었고 동부 변장(邊牆)은 주로 건주여진 관할이었다.40

과거 1387년에 북위의 기본무력인 나가추 군의 투항에 이은 1388년 4월의 토구스 테무르칸의 결정적인 궤멸과 이와 같은 해 5월의 이성계의 위화도 회군 및 11월의 옷치긴 왕가 최후 주자인 아자스리의 투항후인 1389년 5월의 오랑캐 3위 설치 및 1392년 7월 이성계의 조선 창업은 원·명 교체기에 명의 대옷치긴 왕가 관계를 정립하는 과정의 일환으로 상호 조정된 일련의 동북아 신질서 형성 과정의 소산이다. 명으로부터 독립적인 울루스(ulus) 경영을 보장받고 성립된 상호관계라는 점에서도 오랑캐 3위의 성립과 조선 창업은 그 궤를 같이하고 있다.41

북으로는 동몽골, 그리고 서쪽으로 서몽골과 긴밀히 연결되고, 남으로는 명의 통치 지역으로 통하며 동으로는 고려·여진 세력과 연결되는 오랑캐 3위의 지정학적 특수성은 그 당시 동아시아 정세변동에서 늘 중요한 변수로 작용했다. 따라서 명이 점차 세력이 강성해지는 동·서 몽골의 남하를 막아내기 위해서는 오랑캐 3위와 필연적으로 우호 관계를 유지해야만 했기 때문에 관직과 마시(馬市)로 유인했다

오랑캐 3위는 명에 투항해서 명분상으로는 예속돼 있었지만, 명과 오랑캐 3위의 관계는 일종의 통공(通貢) 무역 형식을 취하고 있었다. 실제로 명은 당시에 오랑캐 3위를 직접 통제할 수 없었고, 3위의 수령 임명이나 직위의 계승은 3위가 마음대로 결정하고 명은 추후 승인하는 형식을 취했을 뿐이었다. 명나라는 정통제 때 요동 서부에 변장을 설치해서 여진이 인접한 몽골족 일파인 오랑캐 3위와 합세하여 요동도사 관할지역의 침공을 막았다. 성화제 때는 동부변장을 설치하여 주로 건주여진의 약탈을 방지하기 위해 7개의 성과 92개의 성보(城堡)를 유지했다.[42]

조선은 경원, 회령, 은성, 경흥에서 호시(무역소)를 설치했다. 앞서 설명한 바와 같이 명대에 만주 지역에 설치된 위소(衛所)는 184위(衛) 20소(所, 大明一統志, 大明會典) 또는 376위 25소 458성(城), 참(站, 滿洲原流考)으로 나타나 있으나 복속(服屬)과 입조(入朝)하는 종족에 따라 불확실하게 기록되어 있다.

또한 오랑캐 3위는 동·서 몽골과 명군을 협공해 요동 지역을 공격하기도 하며 몽골과 명 사이의 정세변화에 따른 역설적인 세력균형의 굴곡을 잡아타고 독립성을 확보해 나갔다. 이렇게 오랑캐 부족의 영역이 확정되면서 오랑캐 부족 명이 행정단위 명칭으로 정착되어 만주 지역 전체가 오랑캐 천하가 된 것이다.

연변의 성자산성, 장백현의 화룡과 훈춘의 고려 고성 등에도 오랑캐 부와 지소가 설치되었다. 한족 왕조로서는 처음으로 만주 지역을 경영

한 영락제가 오랑캐 부족 여인을 제3 황후로 맞이하여 오랑캐 부족의 영향력을 전략적으로 이용함으로써 오랑캐와 여진이 엉켜진 것이다. 조선의 유생들이 황명(皇明) 또는 유명(有明)으로 떠받들던 명 황제가 야만족이라 비하하던 오랑캐족을 가까이 한 것이다.

당시 조선의 관리들도 아랑아와의 사랑으로 여진을 통합한 김종서처럼 오랑캐 여인들을 첩으로 두는 것이 유행이었다. 후일 오도리 오랑캐 출신의 누르하치가 여진과 오랑캐를 통합하는 계기도 마련하여 후금을 세웠던 것이다.

임진왜란의 경과

임진왜란은 1592년(선조 25)부터 1598년까지 2차에 걸쳐서 조선에 침입한 일본과 싸움이다. 엄청난 시련을 겪으면서도 끈질긴 저항으로 이겨내고 각성과 자기성찰을 바탕으로 민족의 운명을 새로 개척해 나간 계기가 된 전쟁이다. 명의 원조도 있었지만 승리의 가장 큰 원동력은 거족적인 저항으로, 이순신에 의한 제해권의 장악과 전국에서 봉기한 의병의 활동은 불리했던 전쟁 국면을 전환시킨 결정적인 힘이었다. 이 전란은 동아시아의 국제 정세를 크게 변화시키는 결과를 가져와, 명과 청이 교체되면서 병자호란이라는 시련을 예고하기도 했다.

선조는 피난 도중에 명나라에 사신을 파견하여 구원을 요청하였다. 명나라에서는 파병 여부의 의논이 분분했으나 병부상서 석성(石星)의 주장으로 원병을 파견하였다. 이에 요양부총병(遼陽副摠兵) 조승훈(祖承訓)은 5,000의 병사를 이끌고 고니시 유키나가(小西行長)의 본거지인 평양성을 공격하기로 하였다. 이들 원병은 명나라 조정에서 파견한 군사는 아니고 국경 수비병이었다. 그들은 1592년 7월 15일 평양에 도착하여 풍우가 심한 밤을 이용하여 평양성을 공격하였다. 그러나 도리어 적의 기습을 받아 대패하고, 우참장(右參將) 대조변(戴朝弁)과 유격(遊擊) 사유(史儒) 등이 전사하였다. 그리고 조승훈이 잔여병을 거두어 퇴각하니 1차 구원은 실패로 돌아갔다.

이보다 앞서 고니시는 임진강에서 대진하고 있을 때와 대동강에 이르러 두 차례의 강화(講和)를 청하였으나 성사시키지 못하였다. 이에 1차 명나라 군사의 내원(來援)을 계기로 명나라와의 강화를 요청하기에 이르렀다. 명나라도 조승훈의 군이 패하자 화의에 응할 기세를 보이던 중 석성의 건의로 심유경(沈惟敬)이 화의 교섭을 맡게 되었다.

심유경은 8월 29일 평양에 와서 고니시를 만나 쌍방의 강화 조건을 논의하여, 50일 이내로 본국에 돌아가 구체적인 조건을 가지고 오겠다고 약속하였다. 그리고 일본군이 평양 이상은 침입하지 말 것과 조선군도 남쪽에 들어와 작전하지 않기로 합의하였다. 심유경은 약속대로 11월 14일에 돌아와서 고니시를 만나고 임의로 화의를 성립시키려 하였다.

1차 원병에 실패한 명나라는 화전양론의 의논 끝에 파병으로 기울어져, 감숙성(甘肅省) 영하(寧下)에서 반란을 평정하고 복귀한 이여송(李如松)을 다시 동정제독(東征提督)으로 삼아 2차 원병을 보내기로 하였다. 그 해 12월에 이여송은 4만 3천여 명의 군사를 거느리고 부총병 양원(楊元)을 좌협대장(左協大將), 부총병 이여백(李如栢: 이여송의 아우)을 중협대장(中協大將), 부총병 장세작(張世爵)을 우협대장(右協大將)으로 삼아 압록강을 건너왔다.

명군의 제2차 원병이 압록강을 건너기에 앞서 조선에서는 임진년 10월 재정비된 관군과 휴정이 이끄는 의승군으로 평양성을 탈환하려는 움직임이 있었고, 11월에는 의승군 단독으로 평양성을 진격하려는 움직임이 있었다. 그러나 심유경이 화의차 적진에 있으니 그가 귀환하는 것을 기다려 관군과 합세하여 진병하는 것이 옳다는 주장으로 때를 잃고 말았다. 그 뒤 이여송의 원병이 압록강을 건너서 다음 해인 1593년 1월에 평양 근방에 이르렀다. 이에 순변사 이일과 별장 김응서가 관군을 이끌고 합세했고, 휴정 휘하의 의승군 수 천여 명도 이에 합세하여 28일 평양성을 공격하기 시작하였다.

조명 연합군이 칠성(七星)·보통(普通)·함구(含毬)의 세 문으로부터 맹렬한 공격을 감행하니 고니시 유키나가 등은 감당할 수 없음을 간파하고 내성(內城)에 불을 지르고 그 길로 성을 빠져나와 대동강의 얼음을 밟고 패주하였다. 이때 휴정이 이끄는 의승군도 모란봉 격전에서 많은 적을 참획하여 평양 수복에 큰 도움을 주었다.

고니시는 주야로 속행하여 10일 배천에 당도하였다. 황해도 해주를 근거로 했던 구로다는 고니시를 먼저 후퇴하게 하고 자신도 군사를 거두어 개성으로 철수하였다. 좌의정 유성룡은 황해도 방어사 이시언(李時彦)과 김경로(金敬老)를 시켜 관군을 이끌고 고니시군의 퇴로를 끊어 전과를 올리기도 하였다.

한편, 평양성을 탈환한 이여송도 그 길로 바로 남진하여 개성에 육박해 왔다. 그러자 여기를 지키고 있던 고바야가와 다카카게(小早川隆景)는 함께 머무르던 구로다 나가마사(黑田長政)와 같이 서울로 퇴각하였다. 그런데 일본군이 대결하지도 않고 계속 퇴각하자 이여송은 적을 경시하고 바로 그 뒤를 따라 서울로 향했다. 이를 알아차린 일본 진영에서는 고바야가와 등으로 하여금 서울 북쪽 40리 지점인 벽제관(碧蹄館) 남쪽 여석령(礪石嶺: 속칭 숫돌고개)에다 정예병을 매복하게 하고 명나라 군이 지나가기를 기다렸다가 급습하였다. 이곳에서 대패한 이여송은 기세가 꺾여 더 이상 진격을 못하고 개성으로 후퇴하였다. 이때 조선 측에서 재차 공격을 주장했으나 이여송은 듣지 않았다. 그리고 함경도에 있는 가토 기요마사(加藤淸正)의 군대가 양덕·맹산을 넘어 평양을 기습한다는 유언(流言)이 있자, 이여송은 부총병 왕필적(王必迪)을 개성에 머무르게 하고, 조선 제장(諸將)에게도 임진강 이북에 포진하도록 명한 다음 다시 평양으로 퇴진하였다.

한편, 함경도 방면에 침입한 가토는 명군의 내원으로 평양성이 수복되고 고니시 등이 서울로 퇴각했다는 소식을 접하였다. 그래서 퇴로가 차단될 것을 염려하여 즉시 철군을 서둘러 서울로 퇴진하였다. 당시 일본군은 평양성에서의 패배로 사기가 떨어졌으나 여석령 전투(일명 벽제관싸움)에서 승리하여 회복세에 있었다. 이때 마침 전라감사 권율(權慄)이 명군과 함께 도성을 수복하기 위하여 북진하던 중 행주산성(幸州山城)에 이르러 배수진을 치고 있다는 소식을 듣고 2월 12일 도성에 머무르던 일본 대군이 일시에 공격을 해왔다.

권율과 의승장 처영 등은 휘하군을 지휘하여 격전 끝에 그들을 물리치고 대승을 거두었다. 이는 지난해 10월에 있었던 김시민의 진주성 전투, 이순신의 한산도대첩과 함께 임진왜란 삼대첩(三大捷)의 하나다. 그동안 명군은 다시 심유경을 서울의 일본 진영에 보내 화의를 계속 추진하였다. 일본군도 각지의 의병 봉기와 명군의 진주, 보급 곤란, 악역(惡疫)의 유행으로 전의를 잃고 화의에 따라 4월 18일 도성에서 철수하여 강원·충청도에 주둔한 병력과 함께 전군을 남하시켰다. 그리고 서생포(西生浦)에서 웅천(熊川)에 이르는 사이에 성을 쌓고 화의 진행을 기다렸다.

그러나 일본군은 화의의 진행 도중 진주성에 보복적인 공격을 가하였다. 치열한 전투 끝에 의병장 김천일, 경상우병사 최경회, 충청 병사 황진 등은 전사하고 성은 마침내 함락되어 성안에 있던 수만의 인명이 희생되었다. 이는 임진왜란 중 가장 치열한 전투의 하나였다.

한편, 심유경이 일본군과 같이 도요토미의 본영에 들어간 뒤 2, 3년간 사신이 왕래했으나 화의는 결렬되었다. 도요토미는 명나라에 대하여 ① 명나라의 황녀를 일본의 후비(後妃)로 삼을 것, ② 감합인(勘合印: 貿易證印)을 복구할 것, ③ 조선 8도 중 4도를 할양할 것, ④ 조선 왕자 및 대신 12인을 인질로 삼을 것을 요구했고, 붙들려 갔던 임해군과 순화군을 돌려보냈다.

심유경은 이 요구가 받아들여지지 않을 것을 알고 거짓으로 본국에 보고하여 도요토미를 왕에 책봉하고 조공을 허락한다는 내용의 봉공안(封貢案)을 내세워 명나라의 허가를 얻었다. 이에 1596년 명나라의 사신을 파견하여 도요토미를 일본 국왕에 봉한다는 책서와 금인(金印)을 전하였다.

도요토미는 크게 노하여 이를 받지 않고 사신을 돌려보낸 뒤 다시 조선 침입을 꾀하였다. 심유경은 본국에 돌아가 국가를 기만한 죄로 처단되고, 이로써 오랫동안 결말을 보지 못하던 화의마저 끝내 결렬되었다.

임진왜란은 명나라에 부정적인 영향을 미쳤다. 장기간의 전쟁이 명나라의 국력을 소모하고 여진 세력이 급부상하는 여건을 조성하게 되었다. 따라서 조선의 사대주의와 조선과 명조의 관계를 보면 임진왜란 때 명나라가 조선을 구하기 위해 군대를 보내 '번방'이 '재조'를 얻을 수 있었고 이로 인해 조선은 명나라에 대한 생각과 중국인의 존경심 속에서 일종의 갚을 수 없는 고마움을 더하게 되었다. 이른바 '재조지은(再造之恩)'으로 인해서 조선은 명나라에 대한 조선의 '은혜 갚음 의식'을 가지게 되었다.

그렇다면 만력(萬曆) 시기 동아시아 국제관계를 보면 임진왜란은 명나라가 동아시아 조공 체제를 유지하기 위해 참여한 전쟁이었으며, 양국 간 집단 안보 원칙의 정치적 실천이기도 했다. 당시의 경제 관계는 임진왜란 이전 명나라가 은 경제체제를 완성하였고 명군의 조선 진출이 조선의 경제체제에 변화를 가져와 전쟁 직후 '명나라-조선-일본'의 은에 대한 유통 경로가 확립되었다. 특히 명나라는 이 전쟁을 이용하여 일본을 통해 여진을 공격할 계획을 수립하였다. 임진왜란 동안 명나라와 조선은 여진족 문제를 다루기 위해 서로 다른 정책과 조치를 취했으며, 명나라의 개별 강병 육성은 여진족의 통일 작업을 가속화했다. 전쟁 후 개원(開元)의 여진족은 조선과 명나라에 새로운 위협이 되었다. 따라서 임진왜란이 동아시아의 전통적 천하 관계에 미친 영향은 매우 심각했다고 할 수 있다.

임진왜란은 7년 동안 전개되었다. 전쟁은 명나라의 인적, 물적, 재정적 자원을 크게 소모하고 백성들의 부담을 증가시켰다. 전쟁으로 인해 명나라의 군사력이 약화되어 이를 기회로 반란을 일으킨 반주(潘州)의 양응룡(楊應龍)과 같은 일부 소수민족 지도자들의 세력 발전의 기회를 제공하였다. 따라서 건주(建州) 여진(女眞)의 급부상 등 명나라는 이미 종합적인 정치, 경제적 위기에 처해 있었다. 이미 본격적인 정치적, 경제적 위기에 처해 있던 명 왕조는 전쟁 후 50년도 채 되지 않아 마침내 멸망하고 말았다.

1569년 명의 병부시랑 담륜(譚綸)에 따르면 명나라 군대의 병력은 3,138,300명이었으나 실제로는 845,000명에 불과했다고 고백하고 있다. 북방에 근무하는 병사는 50만 명, 말은 10만 필로 추정되는데, 이 수치는 황인우(黃仁宇)의 《16세기 명나라 재정과 조세》에 인용된 대명회전(大明會典)과 황명경세문편(皇明經世文篇)의 추산에 근거한 것이다. 지출 측면에서도 명나라에는 큰 부담이었는데, 명나라 세금의 특징 중 하나는 세율이 매우 낮았다. 통계에 따르면 세율이 5.5%에서 12% 사이었기 때문에 평상시에는 정부 세수로는 비상사태에 대처할 수 없었다. 조선 지원 지출은 사실상 태창고(太倉庫)에서 지원했는데 1592년 700만 량이었고 연간 유입량은 군비 지출 기준으로 약 209만 2000량이었다. 군사비 지출로 보면 연간 평균 240만 량 정도였으니 조선에 대한 원조 지출이 태창고의 적자를 초래했고, 만력(萬曆) 사후 근본적으로 태창고는 이미 완전히 붕괴된 원인이고 재정이 문란하게 되었다.

전쟁에서 요동군(遼東軍)은 많은 사상자를 냈고 정예를 잃었다. 급사중(給事中) 이응책(李應策)의 통계에 따르면 요동 원래 병사 95,000명, 만력(萬曆) 28년(1600년) 40,000명, 즉 60% 감소되었고, 요하(遼河) 동서로 25개 위소(衛所) 가운데 매 위에는 경비병이 1,600명 배치되어 있었으나, 임진왜란 이후 요동 군사력 부족, 방어력이 약해진 것을 볼 수 있다. 이것은 야심 찬 소수민족 지도자들이 그들의 힘을 확장하게 되는 기회를 제공하게 되었으며 이후 누루하치가 후금을 건국한 것으로 증명할 수 있다.

제6장
여진 천하와 청나라

후금의 등장

누르하치가 가정 38년(1559년)에 신빈의 건주여진 무인 집안에서 태어났다. 당시 그의 조부인 교기양가(Giogiyanga, 覺昌家)는 건주우위의 도독이었던 아구의 부장이었다. 아구는 '대형(大兄)'이라는 뜻이다. 교기양가는 건주좌위의 초대 지휘사 멍거티무르의 4대손이다.[43]

누르하치는 장성하여 훗날 누르하치의 주력군인 만주8기와 몽골8기의 단초가 되었던 몽골의 코르친부(과이심부, 科爾沁部)와 동몽골의 할하부(喀爾喀府)를 이끌고 여진 지역을 통합해 나갔다. 1583년에는 명(明)으로부터 건주위 지휘사로 책봉받고 1591년 도독으로 승급함과 동시에 용호(龍虎) 장군이 되었다. 건주좌위를 다시 일으켜 1588년에는 건주 모두를 회유와 무력 토벌로 통일하였다.[44] 그리고 대도(大都)의 입관 공략에는 몽골의 역할이 결정적이었다.

▲ 누루하치   ▲ 홍타이지

만력 31년(1603년)에 누르하치는 17년간 거점으로 삼았던 퍼알라를 떠나 허투알라(Hetuala, 爀圖阿拉)에 새로운 근거지를 마련했다. 만력 33년(1605년)에 누르하치는 조선에 국서를 보내면서 "건주등처지방(建州等處地方) 국왕(國王) 동(佟)"이라 칭했다.

10여 년 전만 하더라도 그는 조선에 보내는 국서에서 "여직국건주위(女直國建州衛) 관속이인지주(管束夷人之主)"라 칭했다. 관속이인지주는 '이인(夷人)을 단속하는 주인'이라는 뜻으로 여진족 추장을 의미한다. 고구려 장수왕도 동이의 주인(東夷之主人)이었다. 만주 지역의 건주 등처 지방의 국왕은 여직국건주위의 추장과는 천양지차이다. 물론 이런 칭호는 그 자신이 붙인 것으로 명 조정과는 아무런 상관이 없었다. 그는 탁월한 정치적 능력으로 명의 관직과 무역을 이용하였다.

임진왜란 7년 전쟁의 틈바구니 속에서 누르하치는 10년 사이에 조선과 맞먹을 정도의 구색을 갖춘 나라의 왕을 자처했던 것이다. 조선에 파병하여 도와주겠다는 의사를 표시했다. 조선은 오랑캐의 농간이라 하여 거절하였다.

모스코바 공화국 이반 1세가 몽골칸을 위한 기도를 올리며 면책특권을 받아 전력을 강화하여 제국통일의 기회를 잡은 것처럼 그는 무순과 청하 등 네 곳의 개시마시(開市馬市)를 통해 부(富)를 축적하여 군자금을 마련했으며 최첨단 기마사술을 구사하는 몽골족과 연대하였다.

이에 칭기즈칸의 후예를 자처하며 선민(選民)의식을 가졌던 할하부 등의 몽골족이 마침내 누르하치의 실력을 공식적으로 인정하고 나섰다. 누르하치에게 '위대한 칸'이라는 뜻의 '수러칸(Sure Khan)'의 칭호를 바쳤던 것이다.

당초 누르하치는 후금을 선포하기 한 해 전에 군사 체제를 4기에서 8기로 확충하면서 깃발의 가장자리에 테두리를 넣는 방식을 택했다. 남(藍), 황(黃), 백(白)의 3개의 깃발에는 홍색 테두리를 달고, 홍(紅)의 깃발에는 흰 테두리를 달았다. 테두리가 없는 것을 정기(正旗)라고 했으니, 정황(正黃), 정백(正白), 정홍(正紅), 정람(正藍)이 정4기였다. 또한 테두리가 있는 것은 양기(鑲旗)라고 했으니, 양황(鑲黃), 양백(鑲白), 양홍(鑲紅), 양람(鑲藍)이 4기였다. 이들 정4기와 양4기를 합쳐 '8기'라고 했다. 기(旗)는 만주족의 성씨와 같다. 기는 소전(小篆)에 깃발의 뜻인 언(㫃)과 화살의 뜻인 시(矢)로 이루어진 회의(會意)자로 모여 있는 종족을 이르는 글자이다. 무리를 나타내는 깃발로 나타낸다. 누르하치는 8기를 만들면서 정황과 양황의 2기만 갖고 나머지 6기는 유력자들에게 배속시켰다. 부족 내의 협력을 최대한 이끌어내기 위한 조치였다.

누르하치가 전래의 수렵제도에서 유래한 독특한 군제인 소위 '8기제(八旗制)'를 완성시킨 것이 바로 이때였다. 8기는 크게 버일러(Beile, 貝勒)와 이르건(Irgen, 伊爾根)으로 구성되었다. 이르건은 자유민을 뜻했으나 후금을 건국하기 전후로 건주여진 이외의 지역에서 후금으로 귀순한 여진족을 부르는 말이 되었다. 이들이 갑사로 충원되었다. 당시 여진족의 모든 남녀는 이 8기에 소속되어야 했다. 8기는 곧 여진족의 호적이었다. 몽골은 초원의 기마 기습전에, 여진은 수렵적 매복전에 능했다.

그는 명의 침공에 대한 만반의 대비책을 용의주도하게 세워 나갔다. 만력 42년(1614년) 홍타이지를 비롯한 네 아들을 몽골 코르친부의 딸들과 결혼시킨 것도 이런 책략의 일환이었다. 이듬해인 만력 43년(1615년)에는 그 자신이 코르친부 수장 밍간(Minggan, 明安)의 딸을 부인으로 맞아들였다. 만·몽 연합군 체제를 구축해 명의 침공에 대비하는 한편 명을 포위하는 형세를 갖춰 명의 침공을 미연에 방지코자 한 것이다. 정략적 결혼정책의 바탕에는 오랑캐 오도리 출신이라는 신분을 이용하여 여진과 몽골의 천하 일가를 이루어낸 것이다.

누르하치는 만력 44년(1616년) 정월에 마침내 한(汗, 몽골어의 칸)으로 즉위했다. 국호는 후금(後金), 연호는 천명(天命), 수도는 흥경(興京)이었다. 후금의 만주어 정식 명칭은 '아마가 아이신 구룬(Amaga Aisin Gurun, 後金國)'이다. 금나라의 개국조 아구다(阿骨打)의 위업을 계승할 뜻을 내외에 천명했던 것이다. 아마가는 '미래(未來)' 내지 '후래(後來)'라는 뜻으로 우리말의 '아마도'와 어원이 같다. 구룬은 고구려어 '구루'와 어원이 같다.

누르하치는 이듬해인 만력 46년(1618년) 4월에 기병과 보병 2만 명으로 편성된 8기군이 무순을 향해 진격했다. 이 공벌전에는 누르하치의 몽골인 16명의 사위들이 앞장섰다. 청조가 군정과 민정을 엄격히 분리하고, 배타적인 민족국가에서 탈피해 한족과 몽골족을 모두 포용하는 다민족의 중앙집권적 관료체제 국가로 변하게 된 배경이 여기에 있다.

1618년 누르하치가 6만의 군대로 명을 공격했다. 명이 조선에 임진왜란 때의 은혜를 들며 파병을 요청하자 광해군은 강홍립에게 1만 명을 주어 파견했다. 명은 유정이 10만의 군사로 대응했으나 패퇴했다. 강홍립은 밀명대로 정세를 파악하다가 3월 5일 누르하치에게 항복했다.

이 사르후 전투로 누르하치는 강성해지는 계기를 마련했으나 조선에서는 광해군이 이적와 붙었다는 명분으로 반정이 일어났다. 인조가 등극했다. 천계 5년(1625년) 해투알라(興京)에서 요양으로 수도를 옮겼다가 심양에서 대도(大都, 현재의 北京)로 진입하는 발표를 마련했다.

홍타이지와 오랑캐 천하

천총(天聰) 6년(1632년) 청 제국의 실질적 창업자라고 하는 홍타이지는 자신이 평소 생각한 원대한 구상의 일단을 밝혔다. 그는 여진족과 그들의 나라를 지칭하는 고유명사 '주선(珠申)' 대신 '만주(滿洲)'를 공식 명칭으로 사용할 것을 적극적으로 권하고 나섰다. 숙신(肅愼)에서 비롯된 주선은 '루전(女眞)'의 어원이다. 주선은 여진족의 민족주의적 색채가 짙은 명칭이었으므로 '만주'의 사용은 몽골족과 한족을 모두 아우르기 위한 사전 포석이었다.

원래 여진족은 고구려 백성의 주요 구성원이었다. 역대 중국의 사서에 나오는 숙신(肅愼)과 말갈(靺鞨), 물길(勿吉) 등이 모두 여진족의 조상이다. '만주'의 명칭은 티베트(吐蕃)의 라마교를 신봉했던 몽골의 영향을 받아 대승불교에서 지혜를 관장하는 문수보살(文殊菩薩, 만주수리) 신앙에서 나온 것으로 티베트를 비롯하여 북방 유목민의 공통된 상징으로서 이들의 일체감을 이끌어낼 수 있었다. 만주의 어원은 범어(梵語)인 만주사리(曼珠師利, Man-zhu-shi-li)에서 나왔다는 설부터 숙신(肅愼)과 주신(珠申) 그리고 만주(滿住) 전음(轉音) 만절(滿節)과 만주(滿主) 등 여진의 존귀한 존칭에서 나왔다는 여러 주장이 있다. 1616년 누르하치가 후금을 세우면서 자신을 만주칸(滿洲汗)이라 불렀다. 이는 원나라의 초대 황제인 쿠빌라이가 수많은 종족을 아우르기 위해 티베트 불교를 보호해 주며 황제를 위한 기도를 받아들이리는 최원(chöyön, 檀越) 관계를 맺은 후 계속 이어져 온 유목민들의 신앙이었다. 달라이라마는 황제의 스승 대접을 받았다. 후일 청나라 순치제는 국사(國師)로 삼았다.

천총 10년(1636년) 3월 심양에서 3족의 대표가 모여 몽골식 대집회 쿠릴타이를 연 뒤 홍타이지를 '황제-칸'으로 선출했다. 내몽골의 16부 족장들은 홍타이지에게 칭기즈칸의 천명이 내린 것을 인정해 몽골어로 '성스럽고 현명하고 인자한 황제'라는 뜻의 '복드-세첸-칸(BogdaSechen-Khagan)'이라는 존호를 바쳤다. 이는 한자어로 번역된 '관온인성황제(寬溫仁聖皇帝)'의 존호와 같다. '천군(天君)'을 뜻하는 몽골어 '텡그리'에서 변화한 우리말의 '단군'과 유사한 뜻이다.

홍타이지의 이런 조치를 계기로 청조는 중국 황제인 동시에 북방민족을 대표하는 칸이기도 한 황제-칸으로 군림할 수 있는 바탕을 마련했다. 원제국 패망 이후 근 300년 만에 다시 황제-칸의 자리에 오른 홍타이지는 국호를 '대청(大淸)'으로, 연호를 '숭덕(崇德)'으로 바꿨다. 역(易)의 논리로 양(陽)이며 불(火)인 명(明)을 잠재우는 것이 음(陰)의 물(水)이 청이라고 했다. 대청의 선포와 '만주족' 탄생은 만·몽·한 3족을 아우르는 통합의 징표였다. 결국 링단(Lingdan, 林丹)으로부터 옥새를 넘겨받아 원나라의 쿠빌라이처럼 중화 왕조의 황제를 계승했다고 주장하였다.

이 황제 즉위식에서 주변국 사신들은 모두 황제에 대한 예로써 절하며 만세를 불렀다. 그러나 조선 사신들만은 "오랑캐에게는 절할 수 없다"라는 대단한 기개와 자만심으로 꼿꼿이 서서 정신적 승리를 맛보았다. 이는 바로 조선 정벌의 빌미가 되었다. 왜곡된 오랑캐 의식으로 무장된 조선 문인들의 무모(無謀)한 용기였다. 지식보다 모략이 승리한다(知而好謨必成)는 전략을 몰랐다. 노신(魯迅)은 《아Q정전(阿Q正傳)》에서 자신이 불리하거나 치욕스러운 상황에 빠지면 죄책감에서 벗어나려는 자기합리화를 통해 위안을 찾으려는 정신승리(spritual victory)가 청나라 후기 민중의 전근대성이라고 하면서 자만심만 크고 과거에 붙잡혀 사는 정신승리를 타파하는 것이 민중혁명의 첩경이라고 했다. 이렇게 약자가 자기합리화를 통하여 강자처럼 생각하는 심리는 이적의식을 강화시켰다.

당시 홍타이지의 황제-칸으로의 변신은 혼인을 통한 만몽 연합을 전제로 한 것이었다. 홍타이지는 링단의 아들 에제이에게 자신의 차녀를 보냈다. 칭기즈칸의 후손이 아니었으나 라마교를 신봉한 타타르 차하르부의 링단은 원제국의 부흥을 기치로 내걸고 쿠빌라이의 전생(轉生)을 주장하며 대칸(大可汗)을 자칭하다가 후금에 밀려 귀화성(歸化城, 내몽골 후흐호트)으로 들어가 재기를 노리고 있었다. 이 결혼은 몽골과 만주족의 결합을 상징했다. 사실 홍타이지가 취한 다섯 명의 몽골 여인 중 두 명은 링단의 미망인이었다. 나머지 세 명은 코르친부(科爾沁部) 출신이었다.

홍타이지는 12명의 딸을 내몽골의 부족장에게 시집 보냈다. 내몽골의 16부가 홍타이지를 아무 이견 없이 복드-세첸-칸으로 받든 것도 이런 결혼정책과 무관할 수 없다. 스페인·네덜란드·영국·독일·

등 유럽의 왕가들이 정략적 결혼으로 하나의 울타리 속에서 성장하여 왔듯이 동양의 왕조들도 부족 또는 종족의 결합으로 창업과 수성을 하였다.

누르하치와 홍타이지는 명이 관리하던 오랑캐 3위를 통합하기 위해 여진과 오랑캐 영역부터 공략하여 만주 전역을 장악하였다. 이때 오랑캐 부족이 대부분 만주족으로 흡수되었다. 몽골과 오랑캐 부족으로서의 지위가 약화된 근본 이유였다.

홍타이지가 칸의 자리에 오른 지 아홉 달 만인 숭덕 원년(1636년) 12월에 병자호란이 일어났다. 사사건건 형제지맹의 맹약을 어기며 배후에서 청에 창을 겨누는 조선을 치기 위해 만주 8기 7만 명과 몽골8기 3만 명을 비롯해 총 12만 명을 이끌고 홍타이지가 친정에 나섰던 것이다. 청군은 이내 임경업이 지키는 의주의 백마산성을 우회해 파죽지세로 남하해 보름이 채 안 되어 개성을 점령했다. 급보를 접한 인조는 황급히 세자와 원손을 강화도로 피신시키고 남한산성으로 들어갔다.

정축년(1637년) 정월 초하루 인조는 문무백관을 거느리고 동쪽 망월봉에 올라 명나라 숭정제(崇禎帝)를 위한 망궐례(望闕禮)를 올렸다. 전쟁 도피 중에도 주군에 대한 신하의 도리를 멀리서나마 지극정성으로 모셨다. 청군은 산성을 포위한 채 각 도에서 올라온 근왕군(勤王軍)을 모두 격퇴시키며 성안의 물자가 떨어지기만 기다렸다. 마침내 청군이 대포를 쏘며 지구전을 부리자 궁지에 몰린 조선 조정은 40일 만인 이듬해인 숭덕 2년(1637년) 1월 2일 항복을 협상키 위해 홍서봉(洪瑞鳳) 등을 청군 진영으로 보냈다. 홍타이지가 인조 이종(李倧)에게 조서를 내렸다.

우리나라 군사가 지난해에 동쪽 우량하이 이족(夷族)을 칠 때 너희가 군사를 일으켜 요격한 뒤에 또 명나라와 협조하여 우리를 해쳤다. 우리가 요동을 얻자 너희는 다시 우리 백성을 불러다가 명나라에 바쳤다. 이에 정묘년에 군사를 일으켜 너희를 친 것이다. 이후 너(爾)는 어찌하여 신하들에게 지시하기를 "정묘년에는 부득이 잠시 기미(羈縻)를 허락한 것이다"라고 했는가?

내외의 제왕(諸王)과 문무대신이 칭제(稱帝)를 권했다는 말을 듣고는 네가 말하기를, "이런 말을 우리나라 군신(君臣)이 어찌 차마 들을 수 있느냐?"고 한 것은 무엇 때문인가? 황제를 일컫는 것이 옳고 그름은 너에게 달린 것이 아니다. 하늘이 도우면 필부라도 천자가 될 수 있고, 하늘이 화를 내리면 천자라도 외로운 필부가 되는 것이다. 네가 그런 말을 한 것 또한 매우 망령된 소리이다. 나머지 소소한 협의는 이루 다 들어 말하기 어려울 지경이다. 이제 짐이 대군을 이끌고 와 너희 8도를 소탕할 것이다. 너희가 어버이로 섬기는 명나라가 장차 어떻게 너희를 구원하는지 두고 볼 것이다.

《서경(書經)》과 《역경(易經)》 등 유가 경전은 하나같이 소위 '천도무친(天道無親)'과 '천명무상(天命無常)'을 강조한다. 하늘은 특별히 누구를 돕거나 해치지 않는다. 오직 스스로 노력하여 덕을 쌓은 자에게 천명이 돌아갈 뿐이라고 했다. 이적 황제의 천하관이었다. 결국 누르하치가 명을 이용하여 여진을 통일해 후금을 세웠다면 홍타이지는 몽골을 이용하여 만주족의 대청을 이루어냈던 것이다. 필부(匹夫)나 이적(夷狄)도 천명을 받으면 황제가 될 수 있다고 보았던 홍타이지는 대원의 후예 몽골이 귀부해 오고 대원의 국새가 자신에게 전해진 것을 천명이 내린 증거로 간주하였다.

후일 옹정제(雍正帝)는 《대의각미록(大義覺迷錄)》을 저술하여 화이론을 반격하며 혈통이 아니라 적덕(積德)에 따라 황제가 될 수 있다면서 화이의 융합을 주장했다. 남송의 명신 악비(岳飛)의 후손 악종기를 설득하여 상대적 개념인 화이관을 극복하려고 하였다. 홍타이지가 모든 종족을 아우르는 만주족으로 융합책을 쓸 때에 만·몽·한 삼족협회(三族協會)를 내건 이후 강희제는 만·몽·한·장(티베트)·회(위그루)의 오족협화(五族協和)로 확대하여 다민족공동체인 대청(大淸)을 내세웠다. 대청은 중화 왕조의 정통을 이어받아 춘추대일통을 가장 크게 확대하여 오늘날 신중국 영토관의 바탕이 되었다. 강희자전을 만들어 문화발전에도 기초를 쌓았다. 8세에 황제가 되어 16세에 친정을 하여 61년을 집권하였다. 천하제일 황제요, 천고 제일의 황제였다.

적진을 드나들며 시간을 벌고 인조의 심양 압송을 막아낸 최명길(崔鳴吉, 1586-1647)은 신복(臣服)과 화친을 주장했다. 이에 반대하며 윤집 등 척화파는 결전을 주장했다. 항복문서를 찢은 김상헌(1570-1652)은 의(義)를 내세우며 끝까지 버티며 목을 매었는데 아들이 구했다. 인조가 성 밖으로 나아가 삼전도에서 항복한 후 7일을 더 머물다가 인조를 따르지 않고 고향으로 내려갔다. 성 밖으로 한 걸음이라도 나갔다면 순리에 역행하는 일이다. 원수를 떠받들고 상국(上國) 명(明)을 범하는 일은 옳지 않으니 임금의 명이라도 따르지 않는 게 순리라 여겼다.

제후 국왕을 버리고 황제만 따르는 의리였다. 황제에게만 충효를 바치는 유명(有明) 조선인이었다. 그는 홍타이지의 명에 따라 홍타이지의 동생 도르곤에 의해 심양으로 압송되면서 시조 한 수를 읊었다.

"가노라 삼각산아 다시 보자 한강수야, 고국산천 떠나고자 하냐 마는 시절이 하 수상하여 올동말동 하여라."

그해 가을 인조가 말했다. "나라가 어지러우면 같이 죽겠다는 말을 하였으므로 나도 그리 여겼다. 그런데 그는 나를 버리고 젊고 무식한 저들 앞에 섰다." 송시열도 인조를 따르지 않았다. 경기도 남양주에 있는 김상헌의 묘비에는 유명조선(有明朝鮮) 문정공 청음 김상헌이라 새겨져 있다. 유명조선은 황제국 명나라의 조선이라는 뜻이다. 그리고 연호는 숭정 기원후 42년(1669년) 기유 4월로 썼다. 이와 반대로 최명길은 조선상국(朝鮮相國)으로 썼다.

조선의 오랑캐 천하

조선은 결국 왕이 세 번 무릎 꿇고 아홉 번 이마를 땅에 조아리는 삼궤구고두례(三跪九叩頭禮)를 올리는 삼전도의 굴복으로 청나라의 신하국이 되었다. 1627년 정묘호란 때 맺은 형제지맹을 지키며, 중원 정세를 지켜보는 지혜만 있었어도 1636년의 병자호란과 삼전도의 국치는 막을 수 있었다. 오랑캐라는 정치 이데올로기의 중독 정도가 어느 정도인지를 교훈적으로 알려주고 있다.

선비들은 양명학에 밝은 최명길을 소인배의 매국노로 매도하며 '삼한을 이적으로 만든 자' 또는 '금나라와 화친을 체결한 송나라의 진회(秦檜)보다 더한 간신'이라고 비난하였다. 사람들은 오랑캐에게 고개 숙인 인조를 더럽다며 오군(汚君)이라고 하였다. 관직을 받고도 핑계를 대고 낙향하거나 달아난 자가 속출하였다.[45]

노론의 영수 존주주의(尊周主義)자 송시열은 최명길이 이익만 알고 의리를 잊은 사람으로 규정하며 맹자의 의리론(義理論)을 들먹였다. 붓으로만 떠드는 정신승리뿐이었다. 그리고 사대와 성리학 강화로 돌아섰다. 결국 조선은 은혜로운 아버지 같은[恩猶父子]46 명을 배신하면서 오랑캐의 청나라와 군신 관계를 맺음으로써 조선은 오랑캐 천하가 되었다.

1637년 2월 2일 홍타이지의 동생 도르곤이 소현세자를 볼모로 데리고 갔다. 사대할 명은 없어지고 복수해야 할 오랑캐는 강하게 일어나고 있었다. 중화의 정통을 이어받은 청(淸)은 모든 법제를 주례에 맞추었다. 그러나 조선은 굴하지 않고 정신승리로 존화양이(尊華攘夷)하며 대명(大明) 천하의 종주국임을 자처하며 조선중화(朝鮮中華)를 내세워 소화국(小華國)이 되었다.

이후 중국 영역 외에 동주(東周)가 부활하여 역사 기록에 그 명맥을 이은 것이 조선동주(朝鮮東周)다. 춘추의 서주, 전국시대의 동주, 북주, 당주, 후주, 장주, 오주 다음에 연속되어 나타난 것이 명나라의 적통으로 그 정통과 종통을 이어받았다는 것이 영조 시대의 동주완성론이다. 정도전(鄭道傳)이 기획하여 동주(東周)의 기반을 닦은 이후 조선은 기자정통(箕子正統)의 춘추대일통을 국시로 하였으며, 주무왕(周武王)에게 홍범(洪範)을 제언한 기자를 흠모하여 조선을 동주로 만들겠다고 선언하였다. 주례에 따라 동방예의지국(東方禮儀之國)으로 발돋움하여 영조(英祖)에 의해 동주가 완성된 것이다. 역사상 주나라가 등장하였던 시기를 보면 다음과 같다.

주나라는 후직(后稷)의 후손 고공단부(古公亶父)가 섬서성 남부 주원(周原)에 정착한 주읍(周邑)으로 상나라의 제후국이었다. 무왕이 주나라를 건국하여 수많은 제후들을 동방지역에 분봉하여 은유민(殷遺民) 및 주변의 다른 이족(異族)을 관리하며 지원 감시하기 위해 낙읍(洛邑:河南城 洛陽 부근)을 건설하였다.

주공(周公)이 동정(東征)에 참가하였던 소공석(召公奭)으로 하여금 주나라의 제2도(第二都)를 건설하였는데 이 낙읍이 완성되자 주공 자신이 여기에서 동방정책을 추진하였다. 이에 따라 낙읍은 서주 시대에 정치, 군사, 경제적 중심지가 되어 주대(周代)에는 이 낙읍(洛邑)을 성주(成周)라 하였으며 주 왕실의 종묘(宗廟)가 있던 호경(鎬京)은 종주(宗周)라 하였다. 따라서 호경이 서주(西周, bc1046-770)와 낙읍의 동주(東周, bc770-256)로 구분한다.

북주(北周)는 557년 공제의 선양을 받아 우문각(宇文覺)이 건국하였는데, 우문주(宇文周) 또는 호주(胡周)라 부른다. 581년 정제(靜帝)가 양견(楊堅)에게 선양하였다.

당주(唐周) 또는 무주(武周)는 당나라 때 측천무후(則天武后)가 세웠던 주나라로 진(秦)나라처럼 15년간 지속되었던 여황제 시대였다. 중국 역사상 가장 강성하며 찬란한 문화를 창달한 시기였다.

후주(後周)는 오대시대(五代時代) 후량(後梁), 후당(後唐), 후진(後晉), 후한(後漢)에 이어 있었다.

장주(張周)는 원명(元明) 교체 시기에 군벌 장사성(張士誠)이 소주(蘇州)에 세웠던 할거 국가로 대주국(大周國)이라 했다. 주원장과의 파양호(鄱陽湖) 전투에서 대패하여 원에 투항했다가 절강성 회동(淮東)에서 오왕(吳王)이라 칭했으나 주원장에게 멸망했다.

오주(吳周)는 명말 청초에 오삼계(吳三桂)가 1673년 삼번의 난 이후인 1678년 3월 황제를 칭하며 청에 저항했던 주나라였다. 연호는 조무(昭武)라 했다. 1681년 10월 2일 청에 흡수되었다. 즉 남명(南明)이 무너진 후 삼번에 대한 강희제의 번(藩) 철폐가 시작되었다. 운남성과 귀주성의 오삼계(吳三桂), 광동성과 광서성의 상가희(尙可喜), 복건성의 경중명(耿仲明)은 청의 연합군과 함께 북경을 점령하여 명을 무너뜨린 이자성(李自成)의 난을 진압한 공으로 각각 번에서 왕으로 군림하였는데 강희제가 토벌에 나섰던 것이다. 토사구팽이 되어 멸만흥한(滅滿興漢)의 단초가 되었다. 후한 시대 왕망(王莽)의 신국(新國)도 주례에 의한 천하체계를 구축하려고 주나라를 본받았으며 송나라도 그 뿌리를 주나라로 하였다. 명나라도 주례에 의한 춘추대일통을 이루어 태평천하를 달성했던 한나라의 정통을 이어받았으니 주천하(周天下)는 계속되는 것이다.

영조는 1764년 천하 유일 중화 적통을 조선이 받아 동주가 되었다며 "황조의 일월인 우리 동국이 대명이다"(皇朝日月我東大明)이라는 글귀를 인쇄하여 신하들에게 돌리기도 하였다. 소화(小華)의 자칭 명칭이 동주이다. 중화의 정통과 종통이 조선에 와서 엇갈렸다. 청나라는 이한치한(以漢治漢)으로 한족 중국을 이어받았다. 청나라가 중화 정통 왕조가 되었는데 조선은 이를 부정하며 중화 전통이 조선에 있다는 정신 승리를 선포한 것이다.

청은 스스로 중화의 정통 후계자임을 선포하였으며, 강희제와 건륭제는 가장 찬란한 한문화를 꽃피웠으며 예치 중심의 춘추대일통 천하를 가장 크게 확장하여 대중화 제국을 만들었다. 조선이 이를 부정하며 스스로 명의 적통임을 주장하는 기이한 현상이 나타난 것이다.

아울러 영조의 '동주' 다음에 개혁 군주이면서 군주가 하늘을 대신하여 백성을 가르치는 군사(君師)였던 정조 시대에 성리학은 완벽한 유일 정치이념으로 정착되었다.

18세기는 세계적인 변혁기였다. 중국은 청나라 강희, 건륭제의 전성기로 고증학의 발달과 서구 문물의 유입이 이루어지던 시기였다. 일본은 네덜란드, 포르투갈과 교류하며 부국강병의 기틀을 만들었다. 조선에서도 서학(西學)과 과학의 기미가 싹틀 때다. 그러나 모든 학문통제를 본격화하며, '자신이 만천하를 밝히는 달과 같은 존재(萬川明月主人翁)'임을 자처하던 정조는 정약용과 박제가 등 북학파들의 청나라 문물과 학문 유입 기도를 초기에 진압하며 청의 서적 수입 및 인적교류를 금지시켰다.

정조실록 1787년 음 10월 10일 기록에는 "성리학적 기강을 문란케 하는 모든 학문 서적을 금지시키며, 유입된 서적을 불태우는 조치와 함께 연루된 자는 처벌하였다. 철저한 예치(禮治)의 서막이었다. 1792년에는 청나라 서적 일체를 금지시켜 이단 서학의 유입통로를 막아버렸다.

그리고 정조실록 1792년 음 10월 19일에는 경박하고 낡은 문체를 고치고 금하라는 돈혁구체(頓革舊體)를 선언하였다. 문체반정(文體反正)이다. 이러한 문체반정은 잡문(雜文)이나 소설의 문체를 배척하며, 숭유중도(崇儒重道)나 정통 성리학의 순정고문(醇正古文)만을 구현하려 하였다.

박지원의《열하일기(熱河日記)》등도 금지시켰다. 공리공담 허례허식이 만연하였다. 문체반정책으로 규장각(奎章閣)을 창설하여 정학(正學)과 경학(經學)인 주자백선(朱子百選), 춘추(春秋), 사기영선(史記英選) 등을 편찬하여 강론하였다. 성리학의 절정기였다.

건국 이래 통치 이념인 성리학을 보다 완벽하게 옹호하여 왕권을 강화하려는 정략과도 일치하였다. 결국 성리학의 자구 하나 토씨 하나라도 고칠 수 없는 사문난적(斯文亂賊)과 위정척사(衛正斥邪), 파사현정(破邪顯正)의 단초가 되었다.

그러나 일찍이 왕권 강화론자인 순자(荀子)가 자사와 맹자를 편협하며 규범이 없다고 비판한 것과 비교된다. 나라가 공(公)보다 선비 중심의 사(私)가 우선되기 때문이다.

이런 와중에 존주주의의 거두인 동방 송자(宋子) 송시열의 제자들이 중화의 햇살이 화려하게 내리쬐는 화양동(華陽洞)에 만동묘를 만들었다. 명나라 황제 신종(神宗)과 의종(懿宗)의 위패를 모시며 만절필동(萬折必東)을 되새겼다. 명나라를 기리며 가평의 조종암(朝宗岩) 옆에 새겨진 선조의 글씨인 만절필동을 줄인 말이다.

만절필동(萬折必東)

원래 만절필동(萬折必東)은 순자 유자편(荀子, 宥子編)에 나오는 공자의 말이다. 공자가 천하를 주유할 때 황하강을 멍하니 바라보는 공자에게 왜 강을 건너지 않고 강물만 바라보느냐고 물으니 "물의 이치를 생각한다. … 만 번을 꺾여 흐르지만, 반드시 동쪽으로 흐르니 이는 사람이 사는 의리(義理) 같구나(其萬折必東似志)라면서 의리를 지키는 충절(忠節)의 표본과도 같다"고 한 것이다.

중국 땅이 서쪽이 높고 동쪽이 낮은 서고동저(西高東低)로 물은 기필코 동쪽으로 흐르게 되어 있다. 존주주의자들은 청나라에 정복된 명나라의 전통을 이어받아 동주가 된 것을 자랑스럽게 여겼다. 만절필동은 사필귀정(事必歸正)이라는 뜻과도 통한다. 후일 강태공의 후예라는 노영민 주중한국대사는 신임장을 제정할 때 방명록에 만절필동(萬折

必東) 공창미래(共創未來)라는 대련을 썼다. 미래까지도 함께 창조하자는 다짐이다.

국회의장 문희상은 '만절필동(萬折必東)'이라는 서예 작품을 미국 국회의장인 펠로시에게 증정하였다. '만절필동'은 황제에 대한 변함없는 충성심을 가진다는 뜻이다.

▲ 문희상 前국회의장

만동묘를 올라가는 돌계단은 경사가 75도로 가파르다. 개처럼 기어서 올라가도록 예법에 맞게 만들었다. 대원군(大院君)이 어릴 때 화양동 만동묘를 어깨 바르게 펴고 들어가려고 하다가 원유(院儒)에게 꾸지람을 들었는데 권력을 잡고 나서 그 한을 풀려고 그 원유를 때려잡고 화양동 서원을 제일 먼저 철폐하였다. 편협하다는 평을 들을까 하여 600여 개의 사원과 사우(祠宇)를 대부분 철폐하여 48개만 남겼다. 위폐는 대보단으로 옮겨졌다(梅泉野錄 제1권, 1984).

주자가례(朱子家禮)는 경전과도 같은 권위를 가지며 조선 사대부들은 일상생활의 철저한 규범으로 받아들여 조금도 어기지 않으려 하여 중국인들이 기괴하게 여겼다. 예송논쟁(禮訟論爭)은 송시열이 주도한 효종의 적자 정통성 논쟁이다. 번잡한 예(禮)도 권력투쟁의 도구가 되었다. 한국 정치문화의 권위주의적 행태가 형성되며 족벌정치의 뿌리가 되었다.

이는 춘추전국시대를 배경으로 하는 예가 아니면 듣지도 보지도 움직이지도 말라며 극기복례(克己復禮)를 들고 나타난 공자의 원유학과는 그 소질이 다르다. 원유학은 전국시대의 초기에 전란에 휩싸인 어지러운 세상을 바로잡기 위해 실천적 현실문제를 다루면서 왕권 강화를 통한 태평성대를 이상사회로 설정하였다.

이에 반하여 철학자나 사상가이기보다는 주석가인 주희는 맹자의 성선설을 바탕으로 한 성군(聖君) 논리로 신권(臣權) 중심의 정치 논리를 전개하였으며 의(義)를 중시했다. 역성혁명을 정당화하였다.

주희의 후예를 자처하든 주원장이 열불나게 주희를 배척하며 문자옥(文字獄)을 일으킨 원인이 되었다. 명사(明史) 전당전(錢唐傳)의 기록에 의하면 주원장은 자신의 출신이 가난하고 천하여 어릴 때 절에 의탁했던 것과 홍건적에 참가한 것들에 대한 콤플렉스로 승(僧), 적(賊), 도(盜)를 혐오하였으며 맹자의 "군주가 신하를 흙 티끌처럼 여기면 신하도 군주를 원수처럼 여긴다"(君之視臣如土芥 則臣視君如寇讎)는 구절 등 80여 곳을 삭제한 맹자절목(孟子折目)을 과거시험 과목으로 삼았다 한다.

또한 성리학은 도교와 불교 심성론의 영향을 받아 실천적이며 현실적 논리가 아니라 공리공담의 요소가 주류를 이룬다. 서양의 사변철학과도 다른 관념론에 치우쳐 있다. 조선 성리학은 여기에 더하여 교조주의적 유일사상으로 변질되어 예치의 도구화로 돌연변이 현상이 나타났다. 절대 진리였다. 실사구시의 학문과는 동떨어진 지배계급의 정치 이데올로기로 변질되었다.

화이준별과 오랑캐 의식

다음으로 성리학에 내재 된 한족 중심의 혈통주의는 배타적이며 우적(友敵) 분별과 갈등 조성의 요인이 되었다. 화이준별(華夷峻別)이다. 남송 시대의 금나라에 대한 저항의식과 반발심리가 작용했지만, 대동(大同)이나 대일통과는 상반된다.

이러한 화이준별이 천조체계 속의 조선에서는 왜곡된 '오랑캐' 의식으로 나타나 참으로 기괴한 종족 배타주의가 형성된 것이다. 이적(夷)으로 여겨지는 조선족(東夷)이 이적을 무찌르자며 적개심을 나타내는 자가당착이 일어난 것이다.

주희는 사마광의 자치통감을 재해석하며 자치통감강목을 저술하였다. 사마광은 형세 중심으로 위나라 중심으로 정치사를 썼는데, 한족 편인 주희는 이를 뒤집어 한족의 후예 유비를 정통으로 기술하였다. 이러한 성리학이 원유학과의 판이한 소질로 인하여 일본과 서구학자들은 신유학(新儒學, Neo Confucianism)이라 한다. 5·4운동 이후 잠시 사용된 현대적 유학 논의가 포함된 '현대신유학(new confucianism)'과는 구별된다.

전국시대의 백가쟁명, 한대의 경학, 위진남북조 시기의 노장·현학, 수당 시기의 불교 전성기를 지나 성리학이 새로운 유학으로 원유학의 정통성을 회복 유지했다는 것은 유학의 진면목을 왜곡한 것이다. 실천유학과 관념적 유학은 그 결이 다르다. 이를 극복하려고 나타난 것이 바로 16세기 왕양명(王陽明)의 실천 유학인 양명학이다. 청대의 고증학이 양명학과 함께 번성하였다면 조선에서는 중국에서 쇠퇴한 성리학이 더 극성을 부렸다.

청나라가 조종으로 삼은 심즉리(心卽理)로 지행합일(知行合一)을 우선으로 하는 왕수인(王守仁)의 양명학(陽明學)보다 성즉리(性則理)로서 궁리(窮理)의 이론 중심인 예교(禮敎)를 중화주의의 절대적 기준으로 삼은 주희(朱熹)의 성리학(性理學)에 중독된 조선의 유교(儒敎)는 중국의 유가(儒家)나 일본의 유학(儒學)과 다르게 종교적이며 권위주의적 정치 이데올로기화되었다.

극단적 대명의리(大明義理)와 춘추대의(春秋大義)에 빠져 조선을 소화로 자처하며 중화의 화석지대(化石地帶)로 만들었다. 즉 정희대비의 수렴청정과 훈구대신들의 견제에서 벗어나 자신의 왕권을 강화하려던 성종이 과거로 뽑힌 사림세력을 강화하여 성리학적 지배체계를 구축한 것이다. 사림은 김종직이 이끌던 유가적 관리로 구성된 정치세력을 이르는 말이 되었다. 성리학을 토대로 한 법전인 경국대전을 만들어 철저한 화이관과 인(仁)·자(慈)보다는 충효의 예치로 수직적 정치문화를 강화하면서 성리학만의 단일정치 이데올로기로 신권이 강화되었다. 또한 성리학은 정치를 천리(天理)의 실현으로 보아 인륜이 바로잡힌 예치 국가로 태평성대를 이루어간다는 것이다. 따라서 정치를 도덕적 관점으로 보면서 '인민'에 대한 특별한 세계관을 가진다. 민심이 천심이라며 누구나 권력을 잡으면 민심을 핑계로 법치보다는 인치를 한다.

조선 초기 세종처럼 훈구대신들의 지원을 받아 실용적 정책을 추진하면서 유목적 능력 본위로 인재를 등용했던 실용주의 시대가 지나면서 사림이 등장한다. 감정 노출이 심한 박지원의 소탈한 문체를 트집 잡아 성리학을 더욱 공고하게 하면서 구문(舊文)만 쓰도록 문체반정(文體反正)을 일으켜 왕권을 강화하려 한 성리학 근본주의자 정조대왕(정종) 이후 권력과 학문을 독점한 조선의 유림(儒林)들은 성리학적 질서에 기반한 권위주의적 도학정치(道學政治)로 치달았다.

삼강오륜과 삼종지도로 남성 우위와 관존민비, 사농공상의 계급적 양반 문화가 풍미하게 되었다. 이는 결국 사색당파와 인조 이후의 사림 갈등으로 이어져 족벌 세도정치의 온상이 되었다. 공자와 맹자의 고향인 추로지향(鄒魯之鄕)이 나타나며 노성(魯城)과 니산(尼山), 구산(丘山)이 생겨났다. 기자 정통의 나라답게 단군은 물밑으로 흐르는 원류일 뿐이었다.

이황(1501-1570)은 기자(箕子)가 문자를 가지고 동방에 온 후 개명하기 시작했다며 기자 정통으로 주희의 화이준별(華夷峻別)을 따랐으며 대일통의 중화 천하일가를 당연시하였다. 사대중화는 변하지 않는 조선의 정치이념이었다.

조선의 공식적인 지배이념인 주자의 성리학적 정통성을 확립했던 이황은《퇴계전서》8권 55항에서 "춘추대일통(春秋大一統)은 곧 천지의 상경(常經)이요, 고금의 통의(通義)이고 대명(大明)은 천하의 종주(宗主)이니 변방의 모든 나라들이 신속(臣屬)하지 않을 수 없다"라고 하였다. 한나라 동중서(董仲舒)의 〈동중서전〉에서 한 말이다.

화이관에는 정통론이 있으며 정통론은 화이관을 심화시킨다. 그러나 화이관은 중원의 주도권을 누가 쟁취하느냐에 따라 정통론이 바뀌어질 수 있다. 남북조 시대의 남조 한족이 동진인 16국을 이적 또는 색로(索虜)라 했지만, 북조인 역시 남조인을 인정하지 않았다.

한족(漢族) 국수주의자이며 순수 혈통적 종족주의자인 주희는 이적(夷狄)을 금수보다 못한 야만족으로 적대시하였다. 이황은 스스로 주희와 동일시하며 자신을 중화대일통의 천하일가로 보아 왜곡된 오랑캐 의식으로 이적을 배척했다.

어머니 춘천박씨가 공자와 그 제자들이 함께 성림문(聖臨門)을 통해 집으로 들어오는 꿈을 꾸고 태어났다는 그는 류성룡과 김성일 등 수많은 제자들을 길러내어 퇴계학파를 이루었다. 주공(周公)을 꿈꾸며 살았다는 정몽주(鄭夢周)를 능가하는 꿈이다.

그 당시 대부분의 유학 관료들의 화이관을 학봉 김성일(金誠一)의 문집을 통해 알아보면 다음과 같다. 학봉선생집(鶴峯先生集) 권5에는 변함없이 정성스러운 사대(事大)를 통해 얻은 명과의 특수관계는 부자관계(父子關係)이며 천하일가로 다른 외이(外夷)들과는 다른 자존심이라 하였다(皇明乃我朝父母之國也我殿下畏天之敬事大之誠終始不貳故北望神京 … 豈不知我邦一家於天朝乎).

1590년 4월 (庚寅) 일본 통신사행(通信使行) 부사(副使)로 참여해서는 "더럽도다. 야만국들 풍속은 거칠고 신의는 본디부터 안중에도 없어 배 타고 온 사신 감히 업신여기네"(학봉집(2)詩有感)라는 시를 썼다. 우국충정에 불타는 충성심과 자존심이 오랑캐 배척 의식으로 나타난 것이다.

그리고 동행했던 서장관(書狀官) 허성(許筬)에게는 다음과 같은 서한을 보냈다.

"지금 와서 볼 때 우리나라는 중국과 같고 도왜(島倭)들은 사실상 오랑캐입니다. 대국(大國)의 사신으로서 '하찮은 오랑캐'[小醜]에게 굴복하여 그들의 능멸과 무례함을 보고서도 오히려 그것을 치욕으로 여기지 않고, 도리어 중한 체모를 하찮고 사소한 것으로 여기니, 이것은 또한 춘추의 뜻과 다르지 않겠으며 또한 한유(漢儒)의 소견과 다르지 않겠습니까. 이것이 바로 내가 이른바 '하나만 알고 둘은 모르며 기러기발을 아교로 붙이고서 비파를 타는 격'이라고 이르는 것입니다. … 우리들이 개돼지의 소굴에 들어와서 개돼지와 뒤섞여 행세가 고단한데 그 위태로움이 심하다고 할 수 있습니다."47

예의와 체모(體貌)를 내세워 기방(箕邦)에서 온 자부심을 드러내려고 했는데 대국 사신에 대한 푸대접에 분노 폭발하여 왜놈들을 원숭이, 쥐 도둑으로 몰아붙였다. 기방(箕邦)은 기자(箕子)의 나라라는 뜻이다. 당시 일본은 서양 문물을 받아들여 조총으로 무장한 군인들을 앞세워 중국을 정벌하고 인도 지나를 공격하려는 준비를 하고 있을 때였다. 정사인 황윤길(黃允吉)의 정세 판단과는 다를 수밖에 없었다.

도학의 성리학은 이학(理學), 주리학(主理學) 또는 명리의리학(命理義利學)이라고도 하며 학자의 이름을 따서 정주학(程朱學) 또는 주자학(朱子學)이라고 한다. 우주의 생성과 인간성과의 관계를 태극설(太極說), 이기설(理氣說), 심성론(心性論), 성정론(性情論)으로 다루며 훈고학을 뛰어넘은 신유학(新儒學, neo confucian)이라 한다.

그러나 원나라 때 고려에 유입된 성리학은 화이일체의 정치 이데올로기화한 원 중심의 북방 성리학이었다. 안향(安珦)이 유학을 처음 들여온 이후 고려왕과 심양(瀋陽)의 봉지를 받아 심양왕까지 겸임한 충선왕의 도움을 받아 만권당을 통해 이재현, 박충좌, 백의정 등에 의해 고려로 유입되었다. 따라서 고려의 성리학은 역학을 동방에 들여온 예안 출신 우탁(禹倬, 1262-1342)의 영향을 받아 독특한 성리학을 발전시킬 수 있었다.

퇴계의 이기호발설은 역학적 발상이다. 정몽주는 우탁을 동방사림의 조종(祖宗)이라고 했으며 이황은 1570년 안동에서 역동서원(易東書院)을 창립하여 후학들의 사범(師範)으로 삼았다.

원래 유학은 마음(心)의 극단인 불교나 기(氣)의 극단인 도가(道家)를 극복하며 이기(理氣)를 통해서 천리(天理)와 인성을 이해하려고 하였다. 그러나 조선의 성리학은 변질되어 교조적이며 이(理) 중심의 훈고학적 유교로 정착되었다.

명나라에서 새롭게 꽃 피고 있던 양명학(陽明學)도 내치며 새로운 시대적 변화에 적응하려는 학문적 분위기도 막아버렸다. 일리(一理)에

만 집착하며 다원적 진리를 거부하면서 주희에 대한 도를 넘는 집착과 숭배로 넘쳐나 그의 교리에 붙잡혀 원래의 공자 유학이 신비화되고, 종교적 신념으로 추앙되는 유교로 변전되었다.

이는 조선 전기 세종 때까지 지켜지던 실용성과 창의성을 약화시켰으며, 후기로 넘어가면서는 경직된 단순 원리주의에 의해 권위주의적 정치 문화가 초래되어 사회의 정체를 유발하게 된 원인이 되었다. 성리학에 대한 맹신이 자기 확신으로 이어져 자만심과 우월감으로 오도된 오랑캐 의식과 함께 아집과 옹고집으로 새로운 지식을 배척했던 것이다. '날마다 새로움[日新又日新]'으로 온고지신(溫古知新)을 내세워 항상 새로움으로 새로운 시대에 변화 적응하려고 했던 공자의 원래 중용지도는 외면하고 주(周) 시대의 응고된 복고주의에 몰두하며 불변의 훈고학적 태도로 학문(學問)의 본래적 요소인 물음(問)은 배제되었다. 오직 '공자 가라사대[子曰]'만 고집스럽게 권위주의식으로 훈육되며 암기에만 열중했던 것이다.

수천 년 전의 언어가 현대의 언어 그대로 답습되는 화석지대가 되고 말았다. 청출어람(靑出於藍)의 학문 풍토보다는 성현의 말씀만 순종하면서 선생님의 말씀만 되새기는 단순사회 분위기였다. 그리스의 소크라테스, 플라톤 그리고 아리스토텔레스처럼 항상 새로운 학설로 선생을 능가하는 학문을 추구했던 서양에서의 학문적 자유 같은 것은 존재하지 않았다. 아리스토텔레스는 플라톤의 철인(哲人)에 의한 철인정치를 철인과 함께 깨어있는 시민과의 상호작용 정치를 이상사회의 목표로 삼았다.

《논어(論語)》는 문(問)과 왈(曰)이 어우러진 토론(討論)과 값진 논리(論理)의 보고이다. 유학의 바탕인 토론 없이 사문난적의 극단적 논쟁으로 편가르기만 난무하는 양극화 풍토를 극복해야 한다. 논어의 진면목을 새롭게 인식하며 훈고학적 성리학과 함께 양명학도 관찰할 필요가 있다.

청나라와 장백산

그러나 조선 시대의 존주주의와 중화 사대주의나 한국인의 무의식적 중화 사대와는 다르게 홍타이지가 꿈꾸었던 것은 아구다와 칭기즈칸이 이루어냈던 이천하(夷天下)였다. 그 증거물이 "대청(大淸) 숭덕 원년 겨울 12월에 관온인성황제(寬溫仁聖皇帝)께서 진노하여 군대를 거느리고 오셨다. 우리 임금은 두려워하기를 마치 봄날에 얼음을 밟고 햇빛을 기다리는 듯이 하였다"로 시작되는 예문관 부제학 이경석의 글이 새겨졌으며 1639년 11월 완성되어 12월에 삼전도에 건립된 '대청황제공덕비'이다.

중국 역사상 가장 넓은 땅을 영토로 하면서 강희·건륭 시대처럼 가장 찬란한 문화를 창조한 것은 오랑캐 여진의 천하였다. 오늘의 중국을 중국답게 만들어 놓은 것은 청나라였다.

여진 부족이 대제국 청나라를 건설한 후에도 여진 부족의 정체성을 지키려고 노력하였다. 한만합벽(漢滿合璧)으로 공문서는 만주어로 원문이 작성되고 그것에 중국어를 덧붙여 쓰도록 하면서까지 여진문자를 쓰려고 했으나 압도적 한(漢) 문화의 영향으로 대다수의 지배층이 한화(漢化)되어 오히려 조정에서 만주어를 통역까지 하였다.

청의 세조가 북경으로 천도하자 청의 정치적 중심 세력이 북경으로 이동하고 만주 지역의 여진족들이 따라서 이주함으로써 만주 대륙이 점점 공동화되었다. 청나라 조정의 발상지가 황폐화되자 강희제(康熙

帝)는 봉금(封禁) 정책을 강화하여 한족(漢族)과 몽골, 조선족에 대해 이 지역의 출입을 하지 못하도록 하였다.

특히 강희제는 "장백산은 열조 발상의 성지로서 중요한 곳이므로 장백산 산신에게 봉호를 하고 받들어 모시도록 하고 나라가 보살핌을 하라"는 뜻도 밝혔다. 장백산은 여진족의 성지였다. 여진의 정체성을 지키려고 문화 부흥을 꾀하였다.

1677년 청나라 강희제는 대신 우무나(武黙纳)외 4명을 장백산에 처음으로 파견해 5월 베이징에서 장백산으로 출발한 일행은 같은 해 6월 오라 지방(현재의 길림)을 거쳐 백두산 남서쪽에서 산을 올라 6월 17일 정상에 도착했다고 역사에 기록되어 있다. 다음날 하산하여 8월에 베이징으로 돌아와 4개월에 걸쳐 황제의 사절단 방문 명령을 완수했다. 이 조사 결과를 강희제에게 보고했다.

"숲이 끝나면 마치 심은 것처럼 하얀 자작나무가 있고 향목의 삼림이 빼곡하고 노란 꽃이 찬란합니다. 구름과 안개가 자욱한 산에서 멀리 떨어진 숲에서 벗어나면 아무것도 볼 수 없습니다. 근처에서 지형이 꽤 둥글고 하얀 빛 조각, 모든 얼음과 눈을 볼 수 있습니다. 산 정상에는 다섯 개의 봉우리가 천지를 둘러싸고 우뚝 서 있습니다. 천지의 푸른 물은 맑고 잔잔하며 천지 호반에는 풀이나 나무가 없습니다(自林尽处有白桦木，宛如栽植，香木丛生，黄花灿烂。步出林处，远望云雾迷山，毫无所见。近观地势颇圆，所见片片白光，皆冰雪也。山顶有池，五峰围绕，临水而立。碧水澄清，波纹荡漾，池畔无草木)."

8세의 나이에 황제 자리에 오른 강희제가 재위 16년째를 맞이하던 해였다. 이때는 장성해 나이 24세였다. 청의 4대 임금인 강희제는 청조의 발상지로 전해오던 백두산에 관심이 많았다.

간도 연구가인 김득황 박사의 저서《만주의 역사》에는 이 부분이 잘 나타나 있다. 당시 강희제는 삼번의 난을 완전히 평정한 후 영토확장에 눈을 돌렸다. 이 중 하나가 백두산 지역이었다. 1684년 강희제는 러추(勒楚)로 하여금 백두산을 탐사토록 했다. 하지만 러추 일행은 백두산을 탐사하는 데 실패했다. 러추 일행은 압록강 상류의 삼도구(三道溝)에서 측량하다가 강을 넘어온 조선 백성들을 향해 총을 쐈다. 조선 백성 역시 가만히 있지는 않았다. 조선인 사냥꾼이 쏜 총에 러추가 맞아 부상했다. 1685년 청은 조선 정부에 문서를 보내 강력히 항의했다. 이때 붙잡힌 백성이 한득완(韓得完)이었다. 한득완과 그 무리들은 결국 사형을 당했다.

1710년 조선의 이만지 일행이 청인을 살해했을 때도 청의 조정은 사건 조사를 빌미로 백두산을 탐사하고자 하였으나 조선 관리의 거부로 실패했다. 1712년에 청은 노골적으로 백두산 탐사의 야욕을 드러냈다. 청의 조정에서 공식적으로 문서를 보낸 것이다. 오라총관(烏喇摠管) 목극등(穆克登) 일행을 보낼 것이니 협조해달라는 것이었다. 청의 야욕은 백두산에만 있었던 것은 아니다. 청은 이참에 조선과 청의 국경선을 긋기를 원했다. 청의 역사서인〈청사고(淸史稿)〉에서 1711년 다음과 같은 구절이 나타난다.

1711년(강희 50년) 5월 황제가 대학사에게 유시하기를, "장백산의 서쪽은 중국과 조선이 이미 압록강을 경계로 삼고 있는데 토문강은 장백산 동쪽 변방에서부터 동남쪽으로 흘러 바다로 들어가니 토문강의 서남쪽은 조선에 속하고 동북쪽은 중국에 속하여 역시 이 강으로 경계를 삼도록 하였다. 그러나 압록과 토문 두 강 사이의 지방은 그것이

어디에 속하는지를 확실히 알지 못한다"라고 하였다. 이에 목극등을 그 곳에 파견하여 국경을 조사하게 했다.

강희제(재위 1661~1722년)는 청나라의 제4대 황제로 성은 애신각라(愛新覺羅), 휘는 현엽(玄燁)이다. 그는 중국의 역대 황제 가운데 가장 긴 62년의 재위 기록을 보유한 황제로 명군 중의 명군으로 알려져 있다. 강희제는 중국 역사상 전례가 없는 영토를 보유하는 위업을 이룩한 황제이기도 하다. 1689년 청나라와 러시아 사이에 네르친스크 조약이 체결됐다. 이 조약으로 청나라는 흑룡강 및 동북쪽의 영토를 포함한 국경선을 확정했다.

이 당시 시베리아는 몽골족 타타르의 영토였다. 러시아가 유럽에 담비 가죽과 모피를 수출하려고 카자크족 약탈범들을 이용해 원주민 타타르족을 잔인하게 제거하며 영토를 넓혀오는 과정이었다. 러시아는 만주 지역과 연해주에 항상 눈독을 들여왔다. 국경분쟁 때 조선군이 참여하기도 한 안타까운 역사가 있다. 북벌을 노리던 조선 효종과 청 순치제 시기의 나선정벌이었다. 이 조약은 중국 역사상 최초로 맺어진 국제평등조약으로 "하늘 아래 모든 땅은 황제의 것이다" 혹은 "세상의 모든 이는 황제의 신하다."라는 전통적인 중화사상에 반하는 성격을 띠고 있다.

강희제가 명군으로 칭송받는 데는 그가 단순히 가장 넓은 영토를 확보했기 때문만은 아니다. 그는 소수의 만주족이 다수 한족의 반감을 사지 않게 그들을 통제하고, 거대한 제국을 성공적으로 통치하는 데 온 노력을 기울였기 때문이다.

우선 그는 한족의 문화를 받아들이고 학문을 중시했다. 그는 특히 주자학에 열중해 스스로 유학자의 삶을 살고자 했다. 조정 대신들과 경연이나 조회에서 유교 경전을 논하는 것을 즐겼으며, 학식이 매우 깊어 대신들이 그와 유교 경전을 논하지 못할 정도였다. 강희제의 포용력은 유학을 받아들이는 것으로 그치지 않았다. 그는 삼번의 난과 러시아와의 전투를 통해 서양의 앞선 기술을 도입해야 할 필요성을 깨닫고 서양의 학문을 과감히 수용했다. 그는 예수회 선교사에게 서양의 지리, 천문, 수학, 음악 등을 배웠는데, 특히 천문학과 수학을 열심히 공부했다.

이러한 강희제의 학문에 대한 열정은 그의 치세에 반영되었다. 강희제는 '박학홍유과(博學鴻儒科)'라는 과거를 통해 인재를 선발하고 전국에서 유명한 학자들을 소집해 편찬 작업을 하게 했다. 그리하여 《명사(明史)》, 《강희자전》, 《고금도서집성(古今圖書集成)》, 《연감유함(淵監類函)》, 《패문운부(佩文韻府)》, 《역상고성》, 《수리정온》, 《전당시》 등이 편찬되었다.

강희제의 손자 건륭제의 통치 기간은 63년 4개월이다. 89세까지 살았던 건륭제는 인류 역사상 실질적인 권력 장악 기간이 가장 긴 군주였다. 90세까지 살았던 고대 이집트의 파라오 람세스 2세에 이어 두 번째로 장수한 건륭제는 위로는 할아버지, 아래로는 고손자까지 자신을 포함한 7대를 이루었다.

건륭제(乾隆帝, 1711년 9월 25일~1799년 2월 7일)는 검소하면서도 사치스럽고, 인자함과 잔인함이 공존하는 모순적인 성격을 가진 황제였다. 내면과 사생활을 비롯한 통치자로서 이룬 업적 등 성공과 실패를 경험한 인물이다. 건륭제가 나라를 다스린 50년간 중국의 인구 수는 그 전보다 몇 배나 늘어 최대 3억 명에 달했고, 국내총생산은 전 세계의 3분의 1을 차지했다고 한다.

건륭제는 변방을 정치적 관할구역에 포함하고 군사적으로 엄격하게 다스리는가 하면, 8만 권으로 구성된 총서 《사고전서(四庫全書)》를 만

▲ 강희제   ▲ 건륭제

드는 등 전무후무한 문화적 기록을 남기기도 했다. 160cm 정도의 키를 가진 것으로 추정되는 건륭제는 체력도 뛰어나 말 타고 활쏘기에 능했고, 평생 4만 3천 여수의 시를 써 중국 역사상 가장 많은 시를 남긴 시인이기도 했다.

그러나 말년에는 태평성세에 취해 대신들에게 공물을 강요하면서 부패를 주도했고, 반체제 인사에 탄압을 가하는 '문자옥(文字獄)'을 많이 일으켰다. 또 사고전서를 만든 반면에 왕조에 불리한 내용을 담은 책 6만~7만 권 불태우기도 했다.

프랑스대혁명, 영국의 산업혁명 등 서양 문명의 획기적 흐름을 제대로 파악하지 못한 채 고집불통과 오만함으로 봉쇄 정책을 펴 외교적으로 고립되면서 청나라 몰락에 빌미를 자초했다는 평가도 받는다. 건륭제 후반에 이슬람교도와 묘족 등이 반란을 일으켰다.

다음 가경제(嘉慶帝) 때 호북성 등 5개 성에서 백련교도들이 나타나고 이어서 태평천국 운동이 일어남으로써 내부적 균열이 드러나게 되었다. 1854년 미국 함포사격에 굴복하여 개항한 일본은 국력을 키워 1874년에는 1638년 청나라가 정복했던 대만을 정복하였다.

1900년경에는 중국과 러시아 접경인 만주리아(滿洲里)에 만주공화국(滿州共和國)이 세워졌다. 영토 수백만 평방미터에 인구 5만의 도시국가로 청나라와 책봉 관계였고, 길림장군(吉林將軍)에게도 조공을 했지만 독립적 지위를 유지했다. 러시아가 정복하려다 퇴각하였다. 유교의 도덕 국가로 공화제를 표방했다. 후일 만주제국에 통합되었다.48

즉 외부적으로는 서세동점(西勢東漸)의 시기로 아편전쟁을 치루면서 청나라가 다스리던 중화 천하가 붕괴되었다. 마약을 팔며 무력을 앞세운 무도한 서양 세력에 동도서기(東道西器), 중체서용(中體西用)은 나약한 구호였다. 양무운동(洋務運動)과 변법자강(變法自疆)의 개혁 속에서 1911년 손문이 이끄는 신해혁명이 성공했던 것이다.

1683년(강희 22년) 대만과 인근 연안 지역에 동녕(東寧) 왕국을 건설하여 명나라 연호 영력(永曆)을 계승했던 정성공(鄭成功)의 후손인 정극상(鄭克塽)의 항복을 받아들였다. 반청복명(反淸復明)의 마지막 거점인 대만을 복속시켰다. 청은 정성공의 명(明)에 대한 충의(忠義)를 가상히 여겨 영웅으로 인정하였다. 정씨 왕조는 22년간 존속했다.

정성공은 격동기였던 명나라 말기와 청나라 초기의 군인, 정치가, 해적 또는 동녕국의 초대 국왕이었다. 자는 명엄(明儼)이었으며, 아명은 복송(福松)으로 일본 이름이었다. 일본식으로 읽으면 후쿠마츠(ふくまつ)이다.

평생을 반청복명(反淸復明) 운동에 바쳤으며 국성야(國姓爺)라고도 불리고 있다. 서양에서는 민남어로 국성야의 발음인 "Kok-sèng-iâ"가 변한 콕싱아(Koxinga/Coxinga)로 알려졌다. 어머니는 화교로 일본인이었으며 고향도 일본이었다. 이렇게 일본과 관련이 깊은 탓인지 일본에서도 제법 인기가 많은 편이다. 그가 태어난 나가사키의 히라도

(平戶)에서는 그의 탄생 축제를 열기도 할 정도이다. 1845년부터 50년간의 일본 통치와도 연관이 있을 것이다. 어찌 보면 한국인들이 당 현종 때의 명장인 고선지에게 호감을 갖는 것과 비슷한 경우이다.

중국 혈통이면서 중국 대륙에서 밀려난 나라의 정통성을 이어받아 대륙을 차지한 거대한 청나라에 대항했으며 일본과 관련이 깊다는 점 등이 돋보여 장개석도 정성공을 정치적으로 활용했다.

중국의 조선 인식

과거 중국이 사대 질서의 법규를 모아 놓은《회전(會典)》은 티베트, 몽골은 내번(內藩)으로 직접 통치하지만, 조선과 월남은 외번(外藩)으로 내치와 자주를 보장했다. 그러나 1800년대 후반 국경분쟁과 제국주의의 서세동점 시기부터 변화가 일어났다. 당시 청나라 공사였던 하여장(何如璋)은 대조선 정책을 담은 삼책(三策)에서 조선을 중국의 군현으로 만드는 것이 상책이며, 정치를 관장할 감국대신(監國大臣)을 파견하는 것이 중책이라 주장하였다.

청 조정은 1881년 이홍장과 하여장에게 조선 정책을 일임하였다. 1880년 10월 주일공사관 직원 황준헌(黃遵憲)이《조선책략》에서 주장한 친중국(親中國) 결일본(結日本) 연미국(連美國), 견로(牽露)의 방략도 결국 조선을 속국으로 만들려는 술책이었다.

황준헌은《조선책략》을 김홍집에게 주면서 연작처당(燕雀處堂)이라는 경구를 빗대어 다음과 같이 썼다.

"오대양(五大洋) 사람들이 모두 다 조선이 위태롭다 하는 데, 조선인만 재앙을 알지 못하니 불난 줄을 모르고 재재거리는 처마 끝 제비나 참새 꼴과 무엇이 다르겠소?"

일본이 류큐(琉球)를 정복하고 대만으로 진출할 때였다. 1882년 임오군란이 일어나자 고종은 청나라에 진압을 요청했으며 청은 오장경(吳長景)을 사령관으로 임명하여 왕십리와 이태원에서 이들을 진압했다.

고종 측이 그 배후로 대원군을 지목하였고 청나라는 대원군을 납치해 갔다(1882년 7월 1일 고종실록). 1885년 8월 27일 귀국했다. 청은 갑신정변을 주도적으로 진압한 원세개(袁世凱)를 1885년 나라를 감독하는 감국대신(監國大臣) 자격으로 파견하여 조선의 인사권까지 결정토록 하였으며 청의 상인들로 하여금 인삼밀매를 시키며 조선 경제를 장악토록 하였다. 원대인(袁大人)으로 추앙받으며 조선 조정의 공식 행사에서는 늘 상석(윗자리)에 앉았으며 고종과 만날 때는 일어나지도 않고 삿대질까지 하는 안하무인의 무례를 서슴지 않았다.

원세개는 하남성 항성(項城) 출신으로 과거시험에 실패한 뒤 경군통령(慶軍統領)인 오장경(吳長慶)의 막하에 들어가, 1882년 오장경을 따라 조선에 부임했다. 조선 궁정의 전쟁에 개입했고, 1884년에는 이홍장(李鴻章)의 명을 받아 조선 주재 총리교섭 통상사의(總理交涉通商事宜)가 되어 서울에 주재하며 조선의 내정·외교를 조정·간섭하고 청나라 세력을 부식(扶植)하고 일본에 대항했다.

현재 명동의 중국대사관은 이때 터를 잡은 곳이었다. 1894년 청일전쟁에 패한 뒤 서양식 군대를 훈련시켜 북양군벌의 기초를 마련하고 무술변법을 실패로 만들었으며 1900년 의화단의 난을 진압했고, 1911년 신해혁명 발발했을 때 청 조정의 실권을 잡고 임시총통에 취임해 독재체제를 확립했던 인물이었다.

원세개는 23세였던 1882년 조선에 올 당시 본부인 우(于)씨가 있었다. 1878년 장남 원극정(袁克定, 1878~1958)도 얻었다. 첩인 심(沈)씨도 있었다. 하지만 그는 조선에 와서 세 명의 조선인 첩을 새로 들였다. 먼저 양반가인 안동 김씨 규수를 얻고 김씨를 따라온 몸종인 이씨와 오씨(민씨라고도 한다)까지 첩으로 들였다. 원세개는 첩의 서열을 묻는 질문에 나이순으로 하라고 해서 나이가 가장 많은 이씨가 둘째 첩, 안동김씨가 셋째 첩, 오씨가 넷째 첩이 됐다. 이씨는 4남 2녀를, 김씨는 2남 3녀를, 오씨는 1남 3녀를 각각 출산했다. 안동김씨의 경우 시집을 갔더니 남편이 당시로서는 드문 외국인이었고, 본부인도 아니고 첩이었으며, 게다가 몸종을 언니로 불러야 했으니, 기가 막힐 노릇이었을 것이다.

명문 귀족이면서 첩이 되는 상황에 직면하자 그녀는 우울증에 걸리게 되었다. 그녀는 원세개와의 사이에 5명의 자녀를 두었다. 2남 3녀였다. 그녀의 두 아들은 극문(克文), 극량(克良)이었다. 딸은 셋을 낳아 한 명이 죽고 두 명이 생존했다.

안동 김씨의 장남 원극문(袁克文, 1889~1931)은 원세개가 한성 명동에 머물 때 태어났다. 서울에서 출생한 것이다. 더욱 정확하게는 지금의 명동 중국대사관 자리에서 태어났다.

1894년 황급히 청나라로 귀국한 아버지를 따라 처음으로 중국 땅을 밟았다. 그는 성장한 뒤 주색잡기로 세월을 보낸 것으로 알려졌다. 특히 장기와 마작에 빠져 선수로 활동했다고 한다.

안동 김씨 소생인 원극문은 한때 황태자에도 물망에 올랐다고 한다. 원세개가 국민의 반발 속에 1916년 3월 22일 퇴위하고 6월 6일 요독증으로 숨지자 다시 주색잡기로 돌아가 세월을 보내다가 1931년 천진에서 세상을 떠났다. 첩으로 들이지는 않고 일시적으로 관계를 맺었던

▲ 원세개의 세 번째 첩
조선인 안동 김씨 사진

▲ 원세개

듯 자식은 본처인 류씨와의 사이에서만 4남 3녀를 뒀다.

바로 극문(克文)의 아들, 즉 원세개의 손자인 원가류(袁家騮, 1912-2003)는 유명한 물리학자가 됐다. 북평(北平, 지금의 베이징) 연경(燕京)대에서 학부와 석사를 마친 뒤 1936년 미국으로 떠나 버클리 캘리포니아대와 캘리포니아 공대를 마치고 물리학 박사학위를 받았다. 미국으로 귀화한 뒤 뉴욕주립대 교수를 지내다 대만으로 가서 국립대만대 교수를 지냈다. 은퇴한 뒤 따뜻한 뉴멕시코에서 은퇴 생활을 하다 1997년 가족들과 함께 중국에 귀국해 천진과 북경에서 말년을 보냈다. 미국 국적은 포기하지 않고 미국 시민권자로 중국에 거주했다.

원가류는 1936년 동갑인 오건웅(吳健雄, 1912~1997)을 만나 1942년 결혼했는데, 오건웅은 세계적인 실험 물리학자였다. 중국 남경의 국립중앙대학을 졸업하고 미국에 유학해 캘리포니아대 버클리에서 박사학위를 받았다. 수학을 공부하다 물리학으로 전공을 바꿔 세계적인 학자가 됐다. 버클리대에서 원가류를 만났다. 핵물리학자인 그는 최초의 핵폭탄을 개발한 맨해튼 프로젝트에 참가했다. '중국의 마리 퀴리'로 불렸다. 스미스대, 프린스턴대, 컬럼비아대학교 교수를 지내다

1997년 뉴욕에서 세상을 떠났다. 중국 여성 과학자의 귀감이 되는 인물이다.

군대와 고종을 겁박하며 고종황제 폐위 음모까지 꾸몄던 원세개는 재력을 모아 군벌이 되었다. 신해혁명 후 손문의 뒤를 이어 중화민국 총통이 되었다가 스스로 중화제국의 황제까지 오르려고 1915년 12월 중화제국 대황제를 자칭하다가 1916년 1월 1일 홍헌(洪憲)을 원년으로 황제를 참칭(僭稱)하기도 했다.

원세개가 황제가 된 뒤 자금성의 황제 보좌에 마침내 앉게 되었다. 하지만 자금성의 원래 황제 보좌에 앉지 못하고 자신이 만든 보좌에 앉았다. 원세개는 1915년 황제를 칭한 이후 스스로 황제의 보좌에 앉아서 세상을 호령하고 싶었다. 하지만 원세개는 미신을 맹신하였다. 그 이유는 진정한 천자가 아니면 보좌가 받아들이지 않는다는 것이었다. 따라서 자신이 키가 크지 않아서 기존의 보좌가 너무 크기 때문에 원래 의자를 버리고 다시 자신에게 맞는 의자를 제작해서 사용하였다. 그럼에도 불구하고 자신이 직접 만든 용 의자에 앉았던 원세개는 결국 83일 동안만 황제의 자리에 앉았고, 이듬해인 1916년 6월 6일 요독증으로 사망했다.

황제가 된 원세개는 애국심을 유발하여 군벌들의 난입을 막으려고 상해중앙여지학회(上海中央輿地學會)를 통해 중화국치지도(中華國恥地圖)를 만들었다. 이 지도에는 중국이 영국, 프랑스, 일본, 러시아 제국에 빼앗긴 영토를 표시했다. 1929년 중국 하북성 제1공창에서 제작한 중화국치지도에는 조선이 1895년 시모노세끼 조약으로 독립을 허락받고 1910년 일본에 합병되었다는 기록이 있다. 연해주 지역이 돋보인다.

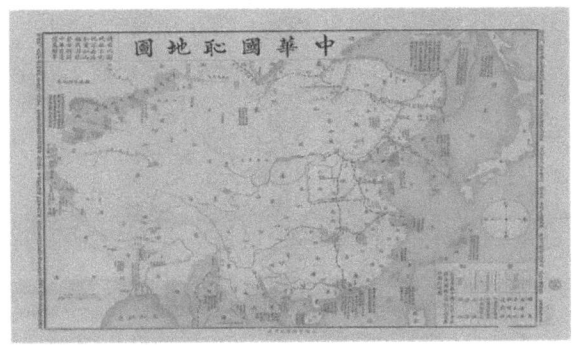

▲ 중화국치 지도

조·미조약을 맺을 때 북양대신 이홍장은 "조선은 청의 속국으로 내정과 외교는 조선의 자주이다"라는 초안을 김윤식과 협의하여 이 내용을 제1조에 명문화하려 들었다. 김홍집 일기《음청사(陰晴史)》에서는 열강의 주권침탈을 막기 위한 울타리로 청나라를 활용하기 위한 의도가 있었다고 적었다.

일본학자 오카모토는 이를 속국자주(屬國自主)로 표현했다(오카모토 다카시,《미완의 기획 조선의 독립》, 오와당, 2015) 이에 대하여 미국의 전권특사인 로버트 슈펠트(Robert Shufeldt) 제독이 조선은 독립국이라며 강력히 반대해 이홍장의 의도는 빗나갔으며 그해 5월 조약은 체결되었다.

근대적 조약체제와 전통적 조공체제인 중화질서가 충돌하면서 조선의 천하관이 흔들리던 때였다. 대외의존노선은 세력균형이 깨지면 자주가 무너지기 마련이다.

1895년 1월 7일 제1조 청으로부터 독립한다는 홍범 14조를 내세운 갑오경장 이후 대한제국이 수립되었다. 그러나 고종은 일본의 압박이 심화되던 1899년 4월 유교를 국교로 선포했다. "우리나라 종교는 우리 공부자(孔夫子)의 도(道)가 아닌가? 정사(政事)를 잘 다스리는

제6장 여진 천하와 청나라

방도가 나온다. 지금 욕심은 하늘에 넘치며 윤리는 타락하니 난신과 역적이 뒤따라 나와 반란이 극도에 달했다(고종실록 1899년 4월 27일)는 이유였다.

중화 천하를 벗어난 황제국이었지만 국가이념은 유교였다. 결국 중·러·미·일에 이리저리 매달리면서 아관파천(俄館播遷)까지 하다가 해양세력과 결탁한 일본의 식민지가 된 것이다.

1945년 해방과 함께 미국과 소련 그리고 중국은 조선을 완충지대(Buffer Zone)로 설정하여 통일보다는 분단을 택했다. 결과적으로 신중국 초기의 몽골처럼 내조선, 외조선의 분단지배 전략으로 한반도의 완충 효과를 적절히 이용하고자 하였다. 당나라 시기의 대동강을 경계로 한 분단, 임진왜란 시기의 임진강 중심의 분단 밀약이 오늘날 남북분단과 연결되어 있다. 미 군정 3년 후 1948년 8월 15일 대한민국이 탄생되었다.

조선은 속국이냐 일부냐

신해혁명 당시 중국의 대표적인 혁명파 인물인 대계도(戴季陶)는 "한국은 3천 년 이상 중국의 속국이었다. 그 땅은 중국의 강토이고 그 사람들은 우리와 동족이며 그 문자는 우리와 같고 그 정치 풍속도 우리와 같다. 따라서 한국의 존망은 곧 중국의 국권이 커지고 작아지는[消長] 문제이다"라고 말하였다.[49]

같은 시기에 신해혁명에 참여했던 장병린(章炳麟)은 문화적으로 이질적인 신강, 티베트, 몽골, 만주를 독립시키는 대신 유교 문명을 공유한 조선과 베트남 그리고 류큐(流球, 오키나와)를 편입시켜 대중국을 건설하자고 주장하였다.[50] 이들 나라들은 모두 이적(夷狄)들이었다.

속국 논쟁보다 더 심각한 태생적 정치문화의 파트너라는 것이다.

대아시아주의와 민족자결을 외치며 삼민주의(三民主義)를 주창하여 우리의 독립운동에 힘을 실어 주었다고 하여 존경하는 손문(孫文)은 중국이 상실한 영토에는 위해(威海), 여순(旅順), 대련(大連), 청도(靑島), 구룡(九龍), 광주만(廣州灣)이 있고, 고려(高麗)와 대만(臺灣), 그리고 팽호(澎湖) 열도가 있다고 하였다. 그러면서 중국이 혁명을 완수하고 부강해지면 태국이나 조선(고려) 그리고 베트남(安南)도 중국의 한 성(省)으로 복속시켜 달라고 요구해 올 가능성이 있다고 말하였다. 또한 현재의 영토가 과거 청나라 영역에 기반한 것임을 드러내는 중화대일통과 동일하다는 것이며 오늘의 역사공정과 결부된다.

또한 당시 혁명파 송교인(宋敎仁)이 1910년 10월에 "당시 일본에서 몽골이 터키지배하의 발칸반도 속국들과 같은 것"이라 한 것을 논박하면서 "오늘날의 몽골은 지난날 중국에 조선과 같다고 말해야 한다"라고 주장했다. 즉 몽골이 제2의 조선처럼 몽골, 러시아의 조약이 미국을 등에 업고 일본이 삼한(三韓, 조선)을 병탄한 곳과 같다고 했다(民立報). 1912년 11월 반청복명(反淸復明)을 주창한 손문은 몽골정벌을 지지하며 무력사용을 주장했다. 1912년 12월 초에는 민기(民氣)가 이러하면 몽골과 중국을 통일시켜야 한다는 전문을 발표했다.

결국 손문도 중화민족주의와 구국주의자였으며, 오족공화(五族共和)로 새로운 돌파구를 찾았지만, 민족자결 원칙의 한계를 드러냈다. 1919년 1차 대전 후에 윌슨이 주장한 '민족자결주의'도 오스트리아를 터키제국에서 독립시켰다가 미국 세력으로 흡수하려고 했던 발칸반도에 국한된 전략적 구호였다. 이렇게 미국, 영국, 프랑스는 자기들의 식민지는 제외하면서 민족자결주의로 공백 상태를 만들어 놓고 영향력을 행사하려는 국가이익 추구의 한 방편이었다. 이는 강대국 모두의 일치된 국가전략이었다.

중국 국민당은 한국의 독립운동을 지원하는 것은 "한국은 중국의 번속(藩屬)이었고, 그 혈통이 은주(殷周)의 후예로 중화민족의 한 지류(支流)이기 때문"이라고 하였다. 1911년 신해혁명으로 중화민국이 세워진 뒤 편찬한 《청사고(淸史稿)》는 조선을 베트남, 유구와 함께 〈속국열전(屬國列傳)〉에 포함하였다.

장개석(蔣介石)도 제2차 대전 중 한반도에 대한 영토권을 주장하였다. 이는 1940년대 중국의 국민당 정부가 제2차 대전이 끝나면 한강 이남에는 미국과 영국이 진주하며 한강 이북에는 중국의 군대를 주둔시키려고 했던 사실과 맥을 같이 하고 있는 것이다. 또한 2차대전 직후에는 제주도 신탁통치(信託統治)도 "울릉도, 독도, 제주의 3개 섬은 원래 한국에 속하는 땅이다. 법리와 도의로 말한다면 우리는 당연히 이 영토들이 한국에 속한다고 주장해야 한다. 한국을 신탁통치하는 기간에 이 세 섬은 미국이나 중국에 의하여 통치되어야 한다. 아니면 울릉도와 죽도(竹島, 독도)는 미국이, 제주도는 우리 중국이 맡아 관할해야 한다"는 주장을 했다. 광복군을 중국군에 예속시키며 임시정부를 공식적으로 인정하지 않았던 것과도 이와 연관성이 있었을 것으로 볼 수 있다.

모택동(毛澤東) 역시 1936년 7월 16일 미국 언론인 에드거 스노(Edgar Snow)와의 회견에서 보듯이 한국은 중국이 상실한 식민지의 하나이자 여전히 중국의 세력권 내에 있다고 하였다.

2017년 4월 7일 자금성을 통째로 비워놓고 극적으로 연출된 미·중 정상 회담 자리에서 시진핑(習近平) 중국 국가주석이 도널드 트럼프 미국 대통령에게 "한국은 역사적으로 중국의 일부"라고 말하며 역사 강의를 했다고 한 것도 진위 여부를 떠나 중국 지도자들의 일관되고 변함없는 '조선의 속방' 인식을 드러낸 것이다. 그리고 23일에 환구시보(環球時報)는 북한이 핵실험 땐 미국의 선택적 선제타격을 용인하겠지만 한국과 미국이 38선을 넘어오면 즉각적으로 군사개입을 할 것이라며 무력통일은 용납하지 않겠다고 하였다. 여기서 "한국은 역사적으로 중국의 일부였다"는 말은 시진핑이 젊잖게 부드럽게 신경 써서 돌려서 한 말이다.

사실은 한국은 역사적으로 한 집안(一家)이었다는 천하일가(天下一家)론을 드러내지 않았던 것이다. 오늘날 표현으로 한중관계는 공동운명체였다는 것은 황제 중심의 천하체계로 본 역사관이었다. 과거 중국과의 조공·책봉관계는 천하체계의 위계질서 안에서 독립존중에 의해 자율적으로 통치되는 자주국가였다. 현대적 지배 종속 관계와는 무관하였다. 이를 부끄러워하거나 창피하게 여길 것이 아니라 역사적 교훈으로 삼는 지혜가 있어야 한다. 미국과 영국도 독립을 쟁취해 강대국이 되었으며 중국도 원나라와 청나라의 정복왕조였다. 자존하려면 솔직해야 한다. 국가관과 천하관의 함의를 제대로 이해해야 한다. 천하관과 국가관은 구별된다는 것이다.

2019년 6월 21일 북한을 방문해 열렬한 환영을 받은 시진핑 중국 국가주석은 "북·중은 한 집안 같은 분위기"라는 말로 북중관계를 표현했다. 이 모두의 영토관과 역사관은 춘추대일통의 중화주의 내지 중화적 천하관과 맥을 같이 하고 있다. 즉 진개의 동방진출 이후 한무제의 군현제, 위만의 내침, 수·당의 고구려 정복 전쟁 등의 역사적 경험이 1592년 임진왜란 파병과 1894년 청·일 전쟁, 1950년 한국전쟁 파병으로 이어진 것이다. 이렇게 중국인들의 천하관과 영토관은 잠재되어 있을 뿐이지 변치 않고 지속되고 있는 것이다.

구별에서 통합으로

현재의 중국 정부는 현재의 상태로 확대된 역사를 잘 알고 있다. 전 국토의 면적이 960만km²라고 하는 것은 세계적으로 세 번째로 넓은 영토인데, 이 영토는 역사적으로 보면 과거에 독립적이었던 지역을 청나라가 계속 영토화한 결과였다. 2차 대전 이후에도 티베트를 군사적으로 점령하는 등 영토를 넓히고자 하는 생각은 꾸준히 지속하였다고 할 수 있다.

근세의 역사만 보아도 중국은 청 왕조 시기 만청(滿淸)으로 청 왕조를 지칭하여 청 왕조는 만주족 왕조라는 뉘앙스의 용어를 사용하였다. 아마도 명 왕조가 청 왕조에 멸망했을 때만 해도 이민족인 만주족은 그들의 본고장인 만주 지역으로 퇴거할 것이며 그들은 중원에서 한족의 국가를 재건하려는 생각을 가졌을 것이다. 그리하여 명말의 사상가 왕부지(王夫之)는 주자학자로서 종족이 서로 간섭 없이 그들의 본고장에서 사는 것이 제일 좋은 길이라고 강조하였다.

그리고 손문의 신해혁명 시기만 하여도 만청 조정을 무너뜨리는 과정에서는 "오늘의 만주는 우리의 동종(同種)이 아니니 그러므로 한인(漢人)은 마땅히 만주국을 구축하고… 오직 이 한 정책만이 중국을 구제할 수 있다"라고 하여 분명히 한인과 만주족은 다르다고 언명하였다. 물론 손문은 그 후에 이러한 논법을 바꾸어 "오늘의 중화민국의 성립은 한·만·몽·회·장(漢·滿·蒙·回·藏) 5족이 합하여 일체가 되었으며… 공화정을 건설하였다"라고 하였지만, 원래의 생각은 한만(漢

·滿)의 구별이었던 것만은 분명하였다. 말하자면 손문 시절부터 상황이 바뀌는 것에 따라서 구별에서 화이일체의 통합 쪽으로 방향을 돌리고 있었다. 이는 그들에게 유리한 조건이나 상황이 닥치면 이민족도 자기의 것으로 수용하는 것이었다. 마치 천하사상이 종족과 지역의 구별이 없는 대동 세계를 이상으로 하면서 세계주의로 나아가다가도 우세한 다른 종족이 중원으로 다가오면 종족적 구분을 통하여 한족(漢族)의 중화주의 즉 중원(中原)을 부르짖는 것과 맥을 같이 하는 것이다.

이러한 연장선에서 현재 중국 정부는 과거의 역사를 통해 현재의 영토를 안정시키려고 하고 있다. 그러기 위해서는 현재의 영토 안에 있는 모든 역사를 중국의 역사로 만들려는 정치공정을 하고 있다. 영토중심의 역사관이다. '역사의 힘'을 통찰하고 있는 유능한 중국지도자들은 나름대로 강하면서도 투철한 역사의식을 가지고 중화민족의 자존심과 자신감을 고취하며 중화부흥을 위한 중화공정(中華工程)을 통해 애국심을 고양시키며 국민통합(nation building)을 추진해 가고 있다. 아울러 중화적 국가관과 민족관 그리고 역사관을 정립하여 중화민족의 일체감을 조성하고 있다.

현재의 중국은 화이일체를 넘어 통일적 다민족 국가 또는 민족공동체로서 중화대혁명을 이끌어 가고 있다. 한국이 이에 앞장서 중화 부흥에 장단을 맞추어 주고 있는 형국이 이루어지고 있다. 한국과 중국은 평등한 관계 속에서 건전한 문화공동체이며 역사공동체일 수 있지만 우리의 정체성만은 지켜나가야 한다.

한국의 전통 회복이 중화의 전통 회복으로 이어지는 어리석은 정책을 지양해야 한다. 중국의 철저한 중화 반성론자인 노신(魯迅)이 잔인한 방법으로 통치해 권력을 유지한 중국 왕조를 '야수들로 가득한 지옥'이라고 반성했듯이 왕조 체제 유지를 위해 설정되었던 그릇된 화이관은 극복되어야 한다.

남송(南宋)이 이적(夷狄)의 왕조라는 금(金)에게 북방을 내주고 남방으로 몰려 있을 때, 주자(朱子)에 의하여 집적된 성리학이 화이준별(華夷峻別)과 불공대천지수(不共戴天之讐) 같은 증오의 이민족 배척 사상과 함께 주자학으로 고착되어 존화양이(尊華洋夷)라는 이적 의식까지 나타나게 되었다. 중화 정신에 매료되어 실재했던 이적를 부정하거나 현실적으로 존재하는 이적 부족을 적으로 모는 것이다.

그런데 조선은 그러한 역사적 경험을 거치지 아니하면서도 오히려 주자학의 혈통주의적인 화이준별(華夷峻別)의 사상을 그대로 수용하였다. 오히려 조선과 밀접한 혈연관계를 가진 거란, 여진을 가까운 이웃으로 수용하기보다는 주자가 미워하였다는 사실 하나만으로 주자의 생각을 그대로 수용하였다.

그리고 오직 주자학적 명분과 원리주의로 억불숭유정책을 펴면서 주자학 이외의 모든 것은 사문난적(斯文亂賊)으로 여겨 글자 하나 토씨 하나도 다르게 해석할 수 없는 획일적 유일사상이 지배하는 주자학 국가가 된 것이다. 권력과 지식을 독점한 사림들의 당쟁과 사화의 명분이 여기에 있다.

제7장
신해혁명과 신중국

신해혁명과 민족국가의 성립

근대 중국의 석학 양개초(梁啓超, 양치차오)는 1921년 10월 10일 신해혁명 10주년을 맞이하여 〈신해혁명의 의의(辛亥革命的意義)〉라는 글에서 "중국 역사에서 의미 있는 혁명은 세 번밖에 없었다. 첫 번째는 황제인 요(堯)와 순(舜)의 부족 정치에서 벗어난 주나라의 혁명, 두 번째는 삼국의 귀족 정치에서 벗어난 한나라의 혁명, 그리고 세 번째는 오늘 우리가 기념하는 신해혁명이라고 할 수 있다"라며 중국 역사상 신해혁명의 중요한 의미를 강조하였다.

신해혁명의 의미는 간단히 말해서 현대 중국인들의 자의식 회복의 결과라 할 수 있다. 신해혁명(辛亥革命)은 1911년 청나라를 무너뜨리고 중화민국을 성립시킨 중국의 민주주의 혁명이었다. 이는 중국 역사에서 처음으로 공화국을 수립한 혁명이기 때문에 '공화 혁명'이라고 한다.

신해혁명이 나타나게 된 배경은 아편전쟁, 태평천국의 난과 청일전쟁, 1900년의 의화단 운동 이후 열강의 침략이 한층 강화되는 가운데 청나라 조정은 정치개혁을 꾀하는 이른바 '신정(新政)' 운동을 일으켰으나 세금 안 내기, 기독교 배척 등의 대중운동이 전국적으로 번져나가 입헌군주제를 향한 운동으로 발전되었다.

이러한 정세 아래에서 손문(孫文, 쑨원)은 1905년 중국혁명동맹회(中國同盟會)를 결성하고 삼민주의를 제창하는 한편 혁명파를 지휘, 반청 무장 투쟁을 전개했다. 1911년 청조는 철도 국유화를 추진하여 민영이었던 철도를 담보로 열강으로부터 차관을 얻어 재정난을 타개하고자 했다. 이에 반대하여 광범한 반대 애국 운동이 일어나 마침내 대규모의 무장투쟁인 사천(四川) 폭동으로 발전했다. 이를 계기로 1911년 10월 10일 혁명파의 공작으로 무창(武昌)에서 신군(新軍)이 반란을 일으킴으로써 신해혁명의 불길이 댕겨져 약 한 달 만에 14성(省)이 이에 호응, 궐기했고 12월 말에는 17성(省)으로 확대되어 청조로부터 독립을 선포하였다.

청 조정을 전복시킨 손문은 1912년 1월 1일 남경에서 임시대총통으로 취임함으로써 중화민국 임시정부가 수립되었다. 그러나 혁명 세력의 단결과 힘이 굳건하지 못함으로 인해 청조로부터 대권을 부여받은 원세개(袁世凱, 위안스카이)와 타협, 청나라 황제 선통제(宣統帝)의 퇴위로 청나라를 멸망시키는 데는 성공했으나 대신 손문이 사임하고 원세개가 대총통이 되었다.

이후 제제(帝制)의 야심을 가지고 혁명파를 탄압하는 한편 원세개 독재정치가 시작되었는데, 1913년 7월 국민당에서 '원세개 타도' 운동을 벌이며 혁명을 호소, 봉기를 일으켰다. 이를 제2차 혁명이라 한다. 그러나 원세개는 군대를 동원해 이를 진압해 버렸다.

이후 원세개는 1915년 일본의 '21개조 요구'를 수락하는 등 매판성을 드러냈다. 이러한 원세개의 독재정치에 대해 민중들은 극심한 반발이 일어났는데 이를 '제3차 혁명'[護國戰爭]이라 불린다. 그리고 1916년 원세개 사후 내전과 군벌들의 할거로 혼란이 계속되었다. 그러다가 1919년 5·4운동으로 반전을 맞게 된다.

1919년 5·4운동이 발생하게 된 것은 원세개가 일본 등 열강으로부터 자금 지원을 받는 조건으로 중국 내 열강의 군사행동을 보장하는 매국적인 행위를 하자 베이징 대학 학생들을 중심으로 애국 운동이 일어난 것이다. 이렇게 보면 5·4운동은 애국 운동에서 반봉건과 민주주의 운동으로 확대됐고, 중국 근대사에서 세 가지 물결을 가져왔다. 하나는 호적(胡適)을 중심으로 한 자유주의 사상의 대두이고, 또 다른 하나는 장개석(蔣介石, 장지에스)를 중심으로 한 자본주의 운동이 나타났고, 세 번째는 공산주의의 등장이다. 그 주역인 이대교(李大釗 리따자오)와 진독수(陳獨秀, 천듀수)를 중심으로 공산당이 결성되는 계기가 됐다. 중국에 본격적인 공산당 활동이 시작된 것이다.

그 이후 모택동(毛澤東, 마오쩌둥)이 이끄는 공산당이 일본 제국주의, 장제스의 국민당과의 투쟁을 거쳐 마침내 1949년 10월 10일 중화인민공화국이 건국한다. 이런 흐름을 보면 결국 중국공산당의 뿌리는 결국 신해혁명이라는 게 중국 내 식자층의 대체적인 인식이다.

결과적으로 신해혁명은 중국인들의 봉기로 청나라의 전제정치를 무너뜨리고 공화정치의 기초인 '중화민국(中華民國)'을 건설한 새로운 시작이라는 큰 의미가 있다는 것이 일반적인 평가다. 나아가 중국공산당 탄생을 가능하게 한 출발점이었다는 시각도 있다.

그렇다면 신해혁명이 중국정치 체제 측면에서 갖는 의미는 무엇인가? 그것은 현대 국가 탄생의 기틀을 마련했다는 점이다. 그러한 점에서 본다면 중국의 전통 정치체제와 새로운 공화정의 탄생이 갖는 의미를 중화민족과 관련하여 살펴볼 필요가 있다.

민족과 국가의 통합은 중국의 전통적인 정치체제이다. 민족주의는 19세기 말 중국에서 흥기를 했다. 청 조정은 민족주의를 사용하여 국가를 부유하게 하고 제국주의에 반대했으며 혁명가들은 민족주의를 이용하여 청 조정을 전복했다. 혁명가들의 영향을 받은 신군부는 반청 및 반제국주의 민족주의를 받아들여 신해혁명을 일으켰다.

신해혁명의 승리 이후 민족주의는 반만주족에서 반제국주의로 바뀌었다. 신해혁명 승리 이후 민족주의의 목적은 근대 민족국가 건설이었다. 손문으로 대표되는 혁명가들의 근대 국가 건설의 기본 원칙은 새로운 국민국가에서는 모든 민족이 혈통을 초월하여 포용과 통합, 융합이 풍부한 근대 국가 시스템을 구축해야 한다는 것이었다. 단일국가라는 큰 틀 안에서 모든 민족이 통합하고 결속하면 강력한 중국 국가로 발전할 수 있다. 민족주의와 국가 주권은 이론적으로 같아야만 하며, 민족주의와 국가 정체성 또한 통합되어야만 한다고 파악했다. 중국인들이 말하는 중화민족의 뛰어난 문화는 민족 정체성과 국가 정체성의 토대이며, 이를 통해 공통의 민족정신을 응축하여 강력한 민족국가를 건설할 수 있다는 것이다. 이것이 바로 신해혁명의 핵심 가치이다.

그런 점에서 신해혁명의 의미와 중국의 국가 체제가 어떠한 연관성을 갖는 것인지를 구체적으로 파악해 볼 필요가 있다.

첫째, 민족과 국가의 단결은 중국의 전통적인 정치체제이다. 고대 중국에서는 국가와 민족은 하나였다. "하늘 아래에는 왕의 땅이 아닌 것이 없고, 왕의 신하가 아닌 사람이 없다(溥天之下, 莫非王土; 率土之

濱, 莫非王臣"(《诗经·小雅·谷风之什·北山》)라는 말이 있다. 문제는 국가와 국민을 하나로 묶는 것은 바로 문화였다.

문화는 이른바 중화와 이적(夷狄)를 구분하는 화이지변(夏夷之辨)의 근거가 되는 것으로, '중화와 이적[華夷]'의 구별은 주로 혈통이 기준이 아니라 문화가 기준이었다. 이적(夷狄)과 중화를 구분하는 기준이 되는 문화는 바로 〈주례(周禮)〉이고 〈주례〉를 바탕으로 발전한 중화 문화를 의미한다. 중국은 〈주례〉를 제도로 채택한 지역을 하(夏)라 하고, 높은 문화를 가진 지역을 화(華)라고 불렀고, 이러한 화(華)와 하(夏)가 합쳐진 것이 바로 '중국(中國)'이라고 했다.

주나라 의례를 지키지 않는 사람들을 이적이라 하고 이만융적(夷蠻戎狄)이라고 했다. 《춘추》에는 "중국도 야만적이면 이적처럼 야만적이고, 이적들이 중국에 들어오면 중국이 된다(中国而夷狄则夷狄之, 夷狄而进于中国则中国之)"라고 분명히 명시되어 있다.

이적과 화하족을 구분하는 기본 기준은 문화 수준에 근거하고 있다. 주무왕(周武王)이 은(殷)을 멸한 이후 자신들을 화하(華夏)라고 하고 그것을 접수하는 정도가 늦으면 융적이라고 구분했다. 따라서 화이의 구분은 인종적 구별이 아니라 문화적 정체성, 문화적 전승, 문화적 자기 인식을 뜻하며 궁극적으로 존경받는 것은 문화의 핵심인 주나라 의식이었다. 여기서 문화는 생산 방식, 생활 방식, 사회 시스템, 이데올로기, 종교적 신념, 관습, 언어 및 문자를 포함하여 더 광범위한 분야이다. 한유(韓愈)는 〈원도(原道)〉에서 "공자가 춘추를 집필하였을 때 제후들은 이적들의 예절을 사용했고, 중국으로 들어옴으로써 중국이 되었다"라고 했다. 따라서 '화이'의 지위는 고정된 것이 아니라 서로 바뀔 수 있다. 중국 전통문화에는 항상 '천하일가(天下一家)', '협화만방

(協和萬邦)', '화이부동(和而不同)' 등 이른바 '대일통 관념'을 지속적으로 강화했던 이유가 바로 여기에 있다.

진나라와 한나라는 통일된 다민족 국가를 세우려는 춘추 전국 시대의 사상가들의 이상을 살아있는 현실로 바꾸어 놓았다. 하, 상, 주 왕조시대에 중앙 평원의 하족(夏族)은 춘추 전국 시대에 화하(華夏)로 발전했고, 진, 한 시대에는 동역(同域), 서동문(書同文), 거동궤(車同軌), 인동륜(人同倫)으로 안정적인 민족공동체로 발전했다. 한족은 통합된 다민족 국가의 중추가 되었다. 진·한 제국의 권위주의적 중앙집권 국가건설은 중원과 사방, 중국과 이적 및 디아스포라 간의 상호 의존과 조화로운 공존의 통일된 상황의 발전을 촉진하는 동시에 정치, 경제, 문화 영역에서 '화이일체(華夷一體)'라는 관념의 발전을 촉진했다.

이민족인 청나라의 건국자들은 중국 동북부의 만주족으로, 이들은 중원에 들어온 이후 중국 문명을 배우고 전파하기 위해 노력했으며, 다양한 방법을 통해 청나라가 천명에 의해 역대 왕조의 정당한 계승자임을 보여주고 청나라의 천명에 의한 중국 통일의 당위성을 주장했다. 중화의 정통왕조를 계승했다는 것이다. 청나라 순치(順治) 황제는 만주족과 한족의 합방을 적극적으로 추진하며 칙령을 내려 "이제 천하가 하나이니 만주와 한의 관리와 백성은 모두 내 자식이다. 만주-한족 관리와 백성들은 서로 친해지고 싶고, 결혼을 잘하고 싶기 때문에 결혼하는 것보다 더 좋은 것은 없다."라고 선언하였다. 옹정제(雍正帝)는 "덕이 있는 사람이 천하 대통을 얻을 수 있다"고 믿으며, 여진족의 한계를 넘어설 수 있다. 그리고 황제의 가치는 덕이 타락하면 천하 대통을 잃을 것이다. 천하 대통을 얻고자 하는 자는 반드시 덕이 있어야만 한다. 화이(華夷)를 불문하고 천하를 얻고자 하는 자의 관건은 유교의 핵심

가치인 덕에 있으며 "순임금은 동이족이었고, 문왕은 서융이었지만 덕을 잃은 적이 없다!"라고 했다. "대저 하늘과 땅은 인애와 사랑을 핵심으로 하며 이타심을 척도로 삼는다. 이로써 덕에 가까운 자가 대통에 가까우며, 덕이 멀리 있는 자는 대통도 멀리 있으니 … 하늘은 내지에 덕이 없는 사람을 싫어했고, 덕이 있으면 외부의 이적도 내지의 주인이 될 수 있다"라는 논리를 폈다.

청조정 통치자들은 반청 복명을 하려는 세력에 직면하여 도덕의 높고 낮음으로써 대일통을 맡을 수 있는 책임을 원칙으로 삼았으며 덕으로 '화이지분'을 대체하였다. 청조 통치자들도 대일통의 정치적 상황은 통일 이데올로기의 발전을 촉진했고, 통일 이데올로기의 개선은 또한 통일 다민족 국가의 통합과 발전을 촉진했다. 중화민족의 개념은 모든 인종의 사람들을 하나로 묶어 통일된 다민족 국가를 유지하는 중요한 정신적 힘이 되었다. 청나라 초기에 고염무(顧炎武), 황종희(黃宗羲), 왕선산(王船山) 등은 반만사상(反滿思想)을 고취하였지만, 청나라 통치가 견고해지면서 화하 문화는 청 조정에서 더욱 진흥되고 만한일체(滿漢一體), 천하일가(天下一家)의 사상으로 명말과 청나라 초기의 반만 정서는 철저히 무너지고 말았다. 민족주의와 신해혁명과의 관계를 보면 야만의 서세동점(西勢東漸) 시기에 이루어졌던 역사상 가장 비열하고 악랄했던 1840년 아편전쟁으로 중국은 반식민지 국가로 타락하였다.

아편전쟁

1840년 청이 영국의 아편 밀수를 금지하면서 아편전쟁이 시작되었다. 영국의 무력에 청이 굴복해 양국 간 조약이 체결되고 전쟁은 일단

락되었다. 하지만 1856년 애로호 사건을 계기로 영국과 프랑스가 연합해 청을 무력 공격하며 전쟁이 다시 일어났고, 청은 다시 서구 제국과 연이어 조약을 체결해야 했다. 전쟁의 연관성을 고려해 전자를 제1차 아편전쟁, 후자를 제2차 아편전쟁이라고 한다. 두 번의 전쟁으로 청은 서구 제국과 불평등조약을 체결하고, 자본주의 세계체제에 종속되는 처지에 놓였다. 대외적으로 동아시아의 중화질서가 동요되면서 조선과 일본 등 각국은 세계정세의 변화를 주시하고, 국내 사회동요에 대응하지 않을 수 없었다. 19세기 중반 청에서 전개된 두 차례의 전쟁은 동아시아의 격동을 알리는 서막이었다.

19세기 청에 급속히 아편이 확산되었다. 사회 전 계층이 아편을 피우며 곳곳에 아편굴이 생겨났고, 아편 수요가 폭발적으로 증가하였다. 청 조정이 거듭 아편 금령을 내렸지만, 크게 효과는 없었다. 1800년 약 2천 상자, 1837년에는 약 3만 9천 상자의 아편이 청으로 밀수되었다. 그 배경에 영국의 아편 밀수출이 있었다. 영국이 플라시 전투에서 승리하자, 동인도회사는 인도의 벵골 지방에서 아편을 재배해 청으로 운반해 팔았다.

당시 영국은 청과의 무역에서 다른 유럽 국가들보다 우위에 있었다. 하지만 차·비단·도자기 등의 수입 초과가 지속되자, 무역 적자를 해소하기 위해 아편 밀무역을 전개하였다. 영국은 인도에 자국의 공업제품을 팔고, 다시 인도에서 재배된 아편을 청으로 가져가 판매해 그 돈으로 청의 상품을 구입하였다. 이른바 삼각 무역(三角貿易)을 통해 자국 공업제품의 판로를 개척하는 한편, 식민지 인도 정부의 재원을 확립하고 은의 대가로 청의 상품을 수입할 수 있었다.

그런데 아편 밀수는 청 사회 전체의 건강을 해칠 뿐만 아니라, 은의 대량 유출을 야기하였다. 1840년까지 약 5천만 달러에 상당하는 은이 유출되었다. 청에서 은 보유량이 격감하고, 은 가격이 급등해 경제 혼란이 생겼다. 이에 1838년 청 도광제(道光帝)는 호광총독(湖廣總督) 임칙서(林則徐)를 흠차대신(欽差大臣)에 임명하고 광저우(廣州)로 파견하였다. 이듬해 임칙서는 광저우의 외국 상인에게 '앞으로 아편을 반입하지 않는다'는 서약서를 제출하는 동시에 갖고 있는 아편을 내어놓도록 하였다.

그때 자국 상인을 보호하기 위해 영국의 무역감독관 찰스 엘리엇(Charles Elliot)이 군함을 이끌고 광저우에 왔다. 그는 상인들의 아편을 넘겨받아 영국 정부의 아편으로 둔갑시킨 뒤 약 2만 상자를 임칙서에게 내어놓았다. 임칙서는 아편에 석회를 뿌려 바다로 모두 흘려보냈다. 그러자 영국 내 상인과 자본가들은 몰수된 아편의 배상은 물론 청과의 무역을 안정시킬 조건을 마련하도록 정부에 요구하였다. 영국 정부 역시 광저우에 한정된 청과의 무역에 이의를 제기하고 시장을 확대하려 했다. 즉 관허(官許) 상인인 공행(公行)이 외국 무역을 독점하는 체제를 폐지하고 자유 무역을 확립하려 한 것이다. 그래서 영국 의회는 청에 군대를 파견하기로 결정하였다.

영국 총사령관 겸 특명전권대사 조지 엘리엇(George Elliot)이 20여척의 함대를 이끌고 청에 도착하고, '부도덕한' 전쟁이 시작되었다. 1840년 영국군은 주산(舟山) 열도를 점령하고 양자강(揚子江) 하구를 봉쇄하며 천진(天津) 인근까지 진격하였다. 놀란 청 조정은 임칙서를 파면하고, 직예총독(直隸總督) 기선(琦善)에게 교섭을 명하였다. 기선은 일단 영국군을 무마하여 광둥으로 돌려보낸 후, 1841년 흠차대신으로서 광둥에서 엘리엇과 협정을 맺었다. 600만 달러 배상, 홍콩

할양, 무역 재개 등을 약속하는 대신 영국군의 철수를 요구한 것이다. 하지만 청 조정은 협정에 조인하지 않고, 오히려 기선을 파면하였다.

영국군은 전쟁을 재개하고 하문(廈門), 주산, 영파(寧波) 등을 점거하였다. 이어서 공세를 강화해 1842년에는 상해(上海)와 진강(鎭江)을 점령하고 남경(南京)으로 진격하였다. 청은 타협할 수밖에는 없는 상황에 몰렸고, 동년 8월 난징에 정박 중인 영국 함대에서 조약을 체결하였다(남경조약).

남경조약은 13개 조로 구성되며 주요 내용은 다음과 같다. 첫째, 청은 홍콩을 영국에게 할양한다. 둘째, 아편 배상과 전쟁 배상 등으로 2,100만 달러를 지불한다. 셋째, 광주·하문·영파·복주(福州)·상해 등 5개 항구를 개항하고 영국인의 거주와 교역을 허가한다. 넷째, 관세율은 서로 합의해 정한다. 다섯째, 개항장에 영사를 주재하도록 한다. 여섯째, 공행 제도를 폐지한다. 일곱째, 청·영 양국 간 문서 교환은 동등한 형식을 사용한다.

그리고 1843년에는 청과 영국 간 통상장정(通商章程)과 추가조약이 체결되었다. 이를 통해 청은 영사재판권 즉 치외법권을 허가하고 수출입 세율을 정했으며, 외국 군함이 정박하는 권리를 허락하였다. 또 영국인이 개항장에 자유로이 거주하며, 토지와 가옥을 대차하고 건축할 수 있게 되었다. 조계(租界) 설치의 계기가 마련된 것이다. 무엇보다 청은 일방적인 최혜국 대우를 인정하였다. 결과적으로 전쟁의 원인이던 아편과 무관하게, 청에서 외국 상인의 활동이 확대되었을 뿐만 아니라 청은 영토와 함께 관세 자주권, 사법 주권 등을 상실하였다. 그리고 이듬해 1844년 미국, 프랑스와도 통상조약을 맺었다(망하 조약과 황포 조약). 모두 남경 조약에 준하는 불평등 조약이었다. 이후 청은 서서히 서구 열강에게 잠식되기 시작하였다.

청의 패배는 일본과 조선에게 충격을 주었다. 특히 군사력의 측면에서 청보다 서구 제국이 뛰어난 것이 드러났다. 이에 일본의 막부는 해안선에 나타난 외국선을 포격해 쫓아내던 강경한 태도를 대신해, 1842년 외국선에 물과 땔감을 제공하기로 하였다. 그리고 데지마(出島: 현 나가사키현)의 네덜란드 상관장(商館長)에게 매년 해외 정보 보고서를 제출하도록 요구하였다. 또한《해국도지》등의 도서를 통해 세계정세를 이해하고, 아편전쟁의 상황에 대한 저술로써 청의 패배 원인을 논의하며 개혁의 필요성을 인식하였다. 한편 조선에서는 홍경래(洪景來)의 난(1811년)을 시작으로 체제의 동요가 구체화하고, 기유박해(1839년) 이후 풍양 조씨의 세도정치가 전개되는 상황이었다. 아편전쟁 소식과 맞물려 영국 군함이 전라도 해안에서 측량하는 등 외국 선박 즉 이양선(異樣船)이 출몰하며 위기의식이 커졌다.

남경 조약 이후 청·영 양국 간 교역이 늘었지만 영국이 기대한 수준은 아니었다. 더구나 청 사회에 전반적으로 영국에 저항하는 분위기가 형성되었고, 영국 제품의 판매는 크게 증가하지 않았다. 청 조정도 개항장에서 통상을 허가했지만 실행을 미루었고, 아직 내륙까지 외국인의 출입은 허용하지 않았다. 당시 영국 상인들은 개항장에 한정된 통상에 만족할 수가 없었다. 영국 정부 역시 면직 산업의 생산 과잉 등에 대응해 조약을 개정해 무역을 확대하려 하였다. 실제 1854년부터 남경 조약의 개정 교섭을 시도했지만, 청 조정과 직접 교섭을 하지 못하는 상황에서 진전이 없었다. 영국 정부는 무력으로써 청과의 문제를 해결하기로 하고 기회를 엿보고 있었다. 그때 애로호 사건이 일어났다.

1856년 주장(珠江)에 정박하고 있던 범선 애로호에 청국 관리가 올라가 중국인 승무원 12명을 구속하고 그중 3명을 해적 혐의로 체포하였다. 애로호는 본래 중국인 소유의 배로, 청 관리의 단속을 피하기 위해 홍콩에 선적을 두고 주로 밀수를 하였다. 광저우 주재의 영국 영사 해리 파크스(Harry Parkes)는 청 관리가 직접 홍콩 선적, 즉 영국 선적의 배에 올라 검사하고, 배에 걸린 영국 국기를 함부로 내린 것을 부당하다고 지적하였다. 그리고 공개 사과와 배상 및 책임자 처벌 등을 요구하였다. 이에 양광총독 섭명침(葉名琛)은 당시 영국 국기가 걸려 있지 않았다고 설명하였다. 실제 이미 선적 등록의 기한이 지나서, 애로호는 중국인 소유의 배였다.

그러나 영국 정부는 1857년 애로호 사건을 빌미로 청에 군대를 파견하는 동시에 프랑스와 연합하였다. 당시 프랑스는 아시아에 침략의 발판을 마련하기 위해 기회를 살피며, 선교사 살해 사건을 빌미로 청과 교섭하고 있었다. 즉 1856년 광서(廣西)의 서림(西林)에서 프랑스 선교사가 포교하다가 처형되었는데, 조약에 의하면 선교사의 활동은 개항장에서 가능하므로 서림에서의 포교는 조약 위반이었다. 한편 미국과 러시아는 전쟁에 참여하지 않지만 조약 개정에는 참가한다고 표명하였다.

영·프 연합군은 광주를 점령하고 이듬해 1858년 천진을 위협하였다. 태평천국(太平天國) 운동도 진압해야 하는 상황에서 청 조정은 러시아, 미국, 영국, 프랑스 등과 연이어 조약을 맺어야 했다(천진 조약). 하지만 영국과 프랑스는 조약 내용에 만족하지 못했고, 청 조정에서도 이의를 제기하며 조약 비준을 거부하는 움직임이 있었다. 결국 1859년 조약 비준을 위해 영국과 프랑스 사절의 배가 천진 근처에 이르자, 청군이 포격을 가했고 전쟁이 다시 일어났다. 1860년 영·프 연합군이 베이징을 점령하고 서쪽 교외의 행궁인 원명원(圓明園)을 불태웠으며, 청 함풍제(咸豊帝)는 열하(熱河)로 피신하였다. 결국 청은 러시아의 중재로 천진 조약을 비준하는 동시에 베이징 조약을 체결하였다.

먼저 청은 천진에서 영국, 프랑스, 미국, 러시아 등과 조약을 체결하였다. 모두 최혜국대우 조항이 포함되었는데, 영국과 맺은 총 56조로 구성된 조약의 내용이 가장 광범위했다. 주요 내용은 다음과 같다. 첫째, 청은 군사비를 배상한다. 둘째, 외교관이 수도 베이징에 상주한다. 셋째, 외국인이 내륙 지역을 여행하고, 장강 연안 개항장을 자유로이 왕래한다. 넷째, 청은 외국 선박이 장강을 통행하는 권리를 인정한다. 다섯째, 그리스도교 포교를 허락하고 선교사를 보호한다. 여섯째, 공문서에 서구 관리에 대해 오랑캐(夷)라는 문자를 사용하지 않는다.

그리고 청은 난징 조약으로 개항한 5곳 이외 10개 항구를 추가로 개항한다. 구체적으로 뉴좡(牛庄: 현 랴오닝성), 덩저우(登州: 현 산둥성), 양쯔장 연안의 한커우(漢口)·주장(九江)·전장·난징. 차오저우(潮州:현 광둥성), 충저우(瓊州: 현 하이난성), 타이완(臺灣)의 타이난(臺南)·단수이(淡水) 등이다. 개항장이 양쯔장 유역부터 화북(華北) 및 만주에 이르러 청의 이른바 반식민지화(半植民地化)가 가속화하였다. 이어서 청은 새로운 무역 규칙과 관세 개정을 위해 회의를 개최하였다. 그를 통해 아편 1상자에 30량의 관세가 부과되고, 아편 무역이 합법화하였다. 이후 아편은 양약(洋藥)이라고 불렸다.

아편전쟁으로 인해 동아시아 제국의 체제 동요가 나타났다. 연이은 패전으로 청 사회는 커다란 충격에 빠졌다. 청의 권위가 크게 손상되었고, 백성은 이민족의 왕조인 청에 대해 경멸과 저항을 표출하였다. 무엇보다 전쟁 비용과 과도한 배상금 지불이 백성에게 전가되어 세금 부담이 증가하였고, 항구뿐만 아니라 내륙 지방에서 외국인의 활동이 허용되며 자본주의의 확산으로 백성의 생활이 한층 어려워졌다. 청은 반식민지로 전락할 위기에 처했고, 백성의 불만은 태평천국 운동으로 표출되었다.

한편 베이징 조약 이후 청 조정에서 보수 배외 세력이 후퇴하였다. 대신 조약 체결을 담당한 공친왕(恭親王) 등이 중심이 되어 외교 전문의 총리각국사무아문(総理各国事務衙門)을 설치하고 대외화친 정책을 전개하였다. 영국과 프랑스의 원조를 얻어 태평천국 운동을 진압하는 한편 근대화, 즉 양무운동(洋務運動)을 추진하였다.

청의 위기는 동아시아의 여러 국가에도 영향을 미쳤다. 남부 지역을 중심으로 전개된 제1차 아편전쟁과 비교해 제2차 아편전쟁의 영향력은 상대적으로 컸다. 조선에서도 제1차 아편전쟁의 경우, 청 남부 지역에서 벌어진 일이라 정보 입수가 상대적으로 늦었다. 하지만 제2차 아편전쟁으로 영·프 군대에 의해 베이징이 점령되는 등 전례 없는 사태에 직면하자, 조선은 베이징으로 문안사(問安使)를 파견해 상황을 상세히 파악하였다. 조선 사회는 서양의 침략을 우려하는 한편 서양에 대한 반감과 위기감이 고조되었다. 1863년 고종이 즉위하고 그의 친부인 흥선대원군이 국정을 장악하였다. 그는 한양으로 들어오는 길목인 강화도의 경비를 강화하는 한편, 천주교를 대대적으로 탄압하였다. 그 과정에서 1866년 프랑스 신부가 처형되었고, 프랑스 군함이 쳐들어오는 병인양요가 일어났다. 이어서 1871년에는 미국 상선인 제너럴셔먼호가 대동강에서 소각된 사건을 빌미로, 미국 군함이 공격한 신미양요가 일어났다. 프랑스와 미국 함대의 침략에 대응하며, 조선 조정은 전국에 척화비(斥和碑)를 세우고 한층 완강히 서양을 거부하였다.

하지만 1875년 일본 군함 운요호(雲揚號)가 무력시위를 벌이며 서구 열강을 모방해 조선에 불평등 조약을 강제하였다. 당시 조선에서는 흥선대원군이 하야하고 고종이 친정하던 상황으로, 조정은 이듬해 일본과 조약을 맺고 개항을 해야 했다. 조약 내용은 미국이 일본에게 강요한 것과 비슷했으며, 일본은 미국에게 당했던 것을 그대로 조선에 적용하였다. 19세기 후반 청국, 일본, 조선 등 동아시아 각국은 서양 제국과 불평등 조약을 맺으며, 체제의 근간이 흔들리는 변화에 처했다.

서구 열강들은 연이은 침략 전쟁을 일으키면서 중국을 침략했고, 중국으로부터 이권을 강탈하기 위해서 불평등한 조약을 잇따라 강요했다. 중화 천하의 붕괴와 중국 분열의 시대였다. 거액의 배상금과 함께 아편까지 합법화하는 굴욕을 당했다. 청일전쟁 이후 일본과 체결한 '시모노세키조약'의 배상금으로 청 조정의 쇠퇴 추세는 가속화되었다. 조선과 대만이 일본 통치로 넘어갔다.

이어서 1900년 서구 열강의 8개국 연합군은 중국의 수도 북경을 점령하고 청나라 정부에 굴욕적인 신축조약(辛丑條約)을 강제로 체결하도록 강요했다.

그렇다면 원명원(圓明園)은 왜 지금처럼 폐허가 됐을까? 시작은 서구 제국주의 열강의 침략이었다. 1860년 영국과 프랑스는 청조가 불평등 조약을 거부하자, 제2차 아편전쟁을 일으켰다. 최신 무기로 무장했던 영·불 연합군은 천진(天津)을 점령한 뒤 북경을 공략했다. 베이징에 입성한 두 나라 연합군은 청 황제가 피신했다고 알려진 원명원을 침입해서 무자비한 약탈을 자행했다.

당시 원명원은 청 황실의 금은보화, 골동품, 서화, 서적 등을 모아놓은 세계 최고의 박물관이자 도서관이었다. 영·불 연합군은 나흘 동안 가져갈 수 있는 귀중품을 탈취한 뒤, 약탈의 흔적을 지우기 위해 원명원에 불을 질렀다. 서양루에는 미궁도 만들어져 왕자와 공주들의 놀이터로 사랑받았다. 이 소식을 전해 들은 프랑스 문호 빅토르 위고는 항의 서한을 써서 다음처럼 비판했다.

"두 나라가 원명원에 들어가 약탈을 자행했고, 모든 것을 불태웠다. 서로 낄낄대며 가방에 한가득 보물을 담아 나왔다. 역사의 심판 앞에서 두 나라는 강도라고 불릴 것이다."

19세기 후반 서태후는 원명원의 일부를 복원해서 사용했다. 하지만 1900년 의화단의 난을 빌미로 베이징을 점령한 영국, 프랑스, 미국, 일본 등 8개국 연합군이 원명원을 침입해 약탈하고 방화했다.

이런 능욕의 역사 속에 유출된 원명원 유물은 수만 점에 달한다. 특히 1860년 약탈을 주도했던 프랑스에 진귀하고 화려한 유물이 몰려 있다. 주목할 점은 원명원의 파괴와 약탈에 중국인들도 참여했던 사실이다. 1900년 이후 청조는 더 이상 원명원을 관리하지 않았다. 따라서 남아 있던 건물과 정원의 시설은 도적떼의 표적이 됐다.

1912년에 청조가 멸망한 뒤에는 군벌, 관료, 상인 등까지 약탈에 참여했다. 실제로 서구 제국주의 열강은 원명원을 방화했지, 초토화시킨 것은 아니었다. 목조 건축물과 달리 서양루는 돌로 지어 생각보다 훨씬 견고했다. 따라서 불에 탄 뒤에도 남아 있던 건축 구조물을 해체해서 외부로 유출했던 이들은 중국인이었다.

대수법(大水法)에 장식됐던 부조물이 대표적으로, 1988년 초에야 원명원으로 되돌아왔다. 이렇듯 원명원은 중국 현대사의 오욕이 숨어 있는 곳이다. 이러한 서양 열강의 중국에 대한 능욕에 대한 반성과 자각은 중화민족 각성의 계기가 되었다.

1903년부터 민족주의 이데올로기는 광범위하고 치열한 반제국주의 및 애국주의 운동에 영감을 주었다. 1860년 불평등한 북경조약으로 연해주를 탈취해 간 러시아에 저항하는 운동은 영토에 대한 애착심과 함께 중국인들이 고구려와 발해에 대한 역사의식도 일깨워 주었다.

외국 상품 불매 운동, 철도와 광산에 대한 주권 회복 요구는 신해혁명이 발발할 때까지 계속되었다. 이는 서양과학 기술과 부국강병책을 받아들여 근대화를 추구하려던 양무운동과 일본의 명치유신(明治維新)을 본받아 근대적 개혁을 추진하려던 공화제를 반대하며 선통제를 복위시켜 청조 왕권을 복원하려 했던 이 정변은 단기서(段祺瑞, 돤치레이)에게 진압되었다.

강유위(康有爲, 캉요웨이 1858-1927)와 그의 제자 양계초(梁啓超, 량치차오 1873-1929)의 무술변법(戊戌變法)으로 이어지는 변법자강 운동이 일어났다. 자산계급 개량주의와 입헌 공화제를 지지하여 원세개와 손문과도 경쟁했다. 그의 변법자강 운동이 실패로 돌아가자 민족 계몽운동과 민족 역사의식의 회복에 노력하였다. 그러나 이에 동조한 광서제가 큰어머니 서태후와 개혁 반대 세력에 의해 밀려나면서 정변이 일어났다.

제국주의에 반대하는 사상이 학생과 대중 사이에 널리 퍼졌고, 개혁을 요구하던 지방의회도 점차 청 조정에 등을 돌렸다. 구원과 생존을 위한 중국인의 민족주의는 이렇게 발전하였다. 중화민족의 위대한 각성(great awakening)이 이루어진 것이다.

이렇게 강희제 이후 한족(漢族) 유학자들도 청조를 중화의 정통으로 여겼으며 태평천국 운동으로 청조가 위기에 처했을 때 한족 신사(紳

士)들은 의용병으로 청조 천하체계를 지키는 데 앞장섰다. 의병의 뿌리였다.

한족의 화하문화가 다민족 공유문화로 바뀌면서 이화(夷華) 융합의 중화민족이 형성되었다. 역대 왕조는 대일통의 정통관에서 파생된 화이관에 의해서 화이가 대립하면서도 통일되고 통일되었다가도 대립되면서 대일통을 이루어냈다. 북위(北魏)를 비롯한 침투 왕조와 요·금·원·청의 정복왕조의 내부에서 한족과 다민족 사이의 주도권 다툼은 있어도 결국은 대립과 통일의 반복 속에 중화민족이라는 중국 특색적 민족주의가 형성되었던 것이다.

유신파(維新派)의 주요 인물인 양계초(梁啓超 량치차오)는 "세계에서 가장 밝고 공정한 이데올로기인 민족주의는 남이 나의 자유를 침범하지 못하게 하고, 나도 다른 종족의 자유를 침범하지 않는다"는 '민족주의'의 개념을 명확하게 전파했다. 사실 중국에서 민족주의라는 용어를 가장 먼저 사용한 인물이 양계초다.

"지난 400년 동안 민족주의는 날로 발생하고 발전하여 장엄하고 우월해졌으며 근세사의 중심이 되었다. 민족주의와 함께 가는 사람은 흥하고 반대하는 사람은 죽는다"

양계초는 중국 민족주의는 광활한 중국 영토에 사는 다른 민족을 거부하는 한족 동맹이 아니라 외국의 침략 민족에 대항하는 중국 내 모든 민족의 단결이어야 한다고 믿었다. 유신파의 민족주의는 국가와 중화민족을 수호하고 외세의 침략에 반대하는 것을 목표로 삼았다. 중화 민족주의의 구체적 정의였다.

1899년 청을 도와 서양을 멸하자(扶淸滅洋)는 기치를 내건 의화단

(義和團) 운동은 백련교도까지 뭉쳐서 양인(洋人)들을 처참하게 학살하였다. 서구 세력들의 보복적 침탈 또한 잔인하게 이루어졌다. 화이관(華夷觀)의 충돌이었다. 중국인들의 야만성과 양인들의 무도함이 적나라하게 나타났다. 이성적이라는 인간 본성의 악랄함을 여지없이 보여준 것이다. 서양인 여성들을 집단 성폭행하여 치부를 도려내 국을 끓여 먹었다는 기록은 인간성의 극단을 보여준다. 후일 일본의 남경학살과 함께 전쟁의 무모함을 교훈적으로 나타낸 것이다. 이에 비하면 한국의 3·1운동은 평화적 민족주의 운동이었다. 춘추 태평 천하체계의 필요성과 당위성이 강조된 이유이다.

결국 중국은 일본 제국주의를 비롯한 영국·프랑스·독일제국·오스트리아제국·이탈리아왕국·미국 등 열강 8개국 연합군에 패배하였다. 1901년 굴욕적인 신축조약(辛丑條約, 북경의정서)을 맺었으며 외국 군대의 중국 주둔까지 허가하는 빌미를 주면서 북경까지 유린당했다.

이렇게 반제국주의 농민 투쟁인 의화단 운동을 진압하는 명분으로 만주를 장악한 러시아는 만주 지배뿐만 아니라 한반도까지 넘보게 되었으며 러일전쟁(1904-1905)을 치르게 된다. 이 전쟁에서 승리한 일본은 간도문제에 개입하면서부터 남만주 철도를 부설해 결국은 만주 제국을 건설하였던 것이다. 일본은 대만 건너편의 복건성(福建省)을 탐내다가 열강들의 반대에 따라 한반도로 눈을 돌렸다.

청 조정은 신군을 설립하고 훈련에 다양한 노력을 기울였다. 신해혁명 직전까지 신군은 총 14개 성, 18개 혼성 연합, 2개 연합으로 구성되었으며 병력은 19만 명에 달했다. 민족주의는 중국 군대의 현대화를 촉진했다. 군사 현대화는 정치적 변화를 촉진했다. 새로운 군사 기술, 군사 이념 및 군사 시스템은 군인들이 민주 정치와 민생 발전에 관심을 기울이고 제국의 정치적 악을 제거하기 위해 적극적으로 옹호하도록 유도했다.

새로운 국가관은 새로운 국가 개념을 탄생시켰다. 군인들은 국가를 수호하고 중국을 부흥시키는 역사적 사명을 인식하기 시작했다.

민족, 민권, 민생의 삼민주의를 기치로 내건 손문이 이끄는 혁명파 인사들은 민족주의는 청 조정을 전복하고 '만주족을 배척하는 혁명'을 촉구하는 것이었고, 1894년 흥중회(興中會)는 '타타르족을 축출하고 중국을 회복하며(驅除韃虜, 恢復中華)' 통일 정부를 수립하자고 제안했다.

그 후 광복회(光復會)와 연합동맹은 모두 민족주의 혁명의 주요 목표로 '타타르족 추방과 중화 회복'을 정치 강령에 포함시켰다. 이는 일찍이 주원장이 외쳤던 구호였다. "한족을 회복하고 우리의 산천을 회복하자"는 광복회의 맹세도 같은 의사를 표현한 것이었다. 이들 혁명 단체의 민족주의에는 화이(華夷)라는 전통적인 의미도 포함되어 있었지만, '만주족에 반대'에 더하여 반제국주의와 반침략이었다.

손문은 "외국인이 우리의 영토를 빼앗으려 하고, 그들은 우리의 영토를 찬탈하고자 한다"면서 "영토를 분할해서 가져가려는 것을 피하려면 먼저 만주족 정부를 타도해야만 한다"고 주장하였다.

이는 '청 조정이 국가를 대표한다'라는 양계초의 입헌군주제 견해와 정면으로 배치되는 것으로, '만주족 배제 혁명'과 공화제의 개량 입헌 사이의 근본적인 차이점 중 하나였다.

청 조정은 군대를 확고한 통제하에 두었고 신식 군대의 군사 교육은 시종일관 민족주의적이었으며 군인들의 반침략 의식을 강화하는 것을 목표로 했다. 육군소학당(陸軍小學堂)의 커리큘럼에는 도덕 교육, 중국 및 외국 역사, 지리가 포함되었다.

역사 및 지리 교과서는 강대국의 팽창주의 정책과 중국과 같은 약소국에 대한 침략 행위를 다루었다. 사관생도들은 이러한 교과서와 글을 읽으며 애국심과 나라를 구해야 한다는 절박감에 불을 지폈다. 장교와 병사들은 시험을 통해 선발된 후 일괄적으로 순환 배치되어 군사학당에 입교하여 훈련을 받았다. 교관들은 강무당(講武堂)에서 애국주의를 설파했고 생도들은 부대로 돌아가 선전과 교류를 강화했다. 군대 내에서 민족주의는 군인들에게 중요한 이념적 기반이 되었다.

혁명당 사람들은 새로운 군대에서 청 조정에 대한 민족주의 선전을 적극적으로 수행했다. 특히 제국주의에 반대하기 위해서는 만주족을 배제하고 청 조정을 전복하는 것이 전제되어야 한다는 민족주의는 제국주의 반대를 위한 전제 조건이었다. 청 조정을 전복하고 제국주의 침략에 반대하는 민족주의는 점차 청 조정 수호 중심의 민족주의를 대체했다.

혁명당 사람들은 신군부에서 청 조정 전복이라는 민족주의를 전파하여 괄목할 만한 성과를 거두었다. 신군부의 장교와 교관 대부분은 일본, 유럽, 미국에서 유학한 경험이 있었고 서구의 민주주의와 입헌주의라는 새로운 사상을 받아들였으며 혁명가들과 어느 정도 사상적 접촉이 있었다. 청 조정에 대한 민족주의는 군대 내에서 확산되어 청 조정을 전복하기 위한 조직적인 혁명 행동으로 발전했다.

무창(武昌)의 신군 내에서는 민족주의 정서가 높고 혁명 정신이 사람들의 마음과 정신에 깊이 뿌리내렸으며 혁명 조직이 단단히 결속되어 신해혁명의 첫발을 쏘아 올리고 모든 성에서 신군의 대응을 이끌었다. 1911년 10월 호남성, 강서성[구강(九江)], 산서성, 운남성에서 신군 봉기가 발생하였다.

혁명적인 신군은 청강포(靑江浦), 진강(鎭江), 남경(南京) 등 강소성의 주요 군사 도시를 점령했다. 봉기를 일으키지 않았던 신군 대부분은 무창 봉기에 동조하고 지원하여 신해혁명이 순조롭게 전개될 수 있었다.

이렇게 볼 때 민족주의는 청 조정, 유신파, 입헌파, 혁명가, 신군부, 학계 및 재계에서 각기 다른 정도의 영향을 미쳤다. 청 조정, 유신파, 입헌파는 제국주의에 반대하고 흔들리는 청 왕조의 통치를 유지하기 위해 민족주의를 옹호했다. 반면 혁명가들은 민족주의를 이용해 '만주족에 반대하는 혁명'을 주장했다. 혁명적 반만주의의 민족주의는 신군부에 깊은 영향을 미쳐 큰 힘을 형성했고, 신군부가 신해혁명의 주요 무장 세력이 되어 신해혁명의 순조로운 진행과 성공을 보장할 수 있었다.

또한, 민족주의의 근본적인 전환이 있었다. 그것은 반만주에서 반제국주의로 전략을 변경하였다. 중화민국 건국 후 '반만주'였던 혁명가들의 민족주의는 시간이 지나면서 반제국주의 중심의 민족주의로 바뀌었고, '한족 민족주의' 중심의 반만주 투쟁은 '5족 공화국'에 기초한 민족 독립 투쟁으로 전환되었다.

한족에서 중화민족으로

1912년 1월 1일, 손문은 남경에서 임시 총통에 취임했다. 그는 임시 총통 포고문에서 "국가의 기초는 국민에게 있다. 한족, 만주족, 몽골족, 회족, 티베트족의 지역을 하나의 나라로 합치는 것, 즉 한, 만주, 몽골, 회족, 티베트족을 하나로 합치는 것이 바로 민족의 통일이다"라고 선언했다.

손문의 '5족 공화국'은 중국 내 모든 국적은 '마음과 힘이 같은 형제'이며, 평등과 우정, 단결과 단결, 제국주의에 대한 단호한 반대를 주장하였다. 손문은 청 조정이 전복된 이후 다음의 가장 큰 위협은 제국주의라고 생각했다. 그는 "나라가 위험에 처했을 때 일본인은 남만주에, 러시아인은 몽골에, 영국인은 티베트에, 프랑스인은 운남과 귀주(貴州)에 주둔하고 있으며, 이들은 매일 중국을 분할하여 인도와 폴란드처럼 하려고 생각하고 있다"고 생각했다. "중국에 공화국이 세워졌지만 열강이 아직 인정하지 않아 위험이 잇따르고 있다"고 판단하였다. 그는 국내적으로는 단결하여 힘을 기르고, 대외적으로는 열강이 중국의 독립, 영사 관할권 폐지, 관세 자치권 회복, 조차권 회복, 잃어버린 영토 회복을 존중할 것을 요구했다. 그는 "오늘날은 공화국이지만 아직 위대한 정착지가 아니며 반드시 통합되어야 한다"고 반복해서 호소했다.

신해혁명의 성공으로 청 왕조는 전복되었고, 새로 수립된 중화민국은 반만주 기치를 완전히 포기하고 만주 배제와 만주 호칭을 폐지했다. 새로운 중화민국은 반만주 기치를 완전히 버리고 만주족 추방령을 폐지하여 단일 한족 국가를 다민족 중국 국가로 복귀시켰다. 통일적 다민족 국가의 대일통이 이루어진 것이다.

1920년 11월, 손문은 '정관 개정에 관한 메모'에서 "지금 우리는 5족 공화국에 대해 이야기하고 있지만 '5족'이라는 용어는 정말 부적절하다"고 지적했다. 그는 "우리나라에는 다섯 개 이상의 민족이 있다. 우리는 중국의 모든 민족을 하나의 중국 국가(미국은 많은 유럽 민족의 조합이지만 지금은 세계에서 가장 명예로운 국가가 된 것처럼)로 만들고 중국 국가를 매우 문명화된 국가로 만들어야 한다."고 주장하였다.

1919년, 손문은 자신의 저서 《삼민주의》에서 민족주의를 '소극적 민족주의'와 '적극적 민족주의'로 구분했다. 그는 다음과 같이 새로운 민족주의 개념을 정립하였다.

"한족의 회복과 만주 청나라의 전복은 민족주의의 부정적인 목표 중 하나를 달성했을 뿐이다. 이제부터 우리는 민족주의의 긍정적 목적을 달성하기 위해 힘차게 전진해야 한다. 긍정적인 목적이란 무엇인가? 즉, 한족은 그들의 피와 역사, 자존심과 오만이라는 이름과 만주, 몽골, 회족, 티베트 사람들을 희생하여 진정성을 가지고 만나 하나의 용광로에서 제련되어야 하며, 이는 중화민족의 새로운 민족주의라고 한다. 미국에서 수많은 흑인과 백인이 결합하여 미국 민족주의의 세계 챔피언으로 제련된 것처럼 이것도 긍정적인 목적이다. 5족이란 무엇인가? 세계에서 가장 오래되고 가장 크고 가장 동화적인 국가가 세계의 새로운 민족주의에 추가되고 중국 국가를 발전시키고 영광을 위해 긍정적인 조치를 취한다면 곧 미국과 유럽을 타고 세계의 챔피언이 될 수 있을 것으로 확신한다."

손문의 주도로 국민당은 1923년 〈국민당선언문〉에서 "우리 국민당의 민족주의 추진의 목적은 소극적인 방식으로 민족 간의 불평등을 제거하고, 긍정적인 방식으로는 중국의 모든 민족을 동화시켜 통합하여 대 중국 국가를 실현하는 데 있다"고 강조했다.

▲ 손문

소극적 민족주의는 '만주족을 추방'하고 만주족 통치를 전복하고 중국을 회복하는 것이었다. 긍정적 민족주의는 한족과 만주족, 몽골족, 회족, 티베트족이 '진정성을 가지고 만나' 중국의 모든 민족을 포괄하는 새로운 '중화민족'으로 통합하는 것이었다. 모든 민족을 위한 공통의 '중화민족 국가'를 건설하는 것이다. 중화민족 국가의 건설은 모든 중국 민족의 단결, 통일, 안정, 번영, 부와 힘을 위한 중요한 보장이며 중국이 근대화와 현대화를 향해 나아가는 중요한 단계이다. 중화민족 국가관의 정점이 이루어진다는 주장을 했다.

현대 국가로 나아가기 위해서는 민족 정체성과 국가 정체성의 확립이 필요했다. 민족주의의 기본 원칙은 '4억 인구를 하나의 견고한 민족'으로 통합하는 것이다. 손문은 '하나의 국가, 하나의 민족'만이 가장 강력한 민족국가를 건설할 수 있다고 생각하였다. 그는 "중국에서는 진나라와 한나라 시대부터 하나의 민족이 하나의 국가를 만들었다. 외국에서는 하나의 민족이 여러 국가를 만들고, 한 국가 안에 여러 국가가 존재하는데, 현재 세계 최강의 국가인 영국처럼 백인을 기반으로 백인, 흑인 및 기타 국적과 결합하여 '대영제국'이 되었다"고 했다면서 "고대와 현대 국가의 생존 논리를 고려할 때, 중국을 구하고 중화민족이 영원히 존재하기 위해서는 민족주의를 옹호해야 한다. 민족주의를 옹호하기 위해서는 이러한 민족주의를 완전히 이해해야만 국가를 구하기 위해 민족주의를 발전시킬 수 있다. 중국 국적의 총인구는 4억 명이며 몽골인 수백만 명, 만주인 백만 명, 티베트인 수백만 명, 이슬람을 믿는 돌궐인이 수십만 명, 그리고 외국인 수는 총 천만 명에 불과하다. 따라서 4억 중국인은 대부분 완전한 한족이라고 할 수 있다. 동일한 혈통, 동일한 언어와 문자, 같은 종교, 같은 습관, 완전히 하나의 국가이다. 세계에서 우리 민족의 위치는 어느 정도일까? 세계에서 다른 국적을 가진 사람들의 수를 비교하면 우리가 가장 많고 민족도 최대이며 문명교화를 거친 역사가 4천 년 이상이며 유럽 및 미국 국가와 각축을 벌일만하다는 논리를 폈다.

그러나 중국인은 가족과 종족 집단만 있고 국가 정신이 없기 때문에 비록 4억 명의 합쳐진 하나의 중국이지만 실제로는 흩어진 모래와 같아서 오늘날 세계에서 가장 가난하고 약한 나라이며 국제 사회에서 가장 낮은 위치에 있다. 현재 우리의 위치는 가장 위험하다. 민족주의를 옹호하고 4억 명의 인구를 견고한 국가로 통합하지 않으면 중국은 멸종 위기에 처할 것이다. 이 위험을 구하려면 민족주의를 옹호하고 민족의 정신으로 나라를 구해야 한다"고 했다.

손문의 민족주의 본질은 '국족주의'다. 그는 중국의 다양한 민족이 단결하여 점차 새로운 중국 국가로 통합되고 강력한 중국 민족국가를 건설하기를 희망했다. 그는 이것이 중국이 스스로를 구하고 생존할 수 있는 근본적인 방법이라고 믿었다.

'중화민족 국가'는 외부적으로는 인민을 단결시켜 침략에 저항하고, 불평등 조약을 폐지하고, 국가 권익을 회복하고, 제국주의자들이 점령한 영토를 되찾고, 국가의 독립과 자주, 민족의 평등과 자유를 수호하는 것이다. 그리고 내부적으로는 국민을 단결시켜 발전과 번영을 위해 함께 일하고, 모든 종류의 원심적, 분리주의적, 독립적 경향, 음모 및 행동에 반대하며, 국가 통합과 영토를 보전하고 수호할 수 있다는 신념을 가지게 되었다.

1930년대 일본 제국주의의 침략은 중국인의 민족정신을 일깨웠다. 국민당과 공산당 모두 민족주의의 깃발을 높이 들고 전 국민이 일본 침략자들에 맞서 싸웠다. 중국의 모든 국민들은 적과 싸우는 데 단결했고, 일본과의 8년간의 저항 끝에 마침내 모든 일본 침략자들을 중국 영토에서 몰아내고 1840년 아편전쟁 이후 제국주의 침략자들에 대한 최초의 완전하고도 철저한 승리를 달성했다.

모든 민족주의가 성공하는 것은 아니며, 단순한 민족 감정과 민족 정체성이 반드시 민족국가로 발전하는 것은 아니며, 민족국가의 제도적 보장 없이는 민족주의는 뿌리 없는 감정에 불과할 수 있다. 민족국가가 수립된 후 민족 정체성이 없으면 응집력 부족으로 인해 수립된 민족국가는 느슨해진다. 민족국가의 제도적 건설과 민족 정체성의 배양은 함께 진행되며 필수불가결하다.

과거에 '중국'은 '민족국가'라는 개념이 아니라 문화의 범주였다. 즉 춘추 봉건시대 화하족의 예치를 근간으로 하는 문화 중심주의나 한나라 시대의 예치중심의 혈통주의에서 현대 중국 국민국가의 건설은 신해혁명과 함께 시작되었다. 중국의 근대화 과정은 민족국가 건설 과정이다. 따라서 민족의 단결과 민족적 연대를 강조하는 민족주의는 근대화 건설을 뒷받침하는 주요 이념이다. 민족주의 이념은 사람들이 의식적으로 민족국가와 국가 정체성을 구축하고 중국 민족의 전반적인 이익을 추구하도록 한다.

민족주의는 국가 정체성 구축의 핵심 이념이다. 민족국가 건설과 국가 정체성이 존재하고 발전하는 기반은 민족주의이지만 반제국주의나 소극적이며 저항적인 좁은 의미의 민족주의가 아니다. 중국은 다민족 국가이지만 동시에 통일된 다민족 국가로서 그 발전은 본질적으로 분리할 수 없는 전체성을 지니고 있다. 이는 정치 중심의 중국 특색적 〈대일통 민족국가, 민족 공동운명체, 천하일가론〉과 맥락을 같이한다. 시진핑의 〈인류운명공동체론〉이 탄생하게 된 배경이다.

모든 민족이 하나의 중국 국가로 융합되는 것은 거스를 수 없는 역사적 흐름이며, 편협한 민족주의는 생존할 수 없다. 적극적인 민족주의 참여 속에 중심국가로 가는 토대를 마련했다. 거시적 관점에서 보면

화하족은 주공과 공자가 만들었다면 한족은 사마천과 나관중, 그리고 주희가 이루어냈다. 그리고 중화민족은 손문과 모택동이 구축하였으며 시진핑이 발전시켰다는 가정을 할 수 있을 것이다.

결국 손문의 '중화회복'이 시진핑의 '중화민족대부흥'의 중국몽으로 진화한 것이다. '중화민족'은 모순되는 개념 같지만 그 형성과정을 보면 시공에 따른 요구일 수밖에 없다.

1917년 러시아에서는 10월 혁명이 발발하여 무산계급이 정권을 장악하는 사회주의 국가를 건립하였다. 러시아 10월 혁명의 영향 하에서 중국에서는 이대교(李大釗, 리따자오), 진독수(陳獨秀, 천두수), 모택동(毛澤東, 마오쩌둥) 등과 같이 마르크스주의를 연구하고 전파하는 지식인들이 출현하였다. 그들은 새로운 혁명사상을 선전하면서 무산계급 혁명을 선동하였다. 자본주의 선진국에서 생성된 마르크스 이론을 자본주의의 경험이 취약한 중국에 적용하려는 여러 가지 사상운동이 일어났다.

수요와 공급이 가격을 결정한다는 경제 논리가 아니라 "노동이 모든 가치를 결정하여 가격을 결정한다. 자본가가 노동이 만든 잉여가치를 착취하고 이에 따라 잉여 이윤율이 하락하여 불황이 거듭되며 노동력을 상품화하면 노동소외와 종속을 가져와 자본주의가 붕괴되어 국가가 소멸된다"는 마르크스의 자본주의 사회혁명론은 중국의 현실과는 거리가 있기 때문이다. 원시공동체, 노예제사회, 봉건제, 자본주의사회, 공산주의 사회라는 역사 발전 5단계도 중국과 일치하지 않았다.

후일 등소평(鄧小平, 덩샤오핑)의 자본주의 도입과 '중국 특색적 사회주의'가 나타난 배경이다. "경제적 토대인 하부구조가 이념의 상부구조를 결정한다"는 마르크스 정치 경제학 논리가 이를 증명한다.

새로운 정세와 혁명사상의 영향으로 1919년 5월 4일 중국에서는 철저한 반제(反帝) 반봉건(反封建) 혁명운동이 발발하였으니, 이것이 바로 유명한 '5·4운동(五四運動)'이다. 5·4운동은 먼저 북경대학의 학생들에게서 시작되었는데, 3천여 명이 천안문 광장에 집결하여 중국 정부의 대표가 '파리강화조약'에서 국가의 주권 포기에 서명하는 것을 반대했다.

항의 시위가 북양군벌(北洋軍閥) 정부의 진압을 받게 되자 중국민들의 분노는 전국적으로 확대되었으며, 그리하여 북경에 이어 상해(上海) 등 주요 도시의 노동자 학생 상인들도 모두 동맹파업을 하면서 대규모의 항의 시위 운동을 전개하였다. 그 결과 북양군벌 정부는 하는 수 없이 구속된 학생들을 석방하고 3명의 매국노를 관직에서 파면시키고 '파리강화조약'의 서명을 거절하게 됨으로써 5·4운동은 성공을 거두었다.

5·4운동은 중국 무산계급의 거대한 혁명역량을 최초로 드러낸 것으로 마르크스주의와 중국 혁명운동의 결합을 촉진시켜 중국공산당의 탄생을 위한 기반을 마련하였다. 1921년 7월, 모택동(毛澤東, 마오쩌둥)과 동필무(董必武, 뚱삐우)를 비롯한 몇몇 혁명가들은 전국 각지의 공산주의 그룹을 대표하여 상해에서 제1차 전국대표대회(第一次全國代表大會)를 개최하여 중국공산당을 창립하였으며, 이로부터 중국의 혁명은 새로운 단계로 진입하게 되었다. 바로 이러한 이유로 인하여 5·4운동은 중국의 근대사와 현대사를 구분하고 구민주주의 혁명과 신민주주의 혁명을 구분하는 지표가 되었던 것이다.

한편 신해혁명으로 청 왕조가 무너지자 왕조 교체기에 등장하는 군웅들의 할거가 전국적으로 나타나게 되었다. 통일과 분열이 반복되는 역사 속에서 중국의 군벌은 특수한 상황 속에서 중앙 조정의 구심력이 약화되었을 때는 국가 대신 외부의 침략이나 약탈로부터 지방 정부를 보호하거나 재력 있는 군대의 수장이 지역 군대를 조직하여 패권 경쟁에 나서는 군벌(軍閥)이 나타나게 되는 것이다.

전국시대의 5패국이나 초·한의 대결, 삼국 쟁탈 그리고 5호 16국 시대와 5대 10국의 합종연횡도 군벌의 형태였다. 신해혁명(1911-1912)이나 5·4 운동 이후의 혼란기에 광대한 영토 곳곳에서 군인 무력 부대들이 정치와 재력 다툼을 앞세워 수많은 군벌이 나타나게 되었다.

중국 역사에서 군벌의 중요성과 역할은 주로 다음과 같은 측면에서 의미를 살펴볼 필요가 있다.

첫째, 군벌주의는 중국 역사에 광범위한 영향을 미쳤다. 군벌 시대의 공통적인 현상은 잦은 전쟁과 합병으로 국민의 생명과 재산의 안전을 보장하기 어려웠고, 사회 생산의 건설과 상품 시장의 순환이 방해되거나 파괴되었으며, 사회의식과 사회 정체성이 분열되고, 국가와 민족의 힘이 약화되었다. 분열의 시기가 지나면 중앙과 국가의 상대적 힘이 쇠퇴하여 외적의 침략까지 초래하게 되었다.

둘째, 군벌 형성의 정의와 원인이다. 군벌은 정상적인 국가 체제 내에서 군인들이 자신의 세력을 형성하고 국가 영토를 영향권으로 나누어 군사적 수단을 사용하여 한쪽을 단절시키고, 단절된 곳의 행정, 사법, 교육, 조세 등의 정부 기관과 그 소속 관리의 임용을 통제하는 군사 집단을 말한다. 군벌은 중앙정부의 힘을 약화시키는 대신 자신들의 권력 집중의 산물이었다. 예를 들어, 군벌주의 현상은 동한 말기, 당나라 말기, 중화민국에서 뚜렷하게 나타났다.

셋째, 군벌의 구체적인 모습과 영향력은 역사적 시기에 따라 다양했다. 동한 말기에는 군벌주의가 장기간의 전쟁과 정권 교체로 이어졌고, 당나라와 오대 말기에는 군벌주의가 국가의 분열과 사회 불안으로 이어졌으며, 특히 중화민국 시대에는 여러 군벌 간의 대립과 지방 세력의 부상에서 군벌주의가 나타났다. 이러한 군벌 중 재벌과 결탁하거나 외국자본과 연계되어 한국과 일본에 밀접한 관련이 있는 북양군벌을 중심으로 당시의 권력 변동 상황을 면밀히 살펴본다.

북양군벌과 북벌

북양군벌(1912-1928)은 중화민국의 군벌 세력 중 하나로, 원세개가 집권한 후 북양신군의 주요 장군들로 구성되었으며 1926년 7월에 전복되었다. 북양군벌은 1895년 원세개가 청나라 정부로부터 조직 명령을 받아 천진의 작은 역에서 조직한 '신건육군(新建陸軍)'에서 유래했으며, 원세개가 이곳에서 후기 북양군벌을 모집했다. 신건육군은 무위우군(武衛右軍), 북양상비군(北洋常備軍), 북양육진(北洋六鎭)으로 연속적으로 확장되었다. 1901년 이홍장이 사망한 후 원세개가 그의 뒤를 이어 직예총독 겸 북양대신으로 취임하여 그가 지휘하는 군대를 북양군으로 불렀다. 원세개는 청나라 정부의 의심을 받아 사임해야 했고, 이때 그가 이끄는 북양군벌의 세력이 동북 3성으로 확장되고 봉계 일파가 추가되었다.

신해혁명이 발발한 후 원세개가 영입되어 1912년 총통직을 탈취하는 데 성공하여 북양 군벌 정부를 수립했다. 원세개가 통치하는 동안 2차 혁명과 국공내전이 발발했고, 이 과정에서 단기서(段其瑞, 똰치레이), 풍국장(馮國璋, 펑궈장)과의 원심력으로 인해 왕위 계승에 실패했으며 1916년 원세개가 사망한 후 제국주의자들의 지원을 받은 북양 군벌은 풍국장이 이끄는 직파(直派), 단기서가 이끄는 안휘파(安徽派), 장작림(張作霖, 장쥐린)이 이끄는 봉계파(奉系派)로 나뉘게 되었다. 군벌들은 권력과 이익을 놓고 경쟁했고 싸움이 끊이지 않았다. 베이징 정부는 직환공치(直皖共治), 직봉공치(直奉共治), 직계독권(直系獨權), 봉계독권(奉系獨權) 등의 상황이 이어졌다. 1928년 국민혁명군의 2차 북벌, 봉계 장작림은 베이징을 포기하고 동북으로 돌아갔고, 그의 아들 장학량(張學良)이 소위 '개기이치(改旗易幟)'의 전보를 발송한 이후 북양군벌을 멸망되었다.

북양군벌은 봉건 지주 계급을 주요 사회 기반으로 삼았고, 그들의 정치와 군대는 '중학위체 서학위용(中學爲體, 西學爲用)'의 원칙에 따라 인도되었다. 북양 군벌들이 집권하던 시기에는 원세개만이 일시적인 형식적 통일을 이루었다. 원세개는 중국 군대 체계와 계급 체계를 확립했지만, 군벌의 혼란 기간 중국 군대에 대한 통일된 설립 및 발전 계획이 없었다. 북양 군벌들은 권력을 쟁취하기 위해 투쟁하면서도 형식적인 민주공화국을 고수했으며, 그들의 통치 기간 중국은 교통, 산업과 상업, 농업, 금융과 경제에서 어느 정도 성공을 거두었다. 군벌 간의 수많은 전쟁으로 수천 명의 농민이 난민이 되었고 사회는 혼란에 빠졌다. 동시에 높은 임대료와 세금 부과, 농민의 곡물 아편 전환 강요로 정상적인 경제 활동도 방해받았다. 프롤레타리아 혁명가인 구추백(瞿秋白, 치우취바이)는 북양군벌 정권이 지주, 관료, 부르주아의 이익을 대변하는 정권이었다고 했고, 근대 역사학자 래신하(來新夏, 라이신샤)는 북양 군벌 정권이 중국 사회를 파괴하고 민생에 재앙을 초래했으며 국제 제국주의에 복종하고 국력을 상실하고 굴욕을 당한 것은 모두 역사 발전을 방해하는 역할을 했지만, 군제 개혁에 어느 정도 효과를 거둔 것은 인정할 수 있다고 주장했다. 그러나 군제 개혁의 효과는 어느 정도 인정할 수 있다.

아편전쟁 이전에 경세학자 보세신(包世臣, 빠오스천)의 정론에서 이미 북양의 지리적 개념을 언급했으며, 그는 오송구(吳淞口)에서 통해(通海), 산동, 직예(直隸), 관동(關東)을 통해 북쪽으로 북쪽 지역이 모두 북양의 범위에 속한다고 믿었다. 제2차 아편전쟁 이후 청 정부는 남북양 양부를 설치했고, 북양부를 줄여서 북양대신이라고 불렀으며, 그의 관할은 기본적으로 위에서 정의한 지리적 범위였다. 1870년 이홍장이 지리 총독 겸 북양대신으로 임명되어 그의 권력은 북양 세력으로 알려졌고 북양이라는 용어는 주로 정치 용어가 되었다. 1901년 이홍장이 죽은 후 원세개가 직예총독 겸 북양대신을 계승하여 거의 6년 동안 지속되어 강력한 군사 및 정치 그룹을 형성했으며, 이때 '북양' '북양 세력'은 실제로 원세개와 원세개의 북양 그룹을 의미했다. 군벌이라는 용어는 처음에는 군사적 명예를 가진 혈통을 지칭했지만, 나중에는 군대를 포용한 지역 무장세력을 지칭하는 데 더 자주 사용되었다. 손문은 '북양'과 '군벌'이라는 용어를 처음으로 함께 사용한 사람 중 한 명이었다. 그는 〈프랑스 유학 학생들과의 대화〉에서 "원세개가 지금은 죽었지만, 북방의 정권은 여전히 북양군벌과 관료, 정치가들의 손에 달려 있다. 따라서 그는 광동에서 호법정부를 조직하여 혁명을 되살리지 않으면 중화민국을 구할 수 없다"고 말했다. 따라서 북양군벌은 원세개의 북방세력을 가리키는 고유 명칭이 되었다.

북양군벌의 역사적 변천 과정

청나라의 원래 군대는 '팔기군(八旗軍)'과 '녹영(綠營)'이었으나 18세기 말의 백련교 봉기, 19세기 초의 천리교 봉기, 영국 침략자들과의 아편전쟁에서 청나라의 통치를 방어하는 역할을 할 수 없었다. 이러한 상황에서 청 정부는 팔기군과 녹영의 단점을 보완하기 위해 지방정부가 지방 임시 군대로서 판방군(辦防軍), 련용(練勇), 단련(團練)을 일시적으로 설립하는 것을 허용했다. 증국번(曾國藩)이 설립한 상군(湘軍)과 이홍장이 설립한 회군(淮軍)은 점차 청나라의 국가 상비군으로 발전했다. 이홍장의 군대는 청나라에서 유일한 군대였다. 이홍장은 직예 총독 임기 중 서양의 사관학교를 모방하기 위해 중국 최초의 육군학당인 천진북양무비학당을 설립했지만 상군과 회군은 청일전쟁에서 실패했다. 이로 인해 청 정부는 위기를 해결하기 위하여 무장세력을 설립하여 인민 혁명을 진압하기 위해 새로운 유형의 군대를 창설하기로 결정했다.

청일전쟁에서 패배한 후 장로(長蘆) 염운사 호유분(胡燏棻)과 원세개가 청 정부에 군대 재편을 적극적으로 촉구했다. 원세개는 여러 사람을 초청해 군사 서적을 번역하고 집필하도록 했고, 서태후의 총애를 받던 영록(榮祿)으로부터 새로운 군대를 위한 규칙과 규정을 작성하라는 지시를 받았다. 청 광서 21년(1895) 10월, 태자 순친왕 혁환(奕譞)과 군기대신 동동화(翁同龢), 이홍장, 영록이 군사 제도의 개혁을 논의하고 "청나라를 보호하고 나라를 지킬 수 있는" 녹영으로는 지킬 수 없으니 이를 대체하기 위해 점차적으로 베이징 인근에서 신군을 훈련시키기로 결정을 하였다. 청정부는 처음에 호유분(胡燏棻)을 파견하여 작은 역에서 훈련을 시켰고 이 부대를 '정무군(定武軍)'이라 이름하고 독일인 한네켄(Constantin von Hanneken)을 교관으로 고용했다. 몇 달 후 호유분은 로한(蘆漢) 철도 독판이 되었고, 순친왕 혁현, 경친왕 혁광(奕劻)과 군기대신 옹동화, 이홍장, 영록이 연명으로 원세개의 신군을 훈련과 감독을 하도록 추천했기 때문에 원세개는 작은 역에 머물면서 절강온처도두(浙江溫處道頭)라는 직함을 가진 채로 정무군을 인수하여 '신건육군(新建陸軍)'이라고 개명했다.

원세개는 공식적으로 신군을 인수한 뒤 정무군의 기존 4,000명을 7,000명으로 확대 개편하였으며 수 십명의 외국 교관을 초빙하였다. 동시에 원세개는 한림(翰林) 출신인 서세창(徐世昌)을 초빙하여 참모로 임명하고 무비학당(武備學堂)의 총판의 추천을 받아 무비학당을 졸업한 학생인 단기서(段其瑞), 왕사진(王士珍), 풍국장(馮國璋) 등을 영입하였다. 그리고 원래 정무군의 하급 군관이었던 조곤(曹錕), 노영상(盧永祥), 단지귀(段芝貴) 등도 선발을 하여 영관(領官) 총대(統帶) 등의 직무를 주었다. 그 밖에 장훈(張勳), 예사충(倪嗣沖) 등 구군인들도 채용하여 원세개의 충복으로 만들었으며 그들도 임용되었다. 이렇게 하여 원세개의 세력이 기본적으로 형성되게 되었다.

광서 24년(1898년), 원세개는 강유위 등이 조직한 개혁파 단체인 강학회(强學會)를 후원하여 개량파의 신임을 얻었고, 이들은 그에게 광서 황제를 구하고 황권을 회복하기 위한 무술변법에 참여하도록 권유했다. 원세개는 표면적으로는 동의했지만 서태후에게 몰래 이 사실을 알려 무술변법이 실패로 돌아가고 서태후의 신임을 얻었다. 이때 청나라 정부의 군사적, 정치적 권력은 서태후가 직접 직예 총독과 북양대신으로 임명했던 영록의 손에 집중되어 있었는데, 원세개는 이를 계기로 영록이 이끄는 무위군 창설을 제안했고 영록은 이를 받아들여 새로 건설한 육군을 '무위우군'으로 조직했으며 원세개와 같은 경기지역의 주둔지에 있던 섭사성(聶士成)은 '무위군'에 소속되어 청나라에서 유일하게 '무위군'이 존재했다. 원세개와 함께 수도에 주둔하고 있던 섭사성(聶士成)의 '무익군(武毅軍)'과 동복상(董福祥)의 '감군(甘軍)'이 전군(前軍)과 후군(後軍)에 편입하고 3자를 통합하여 '북양삼군'으로 통칭되었다.

광서 25년(1899년) 산둥성에서 의화단 반란과 반제반애국 운동이 폭발하자 원세개가 우군을 이끌고 의화단 반란을 진압하기 위해 산둥성으로 이동하라는 명령을 받았다. 이 시기 동안 원세개는 군대 증원을 요청했고, '무위 우군 선봉대'를 조직하도록 허락받았다. 군대 재편이 완료된 후 원세개의 수중 전력은 기존 신건육군의 두 배 이상이 되었다.

1900년, 8개국 연합군이 중국을 침공했다. 베이징을 방어하기 위한 전투에서 영록의 무위 전, 후, 좌, 중 4로 군이 모두 무너졌다. 우군이었던 원세개는 법을 어기면서까지 군대를 움직이지 않았으며 실력을 보유하게 되었다. 원세개는 제국주의자들에게 은밀히 내통하면서 동시에 도망친 서태후에게 계속해서 양식을 제공하면서 충성을 표시했다. 서태후가 서안에서 베이징으로 돌아오자 원세개는 또 다른 호위병을 파견해서 서태후를 보호하였다. 서태후로부터 신임을 획득한 원세개는 수도 방어 임무를 부여받았고, 1901년 이홍장이 사망한 후 의화단 반란을 진압하는 데 중요한 역할을 한 원세개가 그의 뒤를 이어 직예총독과 북양대신에 임명되었다.

북양 상비군과 북양 6진

신축조약 체결 후 정부는 재차 군사 훈련 문제에 관심을 집중했고 청 정부는 공식적으로 새로운 군대 훈련을 위한 구체적인 준비를 하라는 상유를 공표하였다. 원세개가 '신정(新政)'을 추진하는 기회를 활용하여 군대를 더욱 확장했다. 그는 먼저 산동으로 데려왔던 군대를 직예지방으로 이동시키고 작은 지역에 주둔시키고 확충을 추진하였다. 원세개가 제정한 8개 조항으로 구성된 '군인 모집 형식'에 따르면, 무위군(武衛軍) 영무처(營務處) 후선도(後選道) 왕영해(王英楷), 왕사진(王士珍) 등은 광서 28년(1902년) 정월에 정정(正定), 대명(大名), 광평(廣平), 순덕(順德), 조주(趙州), 심주(深州), 기주(冀州) 등지에 자격을 갖춘 정직하고 깨끗한 병사 6천 명을 모집하여 무위우군의 편제를 모방하여 북양상비군을 창설했다.

북양 상비군의 체계는 좌우 양진, 양진을 합하여 1군으로 하고 매 진관병(鎭官兵)은 12,512명이었다. 러일전쟁 발발 후, 청나라 정부에 군대를 더 확장하려는 원세개의 계획이 허용되었다. 1905년까지 북양 6진은 원래 조직 계획에 따라 완성되었다. 제1진은 호부시랑인 만주족 철량이 통제하는 것을 제외하고는 나머지 5진은 모두 원세개의 부하 왕영해(王英楷), 조곤(曹錕), 오봉령(吳鳳嶺), 오장순(吳長純), 단기서(段其瑞)가 지휘하였으며 이들이 원세개의 직계 부대였다.

북양 6진이 편성된 이후 그들은 하간회조(河間會操)와 창덕회조(彰德會操)에 참여하여 원세개 군대의 힘을 보여주었다. 점점 더 강력해지는 원세개를 청 황실은 의심의 눈초리로 보았고, 청 황실은 새로운 북양군의 지휘권을 중앙 정부로 되돌리려는 의도로 육군부를 설립했다. 1906년 10월, 원세개가 업무 과중을 이유로 8명 대신에게 자리에서 사임하고 제1, 제3, 제5, 제6진을 육군부로 이관했다. 하지만 각 진의 지휘관들은 여전히 원세개의 심복들이었다.

1907년 3월 청 정부는 원세개의 측근인 서세창(徐世昌)을 동삼성의 총독으로 임명했고, 서세창이 동삼성에 취임하러 갈 때 북양 제3진을 인솔해서 산해관을 넘어갔으며 아울러 이 진을 기초로 하여 동북신군을 창설하였다. 북양 군벌의 세력도 동북 각성으로 확장되었으며 아울러 북양 군벌 집단 중의 봉계 일파의 시력이 되었다. 같은 해 6월, 원세개는 예비 입헌을 준비할 기회를 틈타 군사력 상실을 되찾기 위해 10가지를 제안했지만 실패하고 오히려 7월에는 군기대신 겸 외무부 상서로 자리를 옮겼으며 마지막에는 12월에는 섭정왕 재풍(載灃)의 족부병을 이유로 '퇴위'하고 고향으로 내려갔다. 원세개가 하남성으로 돌아온 후 표면적으로는 한가롭게 살았지만 실제로는 집에 전신 사무소를 설치하여 전국 각지와 연락을 취했고, 그의 아들 원극정(袁克定)도 서세창, 단기서, 풍국장 등과 연락하여 수도에 대한 정보를 수집하였다. 원세개가 황실 중심부의 움직임을 손바닥 보듯 꿰뚫고 있었다.

1911년 10월, 우창 봉기가 발발하여 전국 각지에서 이에 대응하고 지방에서 잇따라 독립을 선언했다. 혁광(奕劻)과 내각의 판리대신(辦理大臣)인 나동(那桐)과 서세창(徐世昌)은 원세개의 임명을 지지했고, 제국주의 열강도 원세개가 자국의 이익을 보호할 수 있다고 믿으며 원세개의 임명을 지지했다. 처음에 청 정부는 원세개를 호광(湖廣) 총독으로 임명했지만, 원세개는 이에 만족하지 않고 '발병이 아직 낫지 않았다'는 핑계로 군대를 감독하기 위해 남쪽으로 가지 않고 북양군에게도 비밀리에 도와주지 말라는 명령을 하였다. 청 정부의 압력이 커지자 원세개는 청 정부에 6가지 조건을 제시하여 성공적으로 군권, 정권, 재정권을 하나로 묶고 동시에 왕사진(王士珍)을 양찬군무(襄贊軍務)로 추천하고 청 정부에 풍국장(馮國璋)을 제1군통령으로, 단기서(段其瑞)를 제2군통령으로 임명해 주도록 요청했다. 그가 나서겠다고 하자 옛 북양 군대는 모두 충성을 표했다. 선통 3년 9월 11일(1911년 11월 1일), 원세개에게 내각 총리대신의 직함이 주어졌다.

남북 평화 협상

원세개가 남쪽으로 가서 전장을 독려하고 풍국장이 이끄는 제1군은 한구(漢口)에 불을 질러 도시를 점령하는 데 성공했다. 그 후 원세개는 청나라 정부에 군대가 부족하다고 주장하며 당시 후베이성 군정부 도독이었던 여원홍黎元洪)을 몰래 접촉하여 과거에 대한 책임을 묻지 않고 재임용될 수 있도록 약속하며 평화 협상을 벌였다. 공격의 힘을 포기하지 않는다는 전제하에 원세개가 평화 협상을 위해 우한에 대표를 보냈고, 입헌군주제에 반대하는 혁명가들은 처음으로 평화 협상을 위해 양측이 합의에 도달하지 못했다. 베이징으로 돌아온 후 원세개가 가장 큰 정치적 권력을 가진 내각을 구성했다.

원세개는 풍국장의 공격 전략을 채택하고 한양에 대한 공격을 조직했다. 풍국장은 청군에게 채전(蔡甸)과 타락구(舵落口)를 점령하라는 명령을 내리고 양하(襄河) 양쪽에서 한양으로 접근했고, 도중에 혁명군의 저항을 받았지만, 군사력의 격차와 혁명군의 전략적 오류로 인해 청군은 커다란 승리를 거두며 마침내 한양을 점령했다. 이후 원세개는 강변에 군대를 배치하고 매일 우창을 포격하여 혁명군이 저항을 포기하도록 강요하는 동시에 군대의 이동을 막는 등 위장한 채 청나라 정부에 더 많은 병력을 요구했다. 제국주의 열강의 중재로 청군과 혁명군은 전투를 중단했고, 융유태후(隆裕太后)로부터 전권대신으로 임명되어 더 많은 권한을 갖게 되었다. 그 후 원세개는 풍국장을 경기 일대와 수도와 바다 주변 지역의 방어를 담당하는 제2군 총사령관으로 임명하고, 청나라의 손에 직접 군대를 이관하는 친위대 총사령관으로도 활동했다.

1911년 12월 17일, 남북 평화 협상이 재개되고 원세개가 당소의(唐紹儀)를 북측 대표로 임명했다. 다섯 차례의 회의 끝에 양측의 휴전, 국호를 결정할 국회 소집, 퇴위한 청 왕조에 대한 특혜 등 주요 사항이 결정되었다. 12월 29일 손문은 중화민국의 임시 총통으로 선출되었고 같은 날 원세개에게 전화를 걸어 임시 총통직을 일시적으로 맡는다는 사실을 알렸다. 이에 원세개도 당소의가 남측 대표단과의 회의 조약 체결에 대해 자신과 상의하지 않았다는 점을 들어 자신이 남측과 직접 대화하는 것을 선호하며 사임하도록 강요했다.

남부 혁명가들은 '공화국의 실시'를 주장하고 원세개에게 총통직을 약속했다. 원세개는 청 황제를 강제로 퇴위시키기로 결정했다. 원세개는 반대파 종사당의 지도자이자 군사 고문인 량필(良弼)이 혁명군의 폭격으로 사망한 사건을 이용해 여론을 조성하고, 북양 민관에게 전보를 통해 청 황제의 퇴위를 청원하도록 지시했다. 단기서는 내각에 군사 상황이 불안정하다는 전보를 보냈을 뿐만 아니라 호북성 최전선에 있는 북양군 장군 46명의 이름으로 조정에 공동 전보를 보내 장군들이 공화국을 더 지지하고 있음을 시사했다. 군대의 지원없이 《청실우대조건(淸室優待條件)》을 수락했고, 1912년 2월 12일 청실은 퇴위 조서를 발표하였다.

원세개가 총통에 선출되면서 1912년 2월 13일 손문은 약속을 지키고 남경 임시대총통을 사임했고, 2월 15일 참의원에서 17개 성의 의원들은 만장일치로 원세개를 임시대총통으로 선출했다. 원세개가 공화국의 최고 지도자가 되었고, 그의 지도력 아래 북양군벌의 정치 및 군사 집단이 마침내 형성되었다.

남경 임시 정부는 원세개가 대총통에 취임하기 위해 남쪽으로 오도록 특사를 파견했지만, 원세개는 표면적으로는 동의하면서 비밀리에 자신이 신뢰하는 군대에 북경·보정·천진에서 반란을 일으키도록 명령했다. 반란을 핑계로 북양 적계 장군들은 공동으로 북경에 수도를 건설할 것을 요구했다. 풍국장은 원세개를 지지하는 편지를 공개적으로 발표했다. 1912년 3월 10일, 원세개가 베이징에서 중화민국 임시대총통으로 취임했고 남경 임시 정부는 사방의 압력에 굴복하여 양보했다.

이렇게 하여 두 번째 혁명이 발발하였다. 1913년 초, 국민당은 연합 동맹에서 재편된 국민당이 의장 직무대행 송교인(宋敎仁)의 선거운동을 통해 국회에서 승리를 거두었다. 그 후 송교인은 상하이 역에서 암살당했고, 범인의 자택에서 발견된 증거에 따르면 이 사건은 원세개와 관련이 있는 것으로 밝혀졌다. 원세개가 국민당과의 전쟁을 공개적으로 준비하던 당시, 원세개에 대한 국민들의 반감이 커지고 있었기 때문이다.

국민당은 내부적으로 손문과 이열균(李烈鈞)이 이끄는 반원파, 황흥(黃興)과 진기미(陳其美)로 대표되는 비반원파, 그리고 내부 의견 불일치로 인해 행동을 통일하지 못하고 우익으로 기울려는 일부 세력으로 나뉘어져 있었다. 1913년 4월, 원세개가 열강으로부터 재정 지원을 받은 것은 대수선차관계약(大修善借款協定)이었다. 손문을 비롯한 혁명가들은 무력으로 원세개에 저항하기로 결정했다.

6월에 원은 차관에 반대하고 중앙 정부에 불복종했다는 이유로 민족주의자 이열균(李烈钧), 호한민(胡漢民), 백문울(栢文蔚)를 총독에서 해임했다. 7월 12일 이열균은 호구(湖口)에서 독립을 선언했고, 15일 황흥은 정덕전(程德全)으로 하여금 남경에 이어 안휘, 광동, 복건, 호남, 사천성, 상해에서 독립을 선언하도록 강요했다. 원세개가 단지귀(段芝貴)를 제1군 총사령관 겸 강서성 선무사(宣撫使)로 임명하여 호구를 공격하고, 풍국장을 강회(江淮) 선무사(宣抚使)로 임명하여 강소성을 강화하여 무력으로 제2혁명을 진압했다.

호국(護國) 전쟁

제2차 혁명이 실패한 후 원세개는 권력을 독점하고 칭제(稱帝)를 할 생각을 하였으며 그는 주안회(籌安會) 설립을 명령하고 이를 통해 칭제를 위한 여론을 조성하고자 하였다. 1915년 10월, 원세개의 황위 계승 주장에 대한 서세창(徐世昌)의 반대는 성공하지 못했고 그는 사임했다. 단기서도 건강 악화를 이유로 사임했고 단기서의 측근인 서수쟁(徐樹錚)을 해임하여 원세개와 단기서의 관계가 악화되었다. 1915년 10월, 원세개의 황제제도 복원 동의안은 전국 인민대표대회에서 몰래 승인되었고, 1915년 12월 13일, 원세개가 황제로서의 권한을 행사하기 시작했고 연호는 홍헌(洪憲)이었다.

양개초(梁啓超)와 채악(蔡鍔) 등 각 방면의 타도 원세개를 부르짖는 사람들이 곤명(昆明)에 모여 '호국군'을 조직하고 원세개 타도 군대를 조직하였다. 당계요(唐繼堯)는 운남성의 독립을 선언했고, 채악은 호국 군대를 이끌고 사천성으로 북상하여 원세개와의 전쟁을 시작했다. 귀주와 광서는 운남을 따르고 토원을 선언하였으며 동시에 중화혁명(中華革命) 당인들도 손중산의 배치하에 각지에서 토원(討袁) 무장 봉기를 일으켰다.

이러한 외환에 직면하여 원세개의 북양군도 내부 문제로 어려움을 겪었다. 단기서는 원세개의 출병 요청을 거부했고, 풍국장은 원세개 진영과 접촉하여 군사력을 축소하라는 원세개의 지시를 거부했지만 1916년 3월 원세개가 당계요의 연락책 이종황(李宗黃)에게 공화정 회복을 찬성한다고 말하자 풍국장은 강서장군(江西將軍) 이순(李純), 산동장군(山東將軍) 근운붕(靳云鵬), 절강장군(浙江將軍) 주단(朱瑞), 장강순열사(長江巡閱使) 장훈(张勋)과 함께 원세개에게 황제제 폐지를 요구하는 전보를 보냈다. 사방에서 압력을 받은 원세개가 1916년 3월 23일 공식적으로 황실 제도를 폐지했다.

그 후에도 원세개가 '대총통'의 이름으로 계속 명령을 내렸지만, 반원파들의 격랑은 중단되지 않았다. 남방은 더 이상 원세개의 대총통의 직위의 정당성을 인정하지 않았고, 원세개에게 충성했던 용제광(龍濟光)은 광동의 독립을 선언했다. 원세개가 호국군과의 담판을 위해 단기서를 국무총리로 국무를 총괄하도록 임명하고 풍국장에게 비독립을 선언한 성 대표 회의를 주재하도록 권한을 주었지만, 그 결과는 원세개가 의도한 것과는 달랐다. 이 기간 동안 장작림(張作霖)은 원세개에 의해 임명된 봉천의 단지귀(段芝貴) 장군을 추방하고 봉천의 군무 감독권과 봉천 순안사(巡安使)의 권한을 장악했으며, 지방 관제 개혁 이후 봉천의 군사 및 정치 권력을 장악했다. 그 후 산서성, 사천성, 호남성 및 원래 원세개에게 충성했던 다른 성들이 독립을 선언했다. 황제제도가 폐지된 이후 원세개의 건강이 나빠지기 시작했고 결국 1916년 6월 오랜 투병 끝에 사망했다. 그 후 여원홍(黎元洪)이 대총통을 계승하였고 독립을 선언한 각 성은 독립을 취소하고 남북이 다시 통일이 되고 호국전쟁도 끝이 났다.

원세개의 갑작스러운 죽음과 정치 경력 후반기에 후계자에 대한 이기심으로 인해 북양파는 원세개 이후 인정받는 새로운 지도자를 배출하지 못했고 곧 안휘, 직예, 봉천파로 분열되었다. 그 가운데 안휘파는 단기서(段祺瑞), 직예파는 풍국장(馮國璋), 봉천파는 장작림(張作霖)을 우두머리로 분열되었다.

부원(府院) 투쟁이 발생하게 되었다. 여원홍(黎元洪)이 대총통을 승계한 후 그는 1916년 6월 29일 단기서(段祺瑞)를 국무총리로 임명하고 새 내각을 구성했다. 8월에 구 국회의 하원과 상원은 예정대로 베이징에서 회의를 재개하고 단기서를 내각 총리로 소급 임명하는 안을 절대다수로 통과시켰고, 10월 30일 풍국장을 부통령으로 선출하였다(그의 직책은 강소독군(江蘇督軍)을 겸하고 있어서 여전히 남경에서 근무하였다).

여원홍의 권력은 국회에 의해 제약을 받게 되자 여러 문제에 대해 자신의 입장을 크게 표명하면서 단기서와 많은 갈등을 일으켰다. 여원홍이 편애하던 내무장관 손홍이(孫洪伊)는 단기서의 측근인 서수쟁(徐樹錚)과 충돌했고, 내무부와 국무원 간의 갈등은 점차 심화되어 결국 여원홍으로 대표되는 주석단과 단기서로 대표되는 국무원이 충돌하게 되었다. 서수쟁과 손홍이를 각각 해임함으로써 분쟁은 완화되었다. 하지만 중국의 제1차 세계대전 참전 문제로 인해 분쟁은 더욱 격화되었다. 결국 단기서는 여원홍의 명령에 따라 해임되었다.

이후 장훈(張勳)의 부의(溥儀) 복벽(復辟) 실패와 직계와 안휘 군벌, 직예와 봉천 전쟁을 거치며 북양 군벌은 약화되었다.

북양 군벌의 종말

1925년 10월, 직계의 손전방(孫傳芳)은 봉계 군벌들에게 전쟁을 선포하고 봉군이 패배하자 손전방은 강소, 절강, 안휘, 강서, 복건 5성을 장악하였다. 1926년 1월, 장작림과 직계 오패부 그리고 일본과 영국 제국주의자들과 합의하에 연합군을 구성하여 풍옥상의 "국민군"을 공격하였고, "국민군"은 서북지역으로 퇴각하였다.

혁명 상황에 적응하기 위해 손문은 소련의 지원을 받아 1914년 6월 16일 황포군관학교를 설립하고 1925년 7월 1일 국민정부가 수립되고 군사위원회가 설치되어 국민정부 소속 군대를 국민혁명군이라는 이름으로 통합하기로 결정했다. 1925년 손문의 지휘 아래 국민혁명군이 창설되었다. 1926년 초 광동의 혁명 기지가 통합되고 두 지방이 통일됨에 따라 국민혁명군의 힘이 크게 증가했고 제 1군 사령관 장개석은 국민당 중앙위원회에 북벌을 제안했다. 장개석은 절강성 봉화현(奉化縣)의 유교 집안 출신으로 1908년 일본으로 건너가 일본이 중국 유학생들을 위해 설립한 진무학교(振武學校)를 졸업하고 일본군에 근무하다가 귀국하여 손문의 신임을 얻어 황포군관 학교의 교장으로 우수한 군지휘관들을 길러냈다. 북방 원정에 대한 국민혁명 진영 내부의 이견에도 불구하고 국민혁명군은 북벌을 떠났다.

1926년 3월 초, 호남을 통치하던 조항(趙恒) 휘하의 제4사단 사령관 당생지(唐生智)는 군대를 일으켜 조항에 대항하여 장사로 이동한 뒤 광동에 도움을 요청했다. 광동 정부는 5월 20일 국민혁명군 제4군 엽정(葉挺)을 북벌 선발대로 파견하여 당생지를 지원했다. 그 후 여러 부처가 차례로 북쪽으로 이동했다. 북벌이 순조롭게 진행됨에 따라 서남부의 지방 군대가 북벌에 합류했다.

당시 북벌은 전략적으로 오패부를 첫 번째 목표로 삼고 정치적으로 손전방, 장작림, 오패부를 분할하기로 결정하여 처음에는 무한을 먼저 점령하여 북쪽에 풍옥상의 국민당군과 함께 오패부를 상대로 남북 협공을 결성하기로 결정했고, 8월 14일 오패부와 장작림이 공동으로 남구(南口)를 점령하여 북벌군의 남북 협공 계획이 실패했다. 북벌군은 호남성 북쪽으로 방향을 돌려 총공격을 개시했고, 지역 주민들의 도움을 받아 악양(岳陽)을 단숨에 점령했다. 오패부는 자신의 통치 중심지인 무한을 걱정하며 군대를 이끌고 남쪽으로 내려가 무한을 강화했다. 북벌군이 호북성 남부의 첫 관문인 정사교(汀泗橋)와 하승교(賀勝橋)를 연이어 점령했다는 소식을 접한 오패부는 패배하여 무한으로 후퇴했다. 9월에 북벌군의 무창 공격이 좌절되고 반대편에서는 한양과 한구를 빠르게 점령한 후 무창을 포위하기로 결정하고 한 달여 후 무창의 일부 수비병들이 전투 의욕을 잃고 10월 10일 북벌군과 만나 문을 열었고 북벌군도 총공격을 개시하여 무한을 성공적으로 점령했다.

북벌군이 두 호수 전장에서 오패부를 공격했을 때 손전방은 국토를 수호하고 백성을 편안하게 한다(保境安民)라는 명목으로 호랑이들의 싸움을 지켜보려고 했다. 오패부가 패배한 후 손전방은 자신의 목숨을 잃은 것을 깊이 우려하여 8월 20일 강서성을 지원한다는 계획을 발표하고 소주, 절강, 안휘의 군대를 동원하여 두 호수의 혁명군에 대한 대규모 공격을 준비했다. 장개석은 9월 5일 국민혁명군을 이끌고 강서성으로 공식 진군했다. 강서성 전장에서 북벌군은 손전방의 군대와 두 달 동안 싸웠고, 당생지의 지원으로 3차 총공세에 나서야 남창을 탈환하는 데 성공할 수 있었다. 강서성 전장에 투입된 10만 명이 넘는 손전방의 군대는 대부분 전멸했다. 북벌군은 강서성을 공격하는 동시에 손전방의 복건성에서도 10월 5일 전쟁이 시작되었다. 영정(永定)을 시작으로 북벌군은 동안(同安), 천주(泉州), 선유(仙游), 포전(莆田), 영태(永泰)를 차례로 정복했고 복건군은 속속 파괴되고 복건계 해군도 망하고 말았다. 12월 2일 북벌군은 복건성의 수도인 복주를 점령했다.

1927년 1월, 북벌군은 군무선후회의(軍務先后會議)에서 복건, 강서, 호북에 대해 진격을 하고 먼저 상해와 항주를 점령하고 손전방의 주력 군대를 깨뜨린 다음 남경에서 다시 만나기로 했다. 2월 중순, 동군은 절강성 전체를 빠르게 점령했고, 안휘성에서는 진조원(陳調元) 등이 후퇴했으며, 안휘성 남부의 넓은 지역은 싸움 없이 안정되었고, 3월 24일에는 북벌군이 남경을 점령했다. 동시에 중국공산당은 상해에서 노동자 봉기를 조직하여 북벌군을 환영했다. 그 무렵에는 상해와 남경뿐만 아니라 남동부 5개 성이 북벌군의 통제하에 있었다.

북벌군은 불과 8개월 만에 두 군벌 오패부와 손전방을 물리쳤다. 국민정부의 영향력은 주강(珠江) 계곡에서 장강 계곡으로 확장되어 베이징 정부와 동등한 권력 분점을 형성했다. 얼마 지나지 않아 장개석은 혁명의 지도력을 확보하는 데 성공하고 반혁명 쿠데타를 일으켜 국민당의 새로운 군벌의 통치를 확립했다.

1927년 6월 장작림은 육해군 대원수가 되어 중화민국의 행정권을 대표하고 있었다. 1928년 4월 장개석은 국민혁명군을 이끌고 제2차 북벌을 단행하여 5월 1일 제남을 단숨에 점령했다. 일본은 자국민을 보호한다는 구실로 5월 3일 '제남참안(濟南慘案)'을 일으켰다. 일본의 중국 침공으로 인해 봉천 파벌 내에서 국민혁명군과의 휴전 및 평화 논의가 시작되었고, 이에 장작림은 5월 9일 휴전 및 평화 전보를 발표했다. 일본 정부는 이 기회에 장작림에게 만주와 몽골의 특권을 더 요구하고, 동시에 남경 국민당의 세력이 승리에 편승해 동북 지역으로 진격하는 것을 막기 위해 봉천 군대에게 국경을 떠나도록 강요하려 했다. 일본의 위협과 남경 북벌군의 진격으로 평화회담과 군대 철수를 선호하는 봉천계 내부에서 회담하고 철군을 하자는 주장을 하는 새로운 세력이 우위를 점하게 되었다. 1928년 6월 2일, 장작림은 베이징을 버리고 관외로 후퇴하겠다고 발표했고, 심양 근처 황고둔(皇姑屯)에서 일본 요원들에게 폭살을 당해 사망하고 말았다. 같은 해 12월, 장작림의 아들 장학량(張學良)도 이른바 "개기이치(改旗易幟)" 전보를 발표하고 새로운 국민당 군벌의 대열에 합류했다. 북양군벌의 많은 지도자들도 장개석에게 합류했다. 이렇게 하여 북양군벌은 역사 속에서 사라지게 되었다.

  1925년 3월 손문이 사망한 후 국민당 우익은 혁명 주도권 경쟁을 강화했고, 1927년 4월 장개석은 상하이에서 4월 12일 반혁명 쿠데타를, 7월에는 왕정위(汪精衛)가 무한에서 7월 15일 반혁명 쿠데타를 일으켜 제1차 국민당-공산당 협정이 결렬되었다. 이 기간 동안 진독수(陳獨秀)가 대표로 있는 중국공산당 중앙위원회는 우경화 투항주의의 오류를 범했다는 점을 비판하였고, 국민혁명은 실패했다.

국공 10년간의 대치와 항일 투쟁

1차 국공합작이 실패하고 1925년 '4월 12일' 장개석은 반혁명 쿠데타를 성공하고 남경에 국민정부를 수립하였다. 이후 1928년 북벌을 개시해 북경을 점령했고, 풍전등화의 군벌 장작림(張作霖)은 관외로 후퇴하다가 황고둔(皇姑屯)에서 일본 관동군에 의해 폭사했다. 연말에 장작림의 아들 장학량(張學良)은 〈동북이치(東北易幟)〉를 발표하고 국민 정부에 귀순하였다. 이로써 군벌의 시대가 끝나고 공식적으로 국민 정부는 전국을 통일했다.

그러나 국민당의 새로운 군벌들 간의 수년간의 전쟁은 국민들에게 큰 재앙을 가져왔다. 국민 정부의 통치하에 이른바 '4대 가족'은 국가 권력을 통해 막대한 부를 빠르게 축적했으며 중국의 관료적 매판 자본주의의 대표자가 되었다.

중국공산당은 국민당 반동 세력의 학살에 겁먹지 않고 1927년에 '87회의'를 개최하여 우경투항주의의 오류를 바로잡고 남창(南昌)봉기, 추수 봉기, 광주봉기를 일으켜 홍군을 창설하였다. 모택동은 중국의 현실을 간파하고 농촌과 농민의 중요성을 인식하였다. 그는 농촌을 개방하고 농업 혁명을 수행하여 중국 소비에트 정권을 수립하고 시골로 도시를 포위하고 무력으로 정권을 장악하는 길을 열었다. 이로써 농촌 도시를 포위하고 무장 투쟁을 통해 권력을 장악하는 길이 열렸다. 그러나 국민당은 공산당 세력을 섬멸하기 위해 1930년 12월부터 1933년 4월까지 장개석은 중국공산당의 혁명근거지에 대해 '포위 및 섬멸' 작전을 펼쳤다. 그러나 홍군은 국민당의 공격을 격퇴하고 네 차례의 '포위 및 섬멸'에서 승리를 거두었다.

1933년 가을, 장개석은 공산당 혁명 기지에 대한 다섯 번째 '포위 및 섬멸' 작전을 시작했다. 중국공산당 내에서는 왕명(王明)의 '좌파' 모험주의의 영향으로 홍군은 다섯 번째 포위 공격에서 패배하고 마침내 대장정에 나서야 했다. 중국공산당이 대장정 중에 개최한 귀주성(貴州省) 준의(遵義)에서 개최한 정치국회의는 지금까지의 중국공산당의 전략 전술을 변경하는 것이 모택동이 비로소 권력을 장악하는 회의였다. 이로부터 모택동은 사망할 때까지 중국공산당의 최고지도자였다. 모택동의 지도로 결정적인 순간에 당과 홍군, 공산당의 중국 혁명을 구해냈다. 모택동의 지휘 아래 홍군은 수많은 어려움과 위험을 극복하고 대장정에서 승리했다.

1936년 12월 12일, 서안(西安) 사변이 발생했다. 장학량(張學良)과 양호성(梁虎城)이 국민당 최고 지휘관 장개석을 체포하는 쿠데타를 일으킨 것이다. 그들의 명분은 현재 벌이고 있는 국민당군의 공산당 토벌 작전을 중지하고 중국을 침략한 일본군을 먼저 섬멸하는 것이 시급하다는 것이었다. 장개석은 체포되고 송미령(宋美齡)과 송자문(宋子文)의 참여와 협상으로 제2차 국공합작에 관해 논의하였다.

사실 서안사변은 중국공산당에게는 죽어가는 호흡을 다시 살려준 역사적인 사건이었다. 일본군의 공격에 대해 중국공산당은 복잡한 국내외 정세를 면밀히 분석하고 서안 사건을 평화적으로 해결하였다. 서안 사건의 평화적 해결은 국민당과 중국공산당 간의 제2차 국공합작이 달성되었고 항일 민족 통일 전선의 초기 형성의 계기가 되었다.

1931년, 일본 침략자들은 중국 심양(瀋陽)에서 '9월 18일 사건'을 일으켜 전 세계를 충격에 빠뜨리고 중국에 대한 전면적인 침략 전쟁을 일으켰다. 국민당 정부와 동북 3성의 군사 및 정치 당국은 '무저항'

정책을 추구했고, 동북 3성은 반년도 채 되지 않아 함락되었다. 이후 일본 침략자들은 중국 북동부에서 계속 문제를 일으키며 세력을 확장해 나갔다. 중국 국가 생존의 중요한 순간에 중국 각계각층의 대중은 반일 구국의 큰 물결을 일으켰고 중국은 부분적인 저항 전쟁의 어려운 시기에 접어들었다.

일본은 1932년 1월에 장학량의 군대를 패퇴시키고, 금주(錦州)를 점령한 후 만주국 구상을 계획했다. 국제 연맹에서는 중화민국에 리튼 조사단(Lytton Commission)을 파견하였으나 리튼 조사단이 도착하기도 전에 1932년 3월 1일 만주국의 수립을 선포했다.

그렇다면 만주국은 어떻게 건국되었는가? 20세기 초 일본에서는 만주를 영향력 하에 두려는 제정 러시아의 남하 정책이 일본의 국가안전보장의 최대 위협으로 간주되고 있었다. 1900년 러시아는 요시카즈단 사변으로 만주를 점령하고, 권익을 독점했다. 요시카즈단 사변에 대항하여 일본은 미국 등과 함께 만주를 각국에 개방할 것을 주장하며, 영국과 동맹을 맺었다(영일 동맹).

마침내 일본은 1904년부터 그 이듬해에 걸쳐 한반도와 만주에 대한 패권을 놓고 러시아와 싸워 승리하였고(러·일전쟁), 포츠머스 조약으로 한반도, 요동반도와 동청철도(東淸鐵道) 남부의 조차권을 확보했다. 그 후 일본은 종래의 입장과 달리 러시아와 공동으로 만주에 대한 이익 확보에 나서 미국이나 프랑스 등의 반발을 불렀다. 1905년 러·일전쟁에서 일본이 승리하면서 일·러 양국은 1907년 밀약을 맺어 송화강을 분계로 하여 요동을 남북으로 양분하여 남만주와 북만주라는 지역명을 유행시켰으나 결국은 만주국이 건국되었던 것이다. 일본군과 조선군이 건국에 관여했으며 만주족의 수장이던 청나라 황제 부의(溥

儀 푸이)와 만주족에게 치욕스런 건국이었다.

서구 문물을 받아들여 천황 직속의 군사력을 키워 대본영(大本營)을 운영한 일본은 문명국 일본과 야만국 청나라의 뒤바뀐 화이관으로 정명가도(征明假道) 전략 그대로 조선을 휩쓸고 여순(旅順)을 하룻만에 정복했던 것이다. 요동반도(遼東半島)가 위태로움을 느낀 러시아의 개입으로 인해 러·일전쟁의 단초가 되었다.

일본은 시모노세끼 조약으로 조선을 독립시켜 식민지화하며 대만을 차지했다. 결국은 러일전쟁을 승리로 이끈 일본은 요동(遼東)을 기지로 만주국을 세워 전쟁물자를 조달했다. 일본 중심의 대동아공영권(大東亞共營圈)을 외치며 대화천하(大和天下)을 꿈꾸었던 것이다.

대한제국을 식민지화한 일본은 중국의 대일통 천하관처럼 "온천하가 한집안"이라는 팔굉일우(八紘一宇)를 국시(國是)로 하여 대동아

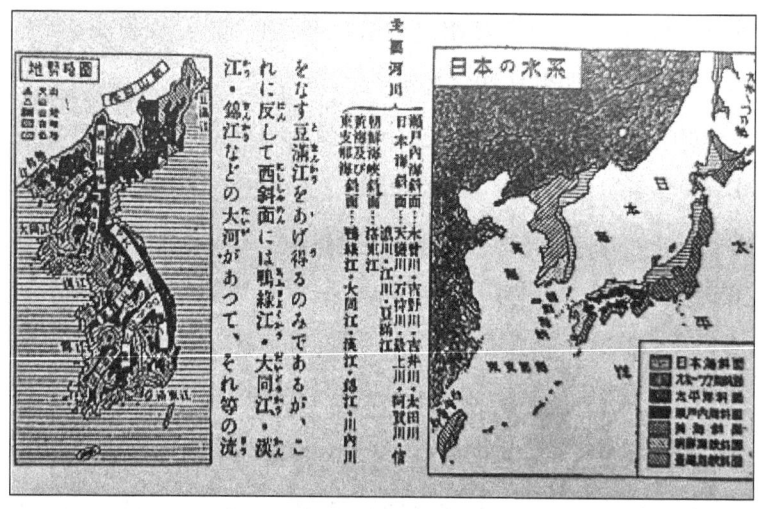

▲ 일제 식민지시대의 지리교과서

공영권을 추진하였다. 이 탑은 조선과 중국에도 세워졌었다. 중·일의 천하관 충돌이었다.

1932년 3월 1일 푸이(溥儀)를 황제로 앞세워 군국주의인 만주국을 선포한 이후 만주 지배 수단으로 1936년 일본 총독부를 통해 [만주집단 이민정책]을 실시했다. 1년에 1만 호 5만 명을 할당하여 신경(新京-長春)과 하얼빈을 잇는 경빈선을 이용하여 매일 수송하였다. 조선 지원자의 경쟁률은 2:1이었다. 1932년 60만 정도와 만주 조선인이 1942년에는 150만 명을 돌파하였으며 이들이 원래부터 뿌리내려 살았던 조선족과 합하여 200만 조선족이 된 것이다. 10년간 2,350만 인구 중 100만 명이 이주했던 것이다. 일제는 건국대학교를 세워 무료 교육으로 오족협회가 지원하며 지도자를 양성하였다. 만주 관동군 지도자 양성을 위한 만주 군관학교는 후일 박정희, 정일권, 백선엽 등 대한민국 정부 요인들을 배출하였다.

▲ 필굉일우 우표

▲ 미야자키 현에 있는 필굉일우 탑

만주국의 수도는 지금의 장춘인 신경(新京)을, 연호는 대동(大同)이라 했으며, 황제는 이전 청나라의 황제였던 부의(溥儀)를 옹립했다. 1932년 9월에 〈일만의정서(日滿議定書)〉를 조인해 일본이 만주국을 정식으로 승인했으며, 이어 독일, 이탈리아, 교황청, 스페인, 헝가리 등 8개국이 정식으로 만주국을 승인했다. 1934년 9월 제정 수립으로 연호를 강덕(康德)으로 고쳤다. 만주국의 실세는 관동군 사령관, 경제는 일본의 남만주철도주식회사가 맡았다. 군국제(軍國制) 국가였다.

유신파의 민족주의는 청 조정에 의해 수용되고 지지를 받았다. 청 조정은 민족주의를 외국의 침략에 반대하고 청 제국을 방어하기 위한 이념적 무기로 삼았다. 나라를 부강하게 하고 군대를 강화하며 나라를 지키는 것이 청 조정이 법을 바꾸고 국가를 부흥시키는 주요 수단이 되었다.

1935년 일본 제국주의자들은 북중국을 점령하기 위해 '화북사변(華北事變)'으로 통칭되는 일련의 사건을 의도적으로 일으켰다. 12월 중국공산당 중앙위원회는 와요보(瓦窯堡)에서 정치국 확대 회의를 열고 항일 민족 통일 전선 전략을 수립했다.

1937년 7월 7일에는 북경 근처에 주둔 일본군 일부가 노구교(盧溝橋) 사건을 일으켰고, 이에 중국군이 대응하면서 항일전쟁이 발발했다. 8월 13일에는 상하이에서 일본군이 중국 침략 전쟁의 규모를 의도적으로 확대하는 홍교(虹橋) 공항사건을 일으켰다. 국민 정부는 일본에 맞서 싸울 수밖에 없었고 8월 13일 '송호(淞滬) 전투'가 발발했으며, 9월 말 국민당 중앙 통신사는 〈국민당-공산당 공동 협력 발표를 위한 중국공산당 중앙위원회 선언〉을 발표하며 항일 민족 통일 전선이 공식적으로 형성되어 중국 전 민족의 저항 전쟁이 시작되었다.

전쟁 초기에 국민 정부는 전선 전장에서 많은 대규모 전투를 조직하여 일본 침략자들과 싸웠지만, 일방적인 저항 전쟁을 수행하여 국가의 많은 부분을 잃었고 중국공산당은 전면적인 저항 전쟁과 장기 저항 전쟁의 지침을 수행했으며 8로군(八路軍)과 신4군(新四軍)은 적의 후방으로 깊이 들어가 항일 기지를 설립하고 후방 전장을 개척하고 게릴라전을 광범위하게 수행하여 전선과 일치하여 일본의 침략에 맞서 싸워 중국 인민에게 큰 승리를 얻었다. 대일 항전 전쟁에서 중국 인민의 승리와 파시즘과의 전쟁에서 세계 인민의 궁극적 승리에 큰 공헌을 했다.

1938년 10월, 일본군이 광주(廣州)와 무한(武漢)을 점령한 후 항일 전쟁은 교착 국면에 접어들었다. 일본 제국주의자들은 국민당에 대한 정치적 포섭을 시도했고, 국민당 내 친일파는 적으로 망명했으며, 국민당 내 친영-미국파는 점차 전쟁에 소극적으로 대응하며 반공 마찰 사건을 일으켰다. 이에 중국공산당은 단호한 반격을 가하며 무자비하게 상황을 폭로했고, 1941년 12월 태평양 전쟁 발발 후 중국의 항일 전쟁은 세계 반파시스트 전쟁의 중요한 부분이 되었을 뿐만 아니라, 중국의 전장은 세계 반파시스트 전쟁의 동아시아 주요 전장이 되었다. 항일 전쟁의 힘든 시기에 어려움을 극복하고 저항 전쟁에서 승리하기 위해 중국공산당은 저항과 항복 반대, 단결과 분열 반대, 진보와 퇴보를 주장하며 정치, 경제, 사상적으로 일련의 조치를 취하여 마침내 가장 힘들고 어려운 시기를 극복했다. 중국공산당은 중국의 항일 전쟁에는 평화와 정의를 사랑하는 전 세계 사람들의 도움도 있었다는 주장을 했다.

만주국에는 군대도 있었으나 할힌골 전투 등에서 소련군에게 패하는 등 무능력했다. 만주국은 일본의 식민지였고 만주국 황제는 꼭두각시가 되어 제2차 세계대전 중에도 명맥을 유지하다가 1945년 8월 6일, 미국이 일본 히로시마에 원자폭탄을 투하하였고, 8월 8일 소련군이 일본에 선전 포고하고 만주 전략 공세 작전을 전개하였다. 1945년 8월 15일 일본이 패망한 직후 8월 18일 부의(溥儀)가 퇴위함으로써 멸망하였고, 8월 말 소련군은 만주 전역을 점령하였다. 1946년 5월 3일 소련은 만주 지역을 중화민국에 반환하였고, 1949년 중국의 통일 이후부터는 중화인민공화국이 통치하게 되었다.

국공내전과 중국공산당의 승리

대일 저항 전쟁에서 승리한 후 국내 평화를 위해 모택동은 1945년 8월 말 직접 중경으로 가서 국민당과 협상했고, 10월 10일 국민당과 중국공산당 대표들은 〈정부와 중국공산당 대표 간의 회담록〉, 즉 〈쌍십협정〉에 서명했다. 그러나 협상 기간 중에도 국민당은 군대를 보내 소비에트 지역을 공격했고, 소비에트 지역 군대와 인민은 이에 반발하여 국민당과 중국공산당 대표는 휴전 협정을 체결했으며, 1946년 1월 중경에서 〈정치협상회의〉가 개최되었다.

1946년 여름, 미국의 지원을 받은 국민당 군대가 소비에트 지역에 대한 공격을 시작했고 전면적인 내전이 발발했다. 1946년 여름부터 1947년 6월까지 인민해방군(PLA)은 국민당군의 전면적이고 집중적인 공격을 분쇄했고, 1947년 6월 말에는 전국적인 반격에 나섰다. 1948년 9월부터 1949년 1월까지 요심전투(遼瀋戰鬪), 회해전투(淮海戰鬪), 평진전투(平津戰鬪) 등 세 차례의 주요 전투를 벌여 국민당군의 주력을 기본적으로 제거하고 전국적으로 인민해방전쟁의 승리를 가속화했다. 1949년 4월 장강을 건너 남경을 해방하고 23일 국민당의 통치를 전복시켰다. 손문의 후계자였던 장개석은 결국 1949년 12월 미국 해군의 지원하에 50만 병력과 당원들 그리고 따르는 사람들을 모아 대만으로 철수했다.

1949년 1월 말 북경의 평화적 해방이 선포되었고, 9월에는 북경에서 제1차 중국인민정치협상회의가 열렸으며, 회의에서는 〈중국인민정치협상회의공동강령〉을 채택하고 중화인민공화국 중앙인민정부위원회를 선출하고 모택동을 중앙 인민정부 주석으로 선출했으며 국기, 국

▲ 모택동(마오쩌둥)   ▲ 등소평(덩샤오핑)

가, 기년(紀年)에 대한 결정을 채택했다. 또한 회의에서는 북평(北平)을 수도로 결정하고 북경(北京)으로 이름을 변경했다.

이렇게 하여 1949년 10월 1일 천안문 광장에서 모택동은 중화인민공화국 성립을 국내외에 선포하였다. 처음으로 중국이라는 나라 이름이 생겨난 것이다.

중국은 '중화인민공화국'을 이르는 나라 이름이다. 중화(中華)는 하은주(夏殷周) 왕조의 화하족(華夏族)으로 시작하여 한족(漢族)을 거쳐 중화민족이 되었다. 화(華)는 산시성의 화산(華山)의 산 이름이며, 하(夏)는 하수(夏水)의 강, 또는 하나라의 지역명이다.

중국은 중원, 중심, 중앙으로서 천하의 핵심 문명국가라는 것이다. 선진문명에 대한 자부심과 우월감으로 형성된 중화사상을 기본으로 한다. 천하의 중심에 중국이 있으며 중국의 중심에 천안(天安)이 있고, 천안의 중심에 승안(承安)의 천자가 있다는 뜻이다. 송대에 쓴 사마광(司馬光)의 《자치통감》에는 '중국'이라는 명칭이 419번이나 등장한다.

따라서 '중국'이라는 명칭은 원래 특정 국가를 나타내는 것이 아니라 주(周) 시대인 춘추전국시대에 황하 유역에 세워졌던 봉건 국가들이 중원 밖의 이적(夷狄)들과 구분하기 위해 썼던 중앙의 중심 국가라는 지리적 개념이며 송나라 때 중심 국가라는 화이(華夷) 개념으로 진화했다. '중국(middle kingdom)'이라는 나라 이름으로 사용된 것은 1911년 신해혁명 이후부터이다. 자치통감을 옆에 끼고 살았던 모택동의 작품이다. 중국 역사에서 반복적으로 왕조 이름에 사용된 것은 오직 주(周)나라뿐이다.

모택동은 러,일 쟁탈전의 기지였던 만주 지역을 2개월 동안 끈질기게 스탈린과의 줄다리기 담판으로 대일통을 이루어냈다. 간체자(簡體字)를 만들어 진시황 통일 문자 이후 가장 큰 어문 혁명을 불러일으켰다.

모택동이 비록 사유재산 불허, 집단농장, 대약진운동, 문화대혁명 등의 실책이 있었지만, 등소평의 대담한 역사의식과 국가 장래를 위해 공칠과삼(功七過三)이라는 명쾌한 결론으로 천안문 광장의 모택동 초상을 영구 보존해 지속성을 지키도록 하여 중화민족의 틀을 안정시켰다. 모택동을 심볼로 하여 중국인들의 응집력과 일체감을 유도한다.

등소평은 흑묘백묘론으로 자본주의를 개혁개방 정책으로 유입하여 중국 특색적 사회주의에 의한 부국강병의 길을 열었다. 실력을 쌓으며 자신을 드러내지 않는 도광양회(韜光養晦) 전략으로 100년을 바라보는 큰 꿈을 그렸다. 당군(黨軍) 체제를 안정시켰다. 사리사욕을 취하지 않는 애국심으로 솔선수범하였다. 이어서 평화로운 권력 이양이 이루어진 강택민(江澤民, 장쩌민)과 화평굴기(和平掘起)를 내세웠던 호금도(胡錦濤, 후진타오)라는 튼튼한 징검다리를 통해 시진핑의 "대국으로 일어선다(大國崛起)"라는 중국몽 시대가 열리게 되었다.

제8장
중국몽과 중화대혁명

천하체계와 중국몽

2012년 11월 시진핑이 당총서기와 당군사위원회 주석으로 취임하면서 공화국 창건 100주년이 되면 국가부강, 민족부흥, 인민행복의 사회주의 현대화라는 국가 목표가 완성되며 중화 민족의 위대한 부흥이 달성되는 중국몽이 실현될 것이라 했다. 온포(溫飽) 사회를 지나 소강(小康)사회를 이루면서 선진국으로 발돋음하여 대동(大同) 사회를 건설함으로서 대국굴기를 한다는 것이다. 이를 위해 당을 쇄신하여 부정부패를 척결하며 경재굴기, 일대일로, 문화굴기를 추진한다는 것이다.

따라서 중국은 전통문화를 고양하며 중국특색적 사회주의를 건설하려는 혁명적 변화를 일으키고 있다. 중국특색적 사회주의의 건설이란 중국적 정신문명을 건설하여 중화민족 대가정(大家庭)을 만드는 것이며 그 연장선에서 중화민족 정신의 애국주의 고양을 통해 영토의 완결성과 국민통합을 함께 이루려는 것으로 볼 수 있다. 이러한 중국몽을 통해 중화천하체계를 이루어낸다는 것이 시진핑의 꿈이다.

중국의 세계 전략 소프트 파워를 담은 책, 《천하체계(天下體系) - 21세기 중국의 세계인식》(北京:中國人民大學出版社, 2023)을 쓴 중국 사회과학원 철학연구소의 조정양(趙汀陽, 자오팅양)은 천자와 제후가 서로에게 이익이 되었던 주(周)나라의 천하체계인 '봉건제'를 21세기 모델로 삼자고 공공연하게 주장하고 있다. 이는 중국이 종주국이 되고 가능한 한 많은 나라가 제후국이 되는 세계질서(世界秩序, World Order)를 꿈꾸는 것이라고 확대 해석도 가능한 말이다.

하여간 그는 스스로 공자·노자·관자를 사상적 기반으로 한다고 주장하면서 춘추대일통의 논리를 다시 끄집어내어 국가 간 갈등과 전쟁을 막을 수 있다고 주장한다. 그는 '민족국가에 토대를 둔 근대적 국제정치로는 대응할 수 없는 새로운 시대'에 직면하였다고 진단하면서 이를 해결하기 위해서는 '중국과 고대의 역사와 사상'에서 찾는 것이라고 말하였다. 즉 주대의 봉건 질서를 현대에 적용하는 방법을 제시한 것이다. 무질서한 난세의 세계를 올바른 '천하' 체계로 바로잡아 치세(治世)를 이루어낼 수 있다는 것이다.

1648년 베스트팔렌 조약 이후의 서구식 국민국가(nation state)는 대국과 소국 구별없이 평등 자주독립 국가를 지향하지만, 너와 나의 서로의 국가이익 추구로 분쟁과 전쟁을 유발하며 평화를 깨트렸다. 나라 간의 편가르기로 지역 간 분쟁이 극도로 심화되어 테러와 침략으로 국제질서가 무정부 상태가 되어 버리는 경우가 허다하다. 이러한 혼란을 극복하기 위해 설립된 UN(국제연합)이나 지역공동체도 제 역할을 할 수 없게 된 것이다.

그는 민족국가의 이익을 잣대로 세계를 재면 국가 간 갈등과 전쟁, 중심과 변방의 마찰이 불가하지만, 중국 고대에 실현됐던 네트워크로 연결된 세계라는 관점에서 접근하면 다른 국가와 가치관의 차이를 인정하고 공존을 모색할 수 있게 된다는 것이다. 중국에서 주대의 봉건제도가 완벽하고 안정된 천하를 유지하였다고 생각하는 시각을 그대로 드러낸 것이다.

춘추대일통의 존주주의(尊周主義)를 염두에 둔 자오 박사는 '천하를 가지고 천하를 본다[以天下觀天下]'는 노자(老子)의 말과 '천하를 가지고 천하를 다스린다[以天下爲天下]'는 관자(管子)의 주장을 소개하면서 이 시각을 현재 천하체계를 만들어내는 사상적 기반으로 제시하였다. 따라서 중화민족주의는 가(家)-국(國)-천하(天下)라는 중국의 특수한 민족관념과 일치하는 천하일가(天下一家)론이 바탕이다. 자오박사가 주장하는 '천하체계'란 자기 이익을 극대화하는 '개인 이성'이 아니라 타인의 피해를 최소화하는 '관계 이성'을 우선한다고 주장하였다. 또 한 사람의 이익이 다른 사람에게 손해를 끼치지 않으면 되는 '파레토 개선(Pareto improvement)'을 넘어서 한 사람의 이익이 다른 사람의 이익으로 연결되는 '공자의 개선(改善)'을 추구한다고 주장하였다. 쉽게 말하면 인치(仁治) 천하를 평천하(平天下)의 틀로 잡은 것이다.

그러나 여기에는 반드시 주대에 천자국인 주(周)가 있었듯이 현대에도 중심 국가는 있어야 하는 것이라면, 그는 그중심 국가가 중국이라고 은연중에 살짝 드러내고 있다. 말하자면 겉으로 크게 주장하고 있지는 않지만, 현대 세계의 질서는 중국 중심으로 개편되어야 평화가 이루어진다는 속내가 있는 것이다. 서구적 연구방법론을 우선적으로 썼으나 내용 자체는 존주주의가 주류를 이룬다. 시진핑의 거시적이며 포용적인 〈인류공동운명체론〉과는 다르다.

그리하여 겉으로는 보편적 가치를 지닌 유학을 내세우고 있지만, 이는 결국 대국으로 굴기하려는 의도를 가진 것이며, 그 동력을 유학, 즉 중화적 전통 요소에서 찾고 이를 중화 민족주의로 연결하며 이를 새로운 정치이데올로기로 만들어 가려고 하는 것이다. 정치적 측면에서 중국공산당이 기업인들의 입당을 통하여 계급정당에서 전체 국민의 정당으로 탈바꿈하듯이 이제는 모택동 시기와는 전혀 다르게 그들은 전통문화의 계승자로서 민족 정당의 면모를 갖추어 인민들의 요구와 시대의 흐름에 부응하고 있다. 북경올림픽은 춘추 천하체계의 회복을 위한 축제 한마당으로 볼 수 있다.

그러므로 중국을 제대로 볼 수 있기 위해서는 무엇보다도 중국에서 그들은 전통문화를 어떻게 대우하는가를 보아야 하며 나아가서는 중국의 전통문화란 어떤 것인가를 제대로 살필 수 있어야 한다. 중국 연구는 중국의 특수한 상황을 중심으로 내재적 접근법도 필요한 것이다.

중화민족주의에서 다른 종족과 새로이 편입된 영토에 대한 통치의 정당성을 찾으려는 중국 정부는 국가 부강 민족 진흥, 인민 행복이라는 중국의 꿈(中國夢)을 제시하고 있다. 이를 위하여 이들은 중국의 꿈을 실현하려는 중화공정을 추진하면서 역사적 인물이나 역사공정뿐만 아니라 중화천하주의와 중화영토주의 및 중화민족주의를 바탕에 깔면서 국가개발정책과 미래전략도 함께 추진하고 있다. 특히 중화민족주의는 애국주의와 함께 화이일체를 넘어 통일적 다민족 국가론으로 대일통의 통합이론이 정교하게 깔렸을 뿐만 아니라 전통적 중화주의가 현대적 정치 이론과 교묘하게 결합하여 중국의 정치이데올로기로 거듭나고 있다.

2017년 12월 15일 한국의 문재인 당시 대통령은 베이징대학 연설에서 이웃이 친척보다 더 가깝다는 이웃사촌 속담과 함께 "중국은 높은 봉우리, 한국은 작은 나라이지만 중국몽에 함께 할 것이다"면서 "중국몽이 인류 전체의 꿈이 되기를 바란다"는 중화적 〈인류공동운명체〉에 화답했다. 중국몽이 중국만의 꿈이 아니라 인류의 꿈이라는 뜻이 담겨 있다.

이는 2018년 10월 15일 평양 능라도 5.1 종합 체육관에서 15만여 명의 평양 시민들을 향해 "남쪽 대통령이 김정은 위원장 소개로 여러분에게 인사말을 하게 되니 감격스럽다며 김정은 위원장과 함께 새로운 조국을 만들어 나갈 것"이라고 한 연설로 주목을 받았다. 한반도에서 더이상 전쟁 없는 평화를 전제로 백두에서 한라까지 아름다운 우리 강산을 영구히 할 무기와 핵 위험이 없는 평화의 터전을 만들자는 제안을 했기 때문이다. 그러나 현실적으로는 한국이 중국의 일대일로 사업에 1900억을 투자했다가 떼여 먹힌 사건으로 재주는 곰이 부리고 돈은 왕서방이 먹는다는 속담이 맞아버렸다. 2017년 7월 한국 산업은행이 중국 HNA(하이난항공)그룹에 1억 3350만 달러를 송금했는데 2021년 HNA그룹이 파산하며 투자금을 회계상 전액 손실했기 때문이다. 나라의 큰 돈이 이렇게 어이없이 사라져도 누구하나 책임지는 사람이 없다. 헛 꿈만 꾸는 대한민국이다.

중국몽 속에 나타난 유교 부흥

오늘의 중국몽이라는 중화대혁명을 이해하는 데는 문화대혁명(文化大革命)을 다시 한번 살펴볼 필요가 있다. 1958년 모택동은 대약진

운동이 실패로 돌아가자 실용주의 노선을 경계했던 그는 유소기(劉少奇, 류샤오치)와 등소평(鄧小平, 덩샤오핑) 등에게 실권을 넘겨주고 당 주석으로 물러났다. 그러나 그는 1965년 5월 실권을 회복하기 위해 사회주의 이념 실현을 강화하면서 1966년 과거의 모든 사상, 종교, 예술 문화 등 봉건적 문화풍토를 타도하자며 비림비공(批林批孔)과 조반유리(造反有理)를 내세우며 순수한 학생 중심의 홍위병을 동원하여 중국 전역을 문화대혁명으로 내몰았다.

모택동은 중국의 역사를 유가와 법가의 투쟁으로 보면서 전제적인 유교를 유법투쟁(儒法鬪爭)의 도구로 내세워 법가와 진시황을 옹호하였다. "자본주의를 몰아내고 사회주의 사상을 실천하자"며 문화유산과 불온서적을 파괴하며 불태웠다. 붉은 완장을 찬 중고등학생들이 주축이 되어 지식인과 선생을 반동분자로 내몰며 광기의 대륙을 휩쓸었다.

중화민족이 낙후되고 위기에 빠진 것은 유교를 비롯한 봉건 미신과 전통윤리의 탓이라고 하면서 주자파(走資派, 자본주의로 가는 당파)를 숙청하고 온갖 문화재를 파괴하였다. 공자를 이름까지 언덕 丘를 개 狗로 하여 개새끼라고 매도하며 공구(孔丘)의 묘와 사당을 불태우는 등 무자비한 전통 파괴와 단절로 모든 중화적 전통을 거부하였다. 반전통의 공포시대였다. 호적(胡適)과 노신(魯迅)의 혁신운동도 배척하며 맹목적이며 치명적인 인성파괴와 공자의 윤리 도덕은 배척되었다. 도덕성과 사회규범의 저질화로 아노미(Anomi) 현상이 일어났던 것이다. 중국인들의 심성 파괴는 심각한 후유증으로 이어진다. 그 당시 문화대혁명을 바라보던 대외의 화교들까지도 중국공산당을 민족문화의 정통성 없는 집단이라고 비난하였다.

1976년 모택동의 사망과 더불어 강청(江靑) 등 4인방이 숙청되면서 문화대혁명의 혼란은 진정되었다. 1978년 12월(8~22) 중국공산당 제11기 제13차 전원회의에서 등소평을 중심으로 한 실용주의자들이 권력을 장악한 이후 현대화와 개혁개방화 정책을 실행한 이후 중국은 중국적 특색을 가진 사회주의를 표방하여 다시금 중화의 전통을 되살리기 시작하였다. '중국 특색적 사회주의'도 중화적 사회주의의 다른 표현일 뿐이었다.

그리고 비약적 경제 발전으로 늘어나는 국력을 바탕으로 중화 대부흥을 추진하였다. 공자묘와 사당을 복원하고 유학을 장려하고 있다. '중국 특색적 사회주의'라는 중화사회주의를 부르짖으며 ① 중화 회복 단계, ② 중화르네상스(renaissance) 단계, ③ 중화 혁명(revolution) 단계로 거듭 확대되면서 화려한 중화 부흥을 꿈꾸고 있다. 여기에 사회주의적 도덕과 충효를 애국주의로 바꾸는 유가적 전통을 결합하고 있다.

유학(儒學)은 유가의 학술을 줄여서 부르는 말이다. 서주시대를 마감하고 서주의 질서나 문화가 무너져 가는 혼란한 시대라고 인식하는 전국시대에 이 혼란을 광구(匡救)하여 새로운 시대를 여는 방법을 제시하는 이른바 제자백가(諸子百家)라고 하는 여러 사상이 나타났다. 유가도 이 시대에 제자백가의 하나로 나타났으며 공자(孔子)와 그의 사상적 체계를 주장하는 학파이다.

유가들의 주장은 춘추전국시대를 거치면서 여러 다른 사상과 병존하였지만, 한(漢)이 건국되고 정치적으로 새로운 왕조의 기틀을 잡는 이론으로 이용되기 시작하여 무제(武帝) 때 이르러서 완전히 국가권력과 결부하게 되어 이 유가 학술은 국가의 힘으로 장려되고 강조되어 유학이 형성되었다.

따라서 유가의 학술은 국가권력과 결부하면서 국가 운영이론을 제공하게 되자 자연스럽게 유학은 민족문제와 역사적 정통성의 문제 등에 대하여 깊은 관심을 끌게 된다. 그 결과 그들은 국가와 천하를 통치하는 이론을 창안해 내고 있다. 그 가운데 하나는 춘추사관(春秋史觀)으로 역사적 사실 속에서 정통을 세우는 사관을 확립하였다. 춘추대일통 논리다. 정통이란 전 왕조 혹은 전 황제로부터 현재의 왕조 혹은 황제가 올바른 계승자임을 증명하는 것이고, 이 정통성이 증명된 왕조나 황제는 그만큼 국가를 경영하고, 천하를 통치하는 정당성을 갖는다는 것이기 때문에 사실의 문제이기보다는 정치적 필요성에서 나온 것이다.

이러한 정통성의 문제는 논리적으로 권력의 정당성을 증명하는 것이기 때문에 대단히 중요한 정치적 의미가 있게 되는데, 이것이 천하로 확대될 때 정통성을 가진 중국은 중심이고 그 외의 지역을 문화적으로 뒤떨어진 변방으로 보는 견해가 성립된다. 이러한 구분은 더 나아가서 중심이 문화적이고 변방이 야만적이라고 규정하는 화이관(華夷觀)을 만들어냈다. 문화적이며 개명된 중화의 중심 주변에 남만(南蠻), 북적(北狄), 서융(西戎), 동이(東夷)의 야만적 종족이 존재함으로 존화양이(尊華攘夷)가 이루어져야 한다는 것이다.

이는 당연히 중심부에 거주하는 중국은 문화적으로 우수한 지역이고 따라서 주변을 지도하거나 지배해야 할 의무도 있고, 권리도 있다고 생각하게 만든 선민의식, 우월주의를 심어주게 되었다. 이러한 의식은 자기를 중심으로 한 천하질서의 확립이 가장 평화스러운 자연 질서에 맞는다고 생각하게 되었다. 즉 자기를 중심으로 천하는 대일통을 이루는 것이 가장 안정되고 평화로운 것이라는 생각을 하게 된다. 조선의 왜곡된 오랑캐 의식이 유별나게 나타난 원인이 되기도 한다. 자기부정과 사이비 한족으로 대국인 행세하며 한족보다 더 한족 행세하는 한국인들이 왜놈, 양놈, 껌둥이라고 종족 비하 버릇이 생긴 것도 이 때문이다.

하여간 중국에서는 이것을 정치적 프로파간다로 만들어 자국민을 지배하는 당위성을 주는 이론이 되었고, 다른 나라에 대하여 지도하고 지배하는 논리로 작용하게 된다. 따라서 이러한 논리를 가진 유가 학설의 교육과 전파, 그리고 이행은 겉으로는 문화의 전파같지만 실제로는 정치적 수단이 된 것이다. 그리고 이 문화의 전파는 그 이론 자체가 갖는 문화력과 함께 중국 국가의 힘이 배경이 되어서 빠르게 전파된다. 그러므로 유가 학술은 그 자체가 문화적인 측면과 함께 강한 정치이데올로기의 역할을 하게 된 것이다. 유학의 유교화가 이루어진 것이다.

유가적 전통이 ① 봉건적 자연경제, ② 위계질서 중심의 군주전제 제도와 상관된 불평등, ③ 성씨(姓氏) 중심의 종법제도, ④ 복고주의 및 보수 사상, ⑤ 관념주의라면서 봉건적 중국 문화를 부정적으로 보며 비인간적으로 참혹하게 전통 파괴가 이루어졌던 문화혁명과는 정반대였다.

그러나 한국에서는 이(李)씨를 중국 발음의 '리'로 고집스럽게 쓰던 리영희는 《전환 시대의 논리》라는 저서를 통해 냉전 시대 낡은 시각을 타파하자면서 문화대혁명을 "인류사에서 전무후무한 정신적 혁명", "인류 최초의 의식 개조 혁명"이라 찬양했다. 공산당의 인민대중 노선(군중 노선)과 평등주의, 도덕적 인간 행위 숭상 그리고 공산당의 상향식 의사결정 원리를 적극 지지했다. 중국공산당 조직 제도는 민주주의 중앙집권제(democratic centralism)에 따라 조직된 통일적인 전일체이다. 당규약 10조 1항은 ① 당원 개인은 당 조직에 복종하며, ② 소수는 다수에 복종하며, ③ 하급 조직은 상급 조직에 복종하며, ④ 전당의 조직과 전체 당원은 당 전국대표대회와 중앙위원회에 복종한다고 되어 있다. 마르크스·레닌주의 정당의 프롤레타리아 독재가 기본으로 다수결 원칙이다. 중국에서는 무산계급전정(無産階級專政)이라 한다. 당이 모든 것을 이끄는 당영도체제이다(黨領導一切). 또한 권력의 중앙 집중을 가장 확실하게 뒷받침하는 것은 당의 군대이다. 혼란기의 군벌들이 난무하여 난세를 만들었던 역사적 교훈이 반영된 당군(黨軍)이다. 이렇게 1억 명에 육박하는 당원으로 인류 역사상 가장 강력한 거대 조직이 중국몽을 뒷받침한다. 상대적으로 정체성 없는 정치문화와 분열과 투쟁을 일삼는 소란스러운 일부 민주주의 국가들과는 다르다. 지금도 한국에서는 《전환 시대의 논리》를 탐독하며 '시대의 스승'으로 존경하는 정치인이 많다. 문화대혁명의 그늘이 한국정치문화에 깊게 드리워져 있다.

이 문화대혁명 당시 시진핑의 아버지 습중훈(習仲勳, 시중신)이 반혁명 분자로 몰려 탄압을 받았다. 16세에 하방된 시진핑은 서안의 외진 토굴 속에서도 천하를 새롭게 경영할 역사관과 리더십을 길렀다. 중화 문화를 긍정적으로 보아 그 부활을 혁명적으로 이루어내는 오늘날의 중국은 전통문화야말로 중화적 도덕심과 애국심을 고취할 수 있고, 민족의 자존심과 정신문화를 고양할 수 있어 오늘의 중화민족을 하나로 통합할 수 있는 고리로 보고 있다. 중국의 역사에서 유교를 배척했던 왕조는 모두 쇠퇴하였다.

공동부유

중국 정부는 2021년 5월 20일 〈절강(浙江)성의 고품질 발전과 공동부유 시범구 건설 지지에 관한 중공중앙·국무원의 의견(이하 '의견')〉을 발표하고 공동부유의 함의에 대해 명확히 제시하였다. 〈의견〉

에서는 공동부유를 선명한 시대적 특징과 중국의 특색을 보유하고 있는 개념이라고 하고, '전체 인민이 부지런히 일하고 서로 돕는 것을 통해 보편적으로 생활이 풍족하고 정신적으로 자부심이 넘치며 살고 일하기 좋은 환경과 조화롭고 행복한 사회를 지향하고, 공공서비스가 널리 보급되도록 추진하는 것이며, 인민과 사회의 전면적인 발전을 달성하고 개혁과 발전의 성과와 행복하고 아름다운 생활을 공유하는 것'이라고 정의하였다.

2021년 8월 17일 중앙재정위원회 제10차 회의에서 시진핑(晋近平) 주석도 공동부유는 전체 인민의 부유이고, 인민들의 물질생활과 정신생활이 모두 부유한 것을 의미하며, 소수 사람만 부유하거나 똑같이 분배하는 평균주의가 아니며, 단계적으로 공동부유를 촉진해야 한다고 강조하였다.

공동부유는 구체적으로 다음의 6가지 함의를 포함하고 있다. 첫째, 공동부유는 전체 인민의 부유이며, 소수 사람만의 부유가 아니다. 둘째, 공동부유는 전면적인 부유, 즉 인민들이 지향하는 아름다운 생활의 모든 방면을 포함하며, 단순히 물질적으로만 부유하고 정신적으로는 공허한 생활이 아니다. 셋째, 공동부유는 여전히 일정한 차이가 존재하는 공동부유이며, 선을 긋듯이 가지런한 평균주의적인 동등한 부유가 아니며, 부자를 죽여 빈민을 구제하는 것도 아니다. 넷째, 공동부유는 단계적·점진적으로 실현하는 것으로, 특정 시점에 동등한 정도로 실현하는 것이 아니다. 다섯째, 공동부유는 질적 발전을 토대로 하며, 파이(pie)를 키우는 기초 하에 파이를 잘 나누는 것이며, 효율·공정·발전·공유의 변증법적 통일이 이루어진다. 여섯째, 공동부유는 공동으로 건설하고 공동으로 다스리며 공동으로 향유하는 것으로, 정부가 모든 일을 도맡아 하는 것이 아니라 반드시 전체 인민의 공동 노력에 의지해야 하는 것이다.

중국에서 공동부유에 관한 사상은 역사적으로 유래가 깊으며, 역대 중국 지도자들 모두 공동부유에 대해 언급한 바 있다.

평등하고 안락한 이상적인 사회를 대동사회(大同社会)를 실현하는 것은 중화민족이 항상 꿈꾸는 아름다운 소망이며 이에 관련한 사상들이 과거부터 전해내려 오고 있다. 예를 들어 '대도가 행해지면 천하가 공평해진다(大道之行也, 天下爲公)', '나라를 다스리는 원리는 백성을 잘 살게 하는 것에서 시작된다(治國之道, 富民爲始)', '백성이 가장 근본이고 사직은 그 다음이며, 군주가 가장 가볍다(民爲本, 社稷次之, 君爲輕)'라고 하였다.

모택동은 공동부유를 촉진하는 것은 사회주의 정권을 공고히 하는 데 유리하다고 강조하였다. 모택동은 1955년 7월 〈농업 합작화의 문제〉에 관한 보고에서 처음으로 '공동부유'의 개념을 제기하였는데 그것은 바로 "합작화의 실현으로 전체 농촌 인민이 공동으로 부유해지도록 한다"는 내용이다.

등소평은 먼저 부유해진 사람들(先富)이 나중에 부유해지고자 하는 사람들(后富)을 이끌어 주어 최종적으로 공동부유를 실현해야 한다고 강조하였다. 그는 사회주의의 목적은 전 인민의 공동부유를 실현하는 것이지 양극화가 아니며, 공동부유가 사회주의의 본질이자 가장 큰 우월성이라고 강조하였다. 또한 "공동부유는 보편적인 부유를 뜻하지만 기존의 부를 평균적으로 분배해서 실현하는 것이 아니며, 동시에·다같이·동등한 수준으로 실현할 수 없다. 공동부유는 먼저 부유해진 사람들이 이윤과 세금을 많이 납부하는 것과 기술양도 등 방식을 통해 나중 사람들을 이끌어 주는 것을 통해 실현되며, 중국은 소강사회(小康社會)는 의·식·주 걱정이 없는 물질적으로 비교적 풍족한 사회)를 실현한 이후 공동부유의 문제를 중점적으로 해결해야 한다"며 공동부유의 로드맵과 시간표를 제시하였다.

강택민(江澤民 장저민)은 전면적인 샤오캉(小康)을 토대로 공동부유를 실현해야 한다고 언급하였고, 호금도(胡錦濤, 후진타오)는 사회주의 공정 보장 시스템을 구축하고 공동부유를 촉진해야 한다고 강조하였다.

시진핑 주석은 2021년 8월 17일에 중앙재경위원회 제10차 회의에서 고품질 발전을 토대로 공동부유의 실질적인 진전을 촉진해야 한다고 강조하였다. 시진핑은 "고품질 발전과 공동부유를 촉진하고 효율과 공평의 관계를 정확히 처리해야 한다. 1차, 2차, 3차 분배가 조화로운 기본 제도를 구축하고, 세수, 사회보험, 이전지출 등의 조절 강도와 정확성을 제고하며, 중소득층의 비중을 늘리고 저소득층의 소득을 증가시키며, 고소득을 합리적으로 조절하고 불법소득을 금지함으로써 중간이 크고 양쪽 끝부분은 작은 타원형 분배구조를 형성하여 사회의 공평정의를 촉진하고 전 인민의 공동부유 목표를 향해 확고하게 나아가야 한다"고 강조하였다.

대내적으로는 《논어(論語)》를 비롯한 공자 열풍을 부추기며, 대외적으로는 공자학원을 앞세워 중국공산당의 세계 전략을 통해 중화문화를 확대 발전시키려 하고 있다. 현재 북한을 제외하고 한국, 미국, 일본 등 거의 1백여 개의 나라에 550여 개의 공자학원과 공자학당이 설립되어 베이징 공자학원 본부의 지원으로 운영되고 있다. 이는 모두 하나의 세계(同一個世界) 하나의 꿈(同一個夢想)으로 동양의 중심에서 세계의 중심으로 도약하려는 중국몽의 일환이다. 여기에 시(時)와 공(空)을 확대하려는 역사공정과 강역확대 공정도 포함되고 있다.

공자학원(孔子学院)은 중국 정부가 중국어 교육 및 중국의 사상과 문화를 전파·홍보하여 중국의 소프트파워 영향력을 강화할 목적으로 세계 각지에 설립한 기관이다. 미국의 외무부처인 국무부에서는 공자학원을 단순한 교육 시설이 아닌 중국 정부에 의한 정치외교적 활동을 맡는 조직으로 해석하고 있으며 이에 따라 중국 정부의 해외 임무 기관 (Foreign mission department of the Chinese government)으로 분류하고 있다.

한국에는 노무현 정부 시기인 2004년 서울에 처음 설립되었으며 이를 시작으로 한국외국어대학교 등 전국 곳곳에 세워졌다. 세계적으로 2020년 4월 기준으로 162개 국가에 545개 공자학원, 1170개 공자학당이 설치되었다. 2010년대 이후에는 아프리카에도 공자학원이 많이 설치되었으며 이 때문에 아프리카에서 중국어와 중국문화를 배우는 사람들이 늘어났다.

한국의 경우 2021년 기준으로 대학뿐만 아니라 전국적으로 23개 공자학원과 15개 중·고등학교에도 공자학당이 설치되었다.

공자학원은 중국어 학습 부문에서는 중국 정부의 직접적인 지원을 받는 기관으로서 가장 공신력 있는 어학제도 및 교육인증제도를 시행하고 있다. 중국 교육부의 해외 사업 기관인 중국국가한반(中国国家汉办)을 통해 HSK(한어수평고시) 시험과 연계하고 있으며 중국 외교부의 재외공관 산하 교육처 및 문화원을 통해 연수·교류 사업을 제휴하고 유학 장학생을 선발한다.

공자학원에 대한 부정적인 인식이 확산되고 있다. 그 근원은 중국 정부가 공자학원을 통한 첩보활동을 벌인다고 하는 인식이다. 사회주의 국가인 중국이 운영하는 공자학원은 민간차원에서 운영하기가 쉽지 않다. 따라서 국가기관에서 운영하는 과정에서 중국의 인권문제 등 중국에 불리한 내용에 대한 교육이나 비판 등을 할 수 없다는 점에서 다른 국가들이 운영하는 문화센터의 의미와는 크게 다르다는 점이 약점으로 작용하고 있다. 이런 점은 중국 정부가 좀 더 세심하게 추진했어야 한다.

따라서 중국 소프트파워 정책의 핵심이 되고 있는 공자학원에 대한 면밀한 분석과 이에 대한 대응 전략의 모색은 매우 중요하다고 할 수 있다. 이에 공자학원의 출현 배경 및 운영전략과 시스템을 면밀하게 분석하고, 더불어 한국의 문화 및 언어에 대한 대외 전파 전략과 운영 상황을 점검하고 효과적인 운영을 위한 대응책을 마련할 필요가 있다.

전체적으로 그동안 공자학원의 성과는 한어 학습 인구의 급속한 신장, 중국문화의 효과적 전파, 세계와의 소통이다. 이와 함께 공자학원의 당면 문제는 중국의 '문화침략', '문화제국주의'에 기초한 세계인들의 '공자학원음모론' 불식이 필요하다. 특히 양적 팽창에 따른 부실 우려, 교사와 교재의 수준 제고 필요, 재정적 지원의 지속 가능성 여부, 현지 대학 한어 전공 커리큘럼과의 관계 설정이 필요하다.

결론적으로 공자학원은 중국 전통의 참 유학의 개발과 국격을 높일 수 있는 신세대에 맞는 윤리 도덕 교육의 추진이 우선되어야 할 것이다. 중화인의 도덕성을 고양하고 함양시키면서 예의 바른 중국인의 모범적 인성(人性) 개발이 우선적으로 이루어져야 할 것이다.

막말·협박·거드름 피우는 호전적 대국 근성이나 혐한증을 유발하는 전랑외교(戰狼外交)는 지양되어야 한다. 개인들의 인격이 높아져야 국격이 높아지며, 국격이 높아져야 중심국가가 될 수 있다. 겸허한 배려로 역지사지하며 품격을 높여 인덕(仁德)을 베푸는 유학의 참뜻을 새로운 시대의 윤리에 맞게 맞추어 바로잡아야 할 것이다.

중국몽 실현을 위한 다양한 공정

1996년부터 2000년까지 추진된 단대공정(斷代工程)을 바탕으로 2003년부터 추진하고 있는 중화문명탐원공정(中華文明探源工程)은 신화를 역사영역으로 끌어들여 중국의 역사를 1129년이나 늘어나게 하였다. 중국의 뿌리를 서주(西周)의 기원전 841년 기원설에서 하(夏)의 기원전 2070년, 상·은(商·殷) 기원전 1600년, 주(周) 기원전 1046년 건국으로 확정지었으며 여기에 더하여 내몽골 적봉(赤峰)과 홍산문화(紅山文化)를 덧붙여 중국의 역사를 8천 년으로 늘려 잡아 세계 최고의 전통문화 국가로 만들고 있다.

홍산문화가 중국인들의 관심을 끌게 된 1980년대는 문화혁명 직후 시작된 중국의 역사 만들기가 진행되던 때다. 홍산유적을 중국 최고의 유적으로 자리매김하는 데는 베이징대학 교수인 소병기(蘇秉琦, 1909~1997)의 역할이 절대적이었다.

수많은 문화재 파괴와 고고학자들을 괴롭혔던 문화혁명(1968~1974)이 끝난 뒤에 복권이 된 소병기는 국가의 개혁개방 정책에 걸맞게 새로운 중화 문명의 이론인 '다원일체론'을 내세웠다. 현재 중국 영토 안에 있는 모든 문명은 마치 물길이 하나의 큰 강으로 합쳐지듯 중화 문명으로 이어진다는 뜻이다. 일맥만파(一脈萬波)요, 만파일맥(萬波一脈)으로 본 것이다.

그리고 때마침 요하 일대에서 새로운 홍산문화가 발견되었는데, 여기에서는 중원(중국 중심의 평원 지역)에서 발견되는 것과 비슷한 채색토기와 옥기가 새롭게 발견되었다. 적봉시(赤峰市)는 전통적으로 만주에 포함되기는 해도 베이징에서 직선거리 340km로 중국의 중심과 가까우며, 몽골 초원으로 이어지는 곳이기도 하다.

그러니 중국에서 본다면 북방의 다른 지역으로 이어지는 연결고리인 이 적봉시의 홍산문화야말로 중국 문화가 동아시아의 중심이었다는 다원일체론을 선전할 수 있는 좋은 계기가 되었다. 중화민족으로서 내 속에 네가 있으며 네 안에 내가 있는(我中有你, 你中有我) 상호불가분의 공동운명체 의식을 심어주는 것에서 중화 뿌리의 근원은 여러 갈래일 수도 있다는 다원일체(多原一體)론이라 볼 수도 있다. 이렇게 일본제국주의에 대한 콤플렉스에서 시작된 홍산문화에 대한 중국인의 관심은 개혁개방에 뒤따른 팽창적인 중화문명과 함께 중국 사람들에게 널리 선전되었다. 중화민족주의의 다원일체론이 정립된 것이다. 화이일체에서 민족공동체로 확대된 중화민족의 뿌리까지 다원일체로 대일통하여 역사의식을 고양하려는 것이다.

홍산문화는 동아시아의 다양한 문명이 교류되던 교차점에 있다. 홍산문화가 위치한 지역은 몽골 초원과도 이어지는 교차점이다. 최근에 홍산문화의 토기나 뼈로 만든 도구인 골각기를 연구한 결과, 그 문명이 바이칼과 몽골 일대의 영향을 받았음이 밝혀지고 있다.

사실 이런 관계는 지극히 당연하다. 홍산문화의 바로 위로는 몽골 초원을 따라서 바이칼 지역과 이어진다. 실제로 바이칼 지역은 신장 지역의 화전(和田), 요녕성의 수암(岫岩) 지역과 함께 대표적인 옥의 산지다. 홍산문화가 발달한 5500년 전은 세계 문명의 역사에서 중요한 시점이다. 수암옥(岫岩玉)은 지금도 명품 옥답게 많은 종류의 상품으로 개발되어 거래된다. 최근 삼척에서 고대의 수암옥이 발견되어 관심을 끌었다. 따라서 홍산문화의 뿌리는 바이칼호수를 따라 몽골 초원을 거쳐 동남방으로 내려온 한민족이라는 한국 사학계의 주장과 겹쳐져 일사양용이 되었다. 흉노를 비롯한 오랑캐 천하와 겹치기 때문이다. 그러나 일사 양용은 천하일가와 맞닿아 있다.

당시 온대 지역인 이집트, 메소포타미아, 인더스에서는 문명이 발달했고 초원 지역도 유목문화가 태동했기 때문이다. 이때에 홍산문화로 대표되는 동아시아 지역의 사람들은 청동기 대신에 발달된 옥기를 만들고 거대한 제단과 무덤을 만들었다. 그들의 옥기와 비슷한 형태가 남쪽으로는 양쯔강 유역, 북쪽으로는 알래스카에서까지 발견되어서 선사시대의 문명교류에 새로운 시사점을 주고 있다. 비록 홍산문화는 청동기를 사용하지 않았지만 옥기와 제사를 기반으로 하여 세계 다른 지역과는 구분되는 동아시아만의 문명 발달을 보여준다.

중국은 중원 민족의 다원일체를 위해 '황하문명' 대신 '중국 문명'을 표방하고 있다. 한족(漢族)의 조상인 화하족(華夏族)이 활동하였다고 하는 산서(山西)성 양분(襄汾)현과 하남(河南)성 등봉(登封)시 등을 중화의 시원지로 성역화하였으며 염제(炎帝)와 황제(黃帝)는 실증 역사 인물로 만들었다.

여기에 한국의 일부 학자들이 동이족의 수장이라고 하는 치우(蚩尤)까지 끌어들여 하북성 탁록현(涿鹿縣)에 중화삼조당(中華三祖堂)을 만들고 중화민족의 조상으로 받들어 모시고 있다.

중국은 지금까지 황제를 시조(始祖)로 모셔왔다. 그래서 유교의 도통(道統)도 황제 요(堯), 순(舜), 우(愚), 탕(湯), 문왕(文王), 무왕(武王), 주공(周公), 공자, 맹자 그리고 주자(朱子)로 이어져 내려온 것으로 되어 있다.

한국의 성씨들도 이러한 유교의 도통(道統)에 따라 족보의 시조로 황제를 선택하였다. 따라서 천하일가(天下一家)의 춘추천하관에 의한 성씨의 대일통이 이루어졌지만, 왕통과 도통 그리고 혈통 간의 혼돈이 일어난 것이다.

과거 중국은 춘추사관에 기반을 두고 한족의 황하 문명이 변방으로 퍼졌기 때문에 중원 이외의 사방, 즉 남만, 북적, 서융, 동이 지역에는 문명이 존재하지 않는다고 보아 왔다. 그러나 '중화 천하'라는 개념으로만 이해할 수 있는 새로운 민족국가(new nationalism) 형태인 다민족 통일국가라는 통치 이념을 확립 유지하기 위해서는 20세기 중반부터 괄목할 만한 성과를 거둔 고고학을 바탕으로 8천 년 전 이상의 문명을 가졌던 홍산문화와 함께 사천(四川), 오월(吳越), 감숙(甘肅) 등지에서 전개된 변방의 모든 문명도 중원문명과 교류 또는 융합되었다는 '중국 문명'을 개발한 것이다. 중화민족 다원일체론이다.

베네딕트 앤더슨(Benedict Anderson)이 말한 것처럼 순간적 현재에 과거와 미래가 동시에 나타나는 시간이 동시성(messianic time) 개념으로 조상과 나 그리고 후손이 민족공동체와 일치하는 것이다. 그것이 인종화(ethnicisation)로 개념화하면서 새로운 정치적 상상의 공동체로서 위로부터 형성되는 관 주도 민족주의(official nationalism)이다. 중화적 대일통 논리로 개념화한 중화민족 대가정으로서의 통일적 다민족 국가론 역시 인위적으로 다양한 종족(ethnic group)을 하나의 문화와 언어 생활공동체로 통합하여 실재하는 정치적 중화민족 공동체로 만들어 가겠다는 것이다.

역사공정은 강역(疆域)공정과 함께 이루어지고 있다. 한장동원론(漢藏同源論)으로 중국의 지방 정권의 역사로 편입시키려는 티베트 지역의 서남공정과 돌궐의 위구르 지역과 내몽골 지역을 대상으로 한 서북공정 그리고 조선족이 밀집된 동북지역에 대한 동북공정 등은 중국 사회과학원에 속해 있는 변강(邊疆)사지연구중심이 이끌어 가고 있다. 이는 조선족자치주인 연변 서북쪽 왕청현(王淸縣) 천성호(天星湖)의 용구도(龍龜島)에 우람하게 조성된 단군 건국신화를 테마로 한 웅녀공원에서도 그 의미를 찾을 수 있다.

한편 중국의 통치기반을 다민족 국가에 두면서 중화 역사상 최대의 영토를 가졌던 청(淸)나라의 역사공정인 청사공정(淸史工程)을 2003년에 시작하여 10여 년간 6억 위안을 투입해 고구려의 연속성을 다루는 등 총 3,220만여 자로 집대성하였다. 장백산(長白山) 문화론과 함께 한족(漢族)도 만주족도 아닌 중화민족 개념을 포함해 중화의 천하관, 역사관, 영토관 그리고 화이관과 중국문화까지도 다루어 중국 역사의 완결판을 만들고 있다.

중국몽의 배경

2013년 3월 17일 제12기 전국인민대표대회에서 시진핑 국가주석이 '중화민족부흥'이라는 '중국의 꿈(中國夢)'과 두 개의 백년(兩個一百年)이라는 비전(vision)을 제시했다. 중국몽을 달성하기 위해 민족역량을 결집하자고 한 것이 사회주의 정신문명 건설과 통일적 다민족 국가건설을 위한 대내적 메시지였다면, 그 구체적 마스터플랜으로는 공산당 창당 100주년이 되는 2021년까지 전면적 소강사회(小康社會)를 건설하며 중화인민공화국 건국 100주년이 되는 2049년까지는 기본적인 현대화를 달성하며 문명화된 조화로운 사회주의 강대국을 건설하겠다는 것이다. 또한 국제사회에는 2014년 7월부터 브릭스 정상회의에서 제시한 중국방안(Chinese solution)이 있다. 중국식 해법으로 국제 사회에 대한 새 질서를 만들어 가겠다는 신형대국관계(新型大國關係)를 선언하여 중국의 영향력을 높이겠다는 대외적 의지의 표현으로 볼 수 있다.

그러면서도 시진핑은 '중화민족은 침략유전자가 없다'면서 공자의 화이부동(和而不同, 화합하되 스스로의 정체성과 자주성은 지켜나가는 것)을 중국이 원하는 새로운 국제질서의 명분으로 삼아 주변국들을 과거 왕조시대의 왕도(王道)적 인애(仁愛)사상으로 감싸려 하고 있다. 강국필패(强國必覇)라지만 중국은 강대국이 되어도 패권을 쓰지 않고 화해정책을 펴나가겠다는 것이다. 자비로운 세계적 국가로 태평천하를 이루어 나가겠다는 '중화민족대부흥'의 달콤한 꿈이다.

문명의 충돌(clash of civilization)이 아니라 문화의 대화(dialogue of culture)를 통해 중화적 대화를 들고나온 것이다. 이는 곧 '사회주의 초급단계'이론에서 개인보다 대동을 중시하는 가장 보편적이고 중국적 가치인 중화 사회주의 또는 유교 사회주의로의 전환을 의미하는 것이다. 여기에는 강국의 주역인 강군몽(强軍夢)도 포함되어 있다.

그러나 대표적인 '슈퍼차이나' 주창자이며 일대일로(一帶一路)의 기획자로 알려진 호안강(胡鞍綱) 칭화대학교 현대국제관계연구원장은 2015년 7월 25일 조선일보와의 인터뷰에서 "일대일로는 신천하관(新天下觀)을 기반으로 하며, 이는 봉건 왕조 시대보다 더 큰 세계관"이라고 잠재된 천하관을 드러내기도 하였다. 일대일로는 시진핑 주석이 2013년 중앙아시아와 동남아시아를 순방하면서 경제 영토확장을 위해 제시한 새로운 비전으로 당나라 때의 실크로드인 육로와 명나라 때 개척한 해상의 실크로드를 확장 재현하려는 웅대한 세계전략이다.

대일통 천하관의 전지구적 확대를 꿈꾸는 것이다.

이렇게 볼 때 시진핑주의는 대일통천하관의 중요한 위치를 차지하는데 그 내용은 다음과 같다. 즉 "시진핑 신시대 중국 특색 사회주의 사상"(習近平新時代中國特色社會主義思想)은 시진핑 중국 국가주석 겸 중국공산당 총서기가 제시한 정책이자 정치이념이다. 2017년에 열린 제19차 중국공산당 전국대표대회에서 공식적으로 처음 언급되어 중국공산당 당헌에 수록되었으며 2018년 3월 11일에 열린 제13차 전국인민대표대회 제1차 회기에서 시진핑 사상을 언급한 《중화인민공화국 헌법》 전문 수정안이 채택되었다.

이 용어에 대한 공식적인 첫 언급은 2017년에 열린 제19차 중국공산당 전국대표대회였으며 시진핑 국가주석이 중국의 최고 지도자에 오른 2012년부터 점차 발전해 왔다. 일부 소식통들은 시진핑 주석의 측근인 왕호녕(王滬寧, 왕후닝)이 이러한 이념을 만드는 데에 도움을 주었다고 전했다.

제19차 중국공산당 전국대표대회는 이 사상을 중국공산당의 정치·군사적 사상의 지도적 사상으로 결정하고 시진핑이 제시한 새로운 사회주의 사상을 중국공산당의 당헌에 수록하는 안건을 승인했다. 시진핑 주석이 전국인민대표대회에 대한 의견을 물었을 때에 모든 대의원들이 손을 들어 찬성표를 던지면서 만장일치의 지지를 받았다. 이로써 시진핑 주석은 마오쩌둥, 덩샤오핑에 이어 중국공산당의 근본 교리 목록에 이름을 올린 3번째 중국 최고지도자로 기록되었고 장쩌민, 후진타오 전 국가주석보다 높은 지위를 받았다. 시진핑 주석은 보고서에서 중국을 강대하게 만들어 중국을 '새로운 시대'로 이끌겠다고 약속했다.

시진핑 주석은 2017년 10월에 열린 제19차 중국공산당 전국대표대회 기조연설에서 "새로운 시대를 위한 중국적 특성을 가진 사회주의 사상"을 처음 언급했다.

시진핑 주석은 이 사상을 덩샤오핑이 만든 용어인 중국 특색 사회주의를 중심으로 만들어지고 사회주의 초급단계에서 중국을 더욱 넓은 틀의 일부라고 표현해 왔다. 시진핑 주석

▲ 시진핑

의 동료들이 작성한 중국공산당의 공식 문서, 선언문에 따르면 이러한 사상이 마르크스-레닌주의, 모택동 사상, 등소평 이론, 3개 대표 사상, 과학적 발전관의 뒤를 잇는 사상이자 중국 상황에 맞는 마르크스주의를 구현한 일련의 지도 이념의 일환이라고 한다.

전국인민대표대회가 시진핑 사상을 중국의 일상생활 모든 분야에 대한 편입에 공을 들인 이후에 중국의 여러 대학들이 시진핑 사상 연구소를 설립했다. 또한 강세공(强世功, 창스공)과 같은 학자들은 시진핑 사상 해설서를 집필했다.

시진핑 사상의 개념은 외국의 독자들을 위해 외문출판사가 펴낸 시진핑의 저서 《시진핑 국정 운영을 말하다》 시리즈에 자세히 소개되어 있다. 1권은 2014년 9월에 출간되었고 2권은 2017년 11월에 출간되었다. 마르크스주의의 부활은 시진핑 사상의 핵심 요소인데 시진핑 주석의 말에서 인류 역사상 가장 위대한 사상가에게 경의를 표하기 위해 카를 마르크스를 기념하고 마르크스주의의 과학적 진실에 대한 확고한 신념을 선언하기 위해 기념한다는 것이다.

요약하면 9천만 명을 넘어선 중국공산당 당원의 기강을 개선하여 공산당의 지도력을 강화하며 혁신적이며 과학적 기반에 기초한 사회적

경장(更張)을 통해 중국 특색적 사회주의 건설로, 대국굴기(大國崛起, 큰 나라로 우뚝 서겠다는 것)해 나가겠다는 것이다. 공산당의 인민해방군에 대한 절대적 지도력을 강화하며 완전한 민족 통일을 위해 하나의 중국 정책으로 타이완을 대일통하며, 평화로운 국제환경을 조성하여 중국몽을 실현해 나가겠다는 것이다.

중국은 지금 중화민족일가친(中華民族一家親) 동심공축중국몽(同心共築中國夢)을 내세워 전체 인민의 자발적 성취 동기를 부추기고 있다. 이역하면 중화민족 천하일가를 대일통하여 한마음 한뜻으로 중국몽을 이루어내자는 뜻이다. 미래지향적이다. 경제 발전에 따르는 빈부격차, 심각한 부정부패의 만연과 지역갈등, 소수민족문제 등과 점증하고 있는 민주화 요구에 대응하면서 정치적 안정(stability)과 사회통합(integration)을 동시에 이루어내려고 체제의 정당성을 찬양(Miranda)하며 신념(Credenda)화하고 있다. 다시 말하면 천하사상을 뿌리로 한 전통적 중화사상이 중국의 통치이데올로기와 결합되어 대중화주의로 혁명적 변화를 일으키고 있다.

이러한 혁명적 변화는 사건이나 운동을 계기로 만들어지는 눈에 보이는 혁명과는 달리 정부의 정책을 통하여 눈에 띄지 않게 소리 없는 혁명을 추진하고 있다. 춘추대일통을 중화대일통 천하체계에 투영시켜 보려는 야심찬 혁명이다. 중국 정부 스스로는 말하고 있지 않지만, 이것은 바로 '중화대혁명'이라고 규정해도 무방할 것이다.

1911년의 신해혁명, 1949년의 사회주의혁명, 1966년의 문화대혁명, 1978년에 개혁개방 혁명은 눈에 분명히 띄고 있지만, 어느 혁명보다 광범위하고 철저하게 추진되는 오늘날의 소리 없는 중화대혁명은 모두 중화천하관과 맞닿아 있는 것이다.

그러므로 시진핑 주석이 거론한 중국몽은 간단히 넘어갈 수도 있는 아주 간단해 보이는 비전(Vision)의 제시어이지만 이는 바로 중화대혁명의 다른 이름이며 중국의 정신을 담은 시진핑 사상의 핵심 요체이다.

아울러 2012년 11월 시진핑이 중국공산당 제18차 전당대회에서 처음으로 제시한 〈인류공동운명체론〉은 중국의 새로운 천하관의 구체적 표현으로 볼 수 있다. 즉 중국의 평천하 개념이 인류의 평화 사상으로 확대되었다는 점이다. 1950년대 공산주의 종주국 소련의 영향력에서 벗어나려고 평화공존 5원칙을 내세워 영토·주권의 상호존중, 상호불가침, 내정불간섭, 평등·호혜를 강조했듯이 현재는 미국의 영향력으로부터 자유로운 국가 발전을 추구하려는 전략이다. 시공(時空)의 한계와 대상을 초월한 비군사적 초한전(超限戰)을 무한정 펼칠 수 있는 명분일 수도 있다.

〈인류공동운명체론〉은 2015년 시진핑의 유엔총회 연설에서도 언급되었으며 2018년 3월에는 중국 헌법에 수록되었다.

모택동이 나라를 세워 공성(攻城)에 성공했다면 등소평(鄧小平, 덩샤오핑)은 검은 고양이든 흰 고양이든 쥐만 잘 잡으면 된다(黑猫白猫論)는 실용주의와 선부론(先富論)으로 사회주의 시장경제를 위한 중국 특색적 사회주의를 실행하였으며 개혁개방 정책으로 수성(守城)에 공을 세웠다. 시진핑(習近平)은 새로운 천하관으로 중국몽 실현을 위한 경장(更張)에 심혈을 기울이는 형세를 보여준다.

시대마다 '역사결의'라는 매듭이 있다. 때마침 미묘하게도 등소평(鄧小平)과 시진핑(習近平)의 이름도 평화의 평(平)자가 짝맞추어졌다. 공교롭게도 등소평 시대에서 시진핑 시대까지 평화로운 가운데 안정적인 정치환경 속에서 급속한 경제 발전을 하였다. 평천하의 조건은 전쟁 없는 태평성대다. 대만과의 양안 관계는 평화가 대전제다. 우공이산(愚公移山)의 지혜가 필요하다.

결국 중국의 전략은 최첨단 AI를 바탕으로 한 강군몽(强軍夢)을 앞세운 대국굴기(大國屈起)를 위한 화평 발전이며 책임대국(責任大國)으로 국제 사회의 리더가 되려는 것이다. 신형 대국 관계의 구축이다.

중국몽의 전개

이런 배경 아래에 중국의 대한반도정책은 새로운 양상을 보이는데, 중국은 과거 중화 천하 질서 시대의 영향권 회복을 위해 중국 중심의 세계질서를 재구성하려 하고 있다.

중국은 현재 한국을 용봉 문화의 한 가족으로 보아 한중 친척론을 거론하며 한중관계를 강화하면서 아시아의 네 마리 용 가운데 하나로 계속 이끌어 가려 하고 있다.

중국은 청일전쟁에서 패배한 후 시모노세키(下關)조약 때 일본이 조선을 천조(天朝) 체제의 영향권에서 빼어내려고 조선의 자주독립을 유도해 식민지로 만들며 내선일체(內鮮一體)를 내세워 창씨개명(創氏改名)까지 하면서 대화(大和)의 천황(天皇) 체제로 편입시키려고 했던 과거의 역사를 되새기며 일본과 역사분쟁을 하고 있다.

그러면서 중국은 늘어난 경제력을 바탕으로 한국을 미국과 일본의 영향력 아래에서 분리해 중국의 품 안으로 끌어안으려고 한국과 역사적 유대관계를 강조하면서 전략적 우호 관계를 강화하고 있다. 한반도의 정세변화에 따른 전략적 대응책으로 나온 정치공정인 동북공정도 역사 분야로만 미루며 한중간의 경제적 연계를 더욱 확대하고 있다.

중국은 중국의 꿈을 실현하려고 시작한 서부개발과 일대일로 정책에 필요한 자금조달을 위한 아시아 인프라 투자은행(AIIB)에도 한국을 중요한 참여국으로 하여 영국, 독일, 프랑스 등 57개국을 회원국으로 확보하였다. 또한 미국과 유대인 주도의 달러화 지배체제에 맞대응하기 위한 위안화의 기축통화(CIP, Cross-border Inter-Bank Payment System) 구축전략과 위안화 국제결제시스템(CIPS) 확장도 함께 추구하고 있다. 현대판 해양 개척과 실크로드를 따라 각국의 정책·인프라·금융·무역 투자·민심 등 다섯 가지가 자유롭게 소통되도록 하면서 중국의 경제권역을 확대하려는 것이다. AI 경쟁, 전자상거래(이커머스) 확대를 치열하게 추진하고 있다. 각국 항구의 길목을 거미줄처럼 연결하여 세계의 해양물류를 장악했다.

중국은 정경분리 정책을 원칙으로 하면서도 북한의 핵 문제를 비롯해 남북한의 통일문제도 새로운 국면으로 전환하고 있다. 중국의 대북 정책은 전통적 완충지대에 친중 위성국(衛星國)으로서 동북 삼성과 연계시켜 대북개발 전략을 추진하고 있다. 한반도정세 변화에 따른 동북 지역의 안전과 개발 확대를 위해 중국은 북한 지역에 철도와 고속도로를 연결하여 교통망을 확충하며 북한의 희토류와 석탄 등 자원을 개발하려 하고 있다.

이는 길림, 장춘, 연길 그리고 훈춘과 연결된 교통망으로 러시아의 자루비노 항구와 함께 두만강 쪽 동해진출의 길을 열고 있다. 그러나 중국으로서는 1860년 북경조약으로 불평등하게 러시아에 넘겼던 연해주 대안의 평화적 관리도 새롭게 구상해야 할 것이다.

이렇게 중국 중심의 새로운 천하를 꿈꾸는 중국은 한반도에서 한국과 조선을 가지고 양다리 걸치기 외교를 하고 있다. 등거리 외교라는 명분과 함께 도광양회(韜光養晦)와 화평굴기(和平堀起) 등 잠재된 천하관으로 전통적 화친(和親)정책과 이이제이(以夷制夷) 그리고 원교근공(遠交近攻) 같은 주변국 관리 전략을 구사하며 중앙정부와 연계된 성정부 중심의 고도로 세련된 전략 전술로 남북을 조종하고 있다. 당나라가 신라를 이용, 고구려를 흡수한 후 신라와 발해를 관리했던 것과 같은 경우다.

　이렇게 강대국으로 발돋움하는 중국으로서는 오늘의 한반도 분단관리는 역사적 맥락과 연계된 환경일 수도 있다. 한무제의 한사군 설치로부터 대동강 이북의 당나라 영토와 명나라 초기 쌍성총관의 동북면을 둘러싼 천리장성 국경분쟁, 제주도에 원나라 황실을 옮겨 남원(南元)을 만들어 봉토화 하려던 계획은 한중간의 줄다리기 역사였다. 그리고 임진왜란 당시 일본과 임진강을 경계로 분단하려고 했던 고려 반도의 '완충지대'라는 순망치한(脣亡齒寒) 논리를 그대로 복제한 청일전쟁으로 이어졌다. 고종의 동학란 진압 요청으로 시작된 청일전쟁의 군사 개입은 풍도(豊島) 전투 성환(成歡), 그리고 평양에서 조선군의 청일 양쪽 편가르기에 따라 동족상쟁의 양상으로 진행되었다.

　천하관의 주객이 바뀐 것이다. 이렇게 중국 중심으로 다루어지는 남북 관계는 지정학적으로 주변국의 안보적 이해와 맞물려 있다는 것이다. 따라서 춘추대일통은 역사적으로 고려 반도의 통일과 연계되어 작동되고 있다는 것이다. 다만 한 가지 분명한 것은 고려 반도의 전쟁은 항상 중국에 불리하게 작용했다는 점이다. 분단의 방아쇠가 되지 않는 평화로운 국제 환경 조성이 필요한 이유이다.

　2011년 중화민족 대부흥을 기치로 내세운 중국몽은 바로 21세기 중화주(中華周)의 부활을 꿈꾼다. 원유학의 바탕인 춘추대일통의 천하체계를 전 지구적으로 확대하여 중국 중심의 대일통, 대동 사회를 구축하여 인류의 보편적 평천하를 이루어내려는 야심찬 꿈이다. 춘추대일통을 중화 대일통으로 확대하여 세계의 중심국으로 발돋움하려는 전략이다.

중국 역사상 그 유례가 없는 부국강병책으로 대국굴기를 실현해 간다. 북경올림픽 때 상징적으로 나타난 공자의 부활이 중화민족 대부흥의 기미를 드러낸 것이다. 중국몽은 존주주의가 전제되어 있다. 논어(論語) 열풍이 일어나 경서가 새롭게 부각되었다.

한국의 지배계층은 동주의 끈끈한 맥락에 기대여 만절필동을 되새기며 중국몽에 동참하려 한다. 존주주의의 후예들이 춘추대일통의 그늘에 숨어 중화 굴기를 기대한다. 고의적이든 무의식의 반영이든 경복궁과 짝맞추어 꾸며낸 청와대는 유학의 핵심 DNA인 어질 인(仁)을 앞세워 '춘추' 대일통을 고양하며 용·봉·해치로 덧칠하였다. 중화 정치문화의 복원과 부활을 정치적 심볼로 집약시켜 놓았다. 용은 황제를 봉은 황후와 제후의 심볼이며, 해치는 법무대신에 해당하는 법관의 상징이다. 누가 봐도 중화 정치문화의 축소판이라 본다. 존주주의자들의 중화박물관이다. 광화문의 월대 복원과 함께 가는 곳마다 해치를 설치하며 중국몽 참여를 적극적으로 드러내는 기이한 현상이다. 해치는 이제 서울의 상징에서 국가의 상징으로 올라타려 한다.

따라서 중국의 일부라는 말에 무조건 반발할 것이 아니라 중국의 일부가 되지 않으려는 위대한 각성과 현실적 노력이 더 필요하다. 광화문은 한국의 정체성과 민족문화의 정통성을 드러내는 역사적 교훈과 현실적 관광명소로 자리 잡아야 한다.

일반적으로 근대국가(nation-sate)들은 국가정체성 확립을 위해 종족과 민족(ethno-nationality)의 독특한 개념을 정립하며 민족국가의 전통성과 정통성을 고취시켜 왔다. 고유한 문화를 바탕으로 형성된 민족 정체성은 정치공동체 형성의 기본 바탕으로서 주권을 가진 국가의 존재를 정당화(Legitimacy)하며 국민통합을 이루어 왔다.

정치문화란 특정 사회 내에 널리 퍼져있는 정치적 정향(political orientation)을 뜻하는 것으로 정치 상황 속에서 나타나는 집단과 개인의 일정한 정치적 행동 성향을 말한다. 정치문화는 집합적인 정치체제의 역사적 산물이다. 국가의 역사적, 정치적, 경제적 사회활동의 진행 과정에 의해 형성된 태도와 신념은 미래 정치 행위에 큰 영향을 미친다. 따라서 정치문화는 국민의 정치에 대한 주관적이며 심리적 차원의 행태로 정치체제 내에서 행동을 좌우하는 근본적인 규칙을 제공하는 신념 및 감정의 총합이라 볼 수 있다.

그 행태로는 소극적, 피동적인 지방형의 전근대적 사회문화와 군주 시대의 신민형 정치문화가 있다. 이는 복종과 순종이 따른다. 그리고 적극적인 참여형인 민주 시민적 정치문화가 있는데 한국의 정치문화는 근대적 민주 정치형태이지만 신민형이 복합적으로 혼재되어 있어 과거의 전통이 오늘의 정체성과 뒤섞여 있다.

조선에서 대한민국으로 건너뛴 복합적 시민민주주의 정치문화이다. 어쩌면 한국은 제왕적 군주 시대와 민주 시대가 엇갈려 있는 '군민(君民)주의' 시대의 새로운 정치 행태가 나타나는 원인일 수 있다. 권위주의적 정치문화와 보복적 대결 풍토는 사회화 과정의 부단한 시민교육과 각성으로 극복되어야 할 과제이다.

제9장
중국몽 속 한국

용봉문화의 진실

인간은 신화, 문장, 기념물(emblem), 깃발 등 정치권력의 상징 숲(the forest of symbols) 속에서 살아간다. 이 심벌들은 서양이 건국 신화나 설화 또는 신화에 근거하여 사람, 독수리, 사자 등 구체적이며 사실적인것 들인 반면에 동양은 용, 봉황, 해치 등 신비화된 상상의 동물들이 많다. 어쩌면 서양의 신비주의 오컬트(Occult, 隱祕主義)의 상징을 추종하는 현상과 비슷한 용의 존재였다. 군주의 시대 우민화 지배의 도구였다. 이 지배의 상징들이 정치문화와 결부되어 있다.

정치권력의 지배 수단으로는 합리적 설득 방법으로 신념이나 이성에 호소하여 정통성을 지켜가는 경우와 다양한 상징 조작을 통해 인간의 감정을 파고들어 맹목적 복종을 끌어내는 술수가 있다. 정서적인 공감대와 유대를 강화하기 위해 인간 심리에 내면적으로 호소하는 일체의 상징들이 이용된다. 넓은 광장과 웅장한 건물, 기념 동상과 기념관 그리고 각종 상징물인데 동양의 용봉 가족은 용 중심으로 서열화되어 짜여 있다. 서양에서는 용을 악어(Dragon)로 쓴다. 용산 미 군영 내 호텔은 드레곤 호텔이다.

중국인들은 자신을 '용의 후예[龍的傳人]'라고 한다. 그들의 조상이 용이라는 것이다. 용의 기원은 요하(遼河)인데 이 지역은 황제(黃帝)의 땅이었고 그의 후손인 전욱(顓頊)과 제곡(帝嚳)의 용 문화 발원지였다. 따라서 중국인들은 대륙과 대만은 물론 세계 각지에 널리 퍼져 사는 화교들까지도 모두 황제의 후손이라 한다.

미개한 원시시대의 부족이나 씨족집단과 특별한 관계를 맺은 신성한 천연물이나 이미지화된 부호(符號, 表號)로서 형성된 신앙 형태의 토템사상(Totemism)을 훨씬 뛰어넘어서는 중국인들의 용에 대한 믿음[信念]은 특별난 것이었다. 중국인들에게 용은 하늘(天)이었으며 신(神)이었고 권위의 상징인 황제(皇帝)였다. 수천 년 동안 중화인들의 상상과 기원의 결정체였다. 그리고 중국인들은 용과 함께 봉황(鳳凰)을 곁들여 용봉문화(龍鳳文化)를 창조해 왔다.

용봉문화는 찬란한 오천여 년 중화 문화의 발자취이며 중화민족의 상징(象徵)이요 화하(華夏)를 열고 발전시키면서 미래를 열어가는 창조물이라 한다. 세세 대대로 중화 대지는 용의 고향[龍的故鄕]이며 용의 나라[龍的國家]이고 화하 민족은 용의 후예[龍的傳人]라는 것이다.

용은 중화민족의 뼛속까지 스며든 중화 민족문화의 DNA이다. 그런데 사람들은 용이 무엇인지도 모르면서 맹목적으로 신성시하고 신비스러우며 경의의 대상으로만 생각한다. 용은 위대하고 신성스럽다는 고정관념에 고착되어 있기 때문이다. 여기에 통치자들은 전통적으로 용을 신비화시켜 중화의 빛나는 전통을 이어가는 매개체로써 이용했기 때문에 사람들은 일상적으로 용과 함께 생활하는 것이 보편화되었다.

1980년부터 용 열풍 속에 용 연구가들은 용을 중화민족의 DNA로 고착시켜 아시아를 용 문화로 포장할 뿐만 아니라 아메리카 대륙과 아프리카까지 용문화의 범주에 편입시켜 용 문화의 세계화로 확대하고 있다. 용꿈을 '중국몽'과 연결 지어 세계의 대일통을 꿈꾼다. 세계 도처의 차이나타운 입구에는 우람하게 용틀림 기둥이 하늘로 솟아있다.

한편으로는 용 가족을 이용하여 56개 종족을 통합하는 아이콘으로 활용하며 찬란했던 옛날의 중화 문명을 되살리려 한다. 대만 가수 후덕건(候德健)의 용의 후예[龍的傳人]가 대유행하였다. 천안문 광장의 민주화 시위 때도 이 노래를 불렀고 중화권 인기가수 왕력굉(王力宏)이 이 노래를 리메이크하였다.

그렇다면 이러한 용의 실체는 무엇인가? 용의 실체를 드러내는 것이야말로 중화 문화의 속살을 들여다보며 중화민족의 정체성을 확인할 수 있다. 용은 상상의 동물이라고 하므로 본질에서 이중적이고 복합적 정체성을 가지고 있다. 따라서 용은 실체적 본체(本體)와 만들어진 상상의 관념체(觀念體), 즉 토템과 부호 또는 아이콘(icon)화 된 가상적 용으로 나누어 보아야 한다. 용은 상상의 동물이라는 선입관념 때문에 용에 대한 실체의 접근이 헷갈리고 있는 것이다. 따라서 '용은 실체'라는 관점에서 보려고 할 때, 용의 실체를 분명하게 드러낼 수 있다.

결론적으로 말해서 용의 실체적 본체는 힘의 상징인 악어(鰐魚, Dragon, mastodon)이다. 손오공처럼 중국인들은 기발한 둔갑술을 좋아한다. 용도 중국인들의 기호에 맞게 악어가 둔갑하여 만들어진 위대한 창조물이다. 중국의 용 연구자인 왕대유(王大有·張喜蓉저, 龍鳳

傳人, 中國時代經濟出版社, 2008)의 '용봉의 후예[龍鳳傳人]'를 중심으로 용의 연변 과정을 알아본다.

《산해경》·《대황동경(大荒東經)》에도 동해(東海)에 유파산(流波山)이 있다. 바다 쪽으로 7천 리를 들어간다. 그 위에 짐승이 있는데 모양은 소와 비슷하고 푸른 몸뚱이에 뿔이 없으며 발 하나를 가지고 있다. 물속을 드나든, 즉 반드시 비바람이 일고, 그 밝기는 해와 달 같고 소리는 우레 같으며 그 이름을 기(夔)라 한다. 이것은 아마 해악(海鰐)을 설명한 것이 아닌가 한다. 한편 《비아(埤雅)》에는 '타(鼉)의 성질은 잠을 좋아하여 늘 눈동자가 감겨 있으며, 능히 안개를 뿜고 비를 일으킨다.'라고 했으며, 《속박물지(續博物志)》에는 '타가 비를 만나면 소리를 지른다.'라고 하였다.

《수경주(水經注)》에도 '한수(漢水)… 동쪽으로 면수(沔水)에 흘러든다. 그곳을 소구(疏口)라 부른다. 물속에 짐승이 있는데 3~4세 어린이 크기만 하다. 온몸에 비늘과 껍데기가 있어 마치 능리(鯪鯉, 穿山甲)와 비슷하며 활을 쏴도 뚫지 못한다. 7~8월이면 물가 자갈밭에서 햇볕 쬐기를 좋아한다. 머리 모양은 호랑이 같고 물갈퀴는 늘 물에 담근 채 머리만 내놓고 있다. 어린아이가 알지 못하고 취하여 놀고자 하면 짐승이 곧 아이를 물어 죽인다… '수호(水虎)'라 부르는 짐승이다.'라고 하였다.

만악과 양자악은 크고 깊은 연못이나 큰 강·바다 중에서 생활하며, 비가 오기 전에 울부짖는다. 이는 바로 전설 속의 용의 습성이며, 구체적으로 만악·양자악의 습성이 바로 용의 습성인 것이다. 악(鰐)과 천둥 및 비와의 관계를 볼 때 타(鼉)의 울음과 물 위에 떠오를 때의 자연현상을 그들은 동류상감(同類相感)의 관계로 본 것이다. 이 때문에 옛 사람들은 용을 경외하게 되었으며, 따라서 만약·양자악으로 수신(水神)·우신(雨神)·우뢰신·농업신 등으로 삼게되었다. 이와같이 용은 남방 수경재배의 강문화의 상징이다. 북방 유목 산(山)문화의 상징은 곰과 범이다. 구름이 많이 낀 흐린 날씨의 강가에 안개가 자욱한 자연현상을 접하고 살면서 그들은 분명히 용이 구름이나 안개를 뿜어내고 비를 일으켰다고 여겼다. 따라서 용과 경운(慶雲)이 늘 함께 나타나는데 이는 비를 몰고 와 복을 내리는 구름을 뜻하는 말이다. 경운(景雲)이라고도 한다. 초기의 동고예술(銅鼓藝術) 표현에는 타룡의 입술 앞에 경운(慶雲)이 반드시 그려져 있었으나, 그 이후로는 점점 물고기 수염과 복합되어 용의 수염으로 연변되어 갔다.

역사 속의 용

《좌전》에는 '옛날 유숙안(颶淑安)이라는 사람이 있었다. 그 후손에 동부(董父)라는 자가 있어 심히 용을 좋아하여 … 용을 길러 제순(帝舜)을 섬겼다. 이에 제(帝)가 동씨(董氏)의 성을 하사하고, 그 벼슬 이름을 환룡(豢龍)이다.'라고 하였다.

《습유기》에는 순임금 때 남심지국(南潯之國)이 암수 각 한 마리씩의 모룡(毛龍)을 바쳤다. 이를 환룡(豢龍)의 집에 보내어 기르도록 하였다. 하대(夏代)에 이르기까지 용을 기르는 것이 끊이지 않아 이것으로 종족 이름을 명하였다.

이 외에도《사기(史記)》〈하본기(夏本紀)〉와 좌전소공 29년《열선전(列仙傳)》 상권 등에도 용을 기르는 기록이 많이 나온다. 유루(劉累)가 동부(董父) 환룡씨(豢龍氏)에게 용 기르는 법을 배워, 하나라

공갑(孔甲)을 위해 하수(河水)와 한수(漢水, 대개 황하와 漢水를 말하며 銀河가 아니다)의 암수 두 마리 용을 기르다가 암용이 죽어 달아나 버리자, 다시 사문(師門)을 시켜 숫용을 길렀다는 뜻이다. 근거에 의하면 순임금 때 환룡사(豢龍司)와 용을 기르는 연못이 있었다고 한다. 중국에서 용은 농경사회의 수호신으로 나라를 보호하며 인간을 지켜주는 신성한 존재로 신앙의 대상이 되었다. 물의 상징이며 중원의 강(江) 문화이다.

한(漢)과 이전의 옛 역사와 전설 속에 나오는 '용을 길렀다(豢龍)'는 말은 명(明)나라 중기 왕양명(王陽明)의 이른바 용장(龍場)의 일오(一悟)까지 이어진다. 왕양명이 도를 깨달았다는 용장은 귀주(贵州)의 용장으로 귀양에서 서북쪽으로 70리 되는 수문현(修文县)의 현치(縣治)가 있는 곳이지만 용장이라는 지명을 쓰는 곳은 옛날에 용을 길렀던 곳으로 알려졌다. 이곳의 지도를 보건대 용을 기를 만한 여건이 될 수도 있겠다는 추측이 된다. 이처럼 용을 길렀다는 기록으로 보아도 실체적 용이 있었음을 증명하는 것이다.

한국에는 용장이라는 지명이 없다. 오늘날 악어 농장은 동남아 여러 국가와 호주에도 있으며 악어 요리는 관광객을 유치하는 고급 요리로 인기가 있다. 관중(管仲)의 저서 관자(管子)에는 용자의 용(龍)은 설문해자(說文解字)에 비늘이 있는 동물의 수장(首長)이다. 종적을 감추기도 하고 나타낼 수도 있으며, 작아질 수도 있고 커질 수도 있으며, 짧아질 수도 있고 길어질 수도 있다. 춘분(春分)에는 하늘로 오르고, 추분(秋分)이면 심연(深淵)으로 잠기는데 육(肉)으로 구성되었다고 하였다.

그리고 용(龍)자의 오른쪽 방(旁)의 모양은 고기가 날아가는 형상 [飛]이며 또 모시(毛詩)에서 용(龍)은 총애한다[寵]는 것이라고 했는데, 이는 길게 퍼진다[長發]는 말과 같이 용이 조화를 부린다[邕和]는 뜻이라고 하였다. 그래서 용(龍)은 총(寵)이나 옹(邕)자에서 가차(假借)한 글자라고 설명하였다. 업습할 습(襲)는 악어가 물속에 숨어 있다가 돌발적으로 습격(襲擊)하는 모양새를 나타내는 것이다.

또한 용(龍)자가 역(易)의 옛 글자[古字]라는 학설도 있는데 이는 역과 우신(雨神)이었던 용과 우사(雨司)였던 복희(伏羲)의 관계를 설명하는 것이다. 즉 우사였던 복희가 신묘한 점복(占卜)과 주술로서 비를 장악하고 있던 우신인 용의 신력(神力)을 빌려 고대 농경사회의 가장 귀한 비를 오게 하였던 것으로 보는 것이다. 이런 과정에서 복희는 천지 음양의 이치를 터득하고 주술적(呪術的) 점서법(占筮法)을 발명하고 이를 발전시켜 역(易)을 완성한 것으로 본다.

《주역》에서 이용된 용이 구체적으로는 잠룡(潛龍), 현룡(見龍), 약룡(躍龍), 비룡(飛龍), 항룡(亢龍)으로 나타난다.

용(龍)은 타(鼉), 악(鰐), 악(鱷), 단(單), 타(鮀), 악(噩) 등의 별칭을 갖고 있으며, 갑골문에 나타난 타, 악, 단 등은 용의 정시형(正視形)이며, 천원(天黿)의 원과 맹(鄳)은 묘사법이다. 또한 용에 관해 서술할 때 '양룡(兩龍)'이란 단어를 쓴 적이 있다. '양룡'은 《산해경》에 여러 차례 등장하는데, 모두가 하늘과 땅 사이에 소식을 전달하는 사자(使者)와 관련이 있다. 《산해경》·《대황서경(大荒西經)》에 하대의 두 번째 통치자 계(啓, 또는 開)에 대한 글이 실려 있다.

서남쪽 바다 밖, 적수(赤水)의 남쪽, 유사(流沙)의 서쪽에 두 마리 푸른 뱀을 귀에 걸고, 두 마리 용을 타고 다니는 이가 있으니 그가 바로 하(夏)의 임금 개(開)이다. 개는 세 차례나 하늘에 올라가 구변(九變)과 구가(九歌)를 얻어 땅으로 내려왔다.

《구가》를 보면 황하의 신인 하백도 두 마리의 용을 타고 있다. 이같은 형상은 《해외서경(海外西經)》에도 보이는데 역시 두 마리의 용을 타고 있다. 하후개(夏后開)는 하늘의 악장과 시가(詩歌)를 인간 세상에 가지고 내려온 신화적 영웅을 가리키며 필시 무당이었을 터이다. 또한, 두 마리의 뱀과 용의 도움을 받고 있다고 하였다.

서정(徐整)은 《오운역년기(五運歷年記)》에서 그에 대하여 형용하기를, '기(氣)로써 풍운(風雲)을 만든다.'라고 하였다. 위에서 언급했던 것과 같이 은상(殷商) 시대의 복사는 봉을 상제의 사자라고 부르고 있는데, 상대의 갑골문에서 봉(鳳)과 풍(風)은 같은 글자이니, 바로 동서남북 사방 모두 두 마리의 용을 타는 사자가 있고, 또한 각자의 바람[風]을 가지고 있다고 하는 설(說)과 일치하고 있다. 용(龍)의 확대된 종류로는 장소에 따라 구별되는 천룡(天龍), 하룡(河龍), 산룡(山龍), 지룡(地龍), 토룡(土龍), 해룡(海龍), 택룡(澤龍)이 있다. 천룡(天龍)은 별자리로서 용을 닮은 은하수를 말한다. 한국에서 은하수를 '미르'라고 하는데 용과 혼용하고 있다. 그리고 동물이나 형상에 따라 공룡(恐龍), 저룡(猪龍)과 사룡(蛇龍), 마룡(馬龍), 웅룡(熊龍), 호룡(虎龍), 옥룡(玉龍), 봉룡(鳳龍), 풍룡(風龍:돌개바람), 조룡(鳥龍), 인룡(人龍) 등 수많은 용이 있으나 이 모두는 용의 연변 과정에서 용과 연관된 것이지 실제로 용은 아니다. 용은 용이며, 돼지는 돼지고, 뱀은 뱀일 뿐이다. 용은 시작은 잘하였으나 마무리가 부족하다는 뜻의 용두사미(龍頭蛇尾)처럼 상상의 동물이다. 따라서 용은 악어일 뿐이다. 춘추전국시대 청동기에는 용을 타고 놀고 있는 그림도 나온다. 악어가 변한 것이 아니라 인간의 상상력인 용이 시대에 따라 변해왔다.

확대된 용의 개념은 악어의 모습을 닮은 꾸불꾸불 꿈틀거리는 모습의 산(山) 줄기를 나타내는 산룡(山龍)으로 지명에 많이 쓰였다. 용문, 용산, 용궁, 와룡, 현룡 등이다. 하룡(河龍)은 흑룡강이나 회룡포 같은 강줄기를 따라 붙여진 이름이며 풍룡(風龍)은 대흥 안령산맥이나 몽골 고비사막에서 일어나는 위력적 돌개바람이 하늘로 치솟는 모습에 붙인 이름이다. 지렁이를 토룡(土龍)이라 한다거나 연못의 이무기도 택룡(澤龍)으로 부르는 것 등이 모두 확대된 용 개념에 속한다.

천문(天文)관측은 지배의 수단으로 권력자가 시간과 공간을 독점함으로써 천명의 대리자 역할을 해왔다. 천명에 따라 천하를 다스리기 위해 천지의 운행을 나타내는 천문을 만들었다. 용의 실체를 규명하기 위해 천간과 지지를 살펴보면 다음과 같다.

천간(天干)은 하늘의 기운이나 태양의 운행질서로 시간과 날짜의 단위이다. 지지(地支)는 땅의 기운이나 달의 운행질서로 12가지인 십이지(十二支)로 이루어졌다. 지지의 짐승 모두가 인간 생활과 밀접한 관계를 맺고 함께 살아가는 실체적 동물이다. 악어만 용으로 황제와 결부시켜 신비화시켰다는 것을 직감적으로 알 수 있는 지지의 구성이다.

천간과 지지를 조합해서 연도를 세는 단위 육십갑자는 천간에 속한 글자와 지지에 속한 글자를 차례로 하나씩 맞추면 육십갑자가 나온다. 간지에서 지지를 보면 그해의 띠를 알 수 있고 천간을 보면 색깔을 알 수 있다. 사방을 지키는 수호신은 청룡(靑龍), 백호(白虎), 공작(孔雀), 현무(玄武)이고 천자의 남쪽에는 천단(天壇), 북에는 지단(地壇), 동에는 일단(日壇), 서에는 월단(月壇)이 있다.

비가 오지 않아 가물면 남단(南壇)인 천단에서 기우제의 하나인 오방토룡제(五方土龍祭)를 지냈다. 용이 악어로서 날개가 없어 날지 못하고 도약만 할 수 있는데도 마치 하늘을 나는 것처럼 만들어 가는 과정을 살펴보면 용의 신비화 과정까지도 알아볼 수 있다.

《주역(周易)》건괘(乾卦)는 "비룡(飛龍)이 하늘에 있는 것은 대인이 만든 것이다. 비룡재천대인조야(飛龍在天大人造也)"라고 쓰고 있다. 이때의 비룡은 비약(飛躍)한 용을 말하고 대인이 만든 것이라는 것은 비룡이 도약(跳躍)하여 하늘에 떠 있는 것처럼 대인이 도약의 행운을 창조함을 뜻하는 것이다. 용의 일생을 인간의 일생과 연관 지은 것이다. 용은 도약하여 승천(昇天)할 수는 있어도 비행하지는 못한다. 비약과 도약은 뛰어 오름으로 날아오르는 비상(飛上)이나 날아다니는 비행(飛行)과는 다른 것이다. 그런데도 한자가 가지는 표의성(表意性)의 묘한 작용 때문에 문맥에 따라 그 뜻이 복합적으로 나타나 다른 뜻으로 전환 될 수도 있다. 예를 들면 비호(飛虎), 비표(飛豹), 비사(飛蛇), 비마(飛馬) 등은 날개가 없어 날지 못해도 나는 것처럼 빠르게 달릴 때나 기어갈 때 쓰는 비(飛)이다. 날개 있는 용은 전설에서만 상상의 용이지 실제 적용은 날개가 없는 것이다. 날개가 없으면 로켓처럼 비행하거나 비행기처럼 날아다닐 수는 없다. 도약하고 비약하며, 하늘의 중천(中天)에 비약하여 나는 것처럼 보일 수는 있으나 하늘에 머물러 날수는 없는 것이다. 용은 하늘에 등천(登天)할 뿐이다.

익룡(翼龍)은 날개 달린 공룡을 말하는데, 동남아 지역의 아주 극소수의 날개 달린 악어가 있을 뿐이다. 나는 공룡도 있었다고 하나 나는 용은 실제로 날개가 없으므로 구름이라는 도구가 있어야 한다. 용이 하늘에 오르려면 반드시 구름을 타야 한다. 따라서 용은 물과 구름과 비를 만나야 한다. 그래서 조식(曹植)도 '용이 하늘에 오르려면 반드시 구름을 타야 한다(龍欲昇天 須浮雲)'라고 하였다. 용은 솟아오를 뿐이다.

용을 신비화하는 데는 정치 권력과 결합한 것이 결정적 역할을 하였다. 인문시조(人文始祖)라고 하는 태호복희씨가 용사(龍師)였으며 역대의 황제(皇帝)들이 용천자(龍天子)로 스스로 용과 동일시하면서 천자의 상징으로 용을 이용하였다. 현대적 정치 권력의 지배 수단 중 설득적 방법으로 국가기념일이나 웅장한 건축물 도는 상징(symbol)물로서 다양한 상징 조작을 통해 국민의 강점을 일체화시켜 갈채와 맹목적 복종을 끌어내는 것을 미란다(miranda)라 한다(Charles Edward Merriam, Political Power, New York: The Press, 1950). 그러나 중국은 이미 고대부터 중세, 근대까지 정치지배 수단인 상징 조작을 고도로 발전시켜 왔다. 오늘의 중국몽 역시 용상(龍相, 龍象)인 지도자의 용몽(龍夢)이다. 용(龍)과 천(天) 그리고 황제인 천자(天子)로 연결해 천명(天命)을 따르게 하는 정치이데올로기까지 연관시켰다. 용약중천(龍躍中天)이었다. 전설상의 황제가 곰으로 변하여 둑을 쌓아 홍수를 막았는데 더 큰 홍수가 나자 날개 달린 용에게 도움을 청해서 용이 힘찬 꼬리로 바위를 부수고 옥토를 개간하여 왕국을 건설하였다는 등의 용 신비화 설화는 허다하다.

이렇게 우리말로 '미르'라고 쓰고 있는 용(龍)은 서양의 용(Dragon, 악어)이 파괴와 공포, 악의 화신인 것과 달리 권력 지배의 주술효과를 극대화하여 중화 문명의 상징으로 이용한다. 미르는 용의 형상과 비슷한 은하수와 연관시킨 우리말이다. 한반도에 공룡과 공룡 알 화석은 있었어도 악어는 위도상 남쪽 지역에 살았기 때문에 한반도지역은 예외였다.

용은 황제의 상징이며 지배자의 아이콘이다. 효율적인 권력 지배 메커니즘의 상징이다. 그래서 용안(龍顔)은 신비로움과 권위를 나타내는 황제나 왕의 얼굴이다. 용안(龍眼)은 임금의 눈이고, 용수(龍鬚)는 임금의 수염(鬚髥)이며, 용가(龍駕)는 임금이 타는 수레이다. 작은 수

레는 용어(龍馭)라 한다. 용상(龍床)은 임금의 자리이며 곤룡포(袞龍袍)와 용포(龍袍)는 임금의 옷이다. 중국의 통치술은 웅장하면서도 정교하며 실용적이면서도 장구(長久)하게 운용되었다. 온[百] 천하가 크게[大] 하나의[一] 질서 아래 통일[統]되는 대일통(大一統)은 춘추사관의 핵심 논리였다. 이처럼 신비로운 용의 이미지들을 만들고 그리는 행위는 일종의 비의주의(秘義主義)로서, 이것은 메타 인식적인 기능을 수행하며 대일통을 이루어냈다. 사람들은 신비로움을 자아내는 명료하지 않은 말이나 이미지(image)에 두려움과 불안을 느끼고 위축되기 때문에, 자신도 모르게 그 말과 이미지를 만든 사람이나 그 소유자의 우월성을 인정하게 된다.

즉, 신비롭고 불명확한 이미지는 이해할 수 없으므로 그 제조자나 소유자의 담론을 믿고 따르게 된다. 따라서 이미지를 소유한 이와 소비하는 이 사이에는 부지불식간에 권력 관계가 형성되거나 강화되게 마련이다. 이런 의미에서 '금수'와 '선령'을 그려 넣는 행위는 이데올로기적인 것이라 할 수 있다. 용과 봉황, 그리고 해치도 권력의 초자연성을 담보하려는 의도로 그려졌다. 이들 그림 속에는 '힘을 권리로, 복종을 의무로 바꾸려는' 선동적 기획이 숨어 있다. 중화 문화의 연속성도 이러한 권력의 권위와 권능 그리고 복종심과 절대화 차별화 전통화에 의해 이루어져 왔다.

황제를 정점으로 하는 천하일국(天下一國)의 봉건적 세계 질서의 수립을 주창하는 유학의 천명사상과 천하관은 중화사상의 본질이었다. 그 황제의 상징이 바로 용이었다. 체제유지를 위한 중국의 전통적 지배술에는 백성들이 자연적 질서로 인식하도록 하기 위해 여러 가지 가시적 기호나 문자 또는 아이콘을 만들어서 백성들의 생활 속에 깔아 놓은 것이 많다. 그 대표적인 예가 용이다. 악어라는 실존적 존재를 모티브(motive)로 하여 인식론적 존재로 변화시켜 황제의 권위주의를 극대화한 것이 용이다. 정치 권력의 지배 수단인 찬양(miranda)과 신념화(credenda)를 위한 권력의 상징 조작(symbol manipulation)으로서 가장 효율적인 역할을 해 온 것이 용과 봉황, 사자 그리고 해치였다. 악어는 엄청난 마력 때문에 공포와 두려움이 황제의 권위와 결합되어 경외의 상징으로 이용된 것이다. 따라서 용봉은 중화민족의 일체화 상징으로서 중화민족의 동조동원(同祖同源)을 확인하는 핵심요인으로 사회적 연대성(solidarity)을 촉진해왔다.

용이 실체라는 것은 우리가 흔히 쓰는 용호상박(龍虎相搏)이라는 말에서도 잘 나타내주고 있다. 호랑이가 실체라면 용도 분명 실체였을 것이라는 것은 누구나 짐작할 수 있다. 아무리 상상의 동물이라 해도 그 모티브는 분명히 있는 것이다. 용양호박(龍讓虎珀:용처럼 세차게 뿌리치고 호랑이처럼 친다), 용양호시(龍讓虎視:용처럼 날뛰고 호랑이 같은 눈초리로 본다), 용양호투(龍讓虎鬪), 와호장용(臥虎藏龍), 용반호거(龍盤虎踞) 등은 용이 실체로서 호랑이와 함께 살았다는 표상적 언어이다. 이는 6,500만 년 전부터 존재하였다는 악어가 상상의 용으로 진화하였다는 것을 나타내주는 것이다.

초나라 출신으로 주나라 관리를 지낸 노자는 공자를 "사기꾼이자 위선자 같다."고 했으나, 공자는 노자를 가리켜 용처럼 변화무쌍하고 감히 접할 수 없는 대인이라고 칭찬하였다. 인(仁), 의(義) 등 인위적으로 사람을 지배하지 않는 무위지치를 통해 무위 무욕하는 노자를 공자는 대인으로 본 것이다. 《사기(史記)》〈고조(高祖) 본기〉는 한 고조 유방(劉邦)의 어머니 유오(劉媼, 속음 온)가 큰 연못가에서 잠깐 잠들었을 때 사방이 어두워지더니 교룡(蛟龍)이 유오의 몸 위에 올라가는 것을 남편인 태공(太公)이 보고 나서 유방을 낳았다고 전하고 있다. 유방의 부친이 용이라는 것이다. 이런 설화는 남성의 성기를 용두(龍頭)로 표현하며 용두질, 용개질 같은 것을 성스럽게 미화시켜 용과 황제를 연계시킨 것이다. 그래서 황제의 얼굴을 용안(龍顔)이라 하는데 《사기정의(史記正義)》는 주(周)나라의 문왕(文王)도 용안이었다고 전한다. 그래서 황제를 비롯하여 대인들은 모두 용꿈을 꾸고 나왔으며 용꿈은 길몽으로 풀이되고 있다. 미꾸라지 꿈을 꾼 대인은 드물고 개천에서 용 나기도 힘들다. 설령 개천에서 용이 나더라도 큰 강이나 바다에서만 살아갈 수있는 것이다. 용정(龍精)으로 태어나야 임금이 되고 대인이 된다는 것이다. 여의주(如意珠)를 물고 있어야 소원을 이루어 낼 수 있다는 것이다.

이렇게 인간은 상상의 나래를 펴면서 일상적 상징의 숲속에서 살아가며 국기 문장 기념물 기장(emblem)과 깃발, 구호(slogan) 훈장 등에 용을 등장시켜 생활 속에 활용하였다. 청나라 국기는 황룡기였다.

▲ 청나라 국기인 황룡기

용이 실체라는 것은 역린(逆鱗)에서도 나타나고 있다. 한비자(韓非子)에 적혀있는 역린은 용의 급소이며 두꺼운 갑피의 몸에 가장 유연하고 취약한 부분인 목덜미를 말한다. 한비자는 "용이라는 동물은 온순하여 잘 길들이면 그 등에 탈 수도 있다[夫龍之爲虫也 柔可狎而騎也]. 그러나 목덜미 아래에 한 자 길이 정도에 거꾸로 난 비늘(逆鱗)이 있는

데 사람이 이것을 잘 못 건드리면 반드시 그 사람을 죽여 버린다[其喉下有逆鱗徑尺若人有嬰之者則必殺人]."라고 하였다. 그리고 한비자는 〈세난(說難)편〉에서 "용에게 건드려서 안 될 비늘이 있듯이 설득하려고 하는 군주에게도 건드려서는 안 될 역린이 있다[人主亦有逆鱗]. 유세하는 사람이 군주의 거꾸로 난 비늘을 건드리지 않아야 자신의 유세를 성공시킬 수 있을 것이다.[說者能無嬰人主之逆鱗 則幾]"라고 강조하였다. 용과 군주의 절대권력 관계를 잘 드러낸 것이다. 임금도 거꾸로 난 비늘이 있다는 것이다. 복종과 묵종 그리고 충성심을 내면화시키는 역린이다. 용이 가장 두려워하는 것은 거센 바다를 가르며 포효하는 고래뿐이라고 한다.

용의 실체를 실감 나게 잘 나타내주는 것이 엽공호룡(葉公好龍)의 옛이야기다. 엽공이 용을 좋아한다는 말이다. 그는 춘추전국시대에 용을 좋아하여 용 그림만을 그리며 살았다. 어느 날 방안 가득히 용 그림을 그려 널려놓고 용 그림에 매료되어 있는데 실제로 용이 나타나니 놀라 기절하였다는 것이다. 상상의 용 이미지와 실제의 용, 즉 악어가 나타날 때의 광경을 잘 나타내 주는 것이다.

용의 전래

용이 한국에 전래 된 것은 한자 유입과 함께 이미 삼국시대 이전으로 거슬러 올라간다. 북부여 해모수(해募수)가 오룡차(五龍車)를 타고 내려와 하얼빈에서 나라를 세우고 그 아들 해부르가 동부여를 훈춘 지역에 세웠다고 한다. 이후 고구려의 동명왕 이후 수많은 용 설화가 이어져 내려오고 있다.

중국은 고구려를 용봉문화의 범주에 넣어 중국의 역사로 만들려 하고 있다. 집안 박물관장 경철화(耿鐵華)는 중화 문화권의 범위를 용문화로 판단해야 한다면서 장수왕이 평양 천도 이후 용 문화와 밀접한 관계를 맺었다고 한다.

고구려는 은상(殷商)에 기원하였으며, 오제(五帝) 계통에 속하는 후대라고 하면서 은상이 즐겨 입던 흰옷을 많이 입었다고 주장한다.

백제의 용봉문화는 삼국 중에서도 가장 뛰어났다고 본다. 나·당 연합군에 의해 사라진 백제의 역사는 기록이 없어 판별이 어려우나 용봉문화를 잘 나타내주는 그 증거가 능산리 '금동대향로'이다. 부여국립박물관에 소장되어있는 이 향로는 용봉문화의 백미를 보여주고 있다.

신라는 중국 황실의 딸 사소(沙蘇)가 진한(辰韓)의 선도산(仙桃山)에서 박혁거세를 낳을 시기에 알영(閼英)이라는 여자아이가 용(龍)에서 태어났다고도 한다. 신라 계림의 중심부를 용궁이라 했으며, 이 용궁을 중심으로 동서남북으로 절을 지었다.

《삼국유사》〈기이편〉에는 김춘추의 아버지는 용춘각간문흥갈문왕(龍春角干文興 葛文王)이었다고 전한다. 신라의 만파식적(萬波食笛) 전설은 해룡(海龍)이 된 문무왕과 천신(天神)이 된 김유신이 합심해서 용을 시켜서 보낸 대나무로 만든 피리 이야기다. 또한 김유신을 따르는 무리를 용화도(龍華道)라고 하였다. 《삼국유사》에 나오는 '수로부인'의 용전설과 문무왕이 '나는 용이 되어 나라를 지킬 것이다.'라고 하여 만들어졌다는 감포 앞바다의 문무왕 바다 능은 신라의 독특한 용문화를 드러내는 것이다.

왕건은 〈훈요십조〉에서 '짐이 원하는 바는 연등(燃燈)과 팔관(八關)에 있으니 연등은 불(佛)을 섬기는 것이고 팔관으로는 천령(天靈)

과 오악(五岳), 명산천(名山川), 그리고 용신(龍神)을 섬긴다.'라고 하여 용을 특별히 섬기라고 하였다. 고려 왕건의 아버지 이름은 용건(龍建)이었다. 이때부터《화엄경》에도 용왕이 나오듯이 중화불교의 법당 주변에 용이 결합하여 도교(道教)의 용신과 어울려져 내려왔다. 고려에서 용이 중화불교와 도교를 아우르는 계기가 된 것이다. 묘청(妙淸)은 떡에 참기름을 넣어 대동강에 신룡(神龍)을 만들어 입소문을 내면서 서경 천도를 정당화하려고 하였다.

조선에서는 〈용비어천가〉처럼 정치이데올로기 전파에 용이 이용되었다. 용이 민간 신앙과 결합하고《구운몽(九雲夢)》과《심청전》의 용왕과 용궁처럼 일상적 이야기로 친근하게 전파되었다. 이렇게 용은 유교, 불교, 도교, 한자와 함께 조선과 중국의 공통적 아이콘으로까지 정착되기에 이른다.

그러나 용은 중국의 아이콘(icon)으로 활용되었다. 용봉문화는 천조체제(天朝體制) 유지를 위한 중화 왕조 문화이며, 황제 중심 문화의 핵심 요소였다. 용봉문화가 중화의 뿌리이며, 중국 문화의 주류였다. 용산(龍山), 용포(龍浦), 황하(黃河) 중류의 한성(韓城) 동북에 있는 용문(龍門) 그리고 구룡반도(九龍半島)의 지명 등은 허다하다. 중국의 하남성 용문에 있는 용문석굴(龍門石窟)에는 3천 개의 동굴이 있고, 10만 석불이 있다. 중국 흑룡강(黑龍江)은 정말 용같이 신비한 강이다.

두만강 하구 훈춘시 금당(金塘) 주변에는 용흥산(龍興山), 호룡(湖龍), 회룡봉(回龍峰)이 있다. 천방 뚝이라는 방천(防川)의 건너편 조선 땅에는 용현동(龍峴洞), 용남동(龍南洞), 용신동(龍新洞), 용평동(龍坪洞) 그리고 또 다른 용현동이 있다.

이 부근에는 발해의 동경 용원부(龍原府) 팔련성터도 있다. 이 지역이 바로 조선 왕조의 창업 뿌리(용비어천가)로서 태조 이성계의 고조부인 목조 이안사와 그 후손들이 다루가치로 활동하던 알동이다. 세종대왕이 조상 찬양의 책 이름을 〈용비어천가〉로 한 이유가 알동(斡東)의 용터와 연관이 있었던 것이다. 알동은 지도상으로는 색깔이 다르지만 지명이나 역사적 근원으로 보면 하나의 생활권이었다. 철조망 없는 평화지대가 되어야 한다.

베트남의 하롱베이도 용(龍)이 내린다는 뜻이며 용봉문화를 공유하고 있다. 봉황도 홍콩의 '봉황 TV'처럼 중국인들이 자랑스럽게 쓰는 아이콘이다.

한국의 용봉문화

중국의 용봉 민족보다 용봉을 더 좋아하는 나라가 한국이다. 중화의 DNA인 한자(漢字)와 함께 들어 온 용의 이미지는 지명에도 들어가는 곳이 참으로 많다. 백두산 천지를 용왕담(龍王潭)이라 하고, 황해도 서천군 용연산(龍淵山) 서해안의 용호도(龍湖島), 함경남도의 용흥강(龍興江), 강원도 화천군의 용화산(龍華山)이 있으며, 용문(龍門), 용궁(龍宮) 등은 여러 곳이 있다. 용(龍)과 호(虎)는 대문의 보호 부적으로 쓰이고 있다.

부산의 대표적인 상징물인 용두산공원은 일본의 여러 신사가 있던 자리에 1899년 7월 8일 '용두산 신사'를 세웠던 곳이다. 조선 사적에는 송현산(松峴山)이라 했다. 해방 후 일본의 전설과 신사의 그림자를 지우며 이승만 대통령의 호를 따 '우남공원'으로 했다. 1960년 4·19

직후 이승만 지우기로 다시 용두산 공원으로 환원하며 용상을 세웠다. "용두산아 잘 있느냐"라는 노래도 유행하였다. 중화의 용과 대화(大和)의 용이 헷갈리는 이상한 느낌이 드는 공원이다. 용은 오복을 가져오며 범은 삼재를 물리친다는 대련 글씨를 많이 쓴다(龍輸五福虎逐三災). 전국적으로 용이 들어가는 지명이 1,261개가 넘는다(2021년 국토지리정보원) 작명에도 용자를 수없이 많이 썼다. 대룡부터 소룡이 있는가 하면 항렬에 따라 하거나 순서대로 일룡, 이룡, 삼룡이 나왔다. 신사임당은 용꿈을 꾸며 율곡을 낳았다면서 아명을 현룡(見龍)으로 하였다.

역사 드라마는 용 병풍, 용 기둥, 용포(龍袍) 등 용이 배경의 주류를 이룬다. 사찰이나 정자의 채색은 용 문양이 많고, 국가행사 때 두드리는 북의 문양도 용 틀림이다. 육군 군악대의 용 문양 북치는 공연은 홍콩의 용 축제와 흡사하다.

한국 역사 드라마들은 한결같이 유교적 문화를 배경으로 깔고 주인공들은 이마에 용 문양 띠를 번쩍이며 용봉을 부각시킨다. 용자를 가득 채운 병풍이 드라마의 신줏단지처럼 배치되어 화면 분위기를 고조시키기도 한다. 그저 용이 무조건 좋다고만 여기면서 생각 없이 용봉문화를 재생시키고 있다. 김재 들판처럼 용 태마 공원도 생겨난다. 경남 양산 황산강변 의 용소(龍沼)가 있는 용담마을에도 세 마리 용의 전설에 따라 태마 공원을 만들었다. 세종실록(세종 3년)에 세종대왕이 "용이 경상도 가야진에 나타났다고 전하는데 정말 용이 있는가?"라는 기록이 증거가 되었다.

중국에서 수입해 오는 용 석상은 늘어나고 있다. 전국의 사찰마다 용 조각이 늘어나고 있다. 세종청사는 '명품 도시 건설'이라는 슬로건에 걸맞게 명품 건물을 짓는다면서 하늘에서 보면 용이 승천하는 형상

▲ 세종청사

으로 꾸며졌다. 청사 총길이는 3.5km에 달하며 4~7층짜리 저층으로 각 건물은 옥상으로 모두 연결되어 있다. 정부가 용 문화를 상징적으로 전파하고 있다. 얼빠진 용봉문화 만세다.

용이 신비스럽고 성스럽게 만들어져 상상의 동물이라는 것을 알면서도 맹목적으로 동물 숭배하듯이 떠받들고 미화시켜 대중을 현혹하는 것은 미신(迷信)이다. 공간은 의식을 지배하며 상징물은 의식을 왜곡시킬 수 있다. 용의 후예라는 중국인들이 동류의식을 가지고 향수를 느끼기에 충분한 장면들이 수없이 많다.

아무리 용봉 문화가 수천 년간 우리 문화로 여겨지며 전통문화로 정착되었다고 하지만 최소한 중국의 지배 수단으로서 봉건시대의 유물이라는 사실을 알고는 있어야 한다. 설령 용봉문화가 우리 것이라 한들 이는 봉건 왕조인 군주의 시대에 우민화 정책과 함께 지배의 수단으로 쓰여졌던 상징들을 신주단 모시듯 떠받들며 확산시키는 어리석은 정치문화는 벗어나야 한다. 민주와 과학의 발달로 우주 시대를 열며 AI가 변화를 이끄는 참다운 미래를 준비해야 한다. 거듭 말하지만 거짓말 같은 참말은 '용은 악어'라는 사실이다. 대한제국의 고종황제가 용포를 벗고 무궁화 문장을 사용하다가 1907년 12월부터 오얏꽃[梨花] 문양을 사용하였다. 용의 굴레를 벗어난 것이었다.

역사의식의 회복과 정체성 확립을 전제한다면 먼저 용의 가발을 벗겨 허구적 상상의 동물인 용의 실체를 드러내며 보이지 않는 중화의 문화 권력에 대한 올바른 인식이 이루어져야 한다.

봉황의 진실

용과 함께 짝을 이루어 용봉문화를 이루고 있는 "봉은 백영(白瓔)이다[似鳳而白瓔], 그 형상은 마치 천적(天翟)같다[狀如天翟], 화리(火離)라는 공작(孔雀)이다[火离爲孔雀]"라고 했는데, 이들은 모두 실제로 공작(孔雀)을 가리킨다. 주작(朱雀)과 금계류(錦鷄類)는 태양과 합하여져 단봉(丹鳳)으로 연화하였다. 곡류(鵠類)는, 예를 들어 관(鸛)·노자(鷺鷥)·학(鶴)·천아(天鵝) 등은 어류(魚類, 이는 陽鳥族의 일부이다)와 복합되어 곤붕(鯤鵬)과 백봉(白鳳)이 되었다. 동물숭배 사상과도 연관이 있는 봉(鳳)은 공작(孔雀)이다. 상주(商周) 갑금문(甲金文)에 나타난 봉조(鳳鳥)에는 또 다른 형상이 보인다. 이는 마치 훨훨 날거나 급히 달려가는 공작의 모습과 비슷하다. 머리·몸체·날개·발톱·볏·꼬리 등을 모두 갖추고 있으며, 특히 관우(冠羽)가 새겨지고 형상이 있는 긴 꼬리가 주의를 끈다. 먼저 그 모습에 대해 살펴보면, 공작형 깃이 있는 큰 새는 우선 공작이라고 추측된다. 오늘날의 공작은 청록과 설백(雪白) 종류를 가장 많이 볼 수 있다.

고문헌에서는 공작이 주로 남방과 서방에서 많이 난다고 기록하고 있다. 《산해경》·《서차이경(西次二經)》에는 "여상지산에 … 새가 있었는데, 그 형상은 적(翟)과 같으며, 오채문(五采紋)이 있고 이름을 난조

(鸞鳥)라고 한다. 그 새가 나타나면 즉시 천하가 태평하다.[女床之山…有鳥焉, 其狀如翟而五采文, 名曰鸞鳥, 見則天下安寧]"라고 하였다. 그리고 《대황서경(大荒西經)》에서는 "오채조(五采鳥)는 세가지 이름이 있다. 즉 황조(皇鳥)·난조(鸞鳥)·봉조(鳳鳥)가 그것이 다.[有五采鳥三名, 一曰皇鳥, 一曰鸞鳥, 一曰鳳鳥]"라고 기록하였다. 고문헌에서는 왕왕 난조(鸞鳥)를 봉조지좌(鳳鳥之佐)라고 한다. 여기에서 지적한 세 번째 유형은 봉조(鳳鳥)가 본래 난조(鸞鳥)라는 것을 말해주고 있다.

난조(鸞鳥)는 청조(靑鳥)라고 부르며, 청록색을 주된 빛깔로 삼는 오채조(五采鳥) 공작(孔雀)이다. 이것으로 봉조(鳳鳥)는 일종의 붉은 빛의 오채조(五采鳥)임을 알 수 있는데, 옛사람들은 이런 종류의 새가 바로 봉조라고 여긴 것이다. 그리고 벼슬 작(爵)자를 고문자에서는 으로 썼는데 이는 봉황새인 공작 모양이므로 작자의 본래 의미는 새 이름이다. 즉 공작처럼 큰 새는 작(爵)이고 참새처럼 작은 새는 작(雀)이다.

봉조(鳳鳥)의 머리 깃은 많게는 삼우(三羽)인데, 옛날에는 삼모(三毛), 삼묘(三苗)라고 하였다. 꼬리 깃은 땅에 끌리며 둘둘 말린다. 많게는 15우(羽)이며, 꿩 깃 혹은 공작의 점무늬 깃털 형상이다. 이 두 가지 특징은 근 8천 년 동안 시종 유지되어 온 봉조(鳳鳥)의 가장 항구적이고 본질적인 특징으로, 원시봉조(原始鳳鳥)의 특징을 그대로 유지해 왔다. 원생봉조(原生鳳鳥), 즉 우리가 말한바 본래 의미의 봉조는 왕족(王族) 토템 혹은 종주(宗主) 토템이 되어 타 종류의 조류(鳥類) 토템을 융합할 때는 《한시외전(漢詩外傳)》 등의 책에서 말한 바와 같은 그러한 연상 특징을 갖게 된다.

그리고 봉을 바람(風)과 연결하기도 하고 소호(小昊)가 지(鷙)를

▲ 북경 수도공항 　　　　　　　　▲ 인천국제공항

왕족 토템으로 삼았기 때문에 지(鷙)라 하기도 하였으며 수탉(鷄)이라고 한다. 예부터 '봉은 천시(天時)를 알린다, 태양을 말한다, 수탉을 알리듯 봉은 새벽을 알린다'는 전설이 내려온다.

그러나 옛 문헌의 기록은 봉조(鳳鳥)와 기타 봉류조(鳳類鳥)를 구별하였으며, 이로써 봉(鳳)은 봉(鳳)이고, 난(鸞)은 난(鸞)이며, 원추(鵷雛)는 원추(鵷雛)이며, 악작(鸑鷟)은 악작(鸑鷟)이고, 곡(鵠)은 곡(鵠)이며, 현조(玄鳥)는 현조(玄鳥)로 본래 서로 다름을 알 수 있다. 봉황새의 수컷은 봉(鳳)이고 암컷은 황(凰)이다. 봉황은 부활을 나타내는 기적의 신조라 한다. 봉황새는 전설상의 상서로운 새로 오동나무가 아니면 깃들이지 않고 대나무 열매가 아니면 먹지 않는다고 한다. 그래서 현자(賢者)를 얻으면 그 조짐으로 나타나는 새라고 전해진다. 성군(聖君)이 나타날 때는 기린(麒麟)이 먼저 출현하였으며 봉황은 평화로운 시기에 나타난다고 하였다. 중국은 적봉시 모향기 고가와 포향 조보구 문화(敖漢旗商家窩鋪鄕趙寶溝村, 기원전 5,000년~기원전 4,400년)에서 '중화 제일 봉'으로 명명된 봉 형상의 옥기가 등장함으로 용과 봉의 기원이 모두 요하 지역이라고 주장한다. 봉황은 황후와 제후국 왕을 상징하였다.

한국은 봉황을 대통령 휘장(徽章) 문양으로 삼는다. 청와대 앞에는 봉황공원이 있다. 청와대 정문은 봉황으로 꾸며져 있다. 인천공항은 두 마리 봉황이 마주 보는 형상으로 확장하는 중이다. 중국의 공항과 체육관도 봉황의 이미지로 꾸며져 있다. 함께하는 복주천하(復周天下)다.

광화문과 해치

궁궐은 근정전(勤政殿)을 핵심으로 하였다. 정무에 힘쓰라는 말이다. 부지런하게 정치를 잘하라는 유학의 가르침이다. 궁궐문은 광화문(光化門)을 비롯해 삼문(三門)으로 하였다. 황제의 자금성(紫禁城)은 오문(五門)이다. 황제의 자리 배경에는 광명정대(光明正大)라는 밝고 빛나며 바르고 큰 정치를 하라는 경구가 있다.

빛나는 광(光)은 군주의 덕(德) 또는 나라의 찬란한 문화를 뜻하니 광화(光化)는 군주의 덕을 널리 비추어 백성을 교화한다는 유교의 경구다. 하늘에 순응하며 백성을 따르며(應天順人), 백성을 교화하여 아름다운 풍속을 만든다(化民成俗)는 것이다. 군주의 통치 철학도 광명정대(光明正大)이다. 광복(光復)은 엄밀히 말하면 군주의 빛이 다시 회복한다는 뜻이다. 풍수고전(風水古典)의 청오경(靑烏經)에는 하늘의 빛이 땅에 비추면 그곳에 참된 용이 머문다(天光下臨 眞龍所泊)라 하여 용과 군주 그리고 하늘을 일치시켰다. 덕치(德治)의 경전인 역경(易經)의 관국지광 이용빈우왕(觀國之光 利用賓于王)은 나라의 빛을 살펴 그로써 왕을 섬기고 이롭게 한다는 광화문은 군주의 덕치가 빛나는 교화의 문이다.

'군주' 시대의 전통문화가 '민주' 시대의 현실문화보다 존대받는 모습이다. 따라서 조선 후기 수문장(호위대장)이 썼다는 광화문(光化門)

▲ 영은문　　　　　　　　▲ 독립문

현판은 한글로 쓴 '광화문' 현판으로 하여 한글 자랑과 함께 세종대왕과 어울리도록 해야 한다.

　1407년 태종이 모화관(慕華館)을 지으며 홍살문을 세웠다. 중국의 요구로 1539년 중종 때 이름을 영은문(迎恩門)이라 했다. 1897년 서재필이 주도한 독립협회가 영은문을 제거하고 독립문을 세우면서 한글로 '독립문'이라 한 예도 있다. 일본으로부터 독립한 것으로만 알지 중국으로부터 독립된 줄은 모르는 이상한 독립 정신이다. 이것이 바로 독립문의 교훈이다. 광화문도 군주의 빛이 아니라 민주의 빛이 밝게 빛나는 광화문이 되어야 한다.

　광화문은 1426년 세종이 작명한 것이다. 공자가 지은 서경(書經)의 광피사표 화급만방(光被四表 化及萬方)에서 따온 것이다. 요순(堯舜)의 빛이 사방을 덮으며 교화가 만방에 미친다는 뜻이다. 수도의 광장은 미국의 National Mall이나 중국의 천안문 광장처럼 그 나라의 정체성과 지향하는 가치를 공간적으로 드러내는 정치문화의 공간이 되어야 한다.

　광화문의 중화 역사성을 회복하기 위해 곧게 뻗은 길을 구불구불 괴상하게 늘어놓으며 수백억 원의 예산을 들인 월대는 전통문화인가? 중화 문화는 전통이며, 일제 유산은 척결할 잔재로 내치는 꼴이다. 균형을 맞추어야 중·일 다툼의 도구가 되지 않는다.

한양(漢陽)도 인(仁), 의(義), 예(禮), 지(智), 신(信)의 오상(五常)에 맞추어 동대문은 흥인지문(興仁之門), 서대문은 돈의문(敦義門), 남대문은 숭례문(崇禮門), 북문은 홍지문(弘智門)이라 하였다. 중심에는 보신각(普信閣)을 두어 시간을 알려주었다. 오상은 인간이 갖추어야 할 다섯 가지 기본 덕목이다. 인은 불교의 자비로움과 기독교의 사랑처럼 유학의 핵심 용어이다.

지금 광화문 월대 앞에 해태상이 드러나게 배치되어 있다. 해치는 해태로 부르기도 하는데 한국에서는 서수(瑞獸) 즉 신령스럽고 신성한 동물로 만사형통이 이루어지는 기복신앙의 최고 상징으로 되어 버렸다. 현대판 샤머니즘(shamanism)이다. 광화문은 물론 국회의사당, 청와대 본관, 용산대통령실 입구에도 어김없이 해치가 세워져 있다.

군주 시대의 구중궁궐 같은 청와대를 탈출한다며 대통령실을 옮겼는데 고대부터 황제의 법률담당관 해치가 보물 다루듯이 본관 입구 계단에 엎드려 있다. '해치 서울' 때부터 어린이대공원과 산책로 아파트 정문에까지 세워져 해치의 나라로 변해 버렸다. 어린이대공원의 상징이 해치가 되어 해치박물관이 되어버렸다. 자라나는 어린이들에게 해치를 통해 중화문화의 동조화가 이루어진다. 아파트 입구에 설치된 해치 앞에서 학생들이 해치 그림을 그린다.

한때는 택시까지 해치 서울 딱지가 부쳐져 있었다. 해치 만세다. 역대 문화체육부 장관이나 문화재청장들은 해치 전도사들이었다. 한국의 해치가 해외에까지 세워져 한국과 해치가 무슨 궁합이라도 맞는 것처럼 되어 버렸다. 민주와 과학의 시대에 미래 창조의 상징은 보이지 않는다. 한국의 상징이 해치와 소녀상이 되어 버렸다. 숭배의 대상이 된 해치다.

풍수지리설로 경복궁 터의 화기(火氣)를 막는다든가 관악산과 연계시켜 길터의 보완용으로 쓰였다고도 한다지만 좌청룡 우백호 타령만 하던 군주 시대로 완전하게 되돌아가는 것 같다. 원래 해치는 중국 고대 때 전설상의 동물로 뿔이 하나만 있는 코뿔소 종류인데 중국 황실에서 법을 다스리는 동물로 사용된 법수(法獸)이다. 재판이 있을 때 도리에 어긋난 사람을 보면 뿔로 받아버려 결정하였다.

중국 고대에 어사(御使) 등 법령을 집행하는 관리를 해치(獬豸)라 하였으며, 그들이 쓰는 모자는 해치관(獬豸冠)이라 불렀다.

자치통감 당기20 측천후 천수 원년인 690년에는 당(唐) 시대 무측천(武則天)이 주(周)나라를 세우며 황제가 될 때 유능한 인재를 구한다며 해치관인 어사를 선발하는 과정을 다음과 같이 기록하였다.

예천(禮泉, 섬서성 예천현) 사람 후사지(侯思止)는 처음에는 떡을 파는 것을 생업으로 삼았는데, 후에 유격(遊擊) 장군 고원례(高元禮)를 섬겨 노복이 되었으나 평소에 잘 속이는 무뢰배였다. 항주(恒州, 치소는 하북성 正定縣) 자사 배정(裵貞)이 한 판사(判司)에게 장형(杖刑)을 내렸는데, 판사가 후사지를 시켜 배정이 서왕(舒王) 이원명(李元名, 고조 李淵의 아들)과 더불어 모반하였다고 고발하여, 가을 7월 신상일(7일)에 이 후사지를 발탁하여 유격장군으로 삼았다. 당시 밀고자들 중에는 왕왕 5품을 얻었는데, 후사지가 어사(御史)가 되기를 요청하니, 태후가 말하였다.

"경은 글자도 모르는데 어찌 어사란 직책을 감당할 수 있겠는가?" 후시지는 대답하였다. "해치(獬豸)가 어찌 일찍이 글자를 알았겠습니까? 다만 사악한 것을 느낄 수 있었을 따름입니다."

태후는 기뻐하며 곧바로 그를 조산대부(朝散大夫)·시어사(侍御史)로 삼았다. 다른 날에 태후가 이전에 적몰(籍沒)된 집을 그에게 하사하였지만, 후사지는 받지 않고 말하였다.

"신은 반역한 사람들은 미워하지만 그들의 집에 거주하는 것은 원하지 않습니다."

태후는 더욱 그를 기려주었다.

원래 해치는 법(法)을 수행하는 신성(神聖)한 신수(神獸) 또는 서수(瑞獸)로서 법률의 상징으로 삼고 있다. 서양에서는 한 손에 칼을 들고 다른 한 손에는 보검을 든 채 눈을 가린 정의(正義)의 여신(女神)이 법의 상징이다. 모두 신성한 신(神)과 천리(天理)와 맞다아 있다. 따라서 해치(獬豸)는 해태(獬廌), 해치(獬豸) 또는 신양(神羊)이라는 신수(神獸)이다.

법이라는 원 글자는 법(灋)에서 유래되었는데 물(三水)과 해치(豸), 그리고 갈거(去)자로 되어 있다. 치(獬廌)가 생략되어 삼(水)과 거(去)가 합쳐서 법(法)이 되었다. 물처럼 어느 것에도 기울지 않고 공평하게 다루어야 한다는 뜻이 있다. 치(廌)는 외뿔로 정직하지 못한 사람을 들이받아 제거한다는 뜻이 있으며 고문에는 법(金)이라 하여 일정하게 발라야(正) 한다는 것이다(灋, 刑也, 平之如水, 从水; 廌, 所以触不直者去之, 从去。法, 今文省金, 古文).

해치는 하화족의 시조이며 세계 황씨들의 선조로서 용의 원류인 황제(皇帝)의 대신 고요(皋陶, 사법 책임자)가 시비 판정이 곤란한 경우가 있을 때 해치를 데려와 외뿔로 밀거나 입으로 물어버리면 판결이 결정된다고 하였다. 뿔이 하나 달린 사슴이나 양이라고 하며 물소라고도 했다. 한서음의(漢書音義) 및 술이기(述異記)에도 기록되어 있다. 여름의 연못가나 겨울에는 소나무나 잣나무 숲에 살며 천(薦)이라는 풀을 즐겨 먹는다는데 천거(薦擧)라는 단어는 여기에서 유래되었다고 한다.

한나라 때 이물지(異物志) 기록과 한서(漢書)나 산해람(山海覽)에도 기록이 나오며 명나라 태조도 사법감찰관은 해치관과 의복을 꼭 착용하도록 했다. 해치는 유교적 예치의 이상으로 상스러움과 공정을 표상한다고 했다. 신라와 고려 시대에도 관복으로 쓰였으며 세종실록에도 어사나 감찰관은 반드시 해치관을 쓰도록 했다는 기록이 있다. 율곡은 해치가 선비정신의 품격을 보여주는 서수(瑞獸)라 했다. 조선시대의 동국세기(東國世紀)에는 새해 초에 화재를 막는 부적으로 해치 그림을 그려 붙였다고 한다.

삼황오제 시대부터 시작되어 무측천의 주(周)나라까지 실제로 해치관을 쓴 해치관이 활동한 중국의 서수(瑞獸)가 동방예의지국 동주(東周)의 후예들이 신성시하며 기복신앙의 상징으로 드러나 대한민국 정치문화의 최고봉에 있다는 것은 무엇을 뜻하는 것인가? 군주의 시대보다 더 미신과 신비에 젖어 민주와 과학을 외면하는 율사(律士)들의 무당춤이 안쓰러울 뿐이다. 해치의 세계화를 외치며 해외 독립운동 기지에 해치를 확산한다니 대한민국 정치문화는 해치와 소녀상이 이끌어 가는 현실이다.

민주와 과학이 나라를 발전시켜 가는 시대에 이상한 도사(道士) 정치인들이 군주 시대의 미신(迷信)과 주술적 느낌으로 세상을 어지럽히는 해치 신화는 중화의 용봉 문화와 함께 극복되어야 한다. 과거 서울 광화문 광장과 지하광장을 연결하는 해치 광장과 해치 관련 기념품점은 정치변동에 따라 사라졌다. 2008년 이전까지는 서울시 상징 캐릭터는 왕범이었다. 서울올림픽 상징 캐릭터였으며 단군신화와 연결된 왕범은 세계인들에게 잘 알려졌다.

해치 예산도 20억에서 2억대로 줄어들었다가 다시 늘었다. 이명박 대통령 때 만든 Hi Seoul(하이 서울) 브랜드도 I Seoul U(아이 서울 유)로 바뀌었다. 외국인도 한국인도 무슨 뜻인지 모른다며 고개를 갸우뚱했다.

지금은 서울 브랜드 슬로건이 Seoul, my soul(서울 마이 소울), 즉 '나의 마음은 서울'이라는 뜻으로 바뀌었다. 천안문 광장의 모택동 초상화가 변함없이 너그럽게 보존되는 것과는 대조적이다. 지금은 해치가 노란색에서 분홍색 해치로 바뀌면서 생김새도 달라졌다. 주작(朱雀)과 청룡(靑龍) 등과 함께 친구로 등장한다. 여하튼 모양새도 이리저리 바뀌며 색깔도 달라진다. 더군다나 뿔이 없어 사자인지 해치인지도 구분이 어렵다. 소속 불명, 형체 불명, 정체불명인 해치가 한국의 정치문화를 대표하며 젊은 후세들에게 무슨 교훈을 줄 수 있을까?

중국과 대만 관광객들이 경복궁과 청와대를 관광하면서 '경복궁과 청와대는 중화 문화의 큰 자산'이라 한다. 천안문 광장이나 평양의 행정 중심 구역 길거리에 해태와 용봉이 있는 것을 보았는가? 통일을 위한 남북 문화의 동질성 회복을 위해서도 중화 정치문화의 타임캡슐이 되어 있는 광화문의 진풍경을 한 번쯤 되새겨 보아야 할 것이다.

청와대와 둔지방(屯地坊)

청와대는 원래 일제 강점기인 1939년부터 총독 관저로 쓰다가 광복 이후인 1945년 미군정 사령관 존 리드 하지 중장이 잠시 관저로 쓰던 자리였다. 1948년 8월 15일 초대 이승만 대통령 사저인 이화장에서

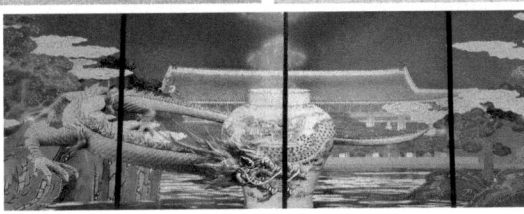

▲ 관람판의 비상하는 용(龍)동영상

총독 관저로 옮기면서 경무대(景武臺)라 하였다. 경복궁의 북문인 신무문(神武門)과 짝지어진 이름이었다. 고려 시대의 남경(南京)이었으며, 조선 초기부터 군사 훈련장으로 사용되었던 유서 깊은 곳이다.

1960년 419 혁명으로 이승만 대통령이 퇴임하며 제2공화국이 들어서면서 새로운 정부의 참신한 출발을 위해 경무대 이름을 바꾸기로 했다. 이름의 후보로 청기와집이란 뜻으로 청와대(靑瓦臺)라는 이름과 화령대(和寧臺)라는 특별한 이름이 거론되었다.

화령(和寧)이라는 명칭은 태조 이성계의 출생지인 영흥(함경도)의 옛 이름으로 조선을 건국하면서 명나라에 나라 이름인 국호를 문의할 때 화령과 조선을 올렸던 지명이다. 동북면(東北面)을 기반으로 일어났던 이성계의 꿈이 서려 있는 이름이다. 화령과 청와대를 건의한 언론인 김영상(金永上)은 서울 역사 발전에 기여하면서 화령 정신을 드러낸 뜻있는 분이었다.

1960년 12월 윤보선 대통령은 청와대를 선택했다. 1963년 박정희

대통령이 취임하면서 푸른색보다는 황금색이 존귀한 색깔이니 황와대(黃瓦臺)로 바꾸자는 의견이 돌았으나 박 대통령은 "대통령이 바뀔 때마다 집 이름을 바꿔서야 되겠는가?"라며 지속성을 유지했다.

원래 예치(禮治)의 색깔은 황금색이 황제의 색이며 푸른색은 신하의 관복이라는 의미도 작용했을 것이다. 베트남의 황궁은 황금색으로 중국 황제와 같은 색깔을 써 자존과 정체성을 나타냈다. 현재의 청와대 본관 건물은 1991년 노태우 대통령 당시 건축되었다.

구중궁궐(九重宮闕) 처마 끝이 하늘로 솟아있는 고립된 건물이 권위주의적인 군주의 왕궁과 짝을 맞추어 지어졌다. 경복궁의 근정전과 같다. 공간이 의식을 지배한다는 것은 자금성이나 심양(瀋陽)의 황궁을 볼 때마다 누구나 느끼는 것이다. 백성과 더불어 즐긴다는 여민관과 500m 동떨어진 곳으로 애초부터 대통령 집무실이기보다는 군주의 위풍이 어른 거리는 공간이 되었다. 대통령실과 부속실만 따로 있어 왕궁처럼 공간이 넓다. 테니스를 쳐도 되겠다는 농담이 나왔다.

영국이나 독일 프랑스 대통령 집무실과는 동떨어진 구조였다. 미국 백악관의 대통령 집무실이 있는 웨스트 윙(West Wing) 오발 오피스(Oval Office)는 참모들의 집무실과 같은 층에 수평으로 위치하며 오벌 오피스 중앙에는 대통령과 참모들이 수시로 모여 회의하며 토론하는 탁자와 의자가 있다. 실무형 대통령들의 개방적 업무 공간이다. 백악관의 엄청난 규모의 지하사무실 위에 조그만 대통령실이 드러나는 이유이다.

한편 청와대는 경복궁과 짝맞추어 존주주의(尊周主義)의 상징 박물관이 되었다. 우선 가는 곳마다 해치가 지키미로 엎드려 있다. 본관 정문 입구 좌우에도 해치가 설치되어 있으며 영빈관 정문, 상춘제(常春齊) 계단 입구에도 해치가 있어 동일 공간에 밀집되어 있다.

▲ 상춘제 입구의 해태　　　　　　▲ 청와대 정문

　정문에는 봉황이 양쪽 문을 마주 보고 있으며, 봉황공원도 조성되어 있다. 천하태평(天下泰平)을 기리는 상춘제 현판은 보는 사람마다 명필(名筆)이라 감탄한다. 어질게 장수하라는 기원이 깃든 관저의 인수문(仁壽門)은 유교의 핵심 언어인 인(仁)이 자리 잡았다. 인의 옛글 모형은 천심(千心)을 나타내는 천이었다.창경궁의 인정전(仁政殿)과 덕수궁과 짝지워 졌다. 춘추대일통의 중화역사관이 스며든 공보관은 춘추관(春秋館)으로 드러나 있다. 일제 잔재를 타파한다며 중앙청을 제거하며 청와대를 춘추사관으로 포장하였다. 서예를 좋아하는 김영삼 대통령 시절에 꾸며진 것이다. 중국인들이 청와대를 보며 이웃집 나들이 온 것 같다는 평이 나오는 이유이다. 정치 문화적 상징성이나 주변 분위기로는 대성전(大聖殿) 같은 느낌이 든다는 평도 있다.
　또한 청와대가 풍수지리설에 의한 흉지, 길지 논쟁이 수없이 등장했다. 지맥(地脈)과 지기(地氣) 좌청룡, 우백호를 들먹이며 청와대와 용산 길지 다툼도 일어났다. 용산이란 지명은 인왕산(仁旺山)에서 효창동까지의 산줄기가 용처럼 생겼다 하여 생긴 이름이다. 결국 당시 문화재청장이 언론을 통해 청와대 관저 자리를 풍수지리상 이유를 들어 흉지로 결론을 지으며 청와대를 떠나 광화문 시대를 열겠다는 문재인 대통령의 공약을 실현시키는 것처럼 마무리했다. 대통령은 "퇴근하는 길에 광화문 광장에서 시민들과 어울려 막걸리잔을 기울이며 정담을 나눌 것"이라 했다.

그러나 '광화문대통령위원회'까지 설치했으나 '광화문 시대'라는 공약 1호의 그 약속은 지켜지지 않았다. 다음 선거에서 돌풍을 일으키며 당선된 윤석열 대통령이 '공간이 의식을 지배한다'며 서둘러 대통령실 용산 이전을 감행했다. 또 풍수설 도사들과 무속인들은 용산 천도론을 들먹이며 황룡이 물을 마시는 제왕(帝王)의 땅 용산이 길지라며 신문 방송과 유투브들이 열을 올렸다. 용이 용산과 한강의 물을 만났다며 용산을 얻으면 천하를 얻는다(得龍山 得天下)는 용 = 왕 = 대통령을 일체화시키는 덕담까지 나왔다.

하지만 현재 대통령실의 위치는 목멱산(木覓山)이라는 남산(南山)을 주산으로 하는 둔지산(屯地山) 아래의 평야 지대다. 본래 지명은 용산이 아니라 둔지방(屯之坊, 屯地坊)이었다. 둔지(屯地)라고도 썼다. 또는 둔지미(屯芝味)와 둔지는 청군(淸軍), 일군(日軍), 미군(美軍)이 연이어 주둔했기 때문에 주둔한다는 의미의 둔지방으로 풀이하는 경우가 있는데 실제로는 사람 살기 좋은 언덕배기 또는 둔지배기로 얕은 산 중턱에 봉긋하게 솟아있는 언덕(墩)을 이르는 말이다.

그런데 둔지방의 이촌동 기차 건널목 이름은 '돈지방'으로 쓰는 것은 무슨 까닭일까? 돈(沌)은 혼돈, 혼란 등 어지러움을 나타내는 뜻이다. 청와대를

▲ 돈지방 건널목 표지판

벗어난 윤석열 대통령은 '돈지방'의 혼돈 속에서 이상한 계엄선포로 탄핵되어 권력 투쟁에서 물러났다. 또다시 풍수도사들은 용산도 용산 나름이라면서 용산 대통령실은 과룡(過龍)의 땅으로 용이 지나가는 곳

이라며 둘러댔다. 돈지방은 둔지방으로 바로잡아야 한다.

둔지방의 역사적 기록은 1911년 4월 1일 경기도령 제3호 경성부 한지면 둔지미동으로 하였으나 1936년 4월 1일 조선총독부령 제8호에 따라 경성부 한강통 둔지정(屯地町)이라 하며 행정구역 확장이 이루어졌다. 1943년 4월 1일 조선총독부 제163호로 구제도(區制度)가 시행되면서 한강통 용산구 용산정(龍山町) 2정목과 용산정 3정목으로 하며 둔지정은 용산구 용산정 4정목과 용산정 6정목에 편입되었다. 용산동2가, 법정동 4가, 삼각지로 하였다. 일본이 편의적으로 행정구역을 통폐합할 때 용산구로 흡수된 것이다.

갑오개혁 때 행정구역 개편시인 1895년 5월 26일 칙령 제198호로 한성부 남서(南署) 둔지방(성외) 둔지미계, 둔지미동이 되었다. 용산방은 인왕산(仁旺山)을 주산으로 하는 용산을 배경으로 마포가 중심지로 한강로까지가 경계였다. 즉 인왕산-안산(무악재)-애오개-만리재-용마루고개를 잇는 능선이 용처럼 생겼다 하여 생겨난 이름이다. 중화의 용봉 문화와 일제의 잔재가 어른거리는 용산대통령실이 아닌 둔지방 대통령실로 복원하는 것이 정상이다.

안보상의 문제점을 보완하며 길지는 만들기 나름이다. 확 트인 넓은 둔지방은 남산과 한강의 중심에 자리 잡은 평야 지대로 넓은 공원과 국립박물관이 있는 좋은 땅이다. 성리학적 풍수관에서 비롯된 곤륜산(崑崙山) 시조, 백두산 중조, 삼각산 조부산이라는 중국 종통설을 넘어서야 한다. 풍수설이나 무속인들을 들먹이며 땅을 탓하기 전에 땅을 쓰는 인간의 의지도 중요하다.

북경(北京)은 평야 지대에 물을 끌어드려 수도를 만들었다. 워싱턴 광장도 중앙에 호수를 만들며 주변에 국가기관과 기념관들을 집중 배치해 애국심을 고취시킨다. 일관성과 지속성이 유지된다. 동경(東京)은 에도시대에 물줄기를 틀면서 습지대를 개간하였으며 싱가폴이나 뉴욕도 해변 습지를 메워 간척지위에 건설한 도시다.

대통령실을 또다시 청와대나 다른 곳으로 옮기려면 국민의 동의를 얻어 전문가들의 자문을 받아 각계각층의 합의하에 순리적이며 보다 민주적 절차에 따라 이루어져야 한다. 대통령실이 시류에 따라 이리 저리 옮겨 다니는 안타까운 모습이 한국 정치문화의 유동성을 상징적으로 나타낸다.

아울러 대통령 명칭은 대(大)를 빼어 통령으로 하는 것도 고려해 볼 만하다. 통령은 원래 통솔영도(統率領導)라는 병과 통솔의 통병지관(統兵之官)이었다. 후한서를 비롯해서 삼국지, 청사고 등에도 등장하며 천편국학(千編國學) 한어사전(漢語辭典)에도 나온다. 1901년 청나라 직예총독 원세개는 각지의 지휘 계통을 통제(統制, 사단장), 통령(統領, 여단장), 통대(統帶, 연대장)급으로 두어 충성스러운 사병을 통괄하였다. 대일본제국 대동아공영권 총리대신 등 대자를 중시하는 일본을 따라, 역시 대자를 좋아하는 한국이 대통령으로 쓰면서 심리적으로 제왕적인 대통령을 만든 것이다. 총통(總統), 주석(主席), 서기(書記), 위원장, 수반처럼 통령이라는 존칭이 권력구조의 변화와 함께 쓰여지면 권위주의를 탈피하며 보다 민주적이며 친근한 지도자의 호칭이 될 수 있을 것이다.

마무리하는 글

한국문화는 오랜 시간 동안 중국문화의 영향을 깊이 받아 왔다. 한자문화권에 속한 한국은 유교, 불교, 도교 등 중국의 사상과 제도, 예술 양식을 수용하며 문화적 정체성을 형성해 왔다. 그러나 21세기 들어 문화적 주체성과 다양성의 중요성이 강조되면서, 한국 내에서 중국문화의 영향에 대한 새로운 성찰과 함께 그 극복 방안에 대한 논의가 필요하게 되었다. 한국문화에 영향을 미친 중국문화의 요소들을 분석하고, 이를 극복하기 위한 다차원적 방안을 파악하고자 하였다.

중국문화의 한국문화에 대한 영향을 살펴보면 다음과 같다.

첫째, 사상적 측면이다. 먼저 유교의 도입과 존화사대(尊華事大)의 정착이다. 공자의 사상은 삼국시대부터 유입되어 조선시대에 이르러 국가 이념으로 자리 잡았다. 특히, 성리학은 가족 중심의 질서를 강조하며 가부장제, 효 중심의 사회를 제도화했다. 다음으로 불교의 전래와 문화 융합이 이루어졌다. 고구려, 백제, 신라 시대를 거치며 불교는 종교를 넘어 정치적, 예술적 영역에까지 영향을 미쳤다. 사찰 건축, 석탑, 불상, 불교 회화 등은 모두 중국 양식을 바탕으로 한국적 요소와 결합이 되었다. 다음으로 도교적 요소의 민속문화 내 침투이다. 도교는 삼재, 길흉화복, 풍수지리, 도참사상 등의 형태로 민속 신앙에 깊숙이 스며들었으며, 생로불사의 건강비법과 무속 신앙과도 융합되어 한국 특유의 기복적 민간 신앙 문화로 변용되었다.

둘째, 한자의 도입과 지식의 전파이다. 한자와 한문은 고대부터 조선 말기까지 공식 문서, 학문, 교육의 핵심 수단으로 기능하였다. 한국의 유교 경전, 문학작품, 역사 기록은 대부분 한문으로 쓰였다. 다음으로 한문학 전통이 형성되었다. 고려와 조선의 지식인들은 중국 고전을 모범으로 삼아 시문과 산문을 창작하며 한문학의 높은 수준을 유지하였다. 이는 한국 고유문학의 발달에 일정 제약을 주기도 했다. 다음으로 언어 표현 체계가 고착하였다. 사자성어, 고사성어, 문어체 표현 등 중국식 언어 구조가 한국어 어휘와 표현 양식에 깊은 영향을 끼쳤다.

셋째, 예술 및 일상 문화이다. 먼저 의복 문화로 한복의 기본 구조와 색채, 특히 관복 체계는 당나라 의복제도를 근간으로 하며, 조선시대까지 공식 복장 규범으로 정착되었다. 다음으로 음식 문화로 만두, 면, 장류 등 중국 음식 문화는 고려를 거쳐 조선시대까지 식문화에 깊이 자리 잡았다. 예를 들어, 중국식 제사 음식, 국물 요리 방식 등이 전래되었다. 다음으로 명절 풍속으로 설, 단오, 추석 등의 명절 풍속은 중국과 유사한 기원과 풍습을 공유하며, 차례, 제사, 세배 등 의례 형식 역시 중국적 요소가 강하다. 다음으로 회화 및 서예로 문인화와 수묵화의 양식, 사군자 표현은 중국 송·원대 회화 전통을 따랐으며, 서예는 왕희지 등의 법서를 모범으로 하여 예서, 해서, 초서 등 다양한 서체가 정착되었다. 다음으로 문방사우 문화로 붓, 먹, 벼루, 종이 등 문방사우에 대한 존중은 중국 선비 문화의 상징으로서, 한국의 선비 문화 형성과 도덕 교육에도 영향을 미쳤다.

그럼에도 우리는 중국문화의 영향에 대한 새로운 인식이 필요하다.

문화가 유사하다는 것과 국가의 차이는 분명하기 때문이다. 다시 말해서 중국문화가 한국문화에 끼친 영향은 역사적으로 불가피한 측면이 있다. 문화는 고급문화가 낮은 문화로 흘러가는 법이다. 이를 문화의 자장이라고 할 수 있다. 따라서 그 수용이 항상 비판적이고 창의적인 방식으로 이루어진 것은 아니다. 특히 조선시대 이후 유교 중심 질서와 중국 중심의 문명관이 오랜 기간 고착되면서 자생적 문화 발전의 가능성을 제약해 온 면도 있다. 이에 따라 오늘날 한국 사회에서는 이러한 역사적 영향에 대한 성찰과 함께, 중국문화 요소에 대한 재해석과 문화 주체성 회복의 노력이 필요하다는 인식이 확산하고 있다.

무비판적 수용의 문제점은 자주적 문화 정체성의 약화를 가져온다. 중국문화에 대한 무비판적 수용은 한국 고유의 문화 정체성을 모호하게 만들고, 문화 주체로서의 자각을 약화한 점이 있다. 다음으로 문화적 종속 구조의 내면화로 외래문화를 우월하게 인식하고 자국 문화를 열등하게 여기는 태도는 문화적 종속의식을 내면화하게 만들어 문화 발전의 자생력을 저해하였다.

이러한 점은 역사적 '혼종성'에 대한 재해석이 필요하다. 수용과 변용의 문화적 과정을 단순한 모방이나 복제로 보는 것이 아니라, 주체적 선택과 창조적 전유의 결과로 재조명해야 한다. 이러한 재해석은 한국문화가 외래문화와의 관계 속에서 형성된 '혼종성'을 부정적인 종속이 아닌 긍정적 창조의 과정으로 바라보게 하며, 다양한 문화적 요소들의 융합이 가져온 독창성과 다층성을 강조한다. 따라서 혼종성은 고유성과 상충되는 개념이 아니라, 오히려 고유성을 재정의하고 확장하는 동력으로 작용할 수 있다.

따라서 중국문화 영향의 극복 방안을 마련할 필요가 있다. 첫째, 문화 주체성을 강화해야 한다. 이를 위해 유교, 불교의 한국적 수용 방식과 그 변천 과정을 체계적으로 연구하여 주체적 해석의 틀을 강화해야 한다. 그리고 단군신화, 무속 신앙 등 토착 신앙에 대한 문화적 재조명을 통해 한국 고유의 정체성을 회복해야 한다. 이를 위해 전통문화의 창조적 계승을 통해 외래문화와의 차별성을 확보하고, 현대 사회에 부합하는 방식으로 재해석 및 교육을 추진해야만 한다.

전통 중국 주(周)나라와 한국의 관계에 대한 비판적 고찰이 필요하다. 중국 주나라는 기원전 11세기경 중원을 중심으로 한 봉건제를 시행하며, 동아시아 고대 문명의 기초를 형성한 왕조로 평가된다. 전통적 동아시아사 서술에서는 주나라의 제도와 문물이 한반도로 전래되었고, 이를 통해 한국 고대 문명이 형성되었다는 설명이 지배적이었다. 특히 기자조선(箕子朝鮮) 설과 같은 역사적 전승은 그러한 견해를 정당화하는 데 활용되어 왔다.

그러나 이러한 서술은 중국 중심주의적 시각과 화이질서(華夷秩序)의 논리를 반영한 것으로, 한국 고대사의 독자성과 주체성을 약화시키는 문제점을 안고 있다. 따라서 주나라와 한국의 관계에 대한 전통적 해석을 비판적으로 고찰하고, 이러한 해석이 지닌 사대주의적 함의와 역사 인식의 한계를 분석할 필요가 있다.

먼저 주나라의 화이질서와 '이적(夷狄)' 개념이다. 주나라에서 정립된 '화이론(華夷論)'은 문명과 야만의 구분을 통해 중원 중심의 질서를 정당화하였다. 이는 단지 정치적 질서가 아닌 문명적 우열을 전제하는 이데올로기였으며, 이후 동아시아 전역에 영향을 미친 천하관의 토대가 되었다. 한국 고대국가는 이러한 질서 바깥에 놓인 존재로 '이(夷)' 또는 '동이(東夷)'로 명명되었다. 이러한 명명은 한반도의 문명적 지위를 낮추는 효과를 가지며, 중국 문명의 일방적 수용자로서의 위치를 고착화시키는 결과를 낳았다.

다음으로 주나라 봉건제와 한국 고대 정치 체제의 이질성의 문제이다. 주나라는 종법적 봉건제를 중심으로 한 정치 질서를 유지했으나, 한국 고대국가들은 대체로 연맹체적 성격을 띠는 부족 국가에서 출발하여, 중앙집권적 체제로 이행하는 독자적 발전 경로를 밟았다. 따라서 한국 고대국가를 주나라의 봉건 질서로 설명하려는 시도는 형식적 유사성에 근거한 단선적 해석일 뿐이며, 실질적인 구조와 맥락에서 이질적인 정치문화를 무시하는 결과를 낳게 되는 것이다.

중국 주나라와 한국 고대국가의 관계를 단순한 문명 전수와 종속의 시각으로 해석하는 것은 한국 고대사의 자율성을 왜곡할 우려가 있다. 화이질서(華夷秩序)에 근거한 이적(夷狄) 규정, 정치 체제의 이질성, 그리고 근대 민족주의적 비판은 모두 기존 역사 인식의 한계를 지적하는 데 기여했다. 따라서 주나라 중심의 역사 해석은 비판적으로 검토되어야 하며, 한국사의 독자성과 정체성을 강조하는 서술이 필요하다. 중화 중심적 서사에서 벗어난 대안적 역사 인식의 정립은, 오늘날에도 여전히 중요한 과제이다.

따라서 한국 내에 존재하는 존주주의(尊周主義)에 대해서 살펴볼 필요가 있다. 존주주의(尊周主義)는 한국 지식인 사회, 특히 고려 말과 조선 초 유교 정치 이념의 정당성을 정립하는 데 중심적인 사상으로 기능하였다. 주나라를 유교적 이상 국가로 이상화하고, 그 정통을 계승한 명나라에 대한 숭배를 통해 조선은 문화적·정치적 정당성을 확보하고자 하였다. 그러나 이러한 사상은 주체적 정체성의 형성보다는 문화적 종속과 사대주의를 심화시키는 방식으로 작용하였으며, 조선 후기에는 정치적 경직성과 비판성 결여라는 구조적 한계를 드러냈다.

따라서 존주주의에 대한 비판적 고찰이 필요하다. 그 내용을 살펴보면 첫째, 문화적 종속성의 내면화이다. 존주주의는 한국 고유의 정치제도나 문화를 비문명적·야만적이라 간주하게 만들었고, 중국 중심 질서에의 편입을 통해서만 정당성을 확보할 수 있다고 여겼다. 이는 문화적 열등감과 자기 비하를 구조화시키는 결과를 낳았다. 둘째, 현실 정치와의 괴리이다. 조선 후기에 이르러 존주주의는 현실과 유리된 이상주의로 기능하였다. 주례(周禮)의 절대화는 사회경제적 변화를 반영하지 못하였으며, 정치 개혁의 유연성과 실천성을 저해하는 교조적 틀이 되었다. 셋째, 비판적 사유의 억제이다. 존주주의는 유교 정통론과 결합하여 경전에 대한 절대적 권위를 설정하였고, 이에 대한 비판이나 대안적 사유는 배제되었다. 이른바 사문난적(斯文亂賊)으로 배척하였다. 이는 실학의 부상에도 불구하고 유학 중심의 보수주의를 강화시키는 요인이 되었다.

존주주의는 유교 질서 아래에서 조선이 정치적 정당성과 문화적 정체성을 확보하는 데 일정한 기여를 하였으나, 그것은 중국 중심의 세계관에 스스로를 종속시키는 방식이었다. 결과적으로 자주적 정치문화의 형성을 저해하고, 문화적 창조성과 비판적 사유를 억압하였다.

따라서 존주주의는 한국 지성사에서 비판적으로 재조명되어야 하며, 오늘날의 역사교육과 정체성 형성에서도 그 한계와 폐해를 분명히 인식할 필요가 있다. 나아가 한국사 속 주체성과 자율성 회복을 위한 새로운 사유의 틀이 요구된다.

시진핑의 중국몽과 대일통주의의 결합에 대한 면밀한 고찰이 필요하다. 2012년 시진핑의 집권과 함께 중국은 '중화민족의 위대한 부흥'

을 핵심 과제로 제시하며 "중국몽(中國夢)"이라는 국가 비전을 전면화하였다. 중국몽은 단순한 경제성장 전략이 아니라, 역사적 정통성과 문화적 우월성의 회복을 주장하는 포괄적 이념으로 기능하고 있다. 특히 그 속에는 중국 역사에서 반복되어 온 대일통주의(大一統主義), 즉 하나의 통일된 문명국가 질서에 대한 이상이 강하게 내재되어 있다.

중국몽과 대일통주의의 결합은 중화민족과 중화인민공화국의 일체화로 애국심을 고취하여 중국 내부의 정치적 통합을 정당화하는 명분일 뿐 아니라, 외부적으로는 중화주의적 질서 복원의 움직임으로도 해석된다. 이에 본 논문은 이 두 이념의 결합 양상을 분석하고, 그것이 내포한 이념적·정치적 문제점을 고찰하고자 하였다.

먼저 중국몽과 대일통주의의 이념 구조를 살펴볼 필요가 있다. 첫째, 중국몽의 이념적 성격이다. 중국몽은 시진핑 정권이 내세운 핵심 국가전략 담론으로, 경제발전, 사회 안정, 민족 부흥, 군사력 증강, 문화 자긍심 회복 등을 통합한 복합 담론이다. 표면적으로는 근대 중국의 굴욕사[百年國恥]를 극복하고자 하는 집단적 의지로 정당화되지만, '문명국가의 재건'이라는 역사적 묘사(내러티브)를 통해 과거 중화 질서의 회복을 지향하고 있다. 둘째, 대일통주의의 전통과 현대적 재구성을 시도하고 있다. 대일통주의는 진나라 이래 중국 통치 이념의 핵심이었으며, 다민족·다문화 지역을 단일한 정치권력 하에 포섭하려는 이데올로기다. 티베트처럼 종교의 중국화를 체계적으로 추진하여 사회주의 사회에 적응토록 한다.

다음으로 중국 문화의 한국에 대한 영향 가운데 용봉 문화의 문제를 살펴보았다. 용봉 문화란 무엇인가? 용(龍)과 봉(鳳)은 중국 고대 문화에서 황제와 황후의 권위를 상징하는 대표적 신수(神獸)로, 중국 제왕적 세계관의 상징 체계의 정점에 놓인다. 이 문화는 한자문화권 전반에 영향을 미치며 한국에도 이입되었고, 조선시대에는 왕실과 관련된 건축, 의복, 기물에 광범위하게 활용되었다. 그러나 이 용봉 문화의 무비판적 수용은 중국 중심의 위계질서와 제왕적 문화의 내면화를 초래할 수 있다.

먼저 용봉 문화의 한국 내 수용 양상이다. 첫째, 조선왕조의 정통성 상징으로서의 용이다. 왕의 권위를 상징하는 오조룡(五爪龍)은 본래 중국 황제만이 사용할 수 있었으나, 조선은 명나라의 책봉 질서 안에서 이를 사조룡(四爪龍)으로 차용하였다. 대한제국에서 태조를 황제로 추존하면서 오조룡을 쓰게 되었다. 궁궐 건축, 어보, 곤룡포 등에 용 문양이 반복적으로 등장하며 왕권 중심 문화가 시각적으로 재현되었다. 둘째, 왕비 및 여성 권위의 상징으로서의 봉황이다. 봉황은 조선시대 왕비의 권위를 상징하는 도상으로, 궁중 복식(예: 원삼, 당의 등)에도 반복적으로 표현되었다.

그렇다면 이러한 중국문화의 무비판적인 수용은 어떻게 해석할 수 있는가? 다시 말해서 문화적 수용인가 종속의 반복인가? 첫째, 제국 중심주의 상징의 무비판적 수용이다. 용봉은 중화 문명의 절대권력을 형상화하는 상징 체계로, 조선은 이를 차용하면서도 자주적 해석 없이 '조선의 왕은 중국 황제보다 낮다'는 위계 구도를 시각적으로 내면화하였다. 이는 문화적으로 중국 중심의 질서에 종속되는 시각을 강화한 결과이며, 주체적 왕권 관념의 형성에는 오히려 제약이 되었다고 할 수 있다. 둘째, 한국 고유 상징 체계의 약화를 지적하지 않을 수 없다. 단군신화 속 '곰' 또는 '호랑이'와 같은 토착 신수적 상징은 점차 정치적 상징에서 배제되었고, 대신 중국식 제왕 상징이 주류가 되었다는 점은 안타까운 일이다. 고유 신앙이나 문양이 소외되거나 민간 수준에서만 제한적으로 존재하게 되었다. 셋째, 현대 사회에서의 기계적 재현 문제이다. 현대 관공서, 행사, 장식 등에 용봉 문양이 무비판적으로 사용되며 역사적 맥락과 상징의 본의가 탈각되었다. 청와대, 용산대통령실 등이 대표적이다. 이는 전통문화 재현이라는 이름 아래 중국식 위계질서의 시각적 재생산이 지속되고 있음을 지적하지 않을 수 없다.

그렇다면 대안적 방향은 무엇인가? 이를 위해 토착적 상징 재조명과 해석을 재구성해야 한다. 첫째, 한국 고유 신수 문화의 복권이 필요하다. 곰, 범 등 한국 고유의 상징 체계를 제도적·문화적으로 재조명하여 공식 문양이나 문화콘텐츠에 적극 활용해야 한다. 특히 단군신화나 무속에서 비롯된 상징 자산의 현대적 재해석을 통해 문화적 주체성을 강화해야 한다. 둘째, 용봉의 맥락적 전유가 필요하다. 용봉 자체를 무조건 배제할 것이 아니라, 그 역사적 맥락을 비판적으로 교육하고, 창조적으로 재해석해 사용해야 한다.

이렇게 보면 한국의 용봉 문화는 단순한 예술 장식이 아니라 역사적 위계질서와 외래 권위 체계의 상징적 내면화와 밀접히 연관되어 있다. 이러한 문화적 유산은 비판적 인식을 통해 새로운 해석을 덧붙일 때 비로소 현대적 의의와 창조성을 획득할 수 있다. 이제는 중국 중심의 상징 체계를 무비판적으로 재현하기보다는, 한국 고유의 문화 상징 자산을 복원하고 발전시키는 방향으로 문화 주체성을 확립할 필요가 있다.

다음으로 고유 상징 체계의 대체 문제이다. 해치가 공공 영역에서 광범위하게 사용됨으로써 곰, 범, 삼족오 등 한국 토착 신수들이 상징적 공간에서 밀려나거나 주목받지 못하는 현상이 나타나고 있다. 이는 중국 전통 상징물에 대한 문화적 종속을 반복할 위험성을 내포한다.

또한 의미의 상업화와 비물질화의 문제이다. 해치의 현대적 재활용은 관광 상품, 도시 이미지 개선 등의 실용 목적에 치중되어 정작 '정의 · 법'이라는 상징적 가치의 내면화에는 미흡한 측면이 있다. 단순한 마스코트화는 정치적, 윤리적 상징이 가진 무게를 약화시킬 수 있다.

이렇게 보면 해치(獬豸)는 한국에서 법과 정의를 상징하는 문화 자산으로 자리 잡았지만, 그 외래적 기원과 상징의 역사적 맥락에 대한 무비판적 수용은 한국 고유문화 정체성의 강화라는 측면에서 재검토가 필요하다. 단순한 마스코트 이상의 공공적 상징으로 해치를 활용하고자 한다면, 그 상징성의 역사적 기원을 정확히 이해하고, 토착적 상징과의 균형 속에서 보다 주체적인 전유 방식을 모색해야 한다.

그렇다면 우리는 어떻게 해야만 하는가? 대안적 방향을 제시하면 다음과 같다. 첫째, 역사관의 주체적 정립과 민족의 정체성 확립이 필요하다. 고대 동아시아 질서를 '수직적 천하관'이 아닌, '수평적 국가 사이의 교류 네트워크'로 재해석해야 한다고 본다. 우리의 역사에서 신라·고구려·백제·발해 등 독자적 외교 및 문화 역량에 주목한 역사 서술의 강화가 필요하다. 둘째, 문화외교의 대등성 확보가 필요하다. '중화권'이 아닌 '동아시아 문화공동체' 차원에서, 상호 공존적 문화외교를 지향해야 한다. 서로의 다름을 인정하며 화합하는 화이부동(和而不同)의 지혜가 필요하다. 공자학원에 대응하는 한국학진흥원, 세종학당의 세계화 확대 등으로 문화 주체성을 강화해야 한다. 이를 뒷받침하기 위해 오랑캐문화와 한글문화 그리고 아리랑문화를 부흥시켜야 한다. 셋째, 동아시아의 역사교육과 중국몽에 대한 올바른 교육을 확대해야 한다. 이를 위해 청소년과 일반 시민 대상의 문화 주권 교육 및 동아시아 국제정치 인식을 제고시켜야 한다.

    결론적으로 중국몽과 대일통 천하체제는 단지 중국 내부의 정치 비전이 아니라, 지구촌 전체를 대상으로 하는 정치문화 및 외교 전략의 중심 개념이다. 과거 대일본제국이 온 천하가 한집안이라는 팔굉일우(八紘一宇)를 국시(國是)로 내걸고 남경(南京)까지 진격해 중국을 침탈하려 했던 역사적 교훈은 태평천하를 지향하는 중국몽의 '인류운명공동체'라는 대의명분에 담겨 있다. 이에 따라 한국은 한국 나름의 천하관 정립과 통일지향의 주체적 정치문화를 함양하며 국민통합과 국력 배양에 힘써 당당한 주권국가로 거듭나야 할 것이다.

- 주 -

1 《漢書》卷28下,〈地理志〉:殷道衰箕子去之朝鮮(師古曰史記云武王伐紂封箕子於朝鮮與此不同)敎其民以禮儀田蠶織作樂浪朝鮮民犯禁八條…今於犯禁浸多至六十餘條可貴哉仁賢之化也.
   《三國志》卷30,《魏書》〈東夷傳〉貊條,《後漢書》〈東夷傳〉貊條.
   《海東繹史》〈箕子率五天人入朝鮮其詩書禮樂醫藥卜筮皆從而往敎以詩書使知中國禮樂之制衛門官制衣服悉隨中國〉
   《鮮于氏奇氏譜牒》〈武王克殷箕子恥臣周走之朝鮮殷民從之者五千人詩書禮樂及百工之具皆備〉

2 《舊唐書》卷199〈東夷傳〉,高麗條:俗多淫祠祀靈星及日箕子可汗等神, 《三國遺事》〈紀異〉권1,古朝鮮:周虎王卽位乙卯封箕子於朝鮮檀君乃移於藏唐京後還隱於阿欺達爲山神壽一千九百八歲唐裵矩傳云高麗本孤竹國(今海州)周以封箕子爲朝鮮漢分置三郡調玄兎樂浪帶方通典亦同此說, 《帝王韻紀》卷下,後朝鮮:檀君…殷虎丁八乙未入阿欺山爲神…後朝鮮祖是箕子周虎元年己卯春逋來至此自入國.

3 鮑照,《代放歌行》, '夷世不可逢, 賢君信愛才.'

4 《前漢書》卷100上, '周失其御侯伯方軌戰國橫騖 於是七雄 虓闞分裂諸夏 應劭曰 七雄秦及六國也.'

5 《松漠紀聞》卷1, '女眞之主乃新羅人 號完顔氏 完顔猶漢言王也 女眞以其練事後隨以首領讓之 兄弟三人 一爲熟女眞之長號萬戶 其一適他國 完顔年六十餘女眞妻之以女 亦六十餘生二子 其長子卽呼蘭也 自此傳三人至英格太師 無子以其姪阿固達之弟 諡曰文烈者爲子 其後英格 生子達蘭乃令文烈歸宗'

6 《欽定滿洲源流考》卷7, '謹按金始祖本從新羅來 號完顔氏所部 稱完顔部 新羅王金姓 則金之遠派 出於新羅'

7 《仁祖實錄》卷34, 인조 15년 3월 9일 무신 5번째 기사, '通信使任絖, 副使金世濂, 從事官黃㦿, 還自日本.'

8 《高麗史》卷14,〈世家〉14, '睿宗3 十年 正月 … 是月 生女眞完顔阿骨打稱皇帝更名旻國號金. 其俗如匈奴 諸部落無城郭 分居山野 無文字以言語結繩爲約束. 土饒猪羊牛馬 馬多駿或有一日千里者. 其人驚勇. 爲兒能引弓射鳥鼠及壯無不控弦 走馬習戰爲勁兵 諸部各相雄長莫能統一. 其地西直契丹 南直我境 故嘗事契丹及我朝. 每來朝以數金貂皮良馬爲贄 我朝亦厚遺銀幣歲常如此. 或曰:"昔我平州僧今俊遁入女眞 居阿之古村 是謂金之先." 或曰:"平州僧金幸之子克守初入女眞阿之古村 娶女眞女生子 曰古乙太師 古乙生活羅太師. 活羅多子. 長曰劾里鉢 季曰盈歌 盈歌最雄傑得衆心. 盈歌死劾里鉢長子烏雅束嗣位□烏雅烏雅束卒 弟阿骨打立."

9　《資治通鑑》卷198, '五月 甲寅 高麗王藏及莫離支蓋金 遣使謝罪 幷獻二美女 上還之 金即蘇文也'

10　陳改戶, 《蒙古族簡史》, 中國 少數民族簡史 叢書. 2009. pp.8-9.

11　《高麗史》卷33 충선왕 2년조.

12　《元史》卷154, '冬 十月 高麗 悉衆來攻西京 屠其民劫大宣以東 福源遂盡 以所招集北界之衆 來歸處於遼陽瀋陽之間'

13　《元史》卷149, '由是 免死者衆 再從征高麗 破十餘城 高麗遺子綽入質 帝賜錦衣 旌其功 從諸王雅勒呼略地 三韓降 天龍諸堡 皆禁暴掠民悅服', 《元史》卷154, '洪福源 其先中國人 唐遺才子八人 往教高麗 洪其一也 子孫世貴于三韓 名所居曰唐城', 《元史》卷178, '定國初以來 律令名曰 大元通制 頒行天下 朝廷議罷征東省 立三韓省 制式如他省'

14　《高麗史》卷32, '忠烈王世家 34년, 帝 武宗 以前 王定策 功封瀋陽王.' 《元史》〈武宗本紀〉2年, '陽高麗國王章(忠宣. 功臣號 改封瀋王.)'

15　《高麗史》卷34, 〈世家34〉忠宣王2, '四年 六月 乙丑朔, 日食. 戊辰, 元降制, 令高麗毋置行省. 初洪重喜訴于中書, 欲立行省, 王以祖宗臣服之功奏之, 故帝有是命.'

16　《元史》卷178〈王約傳〉, '國初以來 律令名曰大元通制 頒行天下 朝廷議罷征東省立三韓省 制式如他省'

17　《高麗史》卷24, '龍津縣人趙暉定州人卓靑以和州 北附蒙古蒙古置雙城 摠管府于和州以暉爲摠管, 靑爲千戶.'

18　《高麗史》卷26, '丁丑崔坦請蒙古兵三千來鎭西京. 帝賜崔坦李延齡金牌玄孝哲韓愼銀牌有差. 詔令內屬改號東寧府 慈悲嶺爲界.'

19　《元史》卷59, '至元六年李延齡崔垣玄元烈等以府州縣鎭六十城來歸八年改西京爲東寧府'

20　《元史》卷208, '招討司後改爲軍民都達嚕噶齊總管府又改爲軍民安撫'

21　吳晗, 《朝鮮李朝實錄中的中國史料》, 北京, 中華書局, 1980, p.105.
《太祖實錄》卷1, 총서 14번째 기사, '度祖諱椿, 小字善來, 蒙古諱字顔帖木兒, 受宣命襲職'
《太祖實錄》卷1, 총서 22번째 기사, '桓祖諱子春, 蒙古諱吾魯思不花. 齠齔異凡兒, 稍長善騎射, 及其襲職, 士卒樂附. 咬住稍長, 桓祖欲以職事歸之, 咬住讓而不受. 咬住後從桓祖, 來見恭愍王, 王屬之亏多赤, 官至中順軍器尹.'

22　《高麗史》卷42〈世家42〉恭愍王5, '5月 甲寅, 帝遣尙寶司丞 斯來錫王命王率百官郊迎. 詰曰:"咨爾高麗國王王 世守朝鮮紹前王之令緖恪遵華夏爲東土之名藩. 當四方之旣平嘗專使而往報卽陳表貢備悉忠誠良由素習於文風斯克謹修於臣職. 允宜嘉尙是用褒崇今遣使齎印仍封爾爲高麗王. 凡儀制服用許從本俗於戱! 保民社而襲封式遵典禮傳子孫於永世作鎭邊 其服訓辭益綏福履! 今賜*大統曆一本錦 絨* {段}十匹至可領也."'

23 《高麗史節要》卷33, 신우 14년 5월 병술, 박치정,《화령국왕 이성계》, 삼화, 2015, pp.201~205
24 《明史》卷3〈太祖本紀〉'二十一年 夏四月丙辰 藍玉襲破元嗣君 於捕魚兒海 獲其次子迪保奴 及妃主 王公以下數萬人而還.'
25 《高麗史》卷137, 辛禑5,'十四年 六月 時大明聞禑擧兵, 將征之, 帝欲親卜于宗廟, 方致齋, 及聞還軍, 卽罷齋.'
26 《고려사》卷137,〈열전〉제50 우왕5,'大明聞 禑擧兵將征之 帝欲親 于宗廟方致齋 及 聞還軍卽罷齊'
27 《高麗史》卷137 列傳, 제50 禑王5,'王國有辭 其耽羅之島 昔元世祖牧馬之場 今元子孫來歸甚衆 朕必不絶元嗣措諸王於島上 戍兵數萬以衛之 兩浙發糧以贍之 以存元之後嗣 使元子孫復優游於海中 豈不然乎?'
28 《정도전》, 상게서, p.235
29 黃枝連, 天朝禮治體系研究中-中國封建王朝與朝鮮半島關係形態論, 北京:人民大學出版社, 1994, 제2장 제1절 참조.
30 동북면의 영토는 여전히 논란 중으로 10처 혹은 아사(阿沙: 利原)를 포함해 11처로 보기도 한다.
31 《太宗實錄》卷10, 태종 5년 9월 17일,'皇帝宣諭內, 昔日東北面十一處人民二千餘口, 已皆准請.'《太宗實錄》卷7, 태종 4년 4월 4일,'甲戌, 遼東千戶王可仁奉勅諭至, 上率百官迎于西郊, 偕使臣至太平館, 率百官拜勅書叩頭, 與使臣行私禮設宴. 勅云: 勅諭參散, 禿魯兀等處女眞地面官民人等知道. 今朕卽大位, 天下太平, 四海內外, 皆同一家, 恐爾等不知, 不相統屬, 强凌弱衆暴寡, 何有寧息之時! 今聽朕言. 給與印信, 自相統屬, 打圍牧放, 各安生業; 經商買賣, 從便往來, 共享太平之福. 今招諭參散·禿魯兀等一十一處溪關萬戶寗馬哈. 參散千戶李亦里不花, 禿魯兀千戶佟參哈·佟阿蘆, 洪肯千戶王兀難, 哈蘭千戶朱蹯失馬, 大伸千戶高難都夫, 失里千戶金火失帖木, 海童千戶董貴洞, 阿沙千戶朱引忽, 斡合千戶劉薛列, 阿都歌千戶崔咬納·崔完者.'
32 《太宗實錄》卷5, 태종 3년 6월 25일,'女眞等本屬於我.'
33 《太宗實錄》卷8, 태종 4년 12월 3일,'女眞吾都里 兀良哈等招撫之使獻貢.'
34 《明太宗實錄》, 영락 1년 11월 3일,'餘爲千戶所鎭撫賜誥印冠帶襲衣及鈔幣有差.'
35 《太宗實錄》卷9, 太宗 5년 3월 14일,'童孟哥帖木儿, 此人東北面之藩籬也.'
36 方京一,〈朝鮮 前期 오도리 族의 成長 過程〉, 한국학중앙연구원 박사학위논문, 2008. pp.15~17.
37 《世宗實錄》卷62 15년조,'吏曹與政府諸曹同議啓:"濟州, 旌義, 大靜等官, 雖五考遞代, 不得率妻子赴任, 其衛祿之數, 每年賜給其家, 慶源, 鏡城, 甲山, 慈城, 閭延, 巨濟等官, 自願率其妻子者聽, 其不願者, 依上賜給, 其餘義州, 朔州, 理山, 昌城, 碧潼, 江界等官, 竝令率妻赴任."從之.'
38 《世宗實錄》卷100 세종 25년 6월 28일 신해,'右贊成皇甫仁啓:"臣前所啓理山, 江

주 395

界中央置邑事及虞芮置邑等事, 兵曹啓:'令臣審定城基, 然後更議.'臣謂明春往審城基之後, 置邑差守令, 則非惟事緩, 且當農時, 備辦諸事爲難. 請於今秋差遣兩邑守令, 姑令住於都乙漢口子木柵及虞芮石堡, 領其割屬處軍民, 防禦預備諸事, 臣將往審城基何如?"從之.

39 《明史》卷3, 太祖本紀 3, 洪武 22년 4월 己亥, 5월 辛卯條', 置泰寧 朵顔福餘三衛於兀良哈'

40 金九鎭, 전게서, pp.79-85.

41 윤은숙, 《몽골 제국의 만주지배사》, 소나무, 2010, pp.273-277

42 達力扎布,《有關明代兀良哈三衛的幾個問題》, 明淸蒙古史論稿 民族出版社 2003, pp.203~204

43 《滿洲源流考》部族門 滿洲;"始祖居長白山東 俄莫惠之野 鄂多里城"

44 池內宏,〈鮮初東北境女眞關係〉,《滿鮮地理歷史研究報告》2, 4, 5, 7, 1916-1920.

45 《仁祖實錄》卷35, 인조 15년 8월 12일 정미 2번째 기사,'近日竊聞道塗之言, 朝廷以士夫之退居山野者, 謂之恥事汚君; 儒生之不肯赴擧者, 謂之恥入小朝.' 박종인, '땅의 역사'〈조선일보〉2020년 5월 19일 참조.

46 《仁祖實錄》1623년 3월 14일,'我國服事天朝, 二百餘載, 義卽君臣, 恩猶父子, 壬辰再造之惠, 萬世不可忘也.'

47 金誠一,《鶴峯集》卷5「答書狀官箚」(以今觀之 本朝猶中國也 島倭實蠻夷也 以大國之使 屈辱於小醜 見其凌蔑無禮 而猶莫之恥 反以體貌之重 爲薄物細故 其亦異乎春秋之義矣 其亦異乎漢儒之見矣 此吾所謂知一不知二. 謬柱鼓瑟者也…吾輩人犬豕之窟 與犬豕雜處 形單勢孤 其危可謂甚矣)

48 〈황성신문〉1901년 기사,《續陰晴史》(상) pp.551~552 및 1906년 기사 《續陰晴史》(하) p.179, 개화파 김윤식은 이 만주공화국을 시들어 가는 동양 사회를 재생시킬 수 있는 생기(生氣)로 보면서 일본과 함께 서구 세력을 내치는 힘이 될 수 있다고 했다.

49 戴季陶, 日朝合邦與中國之關係, 1910. 8. 5 桑兵之編, 戴季陶辛亥文集, 香港中文出版社, 1991, p.30

50 章炳麟(太炎), 太炎文錄·別錄 卷1 및 民報 1907. 7. 5, 中華民國解, '蒙古則自古未嘗實服. 暈三荒服之後先, 則西 藏以宗. 相同猶, 密邇, 回部, 蒙古宜無一與漢族相通. 故以中華民國之經界言之, 越南, 朝鮮二郡必當恢復者也 ; 緬甸一司則稍次也 ; 西藏, 回部, 蒙古三荒服則任其去來也'